Peter Hacks

Die Maßgaben der Kunst

Peter Hacks

Die Maßgaben der Kunst

Peter Hacks

Die Maßgaben der Kunst

Gesammelte Aufsätze

claassen

Lizenzausgabe mit Genehmigung
des Henschel-Verlages, Kunst und Gesellschaft, DDR 104 Berlin

1. Auflage 1977

Papier: Papier- und Folienfabrik Schleipen GmbH, Bad Dürkheim
Gesetzt aus der 10/12 Punkt Garamond der Linotype GmbH
Gesamtherstellung: Bercker, Kevelaer
ISBN 3 546 43722 5

Inhaltsverzeichnis

Drittes Buch:
Lyrik bis Mitterwurzer

Viertes Buch:
Über Hacks und die Welt

Erstes Buch

Ekbal, oder: Eine Theaterreise nach Babylon

Einleitung des Herausgebers

Die Entstehungsgeschichte dieser bedeutsamsten Urkunde über das vorzeitliche Theater gilt als historisch gesichert und ist so allgemein bekannt, daß der Herausgeber sich in der Lage sieht, sie hier ohne Umschweife mitzuteilen. Ohne Zweifel hat Ekbal seinen Bericht schon während der Zeit des babylonischen Aufenthaltes niedergeschrieben, und zwar nicht in einem Zuge, sondern, worauf die höchst mannigfaltige Beschaffenheit des von ihm verwendeten Schreibmaterials – es handelt sich um kleinere und größere Papyrusstücke, Zeitungsränder, Trambahnbillets, Palmenblätter, Tonscherben, ja, (Frgmt 12), ein mit Lippenstift bekritzeltes Damenstrumpfband – schließen läßt, an mannigfaltigen Orten, in mannigfaltigen Lagen und – so dürfen wir doch folgern – stets unter dem frischen Eindruck des Erlebten. Bei der Flucht über die Stadtmauer muß Ekbal ein knappes Drittel des Manuskripts verloren haben, das in die Hände der babylonischen Staatspolizei fiel. Den geretteten Rest diktierte er, nach Persepolis heimgekehrt, fünf Sklaven, so daß, das Original eingerechnet, sechs Exemplare des Hauptteils vorhanden gewesen sind. Eine Handschrift behielt er selbst, von den fünf anderen übergab er, der Schicksale aller Bücher eingedenk, je eine seinem Lehrer, seiner Geliebten, seinem Bruder, seinem Freund und seiner Frau. Habent, wie wir bereits andeuteten, suae fati; wir sind über dieselben unterrichtet. Als Ekbal das Original, welches er stets bei sich trug, von einem Taschendieb, der es für ein Portefeuille mit Investmentpapieren gehalten hatte, gezogen wurde, versuchte er sofort, eine der Nachschriften wiederzuerlangen; wie er zu seinem und der ganzen gelehrten Welt Leidwesen feststel-

len sollte, vergebens. Der Lehrer hatte das Manuskript verbrannt, weil er fürchtete, Ekbal könne durch das elbe eines Tages berühmter werden als er selbst. Die Geliebte hatte es, zugleich mit allen anderen Andenken an ihre Beziehung zu Ekbal, anläßlich ihrer Verlobung mit einem Wechselstubenbesitzer aus Susa in den Araxes geworfen; sie wollte keinen Schatten auf ihrem Ruf dulden, der ein jungfräulicher war. Der Freund hatte es aufgehoben, aber vergessen, wo; der Bruder hatte es in einer Waschschüssel aufgeweicht und verschluckt, nachdem er von einem Geistlichen gefragt worden war, ob er Geschriebenes besitze; die Frau endlich hatte es benutzt, um einem Feldwebel der kaiserlichen Leibwache, für dessen körperliches Wohlbefinden sie sich verantwortlich fühlte, bei mehreren morgendlichen Abschieden Schmalzgebackenes einzuwickeln. So blieb der Wissenschaft nur der hier abgedruckte Text erhalten: das sogenannte babylonische Drittel. Er fand sich, stark verschmutzt, teilweise unleserlich oder beschädigt, aber sonst sorgfältig geordnet, in den Archiven der babylonischen Staatspolizei, und zwar unter der Katalognummer MCMLXI-nebuk-Ek/H-333.
Ekbals »Theaterreise« ist mehrfach ediert worden, zum letzten Mal im Herbst. Die Länge der vergangenen Zeit im Verein mit zwingenden wissenschaftlichen Gründen machte eine Neuausgabe unentbehrlich. Der Herausgeber hat es für richtig gehalten, das Frgmt 5(a) nicht wie alle seine Vorgänger zwischen Frgmt 5(b) und 5(c), sondern zwischen Frgmt 4 und 5(b) einzureihen, wodurch sich der Sinn zwar nicht im mindesten ändert, jedoch offenbar mit viel reinerer Deutlichkeit zutage tritt. Fernerhin legt der Herausgeber einen Ergänzungsversuch zu dem Frgmt 9 vor, welcher, sofern ihm die Anerkennung der Fachkreise beschieden wäre, dieser sich scharfsinnigster Interpretation verschließenden Stelle zu neuer Verständlichkeit verhelfen und dieselbe weitestgespannter Erörterung zugänglich machen könnte. Der Fortgang der Wissenschaft hängt durchaus nicht vom Bekanntwerden neuer Tatsachen ab; es ist der rastlos forschende Geist des Menschen, der alte Tatsachen in neue umschafft! Schließlich mag sich der Herausgeber nicht versagen, sich zu einer Frage zu äußern, die, seit Auffindung des Manu-

skripts, die Gelehrten beschäftigt: Warum redet Ekbal von sich in der dritten Person? Der Text ist in Ekbal eigener Handschrift und folglich – wenn anders Folgerungen überhaupt gestattet sein sollen – von ihm selbst verfaßt; dennoch erscheint er darin als Ekbal; der Name Ekbal scheint Ekbal mehr zu besagen als das Fürwort ich. Der Herausgeber gesteht, daß ihm die Aufklärung des Rätsels fast unwillkürlich zufiel: mittels eines plötzlich gezogenen Schlusses von seiner, des Herausgebers, Person auf die des Theaterreisenden. Ein Mensch ist, objektiv betrachtet, ein Wesen ohne jede Bedeutung. Seine Gefühle teilt er mit jedermann, was er weiß, hat er gelesen, und seine Handlungen würden, unterließe er sie, andere vollbringen. Nichts an ihm ist einmalig, alles ersetzbar. Er ist einer von unendlich vielen, also eine Null; denn eins abgezogen von unendlich, bleibt unendlich. Wünscht ein Mensch, verführt von der Schwäche des Stolzes, sich eine Art von Bedeutung beizulegen, muß er notwendigerweise den subjektiven Betrachtungsort einnehmen, von welchem aus er sämtliche Gegenstände auf seinen inneren Punkt bezogen wahrnimmt; so rückt er sich, in gewissem Sinne, in den Mittelpunkt der Welt. Von innen her hat er, was er von außen nicht hat: Wichtigkeit. Wenn denn nun ein Mensch bereit ist, von dieser seiner einzigen Besonderheit abzusehen, das Ich dem Er zu opfern, unter die anderen Menschen zurückzutreten und sich, als Vergleichbarer, vergleichen zu lassen, so kann dies keinen anderen Grund haben als den Willen zum offenherzigen Eingeständnis seines eigenen Überflüssigseins, kurz: seine schöne Bescheidenheit. Warum legt Ekbal Wert darauf, an Babuk, Usbek, Schah-Baham gemessen zu werden? Warum will Ekbal Ekbal sein? Weil er niemand sein will! Diese vom Herausgeber erstmals nachgewiesene Tugend (Bescheidenheit) wird den Charakter des Theaterreisenden, mehr noch als seine schon bekannten anderen, dem Leser liebenswert machen und – trauteste Blume aus dem staubigen Boden der Philologie! – menschlich recht naherücken.

Eine Theaterreise nach Babylon

1

Das lederne Boot war kreisrund, und mit seiner senkrecht umlaufenden Wand erinnerte es Ekbal an das Blatt der indischen Seerose. Es war mit Stroh gefüllt. In dem Stroh staken, einer dicht neben dem anderen, rote Tonkrüge; mittschiffs gab es ein leichtes Zelt aus Kamelwolle, und an einer Stelle außen stand, an dem Skelett von Weidenruten festgebunden, ein Esel. Es war das einzige Fahrzeug im Hafen von Ninive.

Ekbal lief die Mole hinunter; denn der Besitzer des Bootes, an seiner Mütze und dem weißen Wollmantel, den er, der Hitze wegen, über dem langen Leinenhemd trug, als Armenier kenntlich, war eben im Begriff, sich mit einer Stange ins freie Wasser des Flusses hinauszustoßen. »Mein Herr«, sagte Ekbal, etwas außer Atem, »warten Sie, ich benötige einen Platz«. – »Ich bin Ihr Sklave«, sagte der Armenier, »aber ich habe, wie Sie sich überzeugen können, keinen Platz frei«. – »Das tut nichts«, sagte Ekbal. »Ich muß nach Babylon; wir werden also Platz schaffen«.

»Jüngling«, sagte der Armenier, und er wickelte, in Gedanken verloren, eine Locke seines Nackenhaares um den linken Zeigefinger; »ich hätte selbst nichts gegen einen Reisegefährten einzuwenden, denn die Fahrt ist lang und eintönig; Sie sehen indessen, daß neben meinem Esel, meinem Sesamöl und mir kein Fußbreit Bodens mehr frei ist.« – »Ich bin ja nicht blind«, sagte Ekbal. »Sie lassen den Esel hier.«

»Ebensogut könnte ich das ganze Schiff hierlassen«, sagte der Armenier. »Wenn ich in Babylon mein Öl und mein Stroh verkauft haben werde, werde ich diesem Esel die Schiffshülle aufladen, und er wird sie mir stroman tragen.« – »Ich weiß das«, sagte Ekbal ungeduldig, »glauben Sie, ich mache diese Reise zum ersten Mal? Ich kaufe den Esel, und ich kaufe die ganze Bootshaut, und ich bezahle meinen Reiseplatz; ich bin Ekbal, Sohn des Statthalters in Urartu, verstehen Sie.« – »Ich verstehe«, sagte der Armenier, »daß Sie, o Ekbal, Anspruch haben, die Stelle meines Esels einzunehmen.«

2

Gespräche auf dem Euphrat. Ekbal liegt gewöhnlich, den Kopf im Schatten des Bootsrands; der Armenier steht, auf die Stange gestützt, und dreht an seiner Locke oder stakt in dem gelben Wasser, um das treibende Fahrzeug von Sandbänken fernzuhalten.
– Ich wäre nicht Kaufmann geworden, wenn ich nicht neugierig wäre. Es reisen wenig Personen nach Babylon, und schon gar nicht solche, die es sich eigenes Geld kosten lassen; Ihr Zweck muß also dringlich sein. Darf ich versuchen zu raten? Politik?
– Ich kümmere mich niemals um Politik. Mein Vater ist Politiker.
– Geschäfte also.
– Nicht Geschäfte.
– Es hat wenig Sinn für mich, die Lösung zu treffen, wenn Sie sie dann doch nicht eingestehen wollen.
– Sie werden sie nicht treffen. Sie heißt: Theater.
– Wahrhaftig, und was ist das?
– Theater ist eine Veranstaltung, wo von Menschen, die sich als Personen ausgeben, die sie nicht sind, und mittels von Vortäuschungen bebauter und unbebauter Landschaft aus Pappe oder bemaltem Tuch Abbildungen der Welt gegeben werden.
– Abbildungen der Welt? Ähnliche?
– Ganz unähnliche. Die Sache geht in einem tiefen Kasten vor sich, in den die Zuschauer von vorn hineinblicken und nach dessen offener Seite die Schauspieler sich stets wenden. Die Häuser sehen kaum aus wie Häuser und die Berge in sehr geringem Maße wie Berge. Die Menschen, welche hölzerne Masken tragen, sprechen nicht zuein-

ander wie wir beide eben oder jedermann, sondern in Zeilen von gleicher Länge und immerwiederkehrender Betonung, auch in raren Worten; endlich was unter ihnen gehandelt wird, sind unwahrscheinliche Begebenheiten oder sogar unmögliche; denn oft treten Geister und Götter auf, was sie, außer man glaubt den Magiern, in der Wirklichkeit ja nicht tun.

– Um das zu sehen, reisen Sie nach Babylon?

– Alljährlich, man sieht das nirgends besser als dort.

– Alljährlich! Ich vernehme das, o Ekbal, von dem Ort her, wo ich sonst meines Esels Stimme zu hören gewohnt bin. Damit will ich weiter nichts sagen, aber was ist der Nutzen solcher unähnlicher Bilder?

– Sie lehren uns die Welt begreifen.

– Lieber Es . . ., Ekbal, ich möchte da, ohne von dem ganzen Zeug näher unterrichtet zu sein, einen Vorschlag machen. Wäre – soll es schon die Welt kennen lehren – das Theater nicht vernünftiger so eingerichtet: Es spielte sich nicht in einem Kasten ab, sondern auf einer freien Fläche, wo die Zuschauer, wie sie das in der Welt auch können, zwischen den Agierenden herumwandelten oder -säßen; der gemeinte Ort wäre naturgetreu nachgeahmt; die Menschen aber würden sich glaubhaft verkleiden, ordentlich reden und eine Geschichte darstellen, so wie sie geschehen ist?

– In gewisser Hinsicht wäre das vernünftiger. Aber wäre es, in derselben Hinsicht, nicht noch vernünftiger, man ginge dann, statt ins Theater, gleich auf die Straße, den Markt oder den Gerichtsplatz?

– Darauf, scheint mir, will mein Vorschlag hinaus. Nichts kann der Welt so ähnlich sein wie die Welt.

– Und doch wissen wir so wenig über sie und wissen wir so schlecht mit ihr umzugehen.

– Wir müssen sie genauer untersuchen.

– Wir müssen sie genauer untersuchen wollen; nämlich der Wunsch zu wissen ist schon mehr als das halbe Wissen. Es geschieht selten, daß wir erkennen: einer ist böse, und ihn dann hassen, oder: er ist gut, und ihn dann lieben. Für gewöhnlich hassen wir einen und erkennen daher, daß er böse ist, oder erkennen, weil wir ihn lieben, seine Verdienste. Es verhält sich auch nicht so, daß wir einen Weg finden, unsere Lage zu verbessern, und es dann tun, sondern die Begierde, unsere Lage zu verbessern, treibt uns auf die Suche nach einem solchen Weg. Das Theater nun lehrt uns wissen, indem es in uns die Gefühle aufregt, die wir hätten, wenn wir wüßten. Mit diesen Gefühlen versehen, werden wir die Welt mit mehr Aufmerksamkeit betrachten, und unsere Einsichten, falls wir sie erlangen, werden in diesen Gefühlen haften oder Wurzeln schlagen; denn daß ein Gedanke bloß gedacht ist, heißt nicht, daß man ihn auch hat. Das Theater zeigt wenig genau, wie die Welt ist, aber es zeigt überaus genau, was von der Welt zu halten ist.

– Wenn ich das begreife, o Ekbal, aber ich begreife nicht, warum man die richtigen Gefühle durch unrichtige Abbilder herstellen muß.

– Sie sind nicht unrichtig.

– Aber doch unähnlich.

– Sie sagen es, mein Freund. Das Hauptgefühl übrigens, welches was es auch sonst immer vorhat, das Theater hervorruft, ist das Gefühl, daß wir die Welt machen, nicht sie uns. Deswegen muß die Welt des Theaters kenntlich sein als eine gemachte, vom Fußboden bis zum Himmel.

– Oha! Wir machen den Himmel!

– Freilich. Wir Perser machen uns einen anderen als ihr Armenier, und die Babylonier machen sich wieder einen anderen als wir beide.

– Ich denke nicht, daß sie sich einen anderen Himmel machen. Sie machen sich nur andere Gedanken darüber.

– Das läuft, was die Folgen anlangt, ziemlich aufs Gleiche hinaus, nicht wahr? Der König im Theater also ist der König, aber er ist zugleich der Maler, der die Maske geschnitzt hat, der Schauspieler, der ihn darstellt, und der Dichter, der ihm Worte und Handlungen vorschreibt; wenn wir dies durchblicken lassen, so erzeugen wir das Gefühl, daß auch der wirkliche König . . .

– Halten Sie ein! Nicht weiter! Sie sind imstande anzudeuten, daß selbst der König von Menschen gemacht sei.

– Ich gebe zu, das ist ein sehr heikler Punkt. Aber weiß man es? Und wüßte mans, vielleicht würde man ihn nicht machen?
– Den Göttern Dank, wir sind angekommen. Um ein Haar hätte ich Sie jetzt geheißen, mein Schiff auf den Rücken zu nehmen und zurück nach Ninive zu tragen; aber da Sie mich so gut bezahlt haben, unterdrücke ich alle Anspielungen.

3

Einer der Gründe, aus denen Ekbal die Stadt Babylon liebte, war ihre Fähigkeit zu überraschen. Die Stadt änderte sich dauernd. Sie verblieb in einem Zustand nicht länger, als bis man an ihn gewöhnt war, oft nicht einmal so lange. Wenn man sich eben entschlossen hatte, sie wegen eines unerträglichen Zuges, der ihr mit Notwendigkeit anzuhaften schien, zu verdammen, legte sie ihn ab, aber sie war in gleicher Weise fähig, eine erfreuliche und allgemein begrüßte Eigenheit von einem Tag zum andern gegen eine barbarische Unart einzutauschen. Im großen und ganzen war sie auf einem guten Wege; darüber hinaus konnte man sich auf nichts verlassen. Städte und Frauen von solcher Beschaffenheit sind es, von denen man nicht loskommt.
Dennoch war Ekbal, der auf alles gefaßt war, überrascht.
Das Leben der Babylonier war glücklich geworden. Die Leute liefen mit sorglosen Mienen und neuen Gewändern in den Straßen herum, deren vierstöckige Häuser weiß in der Sonne schimmerten. Die Hirse war reichlich zu haben, zwei Seah Weizen kosteten einen Sekel. Die meisten Kuppeln waren frisch vergoldet, der Etemenasuki-Turm war um zwei weitere Mannslängen gewachsen, die neue Brücke über den Euphrat mit ihren erzenen Toren und mächtigen Steinquadern war frisch eröffnet, und als Ekbal die blau und ockerfarbene Prachtstraße zum Ischtar-Tor hinunter ging, fehlten die Gerüste, auf denen sonst eine ausschließlich für diesen Zweck bestellte Bauhütte damit beschäftigt war, die herabgefallenen Fliesen wieder anzukitten. Babylons Plätze waren überfüllt, heiter und weltläufig.
Babylons Theater waren leer, trostlos und elender als die in Susa,

Ninive oder jeder anderen persischen Provinzstadt. Dies ist die Liste der Vorstellungen, die Ekbal besuchte:

Die Liste fehlt, d. H.

Die neuen Stücke – jedenfalls ihre ersten Akte; denn mehr von ihnen zu sehen, war Ekbal außerstande – waren von unübertrefflicher Langweile. In ihnen, oder doch in ihren ersten Akten, geschah nichts. Wenn sie von großen Gegenständen handelten, taten sie es auf eine kindische und unglaubwürdige Weise; meistens jedoch handelten sie von den belanglosen Begebenheiten einiger mürrischer und verzagter Leute, die einander dauernd versicherten, daß sie ein goldenes Herz hätten. Keines von ihnen enthielt einen Gedanken, und ihre Sprache war von einer solchen Niedrigkeit, wie sie nicht in den Markthallen oder Destillen, höchstens auf behördlichen Formularen vorkommt.

Mit den Aufführungen verhielt es sich nicht besser. Die Schauspieler, deren Ruhm einst gewesen war, daß sie vermochten, die merkwürdigsten und wichtigsten Verhaltensweisen der Menschen aufzuspüren und in Gebärden, des Leibs oder der Rede, von edler und anmutiger Form erscheinen zu lassen, standen entweder sinnlos herum und dröhnten entmenschte Worte oder aber gaben sich völlig ungeniert und kochten und tranken ihren Kaffee auf der Bühne, so wie sie ihn zu Hause kochten und tranken. Die Dekorationen endlich waren wie die in Meiningen (einem Häuptlingsdorf an der irischen Küste), nur billiger.

»Babylon, wankelmütige!« rief Ekbal aus, »auf zwei Dinge hätte ich einen furchtbaren Eid geleistet: daß für alle Ewigkeit die Fliesen von deinen Wänden fallen würden und deine Theater genannt sein vor denen der bewohnten Erde. O Babylon!«

Indessen beruhigte er sich nicht bei diesem Ausruf, sondern schickte sich unverzüglich daran, die Ursachen solchen Verfalls zu erkunden.

4

Spielt offenbar in dem Bureau eines der führenden Schauspielhäuser. Gesprächspartner sind ein Schriftsteller, der ein Stück vorgelegt hat, und zwei Schriftstellhelfer. Einige Kommentatoren haben die Meinung vertreten, daß tatsächlich nicht zwei, sondern drei Schriftstellhelfer zugegen seien, und darauf gefußt, daß, obgleich nur zwei Schriftstellhelfer zu Wort kommen, einer derselben als »dritter Schriftstellhelfer« bezeichnet ist. Der Herausgeber schließt sich der verständigen Mehrzahl seiner Vorgänger an, die hier einen Flüchtigkeitsfehler Ekbals nachgewiesen haben. Es wäre völlig widersinnig anzunehmen, daß ein Kunstinstitut eine Person dafür bezahlt, daß sie während des Verlaufs einer so ausführlichen und so wichtigen Unterredung nichts sagt. (D. H.)

ERSTER SCHRIFTSTELLHELFER: Der Gesichtspunkt also, unter dem Sie Ihr Stück umschreiben müssen ...

SCHRIFTSTELLER: Wie, ich soll es umschreiben?

DRITTER SCHRIFTSTELLHELFER: Nun, das versteht sich ja von selbst.

SCHRIFTSTELLER: Aber ich glaubte, Sie hätten mich wissen lassen, daß Sie es annehmen würden.

DRITTER: Gewiß, mein Lieber, das haben wir.

SCHRIFTSTELLER: Um es aufzuführen.

DRITTER: Um es umzuschreiben. Das müssen wir doch nicht mehr besprechen; wir verhandeln hier doch nicht über das Ob, sondern über das Wie. Nichts entsteht ohne Zusammenarbeit. Sie schreiben für uns, wir denken für Sie; mit anderen Worten, Sie geben das Stück, wir die Gesichtspunkte.

ERSTER: Der Gesichtspunkt also ist: das Wahrliche.

SCHRIFTSTELLER (erbleichend): Wie, mein Stück wäre nicht wahrlich?

ERSTER: Natürlich nicht.

SCHRIFTSTELLER: Ich versichere Sie, ich habe mich mit meinem Gegenstand gründlich beschäftigt. Ich kann Ihnen Unterlagen über jeden einzelnen Vorgang ...

DRITTER: Es ist immer der alte Quas. (Zu dem Schriftsteller): Mein Lieber, der Begriff des Wahrlichen, auf dem, bei aller Breite und persönlichen Freiheit, jede Kunstauffassung beruhen muß, wird so hartnäckig mißverstanden, daß es schwer fällt, nicht an bösen Willen zu denken. Immer wieder vermischt man ihn mit Begriffen, mit denen er nicht das mindeste zu tun hat, wie dem des Wahren oder gar des Wahrhaftigen. Das Wahrliche, um es zum hundertsten Mal zu wiederholen, ist nicht schlechthin, was ist, auch nicht, was häufig ist, sondern ausschließlich dasjenige, wovon uns angenehm ist, daß es ist. Ich wollte, der Palast erlaubte uns, ein genaueres Wort zu verwenden, wie zum Beispiel: das Erfreuliche, oder: das Vorbildliche; wieviel Verwirrung oder – was wir Ihnen nicht unterstellen, aber oft genug erleben müssen – Böswilligkeit wäre mit einer solchen Wortwahl ausgeräumt. Sie sehen übrigens, daß wir uns hier nicht scheuen, den Palast zu tadeln; ich tat es soeben selbst.

SCHRIFTSTELLER: Ich habe nicht das Bedürfnis, den Palast zu tadeln, nicht einmal, wenn ich betrunken bin, und ich glaube, das zeigt sich in meinem Stück. Was daran finden Sie nicht wahrlich?

ERSTER: Ihr Stück spielt auf einer Hühnerfarm.

SCHRIFTSTELLER: Ja.

ERSTER: Das halten Sie für wahrlich?

SCHRIFTSTELLER: Unbedingt.

ERSTER: So haben Sie in Ihrer Weltfremdheit übersehen, daß auf einem königlichen Meierhof zu Uruk ein Tier gehalten wird, welches Vogel Strauß genannt ist und bereits mehrere Eier gelegt hat? Ein Straußenei hat das Gewicht von dreißig Hühnereiern; das bedeutet, ein Strauß ist dreißig Mal wahrlicher als ein Huhn.

SCHRIFTSTELLER: Ich verstehe nicht, was Sie damit sagen wollen.

ERSTER: Daß Sie aus Ihrer Hühnerfarm eine Straußenfarm machen müssen.

SCHRIFTSTELLER: Obgleich es im ganzen Reiche erst einen Strauß gibt?

ERSTER: Das spielt keine Rolle. Seit dem Tage, wo es den Strauß gab, sind sämtliche Hühner vom Gesichtspunkt des Wahrlichen her nichtexistent.

SCHRIFTSTELLER: Nun gut, ich widerspreche Ihnen nicht.

ERSTER: Sie werden das ändern?

SCHRIFTSTELLER: O nein.

ERSTER: Wie, nicht?

SCHRIFTSTELLER: (mit einem tückischen Grinsen): Ich habe von meinem Bruder, der soeben aus Uruk eintraf, sichere Nachricht erhalten, daß der Strauß vor drei Tagen gestorben ist. Hiermit, denke ich, ist der Punkt erledigt.

DRITTER: Keineswegs. Wir sind vielmehr gezwungen, noch tiefer zu forschen, noch wissenschaftlicher vorzugehen. Die Frage stellt sich nunmehr so: kann wahrlich sein, was es nicht gibt?

SCHRIFTSTELLER: Ihrer eigenen Bestimmung zufolge ...

DRITTER: Die ist kein Dogma. Wir könnten sie ausdehnen auf Sachen, die es nicht gibt, aber geben wird.

SCHRIFTSTELLER: Und gesetzt, eine Straußenpest rottete mit einem Schlag alle Strauße der Welt aus?

DRITTER: Würden wir Sie dennoch ersuchen, Ihr Stück auf einer Straußenfarm handeln zu lassen, und zwar ohne anzudeuten, dies sei etwas Seltenes oder gar Unwirkliches. Und ich erlaube mir die Bemerkung, daß Ihr Wille zur Zusammenarbeit ebenso gering ist wie Ihr Betragen hochmütig.

SCHRIFTSTELLER: Ich wollte Sie nicht verstimmen. Mir liegt viel daran, mein Stück an Ihrem Theater aufführen ...

DRITTER: umschreiben ...

SCHRIFTSTELLER: zu lassen. Aber nach welcher Bestimmung des Wahrlichen müßte ich meine Hühner durch Strauße ersetzen, auch in dem Fall, daß die letzteren ausgestorben wären?

DRITTER: Wahrlich ist, was verlangt w ...

Hier folgt eine durch Verschmutzung unleserliche Stelle. Anscheinend hat sich, während besagten Schmutzes, der Schriftsteller zurückgezogen.

EKBAL: Ich wollte mich in Ihr Gespräch, obgleich es viel Bemerkenswertes enthielt, nicht einmischen; deshalb begrüße ich Ihre sehr freundliche Bereitschaft, meine Neugier weiterhin zu befriedigen. Wie entstand diese neuartige Arbeitsweise?

DRITTER: Unsere Bühnendichter haben versagt.

EKBAL: Das finden Sie also auch!

DRITTER: Wer fände das nicht? Da nun offenbar diejenigen, die dichten können, nicht dichten können, haben wir vernünftigerweise beschlossen, das Dichten den Leuten zu übertragen, die es nicht können, beispielsweise uns.

EKBAL: Glauben Sie denn, ein Genie wäre so leicht zu erzeugen?

DRITTER: Freilich, das folgern wir daraus, wie leicht es ist, eins zu verderben.

EKBAL: Gibt es schon Theaterstücke, die nach diesem Verfahren hergestellt sind?

ERSTER: O ja, mein Herr, eines, und es ist überwältigend. Der Autor hat mit neunzehn Schriftstellhelfern zusammengearbeitet, und er hat überdies jede einzelne Szene, sobald sie den genügenden Grad von Wahrlichkeit erreicht hatte, einer Gruppe von einflußreichen Nichtdichtern vorgelesen.

EKBAL: Ich brenne darauf, es zu sehen. Wie heißt es?

ERSTER UND DRITTER: Es heißt: »Frau Nzifl«.

5 (a)

... zwei berühmte Theaterdichter. Der eine von ihnen hatte, weil er den größten Teil des Tages in den Kolonnaden des Palasts zubrachte, den Spitznamen »der Bey« erhalten; der andere wurde, seiner bettelhaften Kleidung wegen, »der Mullah« genannt. Von dem Mullah hatte Ekbal, obgleich er regelmäßig die babylonische Fachpresse verfolgte, seit langem nichts gehört, und er war zu der Überzeugung gelangt, daß dieser Mensch verhungert oder in einer Schiffsanlegehalle erfroren sein müsse. Herrlich erblüht aber wie eine jener Wunderpflanzen, welche die bengalischen Fakire aus nichts emporwachsen lassen, war der Ruhm des Bey. Er nun eben hatte jenes Stück »Frau Nzifl«, dessen Besuch Ekbal so sehr empfohlen worden war, verfaßt, und Ekbal begab sich voll hochgespannter Erwartungen in den Babylonischen Eng-Tempel, wo »Frau Nzifl« vorgeführt wurde.

5 (b)

Der Babylonische Eng-Tempel war die Gründung eines eurasischen Heiligen namens Bebe. Auf seinem Sterbebette hatte Bebe eigenhändig eine Rolle von Seidenpapier mit den Zeichen der vier Eigenschaften betuscht, die, seiner Lehre zufolge, Theater haben sollte; es waren dies aber die Eigenschaften Größe, Umwälzungskraft, Lebendigkeit und Sorgfalt. Hiernach war er verstorben, und bei dem entstandenen Streit unter den Erben war die Rolle zerrissen worden. Ihre Teile waren in verschiedene Hände gelangt; nur der Fetzen, der das Zeichen für »Sorgfalt« aufwies, war im Tempel verblieben. Nach ihm nun wurde verfahren; die restlichen drei Eigenschaften wurden zu Ketzerei erklärt, und es verhielt sich eigentlich so, daß fast jeder, der von Bebe gar nichts wußte, ihn besser verstanden hatte als die Tempelwächter, aber die besaßen das Zeichen, und keiner konnte da recht was machen.
Die Theorie des Eng-Bebeismus besagte, daß, mittels Sorgfalt, aus vielem Belanglosen Hervorragendes entstünde. Aus vieler Mühe, so lehrte man, wird Erfindung, aus vieler Einfalt: Vielfalt, aus vielem Gerede: Handeln, aus vieler Zeit: Neues. Unter Berücksichtigung dieser Grundsätze hatte man an der Herstellung des Textes und der Aufführung der »Nzifl« zehn Jahre lang gearbeitet.
Der jetzige Hauptpriester des Tempels hieß Wewe.

5 (c)

Das Stück begann mit allerlei alltäglichen Hin- und Widerworten; jedoch bald stellte Ekbal zu seiner Überraschung fest, daß es sich um ein Geisterdrama handelte. Die Hauptpersonen nämlich waren die Frau Nzifl, eine durch Kriegswirren von Hyrkanien ins Babylonische verschlagene Witfrau, und ein mächtiger Spirit namens Marduk. Die Nzifl war eine zänkische und verwirrte Alte von dem Schlage, in dem Bosheit und Dummheit einander ins Unermeßliche steigern, und sie bekämpfte, quälend und unberaten wie ein Insekt, alle Einrichtungen, die der König von Babylon zum Wohl seiner Untertanen getroffen hatte. Jedesmal aber, wenn sie – und sie war ja stellvertretend für die Hefe des Pöbels – einen Angriff gegen Staat

und Palast begonnen hatte, griff der Spirit ein und verwandelte durch ein Wunder den Schaden in einen Segen, und bei jeder solchen Gelegenheit bewegte er einen ihrer fünf Söhne, daß der seine Erziehung vergaß, sich von seiner Mutter lossagte und beim König Dienst nahm. Ekbal begriff, warum das Stück solchen Beifall bei den Behörden gefunden hatte. Es bewies, daß der Staat Babylon, da nicht von Menschen, sondern vom Himmel gelenkt, unzerstörbar war, und daß er über eine spezielle Schutzgottheit verfügte, die alle Torheiten seiner Beamten und alle Schandtaten seiner Feinde zu einem dem Gemeinwesen förderlichen Ausgang umbog.
Der sorgfältige Stil, in dem das vorgeführt wurde, war magisch-allegorisch. Die Gebärden und Gänge der Schauspieler gründeten sich nicht auf das, was sie eben taten, sondern beinhalteten stets eine Mitteilung über die Welt der Gestirne.
Ekbal hatte den Dreh der Sache rasch herausgefunden, und als die zweite Intrige der Nzifl durch den Spirit Marduk abgewendet und der zweite Sohn zur Königstreue bekehrt war, rechnete er sich aus, daß sich, da noch drei Söhne übrig waren, der gleiche Vorgang in der gleichen Weise noch drei Mal wiederholen würde. So entschlummerte er in seinem Sessel und gab sich einem erquickenden Schlaf hin, aus welchem ihn erst die Pausenklingel in ein kunstliebendes, wissensdurstiges und sorgenvolles Dasein zurückrief.

5 (d)

Während der Pause bat Ekbal einen der Bediensteten, ihm die Räume zu zeigen, die der Erinnerung an den großen Bebe geweiht waren. Es stellte sich heraus, daß nicht weniger als alle Räume an Bebe erinnerten; ein Umstand, der in Ekbal ein Gefühl von Fremdheit aufkommen ließ, denn soweit er sich entsann, hatten zu Lebzeiten Bebes die Räume an überhaupt niemanden erinnert. Im Kleidermuseum lag ein grauer Mönchsrock auf einem Stuhl. Ekbal bemerkte in dem Tuch eine wandernde Ausbeulung und schloß, daß sich etwas darunter bewege; »Vorsicht«, rief er, »eine Ratte.« – »Nicht doch«, erwiderte sein Führer, »das ist unser Wewe, er trägt die Sachen des Alten auf.«

»Entschuldigen Sie«, sagte Wewe zu Ekbal, »wenn ich in meiner Beschäftigung fortfahre, aber es kommen so viele Besucher hierher, Leute aus Gallien und Sansibar und Korea und Ionien und Leute mit Drachenflügeln, Fischschwänzen und Stirnaugen, darüber hinaus Leute aus kaum erforschten Ländern, unentdeckten Ländern, Ländern, die es aller Wahrscheinlichkeit nach nicht einmal gibt . . .« Er ließ den Satz, der offenkundig längst nicht mehr auf eine grammatisch korrekte Weise zu Ende zu bringen war, in ein Murmeln auslaufen; Ekbal ergänzte ihn in Gedanken und verstand, daß Wewe sich nicht jedem dieser Besucher ungeteilt widmen könne. »Ich sehe«, sagte er höflich, »daß Sie schreiben; sicherlich an einem bedeutenden Drama.«

»An einem Brief«, berichtigte Wewe. »Der Tempel schreibt ausschließlich Briefe. Dieser Brief betrifft einen libyschen Altertumsforscher, dessen Enthauptung ich fordere, weil er sich geweigert hat, bei mir zu sitzen und mit mir Bier zu trinken.«

»Enthauptung«, fragte Ekbal, »ist das nicht eine ziemlich hohe Strafe?«

»Die höchste«, sagte Wewe.

»Das Vergehen«, sagte Ekbal, »ist schließlich . . .«

»Das höchste«, fiel Wewe ein, »auch wenn es Ihnen gering vorkommt.«

»Wie begründen Sie das?« fragte Ekbal neugierig.

»Folgendermaßen«, erwiderte Wewe. »Der große Bebe war ein vollkommener Heiliger; der Tempel ist Bebe. Wer einen kleinen Tadel am Tempel übt – und es genügt, daß der Betreffende sich weigert, in unserer Gesellschaft Bier zu trinken, oder daß er Talent besitzt, oder daß er die Haare von vorn nach hinten kämmt – tadelt das Vollkommene. Ein Verbrechen am Vollkommenen aber ist ein vollkommenes Verbrechen. So besteht unsere einzige und sehr ermüdende Tätigkeit darin, diese vollkommenen Verbrecher mit Briefen zu verfolgen, und zwar 1. mit öffentlichen, welche wir an die Stadtmauer anschlagen, und 2. mit geheimen, die wir direkt an die verschiedenen Bureaux im Palast senden. Wollen wir nicht in die Kantine gehen und ein Glas Bier miteinander trinken?«

»Gern«, sagte Ekbal mit einer tiefen Verbeugung.

5 (e)

Auf diese Weise versäumte Ekbal das erregende Geschick des vierten und fünften Sohnes Nzifl, und er erreichte seine Loge nur eben rechtzeitig, um das berühmte Schlußtableau mit anzusehen. Offenbar war es Marduk, dem Spirit, gelungen, auch das stumpfsinnige Gemüt der Nzifl zu enthärten und sie, zu des gesamten Publikums gewaltiger Verwunderung, mit ihren fünf Söhnen zu vereinen. Im nüchternen Licht des Eng-Tempels war somit die allerrührendste Gruppe angeordnet. Die Frau Nzifl segnete ihre fünf Söhne; zur gleichen Zeit segnete der König, der überraschend aufgetreten war, sie und die fünf Söhne, und der Spirit wiederum schwebte über allen und segnete den König und die ganze Familie Nzifl.

6 (a)

Ekbal verfügte sich zu dem Höchstoberen Theatereunuchen, einem würdigen Herrn, den er auf jeder seiner babylonischen Reisen zu besuchen pflegte und dessen Gesellschaft er schätzte. Der Höchstobere Theatereunuch war kunst- und kinderliebend, obgleich er diese wie jene nicht selbst machen konnte. Er hatte eine dicke Nase, einen dicken Bauch und einen feinen Geschmack. Als Ekbal sich gegen zwei Uhr mittags bei ihm anmelden ließ, schüttelte er ihm herzlich die Hand, sagte alle anderen Verabredungen des Tages ab und führte ihn in einen hübschen, kühlen Garten, wo sie im Schatten einer Zeder Platz nahmen. Ekbal fragte:
»Warum ist das babylonische Theater so sauschlecht?«
Der Höchstobere blickte ihn verwundert an. »Es ist besser als je«, sagte er.

6 (b)

Einige Aussprüche des Höchstoberen Theatereunuchen:
Der schöpferische Prozeß besteht in Folgendem: der Künstler studiert die Beschlüsse des Palasts und sucht Beispiele dazu.
Um über ein Kunstwerk wissenschaftlich zu urteilen, darf man es

nicht lesen, sondern man muß hören, was sich in der Beamtenschaft über es herumspricht. Nur so erfährt man – ungetrübt durch Redegewandtheit oder artistisches Geschick – das ästhetisch Wesentliche: die Wirkung.
Ein Künstler, der, um den Preis seines Vermögens und Halses, darauf besteht, das vorzutragen, was er für die Wahrheit hält, ist ein Zyniker. Denn er stellt Wahrheit über Übereinkunft, Menschlichkeit über den Menschen. Wer die Wahrheit zu sehr liebt, liebt die Welt nicht.
Künstler sind grundsätzlich niedriger Arbeitsmoral zu beschuldigen. Keine Gesellschaft könnte aus Leuten bestehen, die freiwillig unbestellte Arbeit machen.
Die Künstler wollen Babylon besser als es ist, die Staatsverbrecher wollen es schlechter. Beide wollen es anders.
Will ein Künstler dem Tadel an seinen Irrtümern entgehen, indem er die Irrtümer eingesteht, muß man von ihm fordern, daß er, zusätzlich, allgemein anerkannte Wahrheiten als Irrtümer verwirft. Das bezweckte Ergebnis eines Tadels ist nicht Einsicht, sondern Demut.

6 (c)

»Warum«, fragte Ekbal gegen elf Uhr abends, »ist das babylonische Theater so sauschlecht?«
»Weil Babylon blüht«, sagte der Eunuch.
»Ich höre«, sagte Ekbal.
»Wodurch blüht Babylon?« fragte der Eunuch. »Es blüht dadurch, daß es eine stattliche Zahl von Kupferschmieden besitzt und einen König – den größten in seiner Geschichte – der die Gilde der Kupferschmiede fördert, privilegiert und ermutigt und ihnen gestattet, sich und den Staat zu bereichern. Unser König – denn es ist nötig, daß ich auf ihn zu sprechen komme – hat eine Eigenart: er tut, was er tut, im Geheimen. Er deckt strenges Stillschweigen über alle seine Handlungen, insonders die rühmlichen. Deshalb sind die Künstler, die sämtlich zu seinen treuesten Anhängern zählen, seine Hauptfeinde.«

»Ich sehe noch nicht durch«, sagte der Theaterreisende.

»Neben der Gilde der Kupferschmiede«, fuhr der Eunuch fort, »gibt es eine zweite einflußreiche Zunft in unserem Land: die der Lanzenreiter. Bis vor kurzem gehörte ihnen die Macht allein, jetzt müssen sie sie mit den Kupferschmieden teilen. Beide Zünfte sind für den babylonischen Staat durchaus unentbehrlich. Die Lanzenreiter verteidigen ihn gegen die menschenfressenden Kilikier im Westen; die Kupferschmiede machen ihn schön und bewohnenswert. Das Unglück besteht nun darin, daß diese beiden unentbehrlichen Zünfte einander nicht ausstehen können. Die meisten Lanzenreiter sind im zivilen Leben faule, schmutzige und ungebürstete Burschen; die meisten Kupferschmiede würden niemals eine Lanze in die Hand nehmen.«

»Und für wen ist der König?« fragte Ekbal.

»Für beide«, sagte der Eunuch, »was bewirkt, daß beide ihn hassen.«

»Warum stürzen sie ihn dann nicht?« fragte Ekbal.

»Weil die Kupferschmiede fürchten, ihm würde ein Lanzenreiter folgen, und die Lanzenreiter, er könne durch einen Kupferschmied ersetzt werden. So ist seine Herrschaft ganz sicher; jede Zunft unterstützt ihn bedingungslos gegen die andere. Aber er muß natürlich vermeiden, seine Gründe zu nennen oder die innere Einrichtung unseres Landes bekannt werden zu lassen; die Lage ist nur stabil, solange sie unklar bleibt. Alle Schriftgelehrten sind angewiesen, über Dinge zu schreiben, die nicht sind, und über die Dinge, die sind, zu schweigen, auch wenn sie zu Babylons Ruhm und Ehre beitragen.«

Ein vermummter Schwarzer, der in den Farben des Königs gekleidet war, betrat den Garten und überreichte dem Höchstoberen Theatereunuchen ein Päckchen. Das Päckchen enthielt eine seidene Schnur.

»Ach, mein lieber Ekbal«, sagte der Eunuch und blickte nach dem Stand des schon aufgegangenen Mondes; »da haben wir uns wieder einmal richtig verplaudert.«

7

Eines Tages, als Ekbal an der geweißten Backsteinmauer der Zitadelle entlangschlenderte, fiel ihm eine Anzahl von Leuten auf, welche, aus verschiedenen Richtungen herbeieilend, in einer engen Pforte verschwanden. Neben der Pforte klebte eine Affiche, und Ekbal las zu seiner Überraschung, daß an diesem ungewöhnlichen Orte ein neues Stück des (von ihm totgeglaubten) Mullah aufgeführt werde. Der Titel des Stücks bestand aus einem im Persischen schwer wiederzugebenden Wort und bedeutete etwa so viel wie »Die Landfremde« oder »Die Gastrecht Heischende«. Ekbal hatte, obgleich, wie er später erfuhr, derartige Affichen an mehreren Stellen der Stadt angeschlagen und auch Auszüge des Stücks in der Zeitschrift »Heiliger Tag« veröffentlicht waren, von dem Stattfinden der Veranstaltung nichts gewußt, und er dankte dem Zufall, der ihn zu dieser Stunde zu diesem Ort geleitet hatte. Er löste eine Karte, folgte den anderen Besuchern einen schattigen Gang hinab und gelangte in einen Kellerraum, wo sich zum ersten – und, denn das sollte sich in Kürze herausstellen, letzten – Male der Vorhang über dieser vortrefflichen Komödie hob und senkte.

Die »Landfremde» war ein patriotisches Stück aus der Zeit des Mazdakitenaufstandes; es handelte von der Inbesitznahme einer ländlichen Gegend durch die Armen und von der Vergeblichkeit der Gegenwehr der Reichen. Mit dem Land, so zeigte das Stück, erwarben die Armen auch unstoffliche Reichtümer wie Schönheit, Würde und Seelengröße, insonders führte es Frauen vor, die, befreit aus doppelter Not, alles ängstliche und zänkische Benehmen abgeworfen hatten und in den Streitigkeiten der Geschlechter Haltungen keuschesten Stolzes an den Tag legten. Verse von solcher Wucht waren auf dem babylonischen Theater bisher nicht vernommen und Szenen von solch tragischer oder burlesker Kühnheit nicht gesehen worden. Der Haupteindruck aber, den Ekbal empfing, war der einer spröden Scheu und äußersten Zartheit; denn wie der Einsiedlerkrebs den verletzlichen Leib in einem Schneckenhaus verbirgt, verbarg der Mullah in vollkommener Form sein leider allzu verletzliches Gemüt.

Nun hatte der Mullah für dieses Stück eine szenische Neuerung erfunden. Alle Schauspieler betraten die Bühne mit dem Rücken zum Publikum und zeigten demselben erst eine zeitlang ihre hintere Seite, bevor sie sich, im Laufe der Handlung, umwandten und ihre Gesichter sehen ließen. Ekbal verstand sogleich den Zweck dieses Verfahrens: die schöne Tatsache, daß der Mensch ein Gesicht hat, sollte nicht vorausgesetzt und damit vergessen, sondern entdeckt und damit erwogen werden. Um Ekbal herum aber saßen die Kritiker der babylonischen Zeitungen. Sie begannen, miteinander zu tuscheln, und sie tuschelten so laut, daß Ekbal, trotz seiner Begeisterung, gezwungen war, auf das hinzuhören, was sie sagten. Offenbar waren sie unfähig, über eine Sache mehr als einen Gedanken zu haben oder eine einmal gehabte Meinung mittels des Augenscheins zu berichtigen, und sie behaupteten, des Mullahs Personnage bestünde ausschließlich aus Ärschen, was eine Beleidigung der dörflichen Händerührer* darstelle; einige äußerten sogar, sie selbst bestünden, wie ihnen ihr Spiegel zeige, nur aus Vorderseiten. Das Tuscheln und Murren schwoll immer mehr an und übertönte bald die Stimmen der Schauspieler. Plötzlich drang eine Rotte von Lanzenreitern . . .

8 (a)

In seinem Hotel fand Ekbal einen Brief vor, den die Akademie der erbaulichen Künste an ihn gerichtet hatte. »Hochverehrter Herr Ekbál«, so lautete der Brief, »da wir auf das Urteil Fremder, wenn

* Den Sinn des Ausdrucks »Händerührer« hat die Forschung nie ergründen können, obgleich sich aus allen zeitgenössischen Dokumenten ein ziemlich klarer Sprachgebrauch ergibt: Kein Kritiker bezeichnet seine Meinung als seine Meinung, sondern er stellt sie dar als die der Händerührer. Was für eine Art von Individuen nun aber diese Händerührer gewesen sein mögen, läßt sich nicht ermitteln, noch schließen. Die aufgestellte Theorie, es handle sich um die Geldgeber der Kritiker, steht auf schwachen Füßen, da das Idiom lautet: unsere Händerührer, nicht, wie es dann heißen müßte: meine Händerührer. Vermutlich sind sie überhaupt keine Menschen – für welche Annahme spricht, daß ihnen die widernatürlichsten und auseinanderstrebendsten Urteile zugeschrieben werden –, sondern Personifikationen der Alpträume des betreffenden Kritikers, oder, wie neuerdings vorgeschlagen wird, seine Ahnen. D. H.

es günstig ist, stets sehr hohen Wert legen, erlauben wir uns die höfliche Anfrage, ob Sie bereit wären, unsere nächste Versammlung durch einen Vortrag zu schmücken.« Außer diesem Satz enthielt das Blatt noch die Unterschrift des Direktors und die Versicherung, daß dieser so freundlich sei, Ekbal zu grüßen. Ekbal sagte zu.
Er erschien zu der vereinbarten Zeit und wurde von einem Greis empfangen, dessen Alter er nicht zu schätzen vermochte; in den Jahrgängen über hundert fehlte es ihm an Erfahrung. Der Greis ging nicht auf seinen eigenen Beinen herum, sondern ließ sich von einem siebenjährigen Mädchen auf den Armen tragen. Da er längst alles Überflüssige hinter sich gelassen hatte, wog er nicht mehr viel. Er bat Ekbal, an dem Tisch der Bevorzugten Ränge Platz zu nehmen, wo, wie er erklärte, er selbst die Leitung der Versammlung innehatte.
»Auch bei uns in Persien«, sagte Ekbal, um irgend etwas zu sagen, »ist es Sitte, daß der Älteste den Vorsitz führt.«
»Bei uns nicht«, sagte der Greis. »Bei uns tut es immer und unbedingt der Jüngste.«
»Ha ha«, sagte Ekbal, der auf den Scherz, für den er diese Auskunft nahm, einzugehen trachtete, »Sie sind sicher kaum über zwanzig.«
»Zwanzig Tage?« sagte der Greis mißmutig, »das ist weit gefehlt. Ich bin jetzt, fast auf die Minute, zwei Tage alt.«
Nun begann Ekbal zu glauben, daß der Alte vielleicht nicht mehr ganz richtig im Kopf sei, und er sagte in dem geduldigen und vertrauensvollen Tone, in dem man zu Irren spricht: »Wie, mein Herr, zwei Tage schon, und ich hätte gewettet, Sie seien erst gestern geboren.«
»Doch nicht geboren«, sagte der Greis. »Umgeboren. Aber ich vergesse, daß Sie aus dem rückständigen Teil der Welt stammen und unsere verbesserte Lebensweise kaum kennen.«
»Durch einige Aufschlüsse hierüber«, sagte Ekbal, »würden Sie mich unendlich verpflichten.«
»Wir babylonischen Kulturschaffenden«, sagte der Greis, »gehören, mit nur wenigen bedauerlichen Ausnahmen, zu der Sekte der

Umgeborenen. Sobald nämlich unsere Seele die mindesten Unreinheiten zu zeigen beginnt, begeben wir uns, in Bußgewänder gehüllt, zum Tempel der Ischtar, wo uns, in einer feierlichen und sehr heiligen Handlung, die Göttin eine neue, fleckenlose Seele verleiht. Diesen Tag begehen wir dann als unseren Umgeburtstag, und der meinige, wie ich Ihnen bereits mitteilte, liegt eben achtundvierzig Stunden zurück.«

»Wie oft wurden Sie schon umgeboren?« fragte Ekbal.

»Siebenundneunzig Mal«, entgegnete der Greis, »aber es gilt als ungemein taktlos, diese Frage zu stellen. Sie setzt voraus, daß der Mensch ein dauerhaftes Wesen sei, welches, sofern diese besagte Voraussetzung richtig wäre, von Übelmeinenden als wankelmütig bezeichnet werden könnte. In Wahrheit aber wird man durch den Akt der Umgeburt eine durchaus andere Person, eine Person, die von sich mit dem größten Recht sagen kann, sie habe nie während ihres ganzen Lebens die Meinung geändert.«

Mit dieser Mitteilung beendete der Vorsitzende das Gespräch. Er ließ sich von dem Mädchen eine Glocke in die zitternde Hand drükken; das Mädchen schüttelte seinen Unterarm, und die Versammlung war eröffnet.

8 (b)

Aus Ekbals Vortrag vor der Akademie der erbaulichen Künste.

– Wenn ich von der dramatischen Kunst Totalität fordere, so will ich natürlich nicht sagen, daß ein Theaterstück alle Dinge oder Bewegungen der Welt in ihrer Vollzahl enthalten müsse. Gestatten Sie mir, verehrte Herrschaften, meine Idee anhand eines Bildes deutlich zu machen. Die Welt ist rund und also einem Käse vergleichbar. Schneidet man den Käse auf, kann dies so geschehen, daß der Mittelpunkt auf den Schnitt zu liegen kommt, wodurch zwei Halbkugeln von größtmöglicher Grundfläche entstehen. Es gibt außerdem Schnitte, die den Mittelpunkt nicht treffen, sondern von dem Innern des Käses kleinere Kreise bloßlegen. Auch im Drama kann man die Welt von unendlich vielen Punkten der Oberfläche her in unendlich vielen Richtungen aufschneiden. Totalität aber meint, daß der Käse, ob längs, schräg oder senkrecht, jedenfalls mittendurch geschnitten sein muß.

8 (c)

Fragen von Akademiemitgliedern.

– Sie sagen, die Welt sei Käse; soll das auch für Babylon gelten?

– Sie sagen, alle Dramatiker seien Aufschneider; wenden Sie das auch auf jene Dramatiker an, die Mitglieder der Umgeborenen-Gemeinde sind?

8 (d)

Schlußwort des Vorsitzenden.

– Wir wollen doch, bei allem Freimut der Kritik, dem Vortragenden zunächst einmal für seine scharfsinnigen und wohldurchdachten Ausführungen danken. Ich gestehe, daß ich persönlich ihm mit stets regem Interesse gefolgt bin und sehr vieles für richtig oder jedenfalls bedenkenswert halte. Mir ist nur eine einzige Stelle nicht vollkommen klar geworden: wen meint er mit den »kleineren Greisen«, die man »bloßstellen« müsse?

9

Eine Notiz Ekbals, stark beschädigt

(1) . . .se Akademiker (2) s.nd verdammte (3) Idio . . .

Ergänzungsversuch des Herausgebers

(1) *gewisse*

(2) *sind* (?)

(3) *Idiognomiker* (?), *Idiopathen* (??), *Idiogyne* (?)

10

In den meisten Ländern gilt für wahr, daß die Welt eine bewegliche Sache sei und daß die Literatur, welche ja mit der Welt auf irgendeine Weise verkettet ist, sich folglich ebenfalls in Bewegung befinden müsse. Bewegung aber entsteht, indem die einzelnen Bestandteile einer Sache sich gegenseitig bekämpfen. In diesem Kampf erweisen und vervollkommnen sie ihre jeweiligen Vorzüge, verän-

dern sich, bilden ein stets neues Muster und verleihen also der Sache, die sie in ihrer Gesamtheit darstellen, eine unablässig wechselnde und unablässig sich verbessernde Beschaffenheit. Dies ist der Grund, warum Dichter mit unterschiedlichen Zielen sich mit ziemlich großer Erbitterung befehden; um sich aber wirksamer befehden zu können, pflegen sich diejenigen Dichter, die ähnliche Ziele verfolgen, in Gruppen zueinander zu finden. Anders in Babylon. In Babylon zählte man – neben dem Sternhimmel, der Regierung und dem Turm – die Literatur zu den unbeweglichen Sachen, und man hatte alle die einander feindlichen Dichter in einem Verein zusammengeschlossen, welcher den Namen »Eintracht« trug.
Es hatte sich nun eben zu der Zeit, da Ekbal in Babylon weilte, das Unumstößliche Orakel vernehmen lassen, zum zweiundzwanzigsten Mal seit seinem Bestehen. Mit großem Donner hatte es die Zulässigkeit der unerbetenen Rede verkündet. Zu Ehren des zweiundzwanzigsten Orakels hatte der Verein »Eintracht« seine Angehörigen versammelt und beschlossen, den Anlaß durch Verstoßung des Mullah aus dem Verein zu feiern. Auch Ekbal wurde zu der Festlichkeit geladen. Die Rolle des öffentlichen Beschuldigers war einem Rezensenten zugeteilt worden, den Ekbal nicht kannte; sein Name war Dr. Grauhals.

DR. GRAUHALS: Das Stück »Die Landfremde« ist einer der schrecklichsten und gefährlichsten Anschläge gegen den babylonischen Staat. Zum Beweis genügt allein die Tatsache, daß es auf verschwörerische Weise dargeboten wurde: ohne Wissen der Obrigkeit in den Katakomben der Zitadelle.

EKBAL: Entschuldigen Sie, wenn ich mich einmische. Aber da hier sonst niemand sich äußern mag, wird es Sie sicher freuen, von mir zu erfahren, daß Sie sich irren. Die Aufführung war ja durch Affichen und im »Heiligen Tag« angekündigt, und es hat auch eine königliche Kommission die Probe besucht.

DR. GRAUHALS: In dieser Öffentlichmachung liegt ja eben das Geheimhalten. Da die Aufführung so lautstark angekündigt war, konnte keiner vermuten, wie gefährlich sie ist, und mithin kümmerte sich niemand darum. Wäre sie in aller Stille vorbereitet worden, wäre das sofort aufgefallen, und der Tatbestand der Verschwörung läge dann nicht vor.

EKBAL: Zum Verständnis dieses Arguments fehlt mir vielleicht der Einblick, aber ich habe, offen zu sein, nichts Gefährliches an dem Stück gehört oder gesehen.

DR. GRAUHALS: Das Stück vertritt zwei Lehrmeinungen, die ich selbst hier, unter Rechtdenkenden, nur mit Schauder anführe. Es behauptet erstens, daß Kinder gezeugt würden durch wechselseitige Berührung der Geschlechtsteile eines Mannes und eines Weibes, und es sagt zweitens, daß es nicht genüge, einen für glücklich zu erklären, damit er es sei.

EKBAL: Stimmt das denn nicht?

DR. GRAUHALS: Kein Wort davon; denn der Mullah hat, wie wir herausbekommen haben, 2000 Sekel und zwei Groschen sächsisch Schulden.

EKBAL: Viele große Dichter haben Schulden.

DR. GRAUHALS: Der Mullah ist nicht nur kein großer Dichter, er ist überhaupt kein Dichter.

EKBAL: Wie?

DR. GRAUHALS: Sie sehen doch selbst, lieber Freund, sein Stück wird nirgends gespielt.

DER PRÄSIDENT DES VEREINS »EINTRACHT«: Gestatten Sie mir, die nützliche und freundschaftliche Debatte zu unterbrechen. Soeben erhalte ich ein Dokument, das geeignet ist, alle strittigen Punkte durchaus zu klären; es handelt sich um die Abschrift eines Briefes des Babylonischen Eng-Tempels an den König. (Er verliest, unter atemlosem Schweigen aller Anwesenden den Brief): »Sire, wir haben das Stück des Mullah gesehen und verlangen seine sofortige Enthauptung. Im Namen des Babylonischen Eng-Tempels, der Bey.« (Der Präsident nimmt den Faden seiner Rede wieder auf): Das dürfte genügen. Ich stelle fest, daß die Verstoßung des Mullah aus dem Verein einstimmig – Sie, Herr Ekbal, haben bei uns leider keine Stimme – beschlossen ist; wir übergeben ihn zur weiteren Verfolgung den weltlichen Organen.

11

Die babylonische Gesetzgebung sah für unbotmäßige Schriftsteller zwei Strafen vor: die Strafe der Erörterung und die Strafe der Verbannung.

Die Strafe der Erörterung bestand in folgender Prozedur. Der Delinquent wurde auf dem Marktplatz an eine Säule gefesselt und mußte mit jedem, der das wollte, seine Sache erörtern. Als seine Gegner wurden aber nicht etwa Leute geschickt, die Bescheid wußten und ihn durch Gründe zu überführen vermochten, sondern vielmehr solche, die gar nichts wußten und sich auch für den Fall nicht interessierten. So war der Delinquent gezwungen, ihnen erst einmal auseinanderzusetzen, um was es eigentlich ging. Sobald er sich aber seinem Gesprächspartner von Grund auf erklärt hatte, verließ dieser den Markt, und ein anderer trat auf den Plan; dieser Vorgang wiederholte sich so lange, bis der Verurteilte durch Erschöpfung zusammengebrochen war.

Der Mullah fand milde Richter und wurde zur Verbannung in die Nefud-Wüste begnadigt.

Einschub des Herausgebers

An dieser Stelle enden – von einer letzten (Frgmt 12) abgesehen – die Aufzeichnungen des Persers Ekbal; indessen enthält die Akte der babylonischen Geheimpolizei noch weitere 4022 Dokumente. Es handelt sich um 4019 Bittschriften, Gnadengesuche, Treueversprechen und Huldigungsadressen sowie ein äußerst umfangreiches Lobgedicht, betitelt: »Über den Bau der drei Euphratschlingen durch die Königin Nitokris während der Regenzeit«, welche der Mullah von seinem Verbannungsort aus an den König gesandt hatte. Das 4020ste ist ein Antrag des Generalpostmeisters der mittäglichen Region. Wir geben ihn, benebst einer Stellungnahme des Häuptlings der Lanzenreiter und dem königlichen Urteil, im Wortlaut wieder.

(4020) Antrag des Postmeisters

Der Postmeister der mittäglichen Region legt sein Leben zu Füßen

des allererhabensten Königs. Er erlaubt sich zu bemerken, daß der Postverkehr zwischen der Nefud-Wüste und der Hauptstadt gering ist, denn die dort stationierten Lanzenreiter können weder schreiben noch lesen. Der gesamte Nachrichtendienst wird mittels eines einzigen Postdromedars besorgt, welches den Weg jeden dritten Monat zurücklegt. Inzwischen ist hier ein Verbannter eingetroffen, den man den Mullah nennt. Der Verbannte hat die Angewohnheit, alle zwanzig bis fünfundzwanzig Minuten einen Brief abzuschikken, dessen Beförderung die Post, da er stets an den Palast adressiert ist, nicht ablehnen kann. Die entstehenden Folgen sind von zweierlei Art, beide gleich verhängnisvoll. Entweder muß das Dromedar ohne jede Schlaf-, Sauf- oder Ruhepause zwischen der Wüste und Babylon hin und her rennen, oder es muß, wenn es seinen üblichen Plan einhält, eine Last von zwölf Säcken tragen. In jedem der genannten Fälle wird es unfehlbar krepieren. Der Postmeister ist ein Sklave des a. e. Königs, er hat keine Meinung. Gesetzt, er hätte eine, würde er untertänigst vorschlagen, den Verbannten, den man den Mullah nennt, ohne Verzug in Freiheit zu setzen.
(4021) Stellungnahme des Häuptlings der Lanzenreiter
Ein Lanzenreiter weiß auch ohne Schrieb, was er zu tun hat. Gelegenheit benutzen: mit der Literatur gleich das Postwesen abschaffen!
(4022) Urteil des Königs
Vorgang Mullah. Der Kerl wird laufen gelassen, N.

12

Im Nachtlokal »Ibis« traf Ekbal eine Schauspielelevin, die einen entzückenden Busen und lange rote Haare hatte. Er unterhielt sich mit ihr über den Streit zweier Spielweisen, der damals alle Schauspieler beschäftigte. Die eine Spielweise hieß der Handpuppenstil, die andere der Marionettenstil. Es ging hierbei um das Verhältnis des Schauspielers zu der von ihm dargestellten Person, genau zu sein, darum, ob er, wie die Hand in der Handpuppe, sich in seiner Rolle verbergen oder, gleich der Hand, welche eine Fadenpuppe

führt, die Rolle sichtbar vor sich hertragen solle. Ekbal, der dem Marionettenstil anhing, erläuterte der Elevin seine Beweggründe, die er aus den schwierigsten Bereichen der Weltweisheit zusammengetragen hatte, und da sie ihn kein einziges Mal unterbrach, gewann er eine hohe Meinung von ihrem Verstand. So fragte er sie, ob er sie nach Hause begleiten dürfe.
»Sie oder ein anderer«, erwiderte sie mit vieler Artigkeit, »irgendeiner muß es ja tun.«
Als sie im Bett lagen, sagte die Elevin plötzlich: »Und was fühlen Sie bei dem traurigen Zustand unseres Theaterlebens?«
»Trauer«, sagte Ekbal erfreut.
»Es ist schrecklich«, sagte die Elevin, »aber ich sehe, Sie haben die Nachricht schon vernommen.«
»Welche Nachricht haben Sie jetzt im Auge?« fragte Ekbal.
»Daß man mir, unmittelbar vor dem Gastspiel in Kilikien, meine Rolle abgenommen und sie mit einem ganz talentlosen Trampel, das aber mit dem Regisseur schläft, besetzt hat«, sagte die Elevin.
Die Öffnung unter ihrem kleinen Hintern war feucht und warm, und Ekbal rief, während er sein kräftiges Glied in sie hineinschob: »Was immer, von Menschen, Zünften oder Unsterblichen, unternommen werden möge, um das Theater zugrunde zu richten, es hat einen Kern in sich, der unzerstörbar ist.«
Und er dachte der Zukunft heiteren Sinnes.

Anhang: Aus Ekbals letztem Willen *Eine Fälschung*

Es will Ekbal beim Überblicken seines Lebens scheinen, als habe er weniger zu bereuen als viele andere, sei es, weil er minder Tadelhaftes verübt, sei es, weil die Gabe, eigene Fehler zu erkennen, ihm bis zur Stunde seines jetzt nahen Todes versagt geblieben. Er hat seine Jugend und damit seine kindische Vorliebe für die dümmlich unvollkommene Kunst des Theaters schnell hinter sich gebracht; er hat die Jahre der Reife, als Aufseher der Araxes-Schleusen, mit Dienst am Boden, Betrachtung der höheren Dinge und Genuß seiner Kunstschätze, seiner Rosen und seiner Frauen – wenn anders Leben nicht als solches schon Vergeudung bedeutet – ziemlich erfüllt. So bekümmert ihn eine einzige Handlung, die er wünscht, nicht begangen zu haben: sein Abirren in die poetische Sackgasse der Tatsachenschriftstellerei, und die anständige Pracht seiner Hinterlassenschaft steht vor seinem sich schließenden Auge geschändet durch den Makel jenes unglückseligen Büchleins, der leider so sehr bekanntgewordenen »Theaterreise«. (*Aus dem Satz ergibt sich; daß dieses ganze Codicill vom ersten bis zum letzten Wort zusammengehudelt ist; – Ekbal konnte von der Erhaltung, geschweige dem Ruhm seiner Schrift keinerlei Kenntnis haben. Sie sind ertappt, Herr Falsarius! d. H.*). Was Ekbal sich vorwirft, ist: er hat die Wirklichkeit gedichtet. Dichten ist Festhalten; gedichtete Wirklichkeit ist festgehaltene Wirklichkeit, und das Wesen des Wirklichen beruht eben darin, daß es sich nicht festhalten läßt. Der Umgang mit Geschehnissen gehört in die Zuständigkeit der Geschichtsschreibung oder der Theologie, jener Wissenschaften also, welche von Tag zu Tag geändert und auf den gültigen Stand gebracht werden können.

Babylon hat sich, den Nachrichten, die Ekbal als letzte vernommen, zufolge, wieder ganz verwandelt. Die Künste blühen wieder frei und unbeschränkt und sind hierdurch vollends unleidlich geworden; dennoch fällt keine Kachel mehr von den Gebäuden, man baut inzwischen ohne Kacheln. Besonders schwer auf Ekbals Gewissen lasten die gegenwärtigen Zustände seiner Helden, des Mullah und des Bey. Der Mullah, hört Ekbal, hat seinen Unterhalt als Haupt einer Derwischbande, frommer und verrückter Räuber; seine – immer noch zarte – Seele zerstreut sich beim Pfählen, Bauchaufschlitzen und Abziehen der Haut von lebendigen Menschen; während andererseits der Bey das Briefschreiben fast eingestellt hat, Ekbal gelegentlich besucht und genug von seinem Dattelwein gekostet hat, um an seinem Sterbetag vielleicht nicht nur froh zu sein. All das war, als Ekbals Aufzeichnungen entstanden, nicht und ist heute. Seit aber dieselben durch die verfluchte List des Ahriman zum Vorschein gekommen, (*Aha! aha! und woher weiß er denn das? Hat es ihm der Teufel wohl gleich ins Ohr gewispert? d. H.*), ist, was nicht mehr ist und sein soll, zum andern Mal. Das Vergangene, so als sei es unerledigt und gleichsam auch statthabend, schimmert durch das Seiende; Ekbals Babylon macht sich auf demselben Platz breit, auf welchem das wirkliche Babylon sein Recht und seine Ausdehnung hat: solche Vernestelung der Zeit und räumliche Widernatur ist Ergebnis jener schuldbeladenen Gattung, der Tatsachenschriftstellerei, welche zu unternehmen er seine Nachfahren am Beispiel seines unter Selbstanklagen schwindenden Alters warnt und die vermehrt zu haben ihm der Richter am Ende der Brücke nach angemessener Bestrafung vergeben möge.

Zweites Buch

Das Poetische

Ansätze zu einer postrevolutionären Dramaturgie

Vorwort

Kunst lebt von den Fehlern der Welt. Ob sie uns lachen oder weinen macht, wir belachen oder beweinen Abschaffenswertes. Ob sie die Welt schön abbildet oder häßlich, sie fordert den Vergleich mit der häßlichen Realität. Das begeistertste Lobgedicht hat seinen Pfeffer daher, daß es den Tadel am Unrühmlichen impliziert. Jedes Kunstwerk ist auf seine eigentümliche Weise vollkommen, und Vollkommenheit, weiß man doch, ist die Schwester der Langweile. Ästhetische Vollkommenheit aber ist nicht langweilig, sondern eine Beleidigung des Universums.

So ist alle Kunst kritisch, selbst die kritische, bei der freilich die inhaltliche Opposition zu leicht die poetische überlagert. Gerade die allgemeinsten Züge des künstlerischen Tuns – das Vermenschlichen des Stoffs, das Erzeugen von Nichtgewesenem, das Befolgen selbstgegebener Gesetze, das In-den-Griff-Kriegen des Störrischen und Stimmigmachen des Widerstreitenden – bewirken das Interesse, das die Menschheit nicht aufhört, an der Kunst zu nehmen: als an dem Vorschlag eines unentfremdeten, produktiven, freien, bewältigten, durch gegenwirkende Interessen nicht mehr entzweiten Lebens. Indem Kunst Unbefriedigendes auf zufriedenstellende Weise abbildet, ist sie selbst das entzeitlichte Abbild des Verhältnisses von Aufgabe und Lösung.

Die hier gesammelten Aufsätze stammen aus den Jahren von 1958 bis 1966. Sie sind nach der Folge ihrer Entstehung geordnet. Die Texte erscheinen unverändert, so wie sie geschrieben wurden; der Verfasser trägt Bedenken, durch nachträgliche Korrekturen seinem Mitautor, dem Zeitgeist, Unrecht zu tun. Unterschiede zu schon vorliegenden Abdrucken erklärt er mit der moralischen Verwahrlosung unserer modernen Publikationsapparate, welche er geringer Sorgfalt bei der Weitergabe einer geistigen Produktion bezichtigen muß. Er findet, daß diese Vervielfältiger noch immer sich als den Produzenten und den eigentlichen Produzenten als ihren Gehilfen ansehn; ein höchst lästiger Irrtum das.

Des Verfassers Reflexionen sind im schlichten Stil und verständlich gehalten. Dennoch fehlt es ihnen an dem Vermögen zu überzeugen. Der Verfasser ist zu allen Überlegungen fähig außer zu langwierigen. Er kommt zu Ergebnissen oft auf verwickelte Weise, aber mitteilenswert erscheint ihm allein das Ergebnis. Was er sich vorher gedacht hat, meint er, läßt sich mitdenken. Er liebt – vielleicht zu sehr – Beweise, aber er haßt es, die Prämissen zu beweisen. Das heißt, daß der Verfasser Leser voraussetzt, die ohnehin zu den gleichen Ansichten gelangt sind wie er, oder die doch im Begriff sind, dorthin zu gelangen. Aber für wen anders schreibt man? Glaubt da noch wer an die Macht der Argumente?

Widersprüche können einer bizarren Schlucht verglichen werden; sie sind keine Risse im Seienden, mit sehr viel Klettern kommt man ihnen schon auf den Grund. Der Verfasser liebt auch in diesem Punkte das kurze Verfahren. Er beschreibt vom Widerspruch nur die Topographie der beiden Ränder, häufig nur eines Randes. So wird es manche verwundern, wenn er enzensberger anklagt, bei Suhrkamp zu erscheinen, was doch auch von ihm selbst gilt, oder wenn er die Unfehlbarkeit des Dichters ausgerechnet an Hartmut Lange exemplifiziert, dem Täter der allerdümmsten Untat, oder wenn er, 1961, der deutschen Bundesrepublik Handlungen anlastet, zu denen sie sich doch kaum heute, im Jahr 1967, bekennt. Schließlich kann man nicht jede Kleinigkeit erklären. Wer gewohnt ist, in die Tiefe zu gehn, braucht nicht mehr. Wer es nicht ist, für den bleibt hier eben Luft.

Freunde des Verfassers dürften in diesem Band frühe Arbeiten vermissen, die ihrerzeit einigen Rumor verursacht haben. Er hat sie fortgelassen. Es geht ihm da wie gewissen älteren Damen, welche wenig Wert auf die Sorte von Berühmtheit legen, die sie in ihrer Ju-

gend errungen. Das wiederum will – bei den älteren Damen und bei dem Verfasser – nicht als Zeichen von Reue verstanden sein; im Gegenteil. Des Verfassers erste Äußerungen enthalten nicht nur Irrtümer, so wie die hier ausgewählten sicher nicht nur Wahrheiten. Und die Irrtümer, die sie enthalten, waren notwendige Irrtümer. Die alten Irrtümer sind die Pforten zu den neuen Erkenntnissen; hochgelegene Ziele erreicht man für gewöhnlich auf Serpentinen.
Aber es reicht, denkt der Verfasser, wenn er das Publikum mit seinen Ansichten bemüht; er mag es nicht noch mit der Weise bemühen, auf die seine Ansichten zustande kamen. Übrigens kann auch in dem ziemlich kurzen Zeitraum dieser neun Jahre, welche der Verfasser für fette hält, noch Bewegung wahrgenommen werden. Für den, der zweifelt, ob er das Buch lesen will oder nicht, sei das bisherige Ende dieser Bewegung mitgeteilt.
Kunst lebt von den Fehlern der Welt; hieraus folgt nicht, daß die Kunst um so besser würde, je fehlerhafter die Welt ist. Offenkundige Mißstände verlangen politische Lösungen, nicht poetische. Bloße Schweinereien wollen beseitigt, nicht bedichtet werden. Kunst, um Kunst zu sein, braucht, außer Widersprüchen, auch eine sinnlich faßbare Einheit derselben, wie das die griechische Polis war, der englische Abolutismus oder – in Gottes Namen – die deutsche Hoffnung auf einen bürgerlich-feudalen Klassenkompromiß. Eine solche Einheit hebt die Kunst über die Armut naiver Parteilichkeit hinaus und befähigt sie zur Idee der Totalität.
Die meisten Arbeiten dieses Bandes kamen nach 1961 zustande, in jener Zeit also, wo der Sozialismus seine Fähigkeit bewies, für eine moderne Industriegesellschaft zu taugen. Mittels sichtbarer Beispiele begann er zu zeigen, daß er nicht mehr nur Negation der Abscheulichkeiten des Kapitalismus war, sondern vielmehr die Aufhebung von dessen Vorzügen; er wurde, was er in der Theorie seit jeher war, erstmals in der Praxis: ein System von Maßnahmen zur Befreiung der Produktivkräfte vom sie beengenden Privateigentum*.

* Der Verfasser möchte sich in dieser einen Frage unmißverständlich machen. Er hat niemals, selbst zu der Zeit des sogenannten Wirtschaftswunders nicht, einen wichti-

Dieser weit übers Jahrhundert hinausgreifende Erfolg der DDR, in Verbindung mit ihren höchst lebendigen Widersprüchen, ermöglichte die Neuentdeckung der Kunst und die Wiederaufnahme der größten ästhetischen Fragen.
Es gibt in der Geschichte keine Gleichbeschaffenheiten; was sich ähnelt, ist doch Verschiedenes. Der grundsätzliche Unterschied zwischen der Jetztzeit und anderen kunstfreundlichen Epochen besteht darin, daß von dem fruchtbaren Widerspruch zwischen Fug und Unfug in allen vormaligen Gesellschaftszuständen der Unfug die Hauptseite war, und daß es heute der Fug ist. Mit diesem Glück hatten wir lange viel Ärger, das war unsere neue Frage. Wie behandelt Kunst Untadeliges?
Der Verfasser meint, daß auch die beste aller wirklichen Welten einen Fehler behalten muß: den, daß sie schlechter ist als die beste aller möglichen Welten. Gegenstand der jüngsten Kunst, glaubt er, ist das Verhältnis der Utopie zur Realität. Die Utopie hat keine andere Weise zu existieren als in einer sich zu ihr hin entwickelnden Realität; indem sie so existiert, existiert sie schon nicht mehr als solche. Der einzige der Realität erreichbare Zustand von Vollkommenheit ist der Prozeß des sich Vervollkommnens, also ein unvollkommener Zustand.
Aus dieser befreundeten Feindschaft des Denkbaren zum Machbaren ergibt sich eine unendliche Zahl von Rätseln, heitern und traurigen, in der Tat meist heitern. Wir leisten uns ja Unersättlichkeit, weil wir schon nicht mehr Hunger leiden. Die hohe Leistung wird

geren Einwand gegen den Kapitalismus erhoben als dessen Unfähigkeit zu produzieren. Oder wie soll man nennen, wenn eine Gesellschaft ihre Stahlkapazität selten mehr als zur Hälfte auslastet, wenn sie den Möglichkeiten neuerer Produktionsinstrumente (wie etwa denen der Atom- und Regeltechnik) in stümpernder Hilflosigkeit begegnet, wenn sie alle 25 Jahre einen Faschismus und im parallelen Zyklus einen Krieg erzeugen muß, um nicht in ihrem eigenen, schlecht verteilten Fett zu ersticken? Soll das Produzieren heißen? Alle anderen Übel – Militarismus, Unterdrükkung, Zwang zur öffentlichen Lüge – folgen aus dem einen Grundübel: Rückständigkeit der Produktionsverhältnisse. Mit dem Sozialismus verhielt es sich, auch in seiner Akkumulationsperiode, genau umgekehrt, – so nämlich wie mit der neuen Sekretärin aus dem alten Witz, die, beim Diktat vom Chef gefragt, ob sie stenographieren könne, antwortet: ja, aber es geht natürlich etwas langsamer.

verfremdet durch die höhere Forderung. Die unwürdige Zwischenlösung erhält bessere Noten als die würdige Lösung, die sich als Endlösung ausgibt. Sinnlichkeit (eins der beliebtesten Themen der DDR-Kunst) wird beschrieben in ihrem dreifachen Wesen als statthabendes Glück, Störung der Ordnung und Vorwegnahme der Utopie. Das Individuum (die wichtigste sozialistische Errungenschaft) ist uns nie emanzipiert und zugleich nie soziabel genug.
Der Verfasser bleibt hier fragmentarisch, er zeigt nur eine Richtung an. Er wirft der Welt vor, daß sie ist, und indem er diesen Vorwurf, der ein Lob ist, erhebt, weiß er der Kunst eine gesicherte Zukunft.

Literatur im Zeitalter der Wissenschaften

I

Ich lobe mit vielem Respekt das Referat von Ernst Schumacher, nicht allein um seiner wissenschaftlichen Vorzüge willen, sondern auch wegen seiner Eignung als Anfang und Eröffnung eines Gesprächs. Es hatte das Verdienst, einen bestimmten Standpunkt mit sehr großer Konsequenz durchgeführt zu haben. Über so etwas kann man doch diskutieren. Goethe, höre ich, sagte einmal zu einem Besucher, der ihn mit seinen seelischen Wirrungen behelligte: »Haben Sie keine Meinungen? Probleme habe ich selber.« Ich denke so. Wenn eine Ansicht bis zu ihrem wirklichen Ende durchgearbeitet ist, dann erhellen automatisch alle ihre Grenzen, alle Punkte ihrer Nichtanwendbarkeit. Dann erfolgt der Umschlag in die Negation, i. e. es geht weiter. Niemand ist schrecklicher als Leute, die immer ganz recht haben. Sie haben die Geschichte des menschlichen Geistes schon abgeschlossen. Sie fadaisieren uns mit ihren Sowohl-als-auch-Rücksichten, und sie sind so steril wie ein Maultier. Soviel über die Dialektik im Prozeß der kollektiven Erkenntnis; entschuldigen Sie, daß ich schon mit einer Abschweifung beginne. Mich hat, also, das Referat von Ernst Schumacher sehr angeregt, und ich glaube, daß ich es seiner besonderen Qualität entsprechend würdige, wenn ich im ferneren gegen einige seiner Gedanken polemisieren werde.

Schumacher hat uns erzählt, die Wissenschaft sei das Thema des »Galilei«. Und er hat durchblicken lassen, daß er die Wissenschaft für einen brauchbaren Gegenstand der Kunst hält. Ich folge ihm da nicht. Ich glaube, der »Galilei« wäre teuflisch langweilig, wenn sein Thema die Wissenschaft wäre. Das Thema des »Galilei« ist, wenn man will, der Kampf des bürgerlichen Zeitalters gegen das Feudalzeitalter. Oder vielleicht besser: die Widersprüche zwischen einem Wissenschaftler und der Gesellschaft in einem Augenblick drohender Konterrevolution. Aber im Kunstwerk interessiert uns der Wissenschaftler nicht in seiner besonderen Eigenschaft als Mann, der Wissenschaft macht, sondern einfach als ein gesellschaftlich Mächtiger. Galilei ist ein wichtiger Mann, ein Mann, der am Hebel sitzt. Meiner Ansicht nach übrigens an einem zu langen; darauf komme ich noch.

Wollten wir wirklich annehmen, die Kunst kümmere sich um die Physik, dann kämen wir zu der Konsequenz, daß der Kampf mit der Natur ein Gegenstand für die Kunst sei. Daß er das nicht ist, ist schwerer theoretisch zu begründen als empirisch festzustellen. Alle möglichen Leute haben versucht, die Natur als handelnden Partner in die Kunst einzuführen, und das ist nie etwas geworden. Natürlich ist ein solches Unternehmen besonders unsinnig für den Stükkeschreiber, aber auch die Romanciers kommen damit nicht weit.

»Moby Dick« von Melville behandelt, äußerlich gesehen, den Kampf des Menschen mit der Natur. Aber die Natur ist doch da nichts als eine Analogie. Sie ist ein Bild für die Gesellschaft, wie sie Melville damals beschreiben konnte und wollte: nämlich als eine böse, zerstörerische, unübersichtliche und blinde Macht. Die Natur ist kunstfähig nur, wo die Gesellschaft gemeint ist, und das Verhältnis des Menschen zur Natur, wo, anläßlich dieses Verhältnisses, gesellschaftliche Haltungen gezeigt werden. Der Mensch nimmt der Natur gegenüber die gleiche Haltung ein wie der Gesellschaft gegenüber. Er fühlt sich als ihr Subjekt oder als ihr Objekt; er zieht aus ihr Nutzen oder Stimmung; er empfindet sie als vertraut oder fremd, freundlich oder feindlich. Oft projiziert er seine utopischen Vorstellungen von der Gesellschaft in die Natur. Die Natur als solche hingegen geht ihn im Grunde gar nichts an; er ist ja kein Affe mehr. Er produziert sozial, und im Sozialen liegen seine Probleme.

Ich habe hier also einen Punkt nachzutragen, der in der Diskussion noch nicht berührt worden ist. Wir haben noch nicht gesagt, was wir unter den Wissenschaften verstehen wollen, wir haben unser Gesprächsthema noch nicht genügend untersucht. Ich bin der Meinung, daß die Naturwissenschaft, als eine Wissenschaft von den Produktionsmitteln, so klassenindifferent ist wie die Produktionsmittel, und daß folglich der Schriftsteller, der sich nur mit gesellschaftlichen Fragen beschäftigt, das Recht und die Pflicht hat, sie zu vernachlässigen. Ich bin auch der Meinung, daß die Naturwissenschaft auf die Literatur keinen Einfluß hat. Über das blöde Wesen, das Maler und Schriftsteller mit Professor Einsteins Raum und Zeit machen, ist schon geredet worden; Arnold Zweig hat das angedeutet.

Ich bringe noch das Beispiel der Atombombe bei. Da sind Leute, die vorgeben, im *Zeitalter der Atombombe* anders schreiben zu müssen als in praenuklearen Zeitaltern. Warum bloß? Daß, was sie mit der Atombombe meinen, in Wirklichkeit eine gesellschaftliche Sache ist, zeigt das unterschiedliche Verhalten von Ost- und Westdeutschen der Atombombe gegenüber. Hier in der DDR geht das Interesse an der Atombombe über das Interesse jedes denkenden politischen Menschen an der Frage des Kriegs und des Friedens nicht hinaus. Hier geht kein Mensch mit der Atombombe zu Bett. Hier sagt kein Mensch, wenn er sich einen Schrank kauft: »sie schmeißen doch bald die Bombe, ich nehme den billigeren.« Aber das ist eine typische Haltung eines Bürgers der Bundesrepublik. Für die Westmenschen ist die Atombombe ein Symbol, an dem sie ihre gesellschaftlich verursachte Angst und Unsicherheit aufhängen. Die Atombombe ist das Unvorhersagbare, Schlimme, also das, was jedes Mitglied einer anarchischen, krisengeschüttelten Gesellschaft stündlich erwartet; nun endlich haben sie für dieses unerklärliche Grundgefühl einen faßbaren Anlaß, einen Fetisch. Die Angst kristallisiert sich an der Atombombe; die Atombombe ist nicht Ursache der Angst. Die Angst is ja viel älter. Die Angst interessiert die Kunst sehr, die Atombombe überhaupt nicht.

Oder wie ist das mit dem *modernen Tempo?* Vorgebracht wird, das

Leben sei neuerdings so mobil. Der Mensch bewege sich nicht in Postkutschen fort, sondern im Düsenflugzeug. Folglich, heißt es, müsse die Kunst schneller werden, knapper, oder was weiß ich. Aber so ein Schluß basiert auf kunstsoziologischen Vorstellungen, die keine andere Funktion haben, als die ästhetische Wissenschaft von der Klassenfrage abzulenken, und die mithin nichts taugen. Sie versagen völlig vor einem Phänomen wie etwa dem dramatischen Stil des Sturm und Drang. Die Sturm-und-Drang-Periode ist eine Zeit, wo die Produktivkräfte von wahrhaft urväterlicher Gemütlichkeit waren, aber wo sich die gesellschaftliche Lage in großer Unruhe befand. So wurde ihr Stil viel moderner, nervöser, dynamischer, sprunghafter und dialektischer als der aller gegenwärtigen Atom-Literaten. Und Jazz-Rhythmen haben halt gar nichts zu tun mit dem Rhythmus der Maschinen; ihr Ursprung ist ganz agrarisch.

Der Schriftsteller, der von Wissenschaft redet, redet demnach von den Gesellschaftswissenschaften. Er redet von den Gesellschaftswissenschaften Historischer Materialismus und Politische Ökonomie. Eventuell redet er noch von den Geselschaftswissenschaften Philosophie und Psychologie. Und er sollte von Ästhetik reden; denn das ist, von Lessing bis Brecht, eine deutsche Tradition; auch unter den deutschen Traditionen gibt es gute. Die Ästhetik bereichert und verbessert sein Handwerkszeug. Die Gesellschaftswissenschaften präparieren seinen Stoff so, daß derselbe verständlich wird, sinnfällig, praktikabel, kurz: kunstfähig. Konkretheit ist die Tochter des Begriffs. Bürgerlicherseits wird ernsthaft behauptet, die Welt würde immer komplizierter, weil die Wissenschaften immer komplizierter würden: je mehr Wissenschaft, desto komplizierter die Welt. Die Wissenschaften sind auch danach. Natürlich verhält es sich genau umgekehrt: je mehr Wissenschaft, desto einfacher wird die Welt; kompliziert ist sie für den common sense.

II

Wir sprechen über die Literatur im wissenschaftlichen Zeitalter. Und offenbar haben wir uns alle mit zwei Prämissen schon abgefunden, auch Schumacher hat es, nämlich mit der, daß wir im wissenschaftlichen Zeitalter lebten, und mit der, daß Brechts Literatur die Literatur des wissenschaftlichen Zeitalters sei. Beide Voraussetzungen erscheinen mir aber höchst zweifelhaft. Ich würde gern vorschlagen zu formulieren, daß Brechts Literatur die Literatur im Zeitalter der Einführung der Wissenschaft ist. Schumacher zitiert Brecht und sagt, es sei die Aufgabe des Theaterstücks, dem Zuschauer ihm unbekannte Sachverhalte mitzuteilen. Das ist sicher richtig. Jedes Kunstwerk bezweckt die Übermittlung einer Nachricht, und eine Nachricht, die keine Neuigkeit ist, hat keinen Witz. Aber wenn es sich bei diesen unbekannten Sachverhalten um Grundeinsichten des Marxismus handelt (wie etwa um die, daß in der Ausbeutergesellschaft Ausbeutung herrscht, oder die, daß die Widersprüche der bürgerlichen Gesellschaft nur durch eine proletarische Revolution behoben werden können, oder die, daß die humanistischen Tugenden und die Befriedigung natürlicher Bedürfnisse des Individuums im Kapitalismus zum Untergang des Individuums führen), dann gilt der Satz doch nur für den Schriftsteller in einer Zeit, wo das Publikum von den primitivsten Dingen nichts weiß. Vom wissenschaftlichen Zeitalter, meine ich, können wir als Künstler erst dann reden, wenn im Zuschauerraum Leute sitzen, die auch angefüllt sind mit Wissenschaft. Denn das Kunstwerk ist immer eine Einheit von dem, was der Künstler abliefert, und dem Publikum. Es existiert erst und allein in dem Augenblick, wo es konsumiert wird.

Brechts *wissenschaftliches Zeitalter* war (und ist weitgehend noch heute) ein Postulat, eine Antizipation. Brecht beherrschte die Wissenschaft und erkannte ihre Notwendigkeit, und er fand eine seiner Aufgaben darin, das Publikum mit ihr bekanntzumachen. Er konnte gar nicht umhin, zu dieser Aufgabenstellung zu gelangen. Alfred Kurella hat das getadelt. Er hat polemisiert gegen eine ihm gefährlich scheinende ästhetische Richtung, die er im Verdacht hat, in der Kunst nicht mehr zu erblicken als sinnlich exemplifizierte Wissenschaft. Ich glaube, daß er, wenn er daran so gar keinen Geschmack findet, die Zeitumstände übersieht. Eine solche Haltung ist nicht falsch, sie ist historisch. Sie ist unvermeidbar für einen Autor, der viel weiß, sich aber einem Zuschauer gegenüber sieht, der gar nichts weiß. Was soll er denn machen? Er muß sich doch erläutern. Er kann doch nicht unbegrenzt unter sein Niveau gehen, das ja das wirkliche Niveau seiner Zeit ist. Ein Autor kann überhaupt keinen Schritt unter sein Niveau gehen. Der Umstand, daß ausgerechnet Brecht zu solchen Konsequenzen kam, ein Schriftsteller, dessen Verhältnis zur Welt sinnlicher, leiblicher und also poetischer war als das jedes anderen, zeigt die Unvermeidbarkeit dieser Konsequenzen. Die Verhältnisse, die nicht so waren, zwangen einen geborenen Klassiker aufs Katheder des Aufklärers.

Voraussichtlich wird das einmal anders. Voraussichtlich nähern wir uns einer Zeit, wo sich der Autor mit dem Publikum einig weiß in den fundamentalen Einsichten und Urteilen. Dann wird er seine Arbeitskraft nicht mehr darauf verschwenden müssen, Neues vorzubringen oder gar zu entdecken. Dann wird er sich damit beschäftigen, Altes neu anzulegen, Bekanntes (oder jedenfalls Nicht-Fremdes) in großer und tiefer Weise vorzutragen. Dann kommt die Kunst zu ihrer angemessensten Aufgabe. Dann kann gerechnet werden mit Klassik. Offensichtlich jedoch sind wir nicht so weit; wir sind auf dem Weg dahin, und wir sollten uns in jedem einzelnen Augenblick sehr klar sein, wo wir sind.

Ein Zustand der Naivität wird nicht erreicht, indem der Künstler die Wissenschaft verleugnet, sondern indem das Publikum sie akzeptiert. Ich fand es unfreundlich von Arnold Zweig, mit seinem Laputa-Beispiel die Wissenschaft hier ein bißchen madig zu machen. Das hat der alte Swift nicht gemeint, und das ist auch nicht richtig. Der Künstler muß die Wissenschaft beherrschen, er muß sie nur nicht propagieren. Ich komme auf ein Kunstwerk zu sprechen, dessen einziger Fehler in einem wissenschaftlichen Irrtum besteht; ich meine die dritte »Galilei«-Fassung, über die wir ja heute handeln.

Das innere Thema Brechts, die ungeheure Verantwortung des modernen Fachgelehrten für die Gesellschaft, ist eine wahrhaft künstlerische und zugleich höchst aktuelle Frage, leider ist es kaum das

Thema des Galilei-Stoffes. Aus sehr legitimen Gründen also hat Brecht an dem historischen Vorgang so lange gedreht und gedrechselt, bis die Sache zwar artistisch stimmte, wissenschaftlich aber nun eben nicht mehr. Denn tatsächlich behauptet doch diese dritte Fassung, daß der Umfall des Galilei die Ursache sei dafür, daß auf die Renaissance eine Periode der Refeudalisierung folgte. Aber dieser Umfall ist diese Ursache nicht. Sie ist vielmehr zu suchen in den Eigentümlichkeiten des Renaissance-Kapitalismus, der kein industrieller Kapitalismus war, sondern ein Handels- und Wucherkapitalismus, ein recht katholischer Kapitalismus also, ohne inneren Zwang zu erweiterter Reproduktion, vielmehr tendierend zur erweiterten negativen Reproduktion. Sie steckt auch in der Entdekkung des westlichen Seewegs und der Verstopfung des östlichen. Sie steckt in allen möglichen Faktoren, aber nicht in Galilei. Ich unterschätze gar nicht die Rolle der Persönlichkeit in der Geschichte. Aber wir müssen doch einsehen, daß Fälle, wo ein einzelner Mann Umwälzungen der Gesellschaft verzögert oder beschleunigt, wenn überhaupt, ganz selten vorkommen. Lenin war vielleicht so ein Mann. Sicher nicht Napoleon, nicht Rousseau, nicht Einstein und schon gar nicht Galilei. Und wenn Brecht, um besonders gut die Herzen der Atomkundigen zu treffen, den Galilei zu einer solchen Auslöser-Persönlichkeit hochmogelt, dann verkündet er keine geringere Absurdität, als daß das moralische Bewußtsein des Herrn Galilei das Sein der Welt bestimmt habe. Er, Brecht! Und ich kann mir nicht helfen: diese rein wissenschaftliche Unstimmigkeit reicht aus, um mir die Freude an einem so glänzend gemachten Stück ganz zu verleiden.

Welch trostloses Bild ergibt nun erst eine literarische Landschaft, die bis zu den Gipfeln hin angefüllt ist mit dem Nebel der Unwissenheit. Ich rede von der Landschaft des bürgerlichen Geistes. Ich rede etwa von Westdeutschland, wo ganze Galgen voll talentierter Leute, die von der Gabe ihrer Finger und der Zahl ihrer Gehirnwindungen her Schriftsteller sein könnten, aus Unkenntnis zu Stümpern werden. Wenige Erscheinungen des Kapitalismus erfüllen mich mit solcher Erschütterung und Trauer. Ein Beispiel hat Ku-

rella angeführt, diesen Uwe Johnson. Aber der steht nur für Unzählige seiner Art, und er ist um gotteswillen kein Wichtiger unter ihnen. Was ist mit dem los?
Also, Herr Johnson weiß nichts über das primäre menschliche Interessengebiet, die Gesellschaft. Er dehnt (in einem wissenssoziologisch natürlichen Prozeß) sein Nichtwissen von der Gesellschaft aus auf die Welt und erachtet sie, bestens unterstützt von allen reaktionären Ideologen, für nicht erkennbar, möglicherweise für nicht existent. Er glaubt sich in einer Welt des Scheins, die er – hierin konsequenter und zugleich verwahrloster als Kant – nicht mehr für geordnet hält, und nicht mehr für beschreibbar. Wenn ich mich da mal ein bißchen einfühle: für Herrn Johnson muß es ja eine ständige Quelle freudiger Überraschung sein, morgens, nach dem Aufstehen, seinen Frühstückstisch noch an der gewohnten Stelle wiederzufinden; dafür hat er ja eigentlich gar keine Erklärung. Wie stabil er aber immer die Ordnung die praktischen Welt finden mag, in der Literatur macht Herr Johnson keine Kompromisse. Frühstückt er auch morgens als Materialist, so schreibt er wenigstens nachts als radikaler Subjektivist. Statt der Prozesse der Außenwelt notiert er irgendwelche Reflexe dieser Außenwelt in den Gehirnen irgendwelcher Leute. Der materialistische Künstler bemüht sich, Welt nachzuschaffen. Der positivistische sammelt einen Haufen zufälliger Bewußtseins-Krümel. Kann dabei Kunst herauskommen? Zur Kunst gehört, genau wie zur Wissenschaft, die Fähigkeit, eine Sache zu bewältigen, inhaltlich und formal. Ein schlechthin unlesbares Buch, das ist es, was herauskommt. Und die Meute der Kunstaufpasser macht einen großen Jubel um dieses Buch und lobt Herrn Johnson und bestärkt ihn in seiner Dummheit. In diesem Land werden, wenn ich mich einmal selbst zitieren darf, die Talente geknackt wie die Flöhe.
Ich schließe mit einem dankbaren Bekenntnis zur Wissenschaft. Die Zeit für die berühmten dummen Dichter ist, falls es sie gegeben haben sollte, vorbei. Die Wissenschaft und die Revolution sind der blaue und der weiße Nil des Sozialismus, sie sind auch der blaue und der weiße Nil der sozialistischen Literatur.

Versuch über das Theaterstück von morgen

I

Die Frage nach dem Wetter von morgen ausgenommen, ist die Frage nach der Kunst von morgen die schwierigste, die ich kenne. Mit so großer Sicherheit der Soziolog Auskunft gibt über die allgemeinen Linien des Fortschritts, so wenig vermag auch er, anschauliche Bilder von den besonderen Erscheinungen des zukünftigen Lebens zu entwerfen; er ist ein Wissenschaftler, kein Prophet. Aus was für Gläsern läßt er seine Utopier ihren Sekt trinken? Läßt er sie in Villen wohnen oder im individualistischeren Wolkenkratzer? In welche Mode hüllt er sie ein, welches Liebesleben mutet er ihnen zu? Solche Aufgaben bringen ihn in die schrecklichste Verlegenheit. Die Abhängigkeit vollends des künstlerischen Überbaus von der gesellschaftlichen Basis ist eine Abhängigkeit von kaum entzifferbarer Dialektik; wir haben Plage genug, sie für vergangene historische Formationen in ihrer ursächlichen Vollständigkeit nachzuweisen, und wir kommen sehr wenig weit, wenn wir versuchen, aus den uns bekannten Produktionsverhältnissen des Kommunismus auf die uns unbekannte Kunst des Kommunismus zu schließen. Ich lebe noch eine Weile, jedenfalls die paar Jahre bis zum Kommunismus, und wer blamiert sich schon gern bei Lebzeiten? Da ich mich indessen entschlossen habe, die Neugier des Herrn Jan Kopecký aus Prag in dieser Angelegenheit zu befriedigen, will ich außer der deduktiven Krücke noch eine andere Krücke ergreifen, die semi-empirische oder intuitive; ich will hingehen und sehen: was machen die Künstler von heute? Die Kunst von morgen wird ja heute gemacht. Das Morgen übt größere Wirkung auf den Künstler als das Gestern, das doch die meisten Leute für das Heute halten. Die Zukunft ist sein wahres Vaterland, als ihr Generalkonsul ist er hier. Die Schwierigkeit ist herauszufinden, wer ein Künstler ist. Für den Künstler gibt es nur eine Legitimation, nämlich den Paß der Zukunft, den er in der Tasche trägt. Also, um etwas über die Kunst von morgen zu erfahren, müßte ich wissen, wer ein Künstler ist; um zu wissen, wer ein Künstler ist, müßte ich wissen, ob er die Kunst von morgen macht, mithin selbst von morgen sein. Der heutige Ruhm beweist gar nichts. Nicht jedes Pferd, das dick ist, ist auch schwanger; vermutlich hat es der Roßtäuscher aufgeblasen. Da bleibt eine genügende Gefahr Irrtums, und wenn ich hier aufschreibe, wie es sein wird, gebe ich gleich zu, es kann auch nicht so sein. Warum ich dann überhaupt schreibe? Weil ich hoffe, daß es so sein wird. Sachen zu prophezeien, ist einer der wirkungsvollsten Tricks, sie vorzuschlagen. Eine gut gemachte Vorhersage hilft mit an ihrer eigenen Erfüllung; sie trampelt einen Gedankenpfad ins Dickicht des Kommenden, den, falls die Richtung irgend stimmt, bequeme spätere Generationen vielleicht zum Anlaß der wirklichen, begangenen Straße nehmen könnten. Ich humple los. Ein Rest von Zurückhaltung gebietet mir, mein Thema so weit wie möglich einzuschränken und statt von der Kunst oder dem Theater nur vom Theaterstück zu reden, von dem allein ich etwas verstehe. Man soll in schweren Fragen beim Fach bleiben. Unseriös genug ist das Unternehmen ohnehin. Es ist nur ein Schritt vom Reiz der Spekulation bis zur Ödheit des Unverbindlichen.

II

Streben nach Größe. Gemeinsam, angestrengt und hartnäckig arbeiten die neuen deutschen Stückeschreiber an der Auffindung großer Stoffe und an den artistischen Mitteln großer Darstellung. Das sind zwei Aufgaben. Sie gehören zusammen, sind aber nicht identisch. Es gab Zeiten, welche ihre Selbstbestätigung darin fanden, große Gegenstände klein darzustellen, es gab Versuche, geringe Dinge über das ihnen zukommende Maß hinaus aufzumutzen. Heute ist man entschlossen, keine unbedeutenden Vorgänge zu behandeln, sondern bedeutende, und die so, daß sie als bedeutende erscheinen. Größe ist die Kategorie, in der die Historie sich abspielt. Die Geschichte ist lang und breit. Seit der Revolution aber und dem Sozialismus weiß man, daß die Umfänglichkeit des historischen Prozesses die Umfänglichkeit einer guten und sich vervollkommnenden Sache ist. Die Quantität schlägt um in die Qualität; der Quantität wird Würde verliehen durch die Qualität. Die Achtung der neuen deutschen Stückeschreiber vor der Größe verändert ihr literarhistorisches Bild: sie sehen weiter zurück als die wenigen Jahrzehnte bürgerlicher Dekadenz. Auf einem hohen ideologischen Stand, haben sie die Gipfel Aischylos, Aristophanes, Shakespeare, Lope, Goethe und Büchner vor Augen und halten nicht die Hügel Ibsen und Hauptmann für das eigentliche Gebirge. »Das bürgerliche Drama arbeitet mit Mäusen«, sagt Guy de Chambure, ein sehr fähiger Dramatiker, dessen Namen Herr Kopecký nur deshalb noch nicht gehört hat, weil jener bis heute noch kein Stück geschrieben, – »das bürgerliche Drama arbeitet mit Mäusen, das sozialistische mit Elefanten.«

Dialektische Einheit von Quantität und Qualität in der Kunst. Nicht von ungefähr hat das Wort »groß« in der Praxis vieler Sprachen die Doppelbedeutung von gut und ausgedehnt. Weil der räumlich große Stoff den Schriftsteller zwingt, die Gesellschaft in ihren vielfältigen Zusammenhängen, in ihrer Widersprüchlichkeit zu zeigen, ist er auch der tiefere, kompliziertere. Weil er der kompliziertere ist, ist er der künstlerisch schwerer zu bewältigende. Erstes Kriterium der Kunst ist Perfektion. Ein achtzeiliges Goethegedicht wie »Über allen Gipfeln ist Ruh« ist natürlich größere Kunst als der ganze Messias. Aber Perfektion vorausgesetzt, ist das größere Kunstwerk – das größere. Perfektion vorausgesetzt, ist eine Handlung mit Königen besser als eine mit Rittern, ist eine Szene auf der Straße besser als eine in der Küche, ist eine Mannigfaltigkeit voneinander entfernter Schauplätze besser als eine stehende Dekoration, ist ein langes Stück besser als ein kurzes. Das ist gewiß Kochbuchästhetik, aber man merkt, wo es hinläuft.

Gesellschaft und Charakter. Die Darstellung des Großen bedeutet keine Vernachlässigung des Kleinen. Sie bedeutet seine Rettung. Der einzelne Gegenstand wird definiert durch seine Beziehungen. Beziehungen zu anderen Gegenständen sind Eigenschaften des Gegenstandes. Je mehr Welt das Kunstwerk enthält, desto mehr sagt es über ihn. Indem es ihn in große Zusammenhänge stellt, macht es ihn deutlich und unverwechselbar. So richtig es ist, daß der Mensch der vornehmste Gegenstand der Kunst sei, so richtig ist es, daß der Mensch nicht isoliert beschreibbar ist und auch, daß mit dem steigenden Grad seiner faktischen Isoliertheit in der Wirklichkeit der Grad seiner Kunstwürdigkeit abnimmt. Die Erfindung des Helden gegen die Gesellschaft ist sinnvoll in Klassengesellschaften. Die Erfindung des Helden ohne Gesellschaft ist Ergebnis äußerster Produktionsanarchie. Der kleinbürgerliche Ideologe erkennt die sozialen Zusammenhänge nicht und macht aus dem Jammer eine Tugend: große Seelen beschreibt er ohne große Taten. Die menschliche Größe wird ihres Handlungscharakters entkleidet und zur metaphysischen Seinsqualität erniedrigt: zur nicht meßbaren, sich nicht auswirkenden Größe. Das ist, als schnitte man einem Menschen, um aufs Wesentliche zu kommen, Arme, Augen, Geschlechtsteile ab. Wirklich, die vertrottelten Wiener Melancholiker Hofmannsthals, die motivlosen Hysterikerinnen Anouilhs sind kombabisierter als Kombab: man hat ihnen die Gesellschaft amputiert.

Große Handlungen, große Charaktere. Warum erachtet man Cäsar für größer als den Irren, der sich Cäsar dünkt? Weil Cäsar Cäsars Taten tut. Shakespeares Personen sind nicht zufällig und nicht aus feudaler Borniertheit Könige, Lords, also Leute mit sozialer Verfügungsgewalt, die ihren Schritt setzen von Rom nach Athen und von Athen nach Alexandria. Feudale Borniertheit war es, die ihn hinderte, gleiche Größe bei den Anführern des Volks zu entdecken, bei Wat Taylor und der Pucelle. Die Größe der Handlungen zeigt nicht nur die Größe der Gedanken, der Gefühle, des Willens, oder was man so nennt; sie fordert und ermöglicht sie. So wenig wie die Natur kann der Stückschreiber große Charaktere schaffen ohne große Aufgaben und große Chancen. Der große Charakter macht Wellen:

falls da ein Ozean ist. Der große Charakter hat einen weiten Horizont: gebt ihm einen Gipfel. Der große Charakter ist produktiv, unbedingt, eigenwillig: er bedarf der Macht. Er ist nicht passiv, nicht erleidend. Er ist Subjekt des Geschehens. Subjekt des Geschehens kann im Sozialismus jedermann sein, große Charaktere sind eine Erscheinung unseres östlichen Jahrhunderts. In der dramatischen Literatur von morgen finden wir sie wieder.

Alltag, Tod der Kunst. Das Charakterdrama muß allemal politisches Drama sein und das politische Drama Charakterdrama; so und nicht anders hat es seine Ordnung. Schriftsteller, die die Behauptung aufstellen, die wahren Probleme lägen im Alltag, bekunden damit nur, daß ihre wahren Probleme im Alltag liegen. Was für ein Spatzenhirn verraten sie damit. Selbst der Starmatz hat im Hirn zwei Kontinente. Aber diese schreibenden Sperlinge werden nur von Straßenrand- und Dachrinnenproblemen bewegt: nicht durch Fragen der Produktion, des Klassenkampfs, des Friedens, nicht durch fundamentale Meinungen der Philosophie, welche ja auch politische Haltungen sind. Alles das beeinflußt sie nicht, und nicht beeinflussen sie alles das. Sie sitzen in ihrem Baum und schilpen, und den Wind, welcher den Baum bewegt, halten sie für eine Eigenschaft des Baums. Diese Philosophie nennen sie volkstümlich und menschlich. So beleidigen sie das Volk und die Menschheit. Wer auf der Welt lebt heute noch so, außer einem Zwergbauern, einem Schuhflicker oder einem Dichter?

Politisches Theater morgen. Durchdrungen von den Notwendigkeiten meiner Zeit und belehrt durch die Geschichte der Theaterkunst, bin ich, sagte ich, überzeugt, daß bloße Privatvorfälle nie ein Stück zu machen fähig sind; nie ein gutes, meine ich. »Schön«, sagen die Ästhetiker des ›wahren‹ Humanismus, (denn auch die Tollheit hat ihre guten Gründe): ». . . und was wäre denn politisches Theater morgen, also in einer Epoche, wo Klassenkämpfe aufgehört haben zu existieren? Sie, Hacks, lenken Ihre Blicke rückwärts und stellen fest, daß großes Theater immer Klassenkämpfe behandelt; ein Akt der Kindesliebe, zugegeben, aus Klassenkämpfen ist es entstanden. Von einer geschichtlichen Erfahrung schließen Sie aber bis ans Ende der Zeiten. Wir hingegen sind die eigentlich Modernen. Die großen sozialen Probleme sind vorbei oder im Begriffe, vorbei zu sein, und wir kommen endlich zur Sache der Kunst: zum Menschen«. So anmaßend reden sie, wie alle Gestrigen, die sich für Morgige ausgeben. Und der Utopist widerlegt sie nicht. Er stößt an eine der ehernen Grenzen, die ihm gesetzt sind. Er kann natürlich darauf hinweisen, daß Entwicklung, wenn sie statthat, in Widersprüchen und allein durch Widersprüche statthat; er kann annehmen, daß die Entwicklung der Gesellschaft mit dem erreichten Kommunismus nicht beendet sein wird und also nicht das Fortbestehen gesellschaftlicher Widersprüche. Aber er kann nicht den Schatten einer Mutmaßung vorlegen, welchen Aussehens diese Widersprüche sein werden und welcher Art. Sollte er in seiner Annahme irren, dann wird das Theaterstück in der Versenkung verschwinden, die Schaubühne bevölkert sein von Jongleuren, Pornographen und Idyllikern. Doch er irrt nicht, das weiß er. Jedenfalls erlaubt ihm sein Denkapparat keine andere Prognose, und er hat sonst keine Ursache, sich demselben gegenüber undankbar zu bezeigen.

Drei Techniken der Fabel. Die dramatische Fabel hat ihre Geschichte; sie durchläuft den Weg vom Einfachen zum Komplizierten. Ihre älteste Form ist die aristotelische Fabel: die gradlinie Darstellung eines einfachen Widerspruchs, dessen Hälften vertreten werden durch einen Spieler und einen Gegenspieler. Prometheus, ein gefangener Rebell, soll Aussagen machen, wird gefoltert, macht aber keine; so sieht das aus. Die mittlere Stufe ist die elizabethanische Polymythie (Mehrfabligkeit). Zwei Fabeln laufen nebeneinander. Ihre Verbindung ist meist zufällig, ihre Verknüpfung am Schluß meist formal; trotzdem überwindet dieses Verfahren bereits die metaphysische Isolation des Widerspruchs und deutet auf den Prozeßreichtum der Welt. Ihre bisher höchste Vollendung erreicht die Fabel als dialektische Fabel, in welcher Gestalt sie den Schritt vom bloßen Pluralismus zur Beschreibung des totalen Zusammenhangs aller Vorgänge tut. Statt mit zwei Antagonisten arbeitet die dialektische Fabel mit drei, vier oder mehr Personen und Personen-

gruppen, und derart, daß jede Handlung jedes dieser Akteure die Handlungen aller anderen Beteiligten beeinflußt. Der Weg ihres Helden ähnelt der Bahn einer kosmischen Rakete, welche von den Anziehungskräften mehrerer Himmelskörper abhängt, deren jeder, sich unaufhörlich bewegend, die Bewegungen jedes anderen verändert. Wie die Astronautik kennt die moderne Dramaturgie ihr Mehrkörperproblem. Die Technik der dialektischen Fabel ist angelegt in den besten Stücken Shakespeares (»Coriolanus«). Die klassische Vierkörperfabel enthält Wischnewskis »Optimistische Tragödie«. Andere Vierkörperfabeln sind die von Brechts »Simone Machard« und Wiedes »Ratten von Hameln«.
Der subjektive Faktor in der Fabel. Für viele ältere Theoretiker war es unbestritten, daß eine beispielhafte Fabel nicht nur Handlungen schlechthin enthalten dürfe, vielmehr in Gang gebracht werden müsse durch eine bewußte, willentliche Absicht; diese Theorie hatte viel mit Bürgerstolz und wenig mit der Wirklichkeit zu tun. Sie wurde überwunden. Spätestens seit der Mitte des vorigen Jahrhunderts gaben den Anstoß zur dramatischen Aktion nicht mehr die Personen sondern die Verhältnisse. Die Helden wurden von Bewegern zu Bewegten. Sie fielen in die ihnen verfügten Situationen, meistens unangenehme. Sie wollten gar nicht spielen, sie mußten; traurige, arme Leute. Diese Negation eines Fehlers war natürlich wiederum ein Fehler. Seit dem wissenschaftlichen Sozialismus, seit der bewußten Praxis des Proletariats, gibt es ein freies menschliches Handeln, das, auf Einsicht in die Notwendigkeit beruhend, keine Illusion ist. Ein echtes Subjekt-Objekt-Verhältnis wurde hergestellt und zugleich erkennbar. Der Stückeschreiber von heute nimmt also, auf höherer Stufe, die alte Theorie wieder auf. Er gibt, ohne den objektiven Faktor zu vernachlässigen, dem subjektiven Faktor seine auslösende und bestimmende Rolle, er gibt ihm Einfluß und Initiative. Diese Theorie ist die ästhetische Entsprechung zur führenden Rolle der kommunistischen Parteien.
Materialismus und Größe. Große Inhalte wollen in großer Weise dargestellt sein. Unsere Gewährsmänner, die neuen sozialistischen Stückeschreiber, befinden sich an einem Punkt, wo sie sich genötigt

sehen, an die Schranke zu treten und sich des Vergehens wider dieses Gesetz schuldig zu bekennen; sie haben da den Brecht nicht gut gelesen. Sie waren einer Verwechslung zum Opfer gefallen, einer erkenntnistheoretischen Verwechslung, wie ich glaube. Sie verwechselten Materialismus mit naturalistischer Enge. Sie kannten das philosophische Verhältnis von Wesen und Erscheinung. Aber sie folgten, wissentlich oder spontan, der Lehre, daß das Wesen nur in der Erscheinung dargestellt werden könne; sie waren willens, im Angebot der Erscheinungen eine strenge Auswahl zu treffen, aber sie fanden sich nicht bereit, die Ebene der Erscheinungen auch nur um einen Schritt zu verlassen. Sie gingen hinter den Idealismus zurück, um nicht mit ihm verwechselt zu werden. Die Kunst sei, sagten sie, spezifisch sinnlich. Das Wesen verstecke sich in der Wirklichkeit hinter der Erscheinung; es aus seinem Versteck herauszuziehen und in seiner Nacktheit zu zeigen, komme, sagten sie, allein der Wissenschaft zu. Schrecklicher als Unwahrheiten sind zu kleine Wahrheiten. Irregeführt durch diese kleine Wahrheit, reduzierten die Stückeschreiber den Widerspruch zwischen Wesen und Erscheinung auf eine Alleinherrschaft der Erscheinungen: dieser Fehler war schuld an einem unleugbaren Zug zur Plattheit, der nicht nur der deutschen Literatur des Sozialismus anhaftet. Tatsache ist, daß auch die Kunst über ihre Abstraktionsmittel verfügt, welche oft andere sind als die der Wissenschaft. Der Kunst stehen alle Abstraktionsebenen zur Verfügung, wenn sie sie benötigt, das heißt, wenn der allmächtige Inhalt sie verlangt. Freilich hat nicht jedes Genre die gleichen Möglichkeiten. Das Ballett tendiert zu äußerster Abstraktion; mit Fabeln, deren Wert in genauer Widerspiegelung des Besonderen liegt, ist es überfordert. Umgekehrt tut sich der Film schwer mit der direkten Verbildlichung des Allgemeinen. Dem Theaterstück aber stehen alle Skalen der Realität offen; je nach der Absicht seiner Fabel, seiner Nachricht und seiner einzelnen Szenen wird es die Stilebene wechseln. Die Realität ist, wenn ich so sagen darf, von variabler Metrik: Geringes und Bedeutendes stehen neben- und stecken ineinander. Jede Fabel durchläuft viele Stadien der Wesentlichkeit, deren jedes die ihm angemessene Behandlung fordert. Da muß also erreicht werden äußerste Flexibilität der artistischen Behandlung, äußerster Kontrastreichtum des Stils. Shakespeare verfügte über diese Mittel, und nicht zuletzt deshalb nennen wir ihn einen Realisten. Die Kunst muß die Welt ganz erfassen, ihre Vielfalt und ihre Größe. Wirkliche Größe wird durch den Materialismus nicht nur nicht behindert, sie basiert auf dem Materialismus. Materialismus ohne Größe ist Krümel-Materialismus, vulgär. Größe ohne Materialismus: das ist der Koloß auf gar keinen Füßen.

Die Mittel von morgen. Befragt, welchen Mitteln der Darstellung ich eine Zukunft gebe, nenne ich also: Artistik, Glanz, Phantasie. Phantasie, erinnern Sie sich? So eine Sache ist ja wohl in vergangenen Jahrhunderten praktiziert worden, als Befriedigungs-Ersatz, als Eigentumsform des kleinen Manns, als faselnde Schwester des Mangels. Die Phantasie von heute verhält sich zu der von damals wie das Habenwerden zum Habenwollen. Sie betritt das Reich der Wirklichkeit als Übers-Ziel-Hinauslangen des Erfolgreichen, als Futurum der Praxis, als Gestus menschlicher Allmacht. Der dramatische Vers, oft mißbraucht und zu Recht geschmäht als Vehikel beschönigender Ideale, geht wieder stolz durch die jüngsten Stücke, im Rhythmus des Fortschritts der Völker. Hochfahrende Gedanken gleiten auf breiten Flügeln. Ungestüme Gefühle drücken sich aus durch verwegene Spannung der Bilder, neue Haltungen kleiden sich in den strahlenden sprachlichen Leib der Zuversicht. Die Arbeiterklasse kocht auf einem großen Feuer, und sein Schein verbreitet sich über die Meisterwerke ihrer Literatur.

III

Als ich bis hierhin geschrieben hatte, kam ein bekannter Theaterkritiker herein, las alles durch, blickte mich durch seine enge, viereckige Brille an und sagte: Es riecht nach Klassik.

Ich muß also jetzt doch meine Leser mit den Eigenschaften dieses merkwürdigen Mannes bekannt machen. Er hat einen untrüglichen Sinn für das Gute und das Schlechte, welcher sich weniger nach der Regelmäßigkeit, Zierlichkeit oder Glätte eines Kunstwerks richtet als nach dessen innerer Kraft und Lebensfähigkeit. Umfassende Kenntnis des Bisherigen ermöglicht ihm, das Neue zu erkennen, sobald es erscheint, und bevor es längst aufgehört hat, neu zu sein. Er ist kühn im Tadel, im Lob tollkühn. Da er sehr fest im Urteil ist, ist es kostspielig, ihn zu bestechen. Er hat, sicheren Nachrichten zufolge, nie eine Tragödie verfaßt, und kein durchgefallenes Konversationslustspiel wurde ihm zum Schicksalsfinger, der ihn auf seine Laufbahn wies. Seine einzigen Antriebe sind die Liebe zur Wahrheit und zur Revolution. Weder Rücksichten auf seinen eigenen Ruf noch Sorgen um die Gunst einflußreicher Personen oder die wandelbare Meinung seiner Redaktion schieben sich zwischen das Bild einer Theatervorstellung und seine Gedanken; aus dem einfachen Grunde, daß er auf diese Dinge wenig Wert legt. Er hat ein reines Herz. Er ist eingebildet. Seine Irrtümer sind von vielem Geist und fruchtbarer als die Wahrheiten der meisten anderen Leute. Er hat alle meine Stücke gelesen und findet eins von ihnen schlecht, die übrigen erträglich. Ich unterbrach also meine Arbeit und sagte: Scheren Sie sich zum Teufel. – Wenn Sie doch nur einen Augenblick vergessen könnten, Hacks, sagte er, daß Sie im Schillerjahr leben. Da ist gar kein Zweifel, Sie beschreiben den Grundtyp des klassischen Dramas.

ICH: Es gibt Grundtypen des Theaterstücks; zwei, das aristotelische und das nichtaristotelische. Das aristotelische hat die Funktion, bestehende und also veraltete Zustände zu konservieren. Gleich einem Succubus beraubt es den Zuschauer seiner Impulse; es überzeugt ihn von seiner Kraftlosigkeit und der Unabänderlichkeit des Schicksals. Das nichtaristotelische will die Gefühle des Zuschauers aufregen und vermehren. Es zeigt die Welt als widersprüchlich und jeden Widerspruch als Hebel zur Veränderung der Welt. Das Theater ist ein Politikum. Es gibt zwei Typen des Theaterstücks, weil es zwei mögliche Haltungen zur Gesellschaft gibt. Das aristotelische Drama ist apologetisch, das nichtaristotelische revolutionär.

ER: Und Shakespeare? Und Lope?

ICH: Sind keine Aristoteliker.

ER: Aber Revolutionäre?

ICH: Wie sollten sie; es war nicht die Zeit dazu.

ER: Tertium datur. Es muß, scheints, mit Zeiten gerechnet werden, in denen es nicht reaktionär ist, nicht revolutionär zu sein. Mit Zeiten, die gebilligt werden können. Sie wissen ganz gut, daß diese Beschreibung auf die beste Zeit Shakespeares zutrifft. Der Absolutismus Elizabeths war während einer sehr kurzen Dauer für alle Klassen akzeptierbar, für den handeltreibenden Adel wie für das noch kaum industrialisierte Bürgertum. Er entsprach den ökonomischen und den nationalen Interessen aller. Die elizabethanische Gesellschaft enthielt ihre antagonistischen Widersprüche, wie alle bisherigen Gesellschaften, aber dieselben kämpften nicht; sie bildete . . .

ICH: Eine Einheit von antagonistischen Widersprüchen im Zustand der Ruhe.

ER: Sehr freundlich. Vergleichbare Verhältnisse herrschten im absolutistischen Spanien. Sie bewirkten vergleichbare Folgen in der Literatur.

ICH: Sie behaupten, das klassische Stück sei ein selbständiger Typ?

ER: Neben dem aristotelischen und dem Tendenzstück, ja.

ICH: Ein Typ, keine Wertbezeichnung?

ER: Natürlich keine Wertbezeichnung, es gibt sehr schwache klassische Stücke. Es gibt unendlich gute Tendenzstücke. Aber vielleicht sollten wir feststellen, daß die klassische Haltung dem Stückeschreiber doch größere Chancen zubilligt als die Haltung des Neuerers. Der Tendenzstückschreiber will dem Publikum Neuigkeiten mitteilen, Sachverhalte, die das Publikum nicht weiß und meistens nicht wissen will. Dabei unterläuft es ihm sehr leicht, daß er den Reiz des Neuen überschätzt und infolgedessen auf die spezifisch artistischen Reize zu wenig Wert legt. Aber Neuigkeiten sind die Tiere, die am schnellsten altern. Nach einer Weile sind sie nicht mehr neu; die Tendenz verblaßt, und das Tendenzstück hat gewöhnlich ungenügende Mittel, um als Stück mit anderen Stücken zu konkurrieren.

ICH: Das muß nicht so sein.

ER: Es ist eine Frage der Kraftmenge. Jeder Schriftsteller verfügt über eine bestimmte Kraftmenge, die für alle Seiten seiner Produktion hinreichen muß. Die Klassiker schrieben sehr schnell. Shakespeare machte seine Stücke in vier Monaten: weil er nicht zusätzliche zwölf Monate verwenden mußte auf die Erarbeitung neuer Theorien und die Frage »wie sag ichs meinem Kinde?«. Das klassische Stück ist nicht neu im Sinne der Wissenschaft und nicht, wie diese, überholbar. Es zeigt alles, es beweist nichts. Es bekundet seine gute Meinung von der Welt durch Gebrauch schöner, großer Formen; diese gute Meinung ist nicht apologetisch, mithin nicht kritiklos. Es stellt Widersprüche dar, das einzige Thema der Kunst. Aber da seine gesellschaftliche Wirklichkeit auf sicheren Fundamenten ruht, dämonisiert es nicht die Widersprüche zu tragischen Ur-Phänomenen; sie erscheinen als lebendige Konflikte, nicht als Weltuntergänge. Sein Verhältnis zu den Widersprüchen ist ohne Hysterie. Es leugnet sie nicht, bauscht sie nicht auf, zeigt sie in aller Unbefangenheit und Härte. Es sagt's, wie's ist. Das Weltbild des klassischen Stücks befindet sich in Einklang mit den Ansichten der Zuschauer. Es hat alle Klassen zum Publikum und befriedigt ihre Ansprüche. Daher schöpft es aus den großen Nationalstoffen, aus den lebendigen Volkstraditionen. Es ist populär und doch ungeheuer. Es ist tief und poetisch, konkret und einfach. Es hat, kurz, alle Eigenschaften Ihres Theaterstücks von morgen. (Er hatte seit geraumer Zeit bemerkt, daß ich ein besorgtes Gesicht machte. Jetzt hörte er auf, weil er am Ende war).

Ich möchte wissen, wann und wo Sie leben, sagte ich, wenn ich Sie so scheußliche, schädliche und gefährliche Dinge vorbringen höre.

Inwiefern?, fragte er und schaukelte. (Er schaukelte in meinem Schaukelstuhl, und ich trage also nach, daß ich einen solchen besitze; er steht dem Schreibtisch gegenüber. Es ist nicht leicht, heutzutage zu einem anständigen Schaukelstuhl zu kommen. Um so mehr

empört es mich natürlich, wenn meine Gäste sich in ihn hineinsetzen und mir von diesem beschwingten Platz aus Sottisen sagen).
Meine Stücke sind revolutionäre Stücke, sagte ich. Alle. Revolutionäre Tendenzstücke. Ich schreibe nicht für eine Welt, die meine Ansichten sämtlich teilt, oder deren hauptsächliche Ansichten ich teilen könnte. Ich schreibe in einer Zeit erdenweiter Klassenkämpfe, in denen ich Partei nehmen muß. Auch meine nächsten Stücke werden Partei nehmen.
Ich billige das, sagte er und schaukelte.
Klassische Dramatik, sagte ich, denn ich räume ein, daß es so etwas gibt . . .
Danke, sagte er und schaukelte.
Klassische Dramatik, sagte ich, basiert auf einer mehr oder weniger stabilen Harmonie aller politisch gewichtigen Klassen. Aber es gibt auch so etwas wie Pseudo-Klassik, oder Klassizismus, welche basiert auf dem frommen Wunsch nach einer solchen Harmonie oder auf der Einbildung derselben. Das sind Stücke, die sind ein Schrekken. Wissen Sie nicht, mein Lieber, daß die Gefahr des Klassizismus auch heute sehr groß ist?
Doch, sagte er und schaukelte, aber Sie schreiben doch über das Theaterstück von morgen.
Ich sagte: Es schadet nichts, über das Theaterstück von morgen zu schreiben. Man darf nur nicht *das* Theaterstück von morgen schreiben.

Er kam zum Schreibtisch herüber, blätterte in meinem Manuskript und las vor: »Die Kunst von morgen wird heute gemacht.« Sie widersprechen sich in hervorragender Weise, sagte er.
Na wenn schon, sagte ich.
Was machen wir, fragte er. Die von morgen oder die von heute?
Die von morgen von heute, sagte ich.
Einverstanden, sagte er. Der Stoff des Schriftstellers ist seine Gegenwart; verschmäht er ihn, schreibt er Humbug. Aber der Schriftsteller, der, das Morgen erfühlend, im Morgen lebt, schreibt anders über das Heute. Grob getrennt: Die Fabel sei ganz heutig, die Be-

handlung ganz morgig. Man darf keine Fakten vorwegnehmen, unter keinen Umständen, aber man nimmt das Publikum vorweg. Man überholt es, ein wenig, überfordert es ein wenig; man setzt ein sozialistisches Publikum voraus. Ein Publikum mit sozialistischem Bewußtsein, sozialistischer Vergangenheit, sozialistischen Gewohnheiten. Die größten Dichter enthalten sich des Gezänks von heute und antizipieren den klaren, sicheren und großen menschlichen Standpunkt von morgen. Ich behaupte, die »Optimistische« ist ein vollkommen klassisches Stück. Sie ist kein Tendenzstück, obgleich sie über die Revolution handelt. Der Beweis ist, daß man auch heute kaum eine Zeile von ihr besser schreiben könnte: so wenig gestrig ist sie. Welches Bauwerk für die Dauer errichtet ist, zeigt eben erst die Dauer. Da steht eine Stadt, ein krauser Komplex von Erde und Lehm, Ziegeln, Steinen, Fels. Nach ein paar Jahren stürzen die Hütten ein. Bald fallen die Häuser in sich zusammen. Die Wälle liegen niedergetreten, die Kirchen Ruinen. Stehen bleiben die Türme. Sie waren zugebaut, unsichtbar: nun stehen sie al-lein auf der mit Trümmern besäten Ebene. Solch eine Stadt ist die Literatur. Solch ein Turm ist die »Optimistische«.
Brecht hat Türme geschrieben, sagte ich.
Möge er jetzt sanft ruhen, sagte er.
Wissen Sie, fuhr er fort, wovon ich träume? Von einem vollkommen guten Stück, oder wenigstens von einem sehr guten. Von einem neuen, kühnen, epochemachenden sozialistischen Stück. Ich würde es erkennen. Ich wäre imstande, seine Schönheiten zu sehen. Ich würde beweisen, wie neuartig es im Alten verankert ist und wie grenzenlos es in die Zukunft deutet. Ich würde ein Buch schreiben über ein solches Stück, aber es gibt es nicht, und ich kann es nicht machen. Ich sitze herum und warte. Ein Prospektor ohne Mine. Eine Hebamme ohne Kreissende. (Trauer malte sich auf seinen Zügen). Eine Arbeit macht glücklich unter zwei Bedingungen: wenn sie Ihnen Ihre besten Kenntnisse abverlangt, und wenn sie geachtet wird; eins davon ist zuwenig. In meinem miserablen Beruf fehlt beides; denn wie steht es mit der Achtung? Allein der Name ist ein Makel: Kritiker. Kritisch ist der Fremde, der Feind, die Dialektik.

Ich komme mir vor wie der Dorfatheist. Eine Geselligkeit; ich trete zur Tür herein, lauter nette und fröhliche Leute. Ich werde vorgestellt: Herr Soundso, der Kritiker. Eis. Ich würde auf ebensoviel Sympathie stoßen mit dem Titel Schinder. Lober, Lober sollte man heißen. Der Mensch ist nicht gemacht, von allen gehaßt zu werden. Das Gehirn hält es aus, aber nicht die inneren Organe; habe ich Ihnen heute schon von meinem Kreuzweh erzählt?

Wer haßt Sie, sagte ich. Die schlechten Dichter.

Eben, sagte er. Fast alle.

Das ist lächerlich, sagte ich. Sie fangen mit den schlechten Dichtern Streit an, und Sie beschweren sich.

Nein!, sagte er sehr entrüstet. Die haben angefangen.

Wie immer, sagte ich; wenn Sie uns hier den Giganten machen, haben Sie kein Recht zu seufzen.

Aischylos beschreibt, sagte er, wie Prometheus seufzte, als er am Kaukasus hing mit einem Schild um den Hals: täglich frische Leber . . .

Das Gespräch wurde mit unangenehm. Ich verabscheue es, große Leute leiden zu sehen; sie zwingen einen zur Anteilnahme. Ihr Leid ist so historisch. Ich störte unsere Unterhaltung und kam abrupt auf das Thema.

ICH: Wir befinden uns, wenn ich Ihre Ideen richtig zusammenfasse, in der Periode des Übergangs von der revolutionären Tradition auf die klassische Tradition.

ER: Ja.

ICH: Der Begriff Übergang erinnert mich zu sehr an die U-Bahn. Vielleicht sollten wir von Aufhebung reden, von Aufhebung der revolutionären Tradition in der klassischen. Die Harmonie der sozialistischen Gesellschaft hat doch eine andere Qualität als die früheren: sie ist stabiler. Sie hält mehr aus, auch mehr Kritik. Die Harmonien des spanischen und englischen Absolutismus waren kurze Atempausen im großen Menschheitskampf; der einen folgte der Rückfall in die feudale Barbarei, der anderen eine Periode ledernsten, kunstfeindlichsten Fortschritts. Erst der Sozialismus ist die fortdauernde Synthese von Revolution und Stabilität.

ER: Gut.

ICH: Unsere Aufgabe wäre demzufolge, die neue Qualität der sozialistischen Klassik zu formulieren.

ER: Tun Sie es.

ICH: Den Hauptpunkt haben Sie schon genannt, ich meine die größte und vollkommen naive Offenheit in der Darstellung von Widersprüchen. Die Widersprüche sind nicht mehr die zwischen Füchsin und Hahn, sie sind auf evolutionäre Weise aufhebbar. Kein zukünftiges Übel steht vor der Tür, dessen Kommen durch Eingeständnis von Widersprüchen beschleunigt werden könnte. Das sozialistische Bewußtsein wird sich durch einen ausgeprägten Sinn für Entwicklung auszeichnen: für die Veränderbarkeit aller Zustände, auch positiver Zustände. Einst konnte dem Positiven nur ein Negatives folgen. Man hatte allen Grund, es festzuhalten, wie einen Traum. Morgen wird dem Positiven ein Positiveres folgen. Das Leben wird schön sein und seine Schönheit übertrefflich. Also wird die sozialistische Klassik die erste Klassik sein ohne jegliche restaurative und apologetische Züge. Sie wird ganz frei sein.

ER: Einverstanden. Ferner?

ICH: Ferner. (Ich überlege). Die Größe der sozialistischen Klassik wird realistisch sein, ermangelnd allen idealistischen Beigeschmacks. Nicht große Entwürfe werden gemacht werden, sondern große Abbildungen. Der komplette Mensch wird existieren mit seinen vielen Fähigkeiten, seinen großen Haltungen, seinen kühnen Gefühlen. Das Volkstümliche wird sich decken mit dem Niveauvollen. Das Nationale mit dem Globalen. Das Schöne wird nicht mehr die Form der Lüge sein, sondern des Wahren. Das Wahre wird erfaßbar werden, durch vervollkommnete Werkzeuge der Erkenntnis und durch das Verlangen nach ihr.

ER: Sie haben ganz recht, lassen Sie uns ein bißchen schwärmen. Allein die Tatsache, daß wir, zwei vergleichsweise nüchterne Zeitgenossen, imstande sind, derartige Gedanken zu denken, zeigt, wie nahe wir der Sache schon sind. Hassen Sie auch etymologische Untersuchungen? Ich möchte Sie mit einer etymologischen Untersuchung behelligen, die, ausnahmsweise, zu sehr philosophischen Konsequenzen führt. Sie wissen vermutlich nicht, was Klassik ursprünglich bedeutet?

ICH: Nein.

ER: Klassik bedeutet: Kunst der reichen Leute. Ein Klassiker ist ein reicher Mann.

ICH: Das ist lustig. Wieso?

ER: Der König Servius Tullius teilte alle römischen Bürger in sechs Klassen, nach dem besten Unterscheidungsmerkmal der Welt: nach ihrem Vermögen. Die reichste Klasse bedurfte keines besonderen Namens, sie war einfach: die Klasse. Ihre Angehörigen waren die classici. Der Sprachgebrauch der Ausbeuter identifizierte dann Wohlhabenheit mit Vorzüglichkeit, das Wort klassisch erhielt seine heutige Bedeutung. Die sechste Klasse dieser servianischen Verfassung aber, die ärmste, bildeten die proletarii. (Er steht auf, ein Triumphator. Er fährt fort): Wenn wir also heute von proletarischer Klassik reden, – und ich rede einmal davon, um den Gedanken spitz zu machen, – dann drücken wir mit diesen zwei Worten aus, daß die klaffende, uralte Wunde geheilt ist, das praehistorische Zeitalter der Ausbeutung abgeschlossen. Diese zwei Worte enthalten die Aufhebung des Widerspruchs von Produktivität und Genuß, das Ende aller Entfremdung, die Lösung der Aufgabe. Noch sind es freilich zwei Worte. Geben Sie diesem Begriff einen Inhalt, junger Mann; es ist ehrenvoll, am Anfang zu stehen.

Seinem eingeborenen Instinkt für Höhepunkte folgend, verließ mich der Kritiker nach diesen Worten. Ich verlasse meine Leser.

IV

Von den auftretenden Personen ist eine frei erfunden, der Kritiker. Ich bestätige den dahingehenden Argwohn des Herrn Kopecký und anderer fachkundiger Leute. Ich benötigte jene Figur aus dialogtechnischen Gründen; sie ist nicht nach dem Leben und ohne irgendwelche Vorbilder; es entstehen keine Ähnlichkeiten.

Ergänzung zu: Versuch über das Theaterstück von morgen

Es ist so schwer, deutlich zu sein. Vielleicht helfen Beispiele. In dem Stück »König Wamba«, von Lope, sagt ein eben geborener Säugling deutlich vernehmbar: »Wamba ist König«. Ein Engel unterrichtet Wamba von seinem bevorstehenden Tod und den ferneren Schicksalen Spaniens. Das ganze Stück hat überhaupt keinen Sinn. Solche künstlerischen Mittel sind zweifellos äußerst ergiebig.

Die Ästhetik Brechts

Die Ästhetik Brechts wird nicht allein in seinen Theorien gefunden und nicht allein in seinen Stücken. Sie wohnt in beiden und zwischen beiden. Der Weg der wissenschaftlichen Erkenntnis und der der praktischen Erkenntnis sind zwei verschiedene Wege; sie führen zu verschiedenen Enden, auch wenn es derselbe Mann ist, der sie geht. Ein theoretisierender Schriftsteller theoretisiert normalerweise nicht zu seiner Kunst, sondern gegen seine Kunst; sonst könnte er das auch lassen. Seine Theorie und seine Praxis liegen im Streit, in einem Streit, der ihn fördert. Nie werden seine Thesen voll auf sein, gleichzeitiges, poetisches Werk zutreffen. Der Autor weiß immer mehr, als er kann, und er kann immer mehr, als er weiß.

Die Ästhetik Brechts ist ein System von Methoden, die geeignet sind, die Wirklichkeit in ihrer totalen Dialektik künstlerisch zu erfassen. Jede Methode, die das tut, ist orthodox brechtisch, auch wenn Brecht sie nie angewendet hat. Brechts Wirklichkeit war die der ersten Hälfte des zwanzigsten Jahrhunderts. Unsere Wirklichkeit ist schon anders; unsere Methoden müssen anders aussehen als die Brechts, wenn sie brechtsche Methoden sein wollen. Wie jede Leistung des menschlichen Geistes bleibt die Leistung Brechts historisch. Sie ist vergänglich und ewig. Ihre Fortsetzung kann nur auf dem Weg der Negation erfolgen, nicht auf dem des Verlängerns.

Die Ästhetik Brechts, so verstanden, ist alles andere als das subjektive Verfahrensmuster eines abseitigen Genies. Sie gilt nicht nur für das Brechttheater. Sie gilt für alle Theater nach Brecht und für alle Literatur und für alle Kunst, und sie gilt für alles praktische menschliche Handeln. Die verfremdende Haltung, also die Technik der Konkretisierung durch Negation, ist die Haltung des souveränen Bewußtseins. Die Geschichte der organischen Materie verzeichnet drei Sprünge aus dem Reich der Notwendigkeit in das Reich der Freiheit. Der erste Sprung ist der vom Unbelebten zum Leben. Der zweite ist der vom Tier zum Menschen. Der dritte, (den wir im Begriff sind zu tun), ist der vom Ideologen zum Marxisten. Brechts Ästhetik ist einfach der Ausdruck dieses dritten Sprungs auf dem Gebiet der Kunst.

Über den Vers in Müllers Umsiedlerin-Fragment

1

Die Geschichte des realistischen Theaterstücks in Deutschland ist die Geschichte der Aneignung Shakespeares. Jede Aneignung eines Vorbilds ist zugleich ein Akt der Interpretation. Der Aneignende übernimmt vom Vorbild nicht alles, sondern nur das, was er in ihm sieht; er sieht aber, was er gebrauchen kann. Was er sieht, ist gewöhnlich weniger als, was ist. Der Sturm und Drang sah bei Shakespeare die Widersprüchlichkeit der Fabel, nicht deren große Ordnung und bewältigte Dialektik. Er sah den Realismus der Sprache, nicht deren Glanz. Der Gebrauch des Blankverses durch Müller zeigt, auf wieviel höherer Bewußtseinsebene die Aneignung Shakespeares im sozialistischen Realismus vonstatten geht als im Sturm und Drang. Müllers Blankvers ist ein literarhistorisch wichtiges Vorkommnis, und die Betrachtung lohnend.

2

Über das Grundprinzip der Verslehre sind sich die Metriker inzwischen einig geworden. Wert, Schönheit und Leben eines Verses beruhen nicht auf der Identität von Metrum und Rhythmus, sondern auf ihrem Widerspruch. Jamben, bei denen der natürliche Tonfall der Sprache, Hebung für Hebung und Senkung für Senkung, mit dem Vers-Schema zusammenstimmt, sind keine guten Jamben, sondern schlechte. Vielmehr ist die Dialektik die: das Metrum setzt ein Erwartungsschema, und in dem Wechsel von Erfüllung und Nichterfüllung der Erwartung liegt der ästhetische Reiz. Weit entfernt davon, Fehler zu sein, gehören Abweichungen vom Metrum gerade zum Wesen der gebundenen Sprache: sie machen die formale Schönheit, und sie sind das einzige Mittel, inhaltliche Akzente in formale Akzente umzusetzen: sie ermöglichen Betonung.

3

Es gibt viele Möglichkeiten der Abweichung vom Blankvers-Schema, alle schon den Klassikern bekannt und benutzt, seit man Jamben schreibt. Ich erwähne fünf.

a: Die einfache Synkope, also die Verschiebung einer Hebung auf den *schlechten Taktteil*: »Ich bin dein Mann, mit mir kannst du umspringen.« Das »umspringen« folgt nicht dem Schema ◡ – ◡, sondern synkopiert es: – ◡◡; dadurch wird dieses inhaltlich wichtige Wort betont. Der Gestus des Umspringens wird durch das Umspringen mit dem Rhythmus haarscharf wiedergegeben.

b: Der eingeschobene Anapäst, also die Erweiterung eines jambischen Versfußes (◡ –) zu einem anapästischen (◡◡ –): »Das ist das eine. Das andre ist: du kannst mich . . .« (◡ – ◡ – ◡ / ◡ – ◡ – ◡ – ◡). Die durch den verlängerten Versfuß entstandene Zäsur markiert genau die Gedankenzäsur zwischen »dem einen« und »dem anderen«.

c: Über- und Untermetren, also Zeilen von nur vier oder aber sechs Füßen. Vierfüßig ist: »Ja, du scheißt drauf, ich solls blankreiben«; die verknappende Frechheit des Untermetrums entspricht der frechen, abschließenden Kürze der Replik. Sechsfüßig ist: »Agitation und Feldbau, Viehzucht und Klassenkampf«, eine übervolle Zeile, ausdrückend ein inhaltliches Viel und Vielzuviel der Aufgaben eines Kommunisten.

d: Das Enjambement, also die Nicht-Identität von Satzende und Versende: . . . ich bin,

Die Leute wissens, die Partei hier. Das
Ist, was du madig machst . . .«

Bei metrischen Pedanten gelten Enjambements von einer Silbe als unschön, aber wieder zeigt sich, daß der Kunst alles erlaubt ist, was den Sinn fördert. Welche Betonung des politischen Arguments (das an dieser Stelle erstmalig in den Dialog eingeführt wird) ergibt sich aus der Isolation des »Das«!

e: Häufung einsilbiger Worte. »Hab ich gesagt, ich wärs gern? Ich wärs nicht gern.« Die rhythmische Struktur dieses Verses sieht im Grunde so aus: – – ◡ – – – – – – – – –; so kriegt eine Zeile Gewicht. Man kennt das Verfahren aus dem Shakespeare-Vers; die englische Sprache ist weit reicher an Einsilbern als die deutsche. Es geht, sieht man, aber auch bei uns zu machen.

4

Alle diese Abweichungen gehören, wie schon gesagt, zum normalen Blankvers. Was Einigen auffallen wird, und, kann sein, befremdlich, ist der Grad, in dem Müller von ihnen Gebrauch macht.

> »Bleib sachlich. Daß dein leeres Bett dich wurmt,
> Ich bin der letzte, ders nicht versteht. Bloß
> Mußt dus auf die Straße stelln und ausschrein?«

Die erste Zeile, ein völlig korrekter Blankvers, setzt das metrische Schema. Die zweite geht sehr frei mit ihm um; (der Leser kann sich entscheiden, ob er sie vierfüßig auffassen will oder fünffüßig, mit ganz elender Betonung). Die dritte endlich ist rein trochäisch (– ◡ – ◡ – ◡ – ◡ – ◡). Der ganze Vers ist Synkope. Eine ganze Zeile lang wird der Blankvers synkopiert zum fünffüßigen Trochäus. Aber das sind eben keine gewöhnlichen Trochäen mehr, sondern in Trochäen umgeschlagene Jamben. Man hat ja das Erwartungsschema noch im Ohr; man hört zugleich Jamben und Nicht-Jamben.

Daß der Autor auf diesen eigentümlichen und kräftigen Effekt bewußt hinauswill, läßt sich hier leicht zeigen. Der Satz hieß ja einmal: »Mußt du es auf die Straße stelln und ausschrein«, und er hätte in dieser Form als ein häßlicher und sinnwidriger Blankvers passieren können. Durch die Zusammenziehung von »du es« zu »du's« verbessert Müller mit offenbarer Absicht den *korrekten* Vers in einen *unkorrekten.*

5

Als Regel für den möglichen Grad rhythmischer Freiheit kann gelten: Jede Abweichung vom Schema ist erlaubt, solange das Schema im Ohr des Hörers nicht verloren geht. Da die Schönheit des Verses im Widerspruch zwischen Metrum und Rhythmus liegt, darf das Metrum den Rhythmus nicht verschlingen, aber auch der Rhythmus das Metrum nicht*. Das Aufgeben der Eigenständigkeit des Rhythmus gehört zum idealistischen Klassizismus; das Aufgeben des ordnenden Metrums zum gesetzesfeindlichen Positivismus.

6

Das ist die Regel, und wie alle Regeln hat auch sie ihr im konkreten Fall wahres Gegenteil. Müller scheut sich offenbar nicht, das Metrum wiederholt in Vergessenheit geraten zu lassen, ja, er baut künstliche Sperren, fällt gar von Zeit zu Zeit in Prosa. Nach jeder Prosastelle muß er, und der Hörer, den Jambus neu erobern. Man kann an einen Vogel denken, der seine ersten Flugversuche macht, sich für kurze oder lange Strecken aufschwingt, immer noch wieder von der Erde zurückgeholt wird. Man kann an die ersten Versuche kollektiven Arbeitens im kleinkapitalistischen Dorf denken, und man tut, meine ich, gut, daran zu denken. Wie der Umsiedlerin-Jambus immer wieder neu produziert werden muß, muß der Sozialismus immer wieder neu produziert werden; beide sind nicht selbstverständlich. Die Prosa verfremdet den Vers, die Konfrontation mit dem Kapitalismus verfremdet den Sozialismus. Beider Schönheit wird, durch Verfremdung, deutlich.
Ich bin ganz sicher, daß diese Erklärung nicht in die paar mir be-

* Einem merkwürdigen Irrtum fielen einige neuere Schriftsteller (Hauser, Strittmatter) zum Opfer, die, aufbauend auf nationale Traditionen von Johanna von Weißenthurn (»Der Wald bei Hermanstadt«) bis Karl May (»Im Reiche des silbernen Löwen«) ihre Stücke in durchlaufenden, unlimitierten Jamben verfaßten. In diesem tausendfüßigen Jambus gibt es weder das Erwartungsschema, noch den Verstoß gegen das Erwartungsschema, also überhaupt keine Möglichkeit der Akzentuierung. Das läuft nur immer so dahin, auf, ab, auf, ab, in grätenloser Unendlichkeit. Das ist natürlich kein Vers, sondern Prosa, aber jambische Prosa, also, wie man doch in der Klippschule lernt, von allen Prosaformen die schlechteste.

kannten Verse hineininterpretiert ist. Ich bin sicher, hier, an einem ganz neuen Beispiel, das Wesen der Kunst zu beobachten: die formale Widerspiegelung von Produktionsverhältnissen.

7

Es gibt für diesen neuen Jambus der Transformationsperiode noch keinen Fachausdruck. Vorgeschlagen werden könnte: gestischer Jambus, plebejischer Jambus, Proletjambus, dialektischer Jambus; aber die ersten drei Begriffe sind beschränkt oder ungenau, und der letzte ist zu allgemein. Natürlich ist, was gut ist, dialektisch. Ich will trotzdem, vorläufig, bei diesem zu allgemeinen Begriff bleiben und jetzt vom dialektischen Jambus reden.

8

Wir haben den dialektischen Jambus kennengelernt als korrekten Blankvers, der aber den Spielraum der Abweichungsmöglichkeiten bis an die äußerste Grenze ausnützt. Was sind die Gründe für den dialektischen Jambus? Ich habe vorn schon mit ihnen gearbeitet; es sind vornehmlich zwei.

a: Die Widersprüchlichkeit der Epoche, die gekennzeichnet ist durch die Widersprüche des sterbenden Kapitalismus, durch den zur Entscheidung drängenden Widerspruch zwischen Sozialismus und Kapitalismus und, vor allem, durch die eigenen Widersprüche der Transformationsperiode, kann nur durch äußerst bewegliche, antithetische, widerspruchsträchtige Mittel ausgedrückt werden**. Auftretende Glätten werden zu unseren Zeiten verdächtigt als auftretende Lügen. Nichts ist so eingewurzelt wie das Mißtrauen der Menschen des zwanzigsten Jahrhunderts gegen die *Schönheit* von amerikanischen Autos, Hitlers Bauwerken und Titos Uniform.

b: Elastizität der Form wird gefordert durch den bevorrechteten Inhalt. Mattias Braun schreibt irgendwo (ich zitiere leider aus dem

** Denkbar wäre in unserer Zeit auch ein ganz anderer, wohltönender Vers, der utopische Jambus. Er setzt aber eine ganz andere Realismus-Ebene voraus, er bedarf einer ganz anderen inhaltlichen Provokation.

Gedächtnis), er benutze den fünffüßigen Jambus, opfere ihn aber jederzeit und bedenkenlos dem Anspruch des Gedankens. Es gibt im Arbeitsprozeß des Schriftstellers Momente, wo er seine vorgehabte Nachricht mit der von ihm vorgehabten Form nicht zur vollendeten Übereinstimmung bringen kann; in solchen Fällen entscheidet sich der moderne Schriftsteller für die Nachricht. Der dialektische Jambus ist das Ergebnis einer Unzahl derartiger Entscheidungen. Der dialektische Jambus ist gelenkig, gestisch. Die Form ist die Magd des Inhalts, und Mägde müssen springen.

9

Der jambische Vers erobert ohne allen Zweifel das moderne Theater. Hacks und Baierl benutzten ihn, zaghaft, für reflektierende Einlagen. Müller benutzt ihn, in der vorliegenden Szene, schon für den Dialog, freilich für einen überwiegend reflektierenden. Sein Jambus ist noch statisch, konversierend, lessingsch. Den eigentlich dramatischen Jambus, den vorgängetragenden, prozessualen Vers liefert auch er uns hier nicht. Dennoch kann die Bedeutung seines Schritts nicht überschätzt werden.

Die Aufgabe des sozialistischen Theaterschriftstellers ist riesig. Er beginnt nach über hundert Jahren bürgerlicher Destruktion der Mittel; nach einem Jahrhundert Demontage der Fabel, Demontage des Charakters, Demontage der Schönheit. Die dialektische, kritische und revolutionäre Remontage ist seine Arbeit. Müllers Anteil an ihr ist wichtig und von Dauer.

Faust-Notizen

Der Selbstmord

Der Versuch, zum Wesen der Dinge zu gelangen durch möglichst gründliche Negation der Dinge, das ist der irrationale Weg. Seine konsequenteste Form ist der Selbstmord. Von den möglichen Spielarten des Irrationalismus sollte die Regie eine aktuelle einer antiquierten (etwa der romantisch-schwärmerischen) vorziehen. Die modernste Form des Irrationalismus ist der Neupositivismus, also der Irrationalismus unter der Maske strengster Wissenschaftlichkeit. Die Mystiker von heute tragen randlose Brillen auf rosig smarten Gelehrtengesichtern. Diese Haltung könnte auch bei Faust interessieren und vorgeführt werden. Selbstmord nicht als leidenschaftlicher Drang, die Endlichkeit der menschlichen Existenz zu sprengen, sondern als kühles, exaktes, letztes Experiment mit letalem Ausgang: als erkenntnistheoretische Atombombe. Lustig an dieser Haltung wäre der Widerspruch zwischen ihrer formalen Größe und ihrer inhaltlichen Banalität. Die Banalität wird bei Goethe glänzend gezeigt, durch das banale Scheitern der Sache. Es liegt nicht vor das Schema: Inhumanität wird aufgehoben durch das Leben, sondern: platte Inhumanität wird aufgehoben durch das platte Leben, den »Klang, von Jugend auf gewöhnt«. Gewohnheit ist am Menschen das Tierische, die anthropologische Form des Instinkts; sie bereits reicht hin, um den Humbug des Experiments Tod zu erledigen. Man könnte Goethe unterstützen und die Oster-Chöre, statt von Engeln, von einer dörflichen Prozession schauderhafter, seelisch und physisch verkrüppelter alter Betweiber exekutieren lassen. Man macht einen Mann zwergig, indem man ihn von Gnomen besiegen läßt.

Mephisto

Was ist er? Ist er die dialektische Negation, Fausts große Antithese, das Progressive am Frühkapitalismus? Ist er identisch mit jener »Magie«, welche ja die krummen Wege des Fortschritts meint? Er wird allgemein dafür genommen und ist es doch nicht. Ohne ihn auf 1 Idee reduzieren zu wollen, sage ich: er ist die leere Negation, der relativistische Skeptizismus, die platte Asozialität, und es ist ein Irrtum, wenn Protktophantasmist-Pollatschek sich als sein Gegenspieler und Austreiber fühlt; sie sind ja Brüder. Die allgemeine Wertschätzung der Figur resultiert aus der allgemeinen Geringschätzung des Faust; Fausts Größe ist schwer zu begreifen, und Mephistos Späße leuchten selbst einem Kritiker gleich ein. Faust ist Realist, Mephisto Metaphysiker; natürlich hat Mephisto den größeren Ankratz. Dabei scheut Goethe keine Mühe, klar zu sagen, was er auf ihn hält. »So setzest du der ewig regen, der heilsam schaffenden Gewalt die kalte Teufelsfaust entgegen, die sich vergebens tükkisch ballt«: das ist die Wahrheit, und Mephisto wechselt das Thema. Seine Dummheit ist enorm. Er begreift nicht, warum der Herr Faust seinen Knecht nennt. Er glaubt an die Unveränderlichkeit aller Verhältnisse wie ans Vaterunser, und wenn Faust, angesichts der Meereswellen, erwägt, den Ozean an sich in einen Ozean für ihn zu verwandeln. ist für Mephisto »nichts Neues zu erfahren«. Auf dieser untersten Ebene ist er witzig, und es wird einiger Kunst bedürfen zu verhindern, daß er durch Witz den Anschein von Souveränität hervorruft. Beispielsweise in der Schülerszene sollte der Darsteller, statt sich auf die Wissenschaftsfeindlichkeit des Publikums zu stützen und abzusahnen, niedrige Bosheit zeigen und sehr deutlich spielen die Kastration aller Möglichkeiten eines jungen Mannes; er führt ihn, selbst Philister, auf die Bahn des Philisters, und auch der Bakkalaureus – Spießers anarchistische Phase – ist sein Werk. Dies alles gründlich erwogen und angelegt, wird man dem Mephisto Recht geben, wo er Recht hat. Recht hat er als (vulgärer) Anti-Idealist immer dort, wo in Faust der wittenbergische Professor durchgeht und den Dialektiker zum Idealisten verstümmelt. Recht hat er, wo, inkonsequent, Goethe ihm Einsichten leiht, die er nicht haben kann; jede solche Stelle ist mit Sorgfalt zu entdecken und herauszuheben; Inkonsequenzen sind an einer Rolle das Lebendige. Und schließlich ist nicht zu leugnen, daß Mephisto im zweiten Teil mit Faust mit und aus der flachen Unbedeutendheit herauswächst. Aber nicht genug gewarnt werden kann vor der Verabsolutierung seines Selbstlobs als »Teil von jener Kraft, die . . . etc«. Ein Teil, mag sein, und zwar der miserabelste und allenfalls für Deutschland noch einsetzbar.

Gretchen

Ich finde, obgleich ich angestrengt danach suche, an Gretchen nicht das Positive. Über ihren sozialen Rang gibt es zwischen Goethe und mir keine Meinungsverschiedenheit. Da ist eine junge Kleinbürgerin, ausgestattet mit aus reicher Klassenerfahrung gewonnenem Sinn für Geld und Besitz; mit beklagenswert dürftigen Mitteln kämpft sie um einen Mann, der zu gut für sie ist. Den Mephisto, der sich von ihr unterscheidet, wie der exzentrische Spießer sich vom zufriedenen Spießer unterscheidet, fürchtet sie sehr; er ist die bornierte (für niemand außer ihr belangvolle) Negation ihrer eigenen Borniertheit, das »Böse«. Ihr individueller Charakter ist noch häßlicher als der ihres Typs; unter den kleinbürgerlichen Sittenrichterinnen am Brunnen hat sie sich durch besondere Grausamkeit hervorgetan; so verhindert sie selbst Mitleid, provoziert Schadenfreude. Wo Faust Lobendes über sie äußert, erscheint dies, durch übertriebene Formulierung, als taktische Flirt-Heuchelei (». . . ein Wort mehr unterhält als alle Weisheit dieser Welt«) oder als komischer Irrtum eines verliebten Professors (». . . daß Demut, Niedrigkeit die höchsten Gaben der liebevoll austeilenden Natur«). Ihre

Menschlichkeit wird gewöhnlich darin gefunden, daß sie liebt, bedenkenlos, unbedingt und gegen die Konvention. Aber der Wert dieser Haltung wird doch fast aufgehoben durch ihren eigenen Unwert. Sie ist nichts und hat also nichts hinzugeben; sie will nicht lieben, sie muß; ihre Liebe resultiert nicht aus ihrer Größe, sondern aus Fausts Größe, was oft vorkommt und natürlich sehr traurig ist. Gretchens Dürftigkeit ist ärgerlich aus zwei Gründen. Weil, erstens, ein Charakter ohne Widerspruch langweilig und schwer zu spielen. Weil, zweitens, Goethe mit ihr offenbar auf so Positives hinauswill, daß er sie sogar als Fazit des ganzen Stücks, als Kleister für alle Risse der Klassengesellschaft anbietet. Vorliegt gewiß die Absicht einer rückgerichteten Utopie, wie sie etwa auch in Rousseaus Huronen oder Erich Kästners Kindern angetroffen wird; die ärmliche Anmut praesozialer Wesen wird genommen als Fingerzeig für mögliche reiche Anmut in einer harmonischen Zukunfts-Welt. Aber das deutsche Kleinbürgerweib ist eben nicht praesozial, sondern es ist, im Gegenteil, stärker als jeder andere Mensch zerstört und gesellschaftlich invalid; und Goethes Versuch am untauglichen Objekt scheitert an Goethes Realismus. Was wir, mithin, für Gretchen tun können, können wir nicht durch Hebung ihres Charakters tun, sondern ausschließlich durch Senkung ihrer Umwelt. Sie lebt »in diesem Kerker«, eine Gefangene. Der böse Geist in der Dom-Szene ist ihr Kerkermeister; er könnte agieren in der Maske einer überdiemensionalen Frau Marthe oder, wenn man auf eine Personifikation des Über-Ichs hinauswill, als Chor ihrer Mit-Kleinbürger. Wie aber wird die Regie mit dem Schluß des ersten Teils und mit Gretchens Funktion im zweiten fertig? Die Kerkerszene wäre zu beenden mit »Heinrich, mir grauts vor dir . . . Heinrich, Heinrich!«, und die dazwischenliegenden, blöden und unmotivierbaren drei Repliken wären zu streichen. Das Faust-Fragment endet im konkret Sozialen, und die gemachte Änderung ist keine Verbesserung. Ferner, der Teil sollte überhaupt nicht mit dem Kerker schließen. Die Gretchenepisode, die ihm seine realistische Selbständigkeit und große Wirkung gibt, ist doch im Rahmen des Gesamtstücks ein Tumor: ein Organ, das sich weigert, ein Teil zu sein, und sich zur Hauptsache hinaufwuchert. Man kann nicht das Größenverhältnis ändern, aber man kann, indem man die erste Szene des zweiten an den ersten Teil anhängt, den Vorfall in seine Episoden-Schranken zurückweisen; Faust überschläfts, und es wird weitergehn. In der Wolken-Pantomime im Hochgebirg sollten die letzten drei Zeilen gestrichen werden, welche eine Überlegenheit Gretchens über Helena behaupten. Zum Stückschluß fällt mir nichts ein außer eine Lösung, die schwer realisierbar sein dürfte. Allen Kummers nämlich wäre man ledig, wenn man Gretchen und Helena mit derselben Schauspielerin zu besetzen vermöchte: dann wäre nicht Gretchen die Utopie, sondern die Frau schlechthin, was sich, da dieselbe weniger ins Soziale verwickelt und durchs Soziale beschädigt als der Mann, notfalls und Goethe zuliebe vertreten ließe.

Reichtum

Schönheit (und menschliche und gesellschaftliche Harmonie, welche immer mitgemeint sind) setzt voraus Überfluß an materiellen Gütern. Überfluß tritt in der Warenwirtschaft auf in der Form von Reichtum. Der erste Akt des zweiten Teils handelt über die belebende Wirkung des Geldes. Der Knabe Lenker (der Dichter) erscheint als Diener des Plutus; freilich, dasselbe Geld, das die Musen ermutigt, bewirkt den bürgerlichen Weltuntergang am Schluß des Mummenschanzes. Faust wird auf die Fährte der Helena (der Schönheit) gedrängt durch seine Spaßmacherrolle am kaiserlichen Hof; erst hat er ihn reich gemacht, nun soll er ihn amüsieren. Der Zusammenhang von Überfluß und Humanität, der allein im Kommunismus unverzerrt wirksam wird, erscheint hier einmal in kapitalistischer und einmal in feudaler Deformation. Aber er erscheint. Bekanntlich ist die Einführung der Ausbeutung einer der mächtigsten Befreiungsakte der Menschheit: sie ist Beginn der Muße, also der Produktion wissenschaftlicher und kultureller Güter. Der Mensch der Zukunft ist reich: in dieser Hinsicht ähnelt der Reiche dem Menschen der Zukunft. Er besitzt Bildung, Souveränität,

Würde, Freiheit. Armut ist in Fausts Monolog ein Grund seiner Unzufriedenheit, und keiner von den schlechtesten. Wenn, in der zweiten Studierzimmerszene, Mephisto anrät, das Kostüm der herrschenden Klasse anzulegen, beweist Faust durch sein Desinteresse an diesem sehr praktischen Vorschlag nichts als deutsche Ideologen-Pinselei. Die Schreckgespenster Mangel, Schuld und Not haben nichts Schicksalhaftes; sie sind so verabscheuenswürdig wie die Sachverhalte, deren Namen sie tragen. Auch die Sorge vermag nichts über den Reichtum; sie vermag nur etwas über den unproduktiven, reaktionären, historisch müßigen Reichtum, also nichts über Faust.

Der Helena-Akt

Von mäßigem Interesse und bloß literarhistorischer Bedeutung erscheint uns die stilparodistische Seite des Akts, die Diskussion des Verhältnisses von klassischer und romantischer Kunst. Ganz bauen können wir hingegen auf Goethes genaue und höchst beschlagene Geschichtsinterpretation. Aus ihr werden wir unseren Honig saugen. Der historische Widerspruch, der gezeigt wird, ist der zwischen der Urgemeinschaft und der Klassengesellschaft; letztere wird beschrieben als Fortschritt und als fortschrittlicher Rückschritt. Die Urgemeinschaft hat alle Züge, die etwa bei Engels angegeben (»Entstehung der Familie«, Schluß des Kapitel 3); da ist alles groß, und nichts ist persönlich. Die Schönheit ist ohne individuelle Züge. Die Liebe ist heftig, aber die Partner sind austauschbar. Die Sippe fällt das Todesurteil über den Ausbrecher, und der akzeptierts. Menschenopfer sind im Schwange; das Allgemeine herrscht immer über das Einzelne und die Form über den Inhalt. Zu zeigen ist die Üblichkeit, Routiniertheit jener barbarischen Greuel, zu zeigen ist die Etikettehaftigkeit aller Haltungen: der Ur-Mensch trägt das Skelett noch außen, nicht innen. Helena sollte hier, nicht anders als Phorkyas, eine Maske tragen. Es handelt sich noch um Das Schöne, nicht um Helenas Schönheit. Helena wird dann, liebend, die Maske ablegen und das gleiche Gesicht zeigen, aber als ihr eigenes und besonderes. Mit der Warenwirtschaft entsteht das Individuum, mit dem Individuum die individuelle Liebe. Goethe läßt das Individuum durch die individuelle Liebe entstehen; das steht soziologisch auf dem Kopf, aber poetisch auf den Füßen. Trotzdem gilt es, die moderne Zeit, die Zeit fortgeschrittener Individuation, unmißverständlich zu charakterisieren. Wir gewinnen, denke ich, wenig, wenn wir der antiken Barbarei die gotische Barbarei gegenübersetzen; den Kern des Problems machen wir aber deutlich durch Vorführung der kapitalistischen Barbarei. Die neuzeitliche Hälfte des Akts sollte konsequent im modernen Kostüm gespielt werden, im zeitgenössischen oder dem der Jahrhundertwende. Die Dekoration bringe modernen Komfort und moderne Fortifikationsanlagen. Die Gegenüberstellung von Borniert-Kollektivem (wo die Tugenden so groß sind, weil die Person so klein ist) und Emanzipiert-Personalem (das zunächst in einem Gegeneinander der Personen sich äußern muß) ist eine riesenmäßige Setzung von These und Antithese. Der Mensch beginnt als Hammel und emanzipiert sich als Wolf. Die Synthese ist für Goethe, angesichts des beginnenden Kapitalism, nicht herstellbar. Größe der sozialen Haltungen und entwickelte Subjektivität als Einheit geht nicht und ergibt Euphorion. Wir wissen, daß der Kommunismus als die große Negation der großen Negation gedacht werden kann.

Philemon und Baucis

Zwei Leute, die so entsetzlich alt sind, weil sie eine so entsetzlich alte Gesellschaftsform vertreten, die kleine Naturalwirtschaft. Sie verhalten sich menschlich auf Grund ihrer relativ unentfremdeten Produktionsweise: so ist ihre Menschlichkeit notwendig verknüpft mit ihrer Borniertheit, Tugend eines Fehlers. Ein echter Widerspruch, folglich, und will als echter Widerspruch ernstgenommen werden: wir haben sie gern tugendhaft, hätten sie aber lieber weniger borniert, und das ist nicht zu machen. Der Zustand muß empfunden werden als unleidlich, und das Publikum muß stärker die Borniertheit mißbilligen als sich ergreifen lassen von der Tugend. Philemon und Baucis sind mehr lächerlich als rührend. Hierfür gibt Goethe überreichlich konkretes Material. »Laß uns läuten, knieen, beten«, das ist offen komisch formuliert, und »Traue nicht dem Wasserboden«, das ist einfach die Haltung des DDR-Bauern zum Mais. Das muß weg. Das kommt auch weg, auf sündhafte Weise; aber Fausts Sünde ist des Fortschritts Sünde. Faust handelt positiv, auch wenn er glaubt, negativ zu handeln. Faust handelt geschichtlich, auch wenn er glaubt, privat zu handeln. »So geht und schafft sie mir zur Seite«, befiehlt er dem Mephisto; und wenn er ihm, schlechten Gewissens voll, nachruft: »Das schöne Gütchen kennst du ja, das ich den Alten ausersah«, so ist das schlechte Gewissen ein historischer Rückfall, hinkendes Bewußtsein. Freilich bleibt Unmenschlichkeit Unmenschlichkeit, und konservative Haltungen sind oft versetzte utopische; die Glocke der Humanität läutet vorn, und mancher meint, sie hängt hinten.

Über Kortners »Sendung der Lysistrata«

I

Aristophanes ist wieder da. »Frieden« in Warschau, Paris, Berlin; »Lysistrate« in London und nun, dank Kortner, im westdeutschen Fernsehen. Diese Renaissance oder, in der heutigen Sprache zu reden, dieses Come Back des Dichters hat zwei Gründe.
Der erste Grund liegt im Stoff. Der Mensch unserer Jahrhunderthälfte, der zweifelt, ob er in der Zeit nach oder vor dem letzten Weltkrieg lebt, versteht den Dichter eines der frühesten Weltkriege. Das Wort Frieden ist wieder einmal der Sphäre politischer Entscheidungen entwachsen und zum obersten aller sittlichen Begriffe geworden. Der andere Grund liegt in der Behandlung des Stoffes.
Alle Dichter, sagt Engels, verfolgen eine Tendenz. Aber nicht alles, was eine Tendenz verfolgt, ist ein Dichter. Die Kompliziertheit der politischen Auseinandersetzung hat das Niveau der geistigen Auseinandersetzung in den letzten fünf Jahren erhöht; hiermit zusammen hängt die Neuentdeckung der Eigengesetzlichkeit der Kunst. Das Publikum, des platten Tendenznaturalismus überdrüssig, bezieht von Aristophanes, wonach es sehnsüchtig verlangt: die Identität von Kampf und Poesie.
Der Rezensent schickt voraus, daß Kortners Fernseheinrichtung, die er zu tadeln vorhat, offenbar von dem ersten Grund stärker bestimmt ist als von dem zweiten.
Der Rezensent schickt ebenfalls voraus das Eingeständnis seiner eigenen Befangenheit. Er selbst hat einen Aristophanes adaptiert und seine individuelle Lösung gefunden. Seine Maßstäbe werden nicht oberflächlich sein, aber sicher subjektiv; streng, aber ungerecht.

Das ist seine Lage; er kann sie nicht ändern, er kann sie nur dem Leser mitteilen. In einem Punkt aber hat er, so meint er, unbedingt Recht: man kommt einer Aristophanesbearbeitung nicht mit kleinen Maßstäben bei. Klassiker sind heilig. Man darf sie nur verändern, wenn man sie verbessert.

II

Aristophanes ist viel bearbeitet worden und selten gut. Das Dilemma der Sache ist: Aristophanes kann nicht einfach übersetzt werden. Aristophanes darf nicht einfach aktualisiert werden. Der Rezensent nimmt die Frage der Aktualisierung, als die harmlosere, vorweg.

Ein politischer Dichter macht einen politischen Effekt. Der politische Effekt ist ein unlösbarer Bestandteil des artistischen Effekts; eine Übersetzung, der es nicht gelingt, den politischen Effekt zu reproduzieren, ist auch künstlerisch ungenügend. Der politische Effekt tritt nur ein, wenn die Momente des Kunstwerks anwendbar gemacht sind auf politische Momente der jeweiligen Gegenwart. Aber wie das erreichen?

Der nächstliegende Weg ist, die aktuellen Vorgänge des Jahres 411 durch aktuelle Vorgänge des Jahres 1962 (oder welchen Jahres immer) zu ersetzen. Dieser Weg ist der meistbegangene und der schlechteste. Er bedeutet die Einführung eines neuen Stilmittels, des Anachronismus. Er verschlechtert die Qualität des Vergnügens, er zerrt die Komödie herunter auf Kabarettebene. Dem Rezensenten wird für alle Zeit unklar bleiben, warum so viele Regisseure und Autoren es für komisch halten, wenn Cäsar einen Zylinderhut trägt. Komik entsteht, wenn eine anscheinend stabile Welt durch eine komische Situation aus den Angeln gehoben wird; so sei die Ernsthaftigkeit, mit der die Stabilität der Komödienwelt aufgebaut wird, strenger als alle. Da ist ein Unterschied zwischen einem komischen Widerspruch und einem Durcheinander.

Es erweist sich als notwendig, die Kirche im Dorf zu lassen und Athen in Hellas. Der tagespolitische Hader des Dichters mit der Seepartei ist für uns auf keine Weise aufzuheben; übrigens sind wir

da auch nicht immer seiner Meinung. Worauf wir bauen können, sind die großen poetischen Punkte seiner Fabeln. In ihnen steckt alles: die Friedensliebe, die Humanität, die Kritik, das Nichtdulden. Das schreckliche Fehlen jeden Autoritätsgefühls. Wo Analogien zu heutigem Geschehen vorliegen, wird der Bearbeiter sie, mit äußerstem Zartgefühl, verdeutlichen. Wo keine sind, wird er sie nicht hineinzumanipulieren trachten. Das Unvergängliche ist der Gestus.
Wer, wie Kortner, dies begriffen hat und aber, neben dem Tendenzbedürfnis, noch ein agitatorisches Bedürfnis zu befriedigen wünscht, hat noch eine Möglichkeit offen. Er kann in die antike Fabel eine moderne Fabel montieren, parallel oder antithetisch. Das tut Kortner, und auf geschickte Weise. Er läßt die »Lysistrate« als Fernsehsendung exekutieren und zeigt, TV im TV, die Begebenheiten einiger Leute, die sich diese Sendung ansehn.
Freilich, es ist nicht leicht, eine Fabel zu machen, die den Vergleich mit einer aristophanischen aushält, und es ist nicht leicht, so gut zu schreiben wie Aristophanes. Kortner hat sich, findet derRezensent, nicht besonders angestrengt. Er begnügt sich damit, vier Ehepaare auf die Geschichte der Lysistrate reagieren zu lassen; unter ihnen eines, das vor der Frage steht, ob der Mann in Amerika einen gutbezahlten Rüstungsjob annehmen soll. So kommen Stoffe herunter. Bei Aristophanes: eine Welt, die aus der Notwendigkeit des Mordens in die Freiheit des Genusses springt. Bei Kortner: ein Kleinbürger, der seiner Frau zuliebe ehrlich bleibt.
Die interessanteste Gestalt in der Rahmenhandlung ist ein Publizist namens Ellinger, ein Mann mit Kortner-Zügen. Als einziger Normaler unter Verrückten wird er allgemein für verrückt gehalten und ist nahe daran, wirklich verrückt zu werden. Ionesco verallgemeinert diesen Vorgang, wenn er sagt, daß das Im-Morgen-Leben des Intellektuellen eine Art von umweltinadäquatem Verhalten ist und als Form der Neurose erscheint. Natürlich gilt dieses Schema nur für den Fortschrittlichen, der, geistig und politisch, einzeln auftritt. Aber das ist unter den unreifen und unklaren gesellschaftlichen Bedingungen des imperialistischen Westens keine seltene Sache und wert, beschrieben zu werden.

III

Zurück zum Dichter. Aristophanes, größter Lustspielschreiber der bisherigen Zeit, Erfinder aller lächerlichen Grundsituationen, Schöpfer eines Komödientyps, dem erst Shakespeare, 2000 Jahre später, einen gleichwertigen zur Seite gestellt hat, – er ist wirkungslos oder von wenig Wirkung, wenn wir versuchen, ihn in korrekter Übersetzung auf die Bretter zu bringen. Je pedantischer wir uns an ihn halten, desto gründlicher verlassen wir ihn; Treue ist Verrat. Der Grund für diesen paradoxen Vorgang liegt in der Unwiederholbarkeit der meisten seiner Schönheiten. Wir sind außerstande, sie nachzuahmen; wir müssen sie im Wesen erfassen und mit unseren Mitteln reproduzieren.

Alle Schönheiten des Aristophanes sind Freiheiten. Freiheit ist das Vermögen zu können, was man will. Aristophanes kann alles. Er verfügt über ein unerschöpfliches Reservoir an Metren, die er einsetzt, angemessen dem Gestus der Szene oder, wenn es ihm beliebt, unangemessen. Er kennt keine gesellschaftlichen Tabus oder politischen Verbote; er, der Poet, ist der Höchste unter den Menschen und den Göttern. Er mißachtet alle Schranken der Natur; die Physik gilt ihm so wenig wie die aristotelischen Regeln, die Physik der Bühne.

Die prosodische Freiheit hat in der »Lysistrate« nicht die hervorragende Funktion wie in anderen seiner Stücke. Immerhin sind da Trimeter, Tetrameter, Hexameter, Chorlieder; sind da allerlei jambische und daktylische Langverse von der drolligsten Feierlichkeit. Diese Schönheit wurde vom antiken Ohr aufgefaßt; sie krepiert vor unseren verwahrlosten Ohren. Dennoch ist ein analoger Effekt, durch bedeutende Vergröberung der metrischen Besonderheiten, erreichbar. Auch der heutige Hörer spürt noch den Unterschied zwischen, beispielsweise, dem Blankvers, dem spanischen Trochäus, dem Hexameter und einer der geläufigeren Odenformen. Kortner hat auf solche Ergötzungen verzichtet. Er hat alle Dialoge und Lieder in unregelmäßige, gelegentlich frei behandelte Jamben eingesoßt. Sprachlich ist gegen die nicht viel vorzubringen; sie haben die etwas unsinnliche Blässe der Braunschen ohne deren hochgezüchtete spröde Eleganz. Aber was herüberkommt, ist allgemein »antike« Sprache, nicht aristophanische.

Die gesellschaftliche Freiheit des Aristophanes bringt den Bearbeiter an den Rand der Verzweiflung. Die antike Komödie durfte viel, in ihrer Blütezeit fast alles. Zwar war die attische Demokratie nicht so sehr viel weniger intolerant als ihre Nachfolger, aber der Komödie gewährte sie eine Art Karnevalsrecht; sie benutzte sie als ein ungeheuerliches Ventil. Wir kennen den Streit der alten Ästhetiker, ob den Staatsinteressen besser durch Öffnung oder Schließung des Ventils gedient sei; wir wissen auch, daß die griechischen Bühnenautoren von den ärgerlichsten Scherereien nicht verschont waren. Aber wie immer, was der Aristophanes durfte, darf der Kortner nicht, und wenn einer so wenig darf, hat er schwer lustig sein. Es gelingt Kortner nicht einmal mehr, auf vage und unbestimmte Art die Haltung des Alten zu vermitteln, die fröhliche Haltung der Aufsässigkeit.

Hinzu kommt die Frage der Obszönitäten. Die »Lysistrate«, die sich eine gewisse Zurückhaltung im Gebrauch persönlicher Pöbeleien, religiöser Blasphemien etc. auferlegt, ist, aus Gelegenheit des Stoffs, von besonderer Stärke gerade hinsichtlich dieser Schönheit. Bevor der Mensch sich ökonomisch reproduzieren kann, muß er sich biologisch reproduzieren, und die Freiheit in der naiv materiellen Sphäre ist eine unentbehrliche, volkstümliche und machtvolle Seite der Freiheit überhaupt. Darum ist es, meint der Rezensent, erforderlich, auch die Fäkalwitze des Aristophanes in Ehren zu halten, selbst wenn man sie nicht liebt. Kortner hingegen verfährt in allen den Punkten sehr edel. Er redet über die Beischlafverweigerungsgeschichte mit dem Wort- und Witzschatz eines Sonntagsschullehrers. Nun begreift der Rezensent ja, daß man im Fernsehen nicht unanständig sein darf. Er begreift nur nicht, warum man den Aristophanes im Fernsehen gibt. Man bearbeitet ja auch nicht das Nibelungenlied für den Flohzirkus.

Die dramaturgische Freiheit gehört zu den eigentümlichsten Merkmalen des Dichters. Ihm ist mit den konventionellen Gewohnheiten der Fabelführung nicht beizukommen; mit den absur-

den, nebenbei gesagt, auch nicht. Die aristophanische Fabel, erzählt, wirkt im allgemeinen dünn. Sie wird ein schlichter Schwank, zwei oder drei Sätze wert. Erst im Stück, auf der Bühne zeigt sie, was in ihr steckt. Nämlich besteht sie einfach aus einer nicht großen Zahl lächerlicher Grundsituationen von riesiger Größe und häufig ungeheuerlicher symbolischer Kraft. Ihre poetische Substanz ist von der Dichte der Märchen. Das sind Felsmassive der Komik, und der Bearbeiter muß spüren, daß dieser Grund ihn weit und sicher trägt, auch wenn er ihm ungefüg und nachlässig gegliedert vorkommt. Die Griechen waren keine dramaturgischen Techniker. Sie machen, was Steigerung der Handlung oder Pointierung des Witzes angeht, die seltsamsten Fehler, und das listige Ansteilen eines Vorgangs, dem Klimax zu, ist ihre besondere Stärke nicht. Die moderne Adaption mag da getrost eingreifen. Es ist unbestreitbar, daß, was uns zum Lachen bringt, spitzer, widersprüchlicher und ausformulierter sein muß als die Späße der Alten. Aber aufzuheben unbedingt nötig ist die naive Schönheit der Einfälle, ihre außerordentliche Dimension und die souveräne Lockerheit ihres Arrangements.
Kortner sieht im Aristophanes nur den Menander. Er kratzt, pedantisch wie ein Dramaturg, an den Massiven herum, bis er sie auf Lustspielszenen bürgerlichen Formats reduziert hat, und er füllt die Räume zwischen ihnen mit Motivierungen, Überleitungen, Vorgeschichten. Was herauskommt, es ist halt flach. Die spezifischen Gesetze seines Mediums tun das Übrige. Die Welt des Fernsehapparates ist Liliput, nicht Brobdingnag. Der Bildschirm, von Reportagen kaltgewetzt, verweigert sprachliche Höhen und dichterische Verallgemeinerungen. Die Beweglichkeit der Kamera tötet alle Bewegung; da ist kein poetischer Raum mehr, sondern nur noch Geographie, und der Sprung von der attischen Gasse zur Akropolis, auf dem Theater ein Sprung der Phantasie, ist im Fernsehen ein bloßer Ortswechsel, Ergebnis eines vorgestellten Hingehens.
Die Welt der bürgerlichen Komödie wird von den Verhältnissen zusammengehalten, die der aristophanischen vom Dichter. Stellvertreter des Dichters ist der Chor. Er ist das dramaturgische Subjekt, das die Situation herstellt. Er ist zugleich das Publikum, das die Si-

tuationen kommentiert, und er ist zugleich Objekt des Dichters und wird, als handelnde Person, veralbert. Der Chor, wir wissens, ist die Öffentlichkeit, und die ganze Dialektik des Einzelnen zur Öffentlichkeit, deren Teil er ist, und die ihm aber auch gegenübersteht, so wie er ihr, bildet sich ab in der widerspruchsvollen Funktion des Chors. Der Verfall des Chors im modernen Drama hat, meint der Rezensent, außer der bekannten Ursache, dem Verfall der Demokratie und der Anonymität der Sache Öffentlichkeit, noch eine andere: den Verfall der dramatischen Gegenstände. Einbeziehung der Öffentlichkeit macht den behandelten Gegenstand wichtig; und sie ist nur möglich bei einem wichtigen Gegenstand. Viele neuere Stükkeschreiber sehnen sich nach einem Chor, der ihnen helfen soll, ihre kümmerlichen Handlungen poetisch zu vergrößern. Aber was sie herbringen, ist immer nur ein Conférencier. – Ist vergessen worden zu sagen, daß Kortner auf den Chor verzichtet?

IV

Der Rezensent ist sehr breit gewesen. Jetzt trägt er dem aufwendig vorbereiteten Leser seinen entscheidenden Einwand vor. Kortners »Lysistrate« ist nicht komisch.

Aristophanes springt mit einem unanständigen Witz ins Geschehen. Kortner beginnt mit einem »gebetartigen Lied« der einsamen Lysistrate, dem Myrrhine mit Ergriffenheit lauscht. Aristophanes endet mit einem bacchantischen Jubel. Kortner endet mit einem empfindsamen Monolog der Lysistrate; und sie kann nicht einmal ihr Bettlaken ansehn, ohne diesen schönen Gebrauchsgegenstand als Fahne des Friedens aus dieser Welt hinauszuallegorisieren. Mit dem, was zwischen dem Anfang und dem Ende ist, verhält es sich nicht besser. Kortner ist so tief bewegt von der Ernsthaftigkeit der Friedensfrage, daß er übersieht, wie ernst Aristophanes diese Frage nimmt. Er hört auf, an seinen Autor zu glauben.

Alle kunstfähigen Fragen können in allen Genres behandelt werden, wenn die Weise ihrer Behandlung dem gewählten Genre gemäß ist. Die großen Zustände des Menschen, Kampf, Glück, Tod, Einsamkeit, sind Themen der Tragödie wie der Komödie, der Oper

wie des Balletts, des Kaspertheaters wie des Clownspiels. Ein weinender Clown steht ebenso für allen Schmerz der Welt wie die klagende Hekuba, ein musizierender Clown für alle Gewalt der Kunst wie Orpheus. Das Bedeutende wird nicht unbedeutend im clownesken Stil. Das wird vorgebracht, weil von den neuern Formen der Komik die des Clowns der aristophanischen am verwandtesten.
Die Grundsituation des Aristophanes ist immer phantastisch; das gilt nicht nur für die »Vögel«, die »Frösche« oder den »Frieden«, das gilt auch für die »Lysistrate«. Denn die Idee, daß die Weiber sich in die Staatsgeschäfte mischen und nach Art der Männer Politik machen könnten, erschien dem attischen Publikum so ausbündig wie analog dem unsern ein Streikkomitee der Bettstellen. Auf diesem enormen Jux eines Weiber-Meetings steht die ganze erste Szene. Das Unverständnis des heutigen Zuschauers für diese Komik entbindet, auch wenn es ausnahmsweise einmal auf einem Fortschritt der Menschheit beruht, den Bearbeiter nicht von der Notwendigkeit zu erkennen, daß der Gestus des Stücks unwirklich und absurd ist.
Über den aristophanischen Helden ist bei Hegel das Nötige gesagt. Seine Ziele, um derentwillen er sich ins große Weltgeschehen mischt, sind immer klein, auch wenn seine Wirkungen riesig sind. Der Widerspruch von Würde und Unwürde wird von ihm in den verschiedensten Zuständen der Einheit repräsentiert, ganz oben und ganz unten. Es ist wahr, die Lysistrate ist unter den aristophanischen Helden der Grenzfall nach der Seite des Würdigen hin; ihre Pläne erscheinen weitgespannt und ihre Absichten erhaben. Aber, ein Grenzfall des Typs, bleibt sie doch ein Fall. Sie läutet Sauglokken so gern wie eine andere. Und ihr Zweck ist im mindesten nicht, den Frieden der Welt herzustellen. Ihr Zweck, den sie mit ungeheuren Mitteln verfolgt, ist, ihren Mann wieder ins Bett zu kriegen, der ihr sehr fehlt. So ist sie weniger als eine Pazifistin. Und mehr.
Kortner hat aus einem Kunstwerk ein Tendenzstück gemacht. Über die Löblichkeit der Tendenz gibt es zwischen Bonn und Athen keine Meinungsverschiedenheit. Die Empanzipation der Frau ist noch nicht beendet, wie die des Menschen. Aber wenn Kortner aus

den ältesten Weibern, die die Akropolis besetzen, die emanzipiertesten macht und folglich in der ganzen Szene (dem homerischen Krieg der alten Hexen mit den Tattergreisen) nichts Tragendes mehr finden kann und sie folglich angeödet wegstreicht, dann hat er für die Emanzipation weniger getan als der alte Grieche, der vielleicht wenig auf die Weiber hielt aber viel auf die Utopie und alles auf die Komödie. Der Rezensent umarmt jeden, der für den Frieden kämpft. Aber er wird fortfahren, seine schwachen Stücke schwach zu finden.

Dem das Messer am Hals sitzt, der pfeift auf feine Mittel. Fritz Kortner lebt im kapitalistischen Deutschland; er gehört zu den nicht vielen aufrechten Männern da, die wissen, was gespielt wird, und die es sagen. Seine Stimme trifft auf taube Ohren; nun redet er schon zu laut. Aus großer politischer Not begeht dieser erstrangige deutsche Künstler Mißgriffe, und der Rezensent hätte weniger Worte darüber verloren, wenn es nur künstlerische Mißgriffe wären. Aber künstlerische Mißgriffe schlagen um in politische. Wir wissen, daß die bürgerliche Kritik die »Lysistrate« mit ästhetischen Argumenten angegriffen hat. Gemeint war der sozialistische Esel, aber den formalen Sack hätte ihnen Kortner nicht hinhalten sollen. »Deine Verse«, sagt Brecht, »wimmeln von Fehlern, Freund, bedenk doch, wer alles gegen dich ist«!

Das heutige Fernsehen hat ungefähr die Funktion des attischen Theaters: das gesamte Volk sitzt drin und die Regierung drauf. Leider ist diese Ähnlichkeit nicht größer als die der westdeutschen Gegenwart mit der griechischen Antike. Die Arena war geräumiger, der Hintern des Kleon leichter. So hatte der Versuch, den Aristophanes auf analoger künstlerischer und politischer Ebene zu reproduzieren, von vornherein wenig Chancen. Und der Doppelsinn des Titels, der die drahtlose Sendung des Stücks und die missionarische Sendung der Hauptrolle meint, formuliert mit den beiden Absichten des Unternehmens zugleich die beiden Ursachen seines Scheiterns.

Antworten auf 4 Fragen

1: Soll das Theater die heutige Welt darstellen?

Wenn es wahr ist, daß die Kunst eine Form des Verkehrs von Menschen untereinander ist, so will das Drama nicht auf Informationen über die Welt sondern auf Informationen über die Haltung des Autors zur Welt hinaus.

Haltungen kann man nicht erläutern; Haltungen nimmt man ein. Einem peinlichen Mißverständnis unterliegen Schriftsteller, die hoffen, irgendwen interessierten ihre vorgetragenen Ansichten. Nichts interessiert außer der Art, in welcher der Autor die Wirklichkeit praktisch bewältigt. Des Autors Praxis ist die Darstellung der Wirklichkeit.

Somit folgt aus der Voraussetzung, daß Darstellung der Welt nicht Zweck des Dramas sei, der Schluß, daß das Drama notwendig die Welt darstellen müsse.

Die Überlegung scheint auf den Standpunkt, den sie verlassen will, zurückgekehrt; in Wahrheit ist sie schon weit über ihn hinaus. Denn die Unterscheidung, daß Darstellung der Welt nicht Zweck des Dramas sondern ein unentbehrliches Mittel ist, ist keine Spitzfindigkeit. Sie führt zu Konsequenzen von enormer praktischer Bedeutung.

Nämlich so sicher der Dramatiker verpflichtet ist, Welt darzustellen, so sicher ist, daß nichts ihn verpflichtet, die gesamte Welt darzustellen. Inhalte sind wichtig in dem Grad, in dem sie wichtige Haltungen ermöglichen. Ihre Auswahl erfolgt nach künstlerischen Gesichtspunkten, nicht nach anderen.

Was für das Leben eine Hauptsache ist, kann für die Kunst gar keine

Sache sein. Welcher Gegenstand wäre seit siebzig Jahren erkennenswerter als die Struktur einer kapitalistischen Krise? Und doch ist dieselbe für die Kunst müßig und wenig ergiebig, und ich wünschte, Brecht hätte in der »Johanna der Schlachthöfe«, dem Stück, in dem er die glänzendsten seiner artistischen Mittel versammelt, ein weniger langweiliges Thema abgehandelt.
(Ich maule über Brecht, weil die Irrtümer der Großen produktiver sind als die Irrtümer der Kleinen. Ich könnte dasselbe über meine »Sorgen und die Macht« sagen).

2: Ist die heutige Welt auf dem Theater überhaupt darstellbar? Die Welt von heute verhält sich natürlich besonders widerspenstig gegen Abbildungsversuche, aber es gab zu allen Zeiten Stellen der Wirklichkeit, die sich der künstlerischen Reproduktion entzogen. Es gab auch zu allen Zeiten Künstler, die sich aus außerkünstlerischen Beweggründen auf diese Stellen kaprizierten, zum Beispiel alle Schreiber von Lehrgedichten seit Hesiod. Ein Genre, meine ich, hat seine eigene Nase. Man soll ihr folgen und nicht versuchen, sie mit Gewalt irgendwo hineinzustecken. Wenn man einsieht, daß die Kunst, anders als die Wissenschaft, das Recht hat, Gegenstände unbehandelt zu lassen, wird die Klage über die antidramatische Beschaffenheit der modernen Gesellschaft weniger herzzerreißend.
Das ist keine Verteidigung der west- und östlichen Boulevardiers, die sich in den kleinen Winkeln und Sackgassen des Alltags verkriechen. Das Drama zählt unter die großen Künste, die, von denen Totalität verlangt wird. Der Dramatiker wird befragt über seine Position zu den fundamentalen Widersprüchen, nicht zu den Runzeln der Oberfläche. Es bleibt Aufgabe des Dramatikers, ergiebige Stoffe zu behandeln, wichtige und kunstfähige.
Ergiebige Stoffe sind immer die von politisch belangreichen Personen, da diese sich häufig mit wichtigen Sachen beschäftigen und da ihre individuellen Taten sich im gesellschaftlichen Verstärkermechanismus vergrößern. Ergiebig sind auch Stoffe von behirnten Leuten, deren Leidenschaften neuartig und bedeutend sind, Leuten mit philosophischen Gefühlen. Was ich also anzubieten habe, ist das Königsdrama und das exemplarische Charakterdrama.

Stoffe lassen sich finden. Trotzdem bleibt es, vom Standpunkt des Dramatikers, empörend, daß feindliche Politiker nicht mehr – wie das früher von ihnen erwartet werden konnte – mit einander verwandt sind. Eine rühmliche Ausnahme bilden die drei laotischen Prinzen.

3: Welche Mittel wären dazu tauglich?

Ich denke, wenn man eine wirklich dramatische Geschichte hat, genügen solche harmlosen Mittel, wie sie, sagen wir, Shakespeare benutzte.

4: Ist sie noch oder wieder mit realistischen Mitteln darstellbar?

Die Frage, ob die Welt mit realistischen Mitteln darstellbar sei, hat gar keinen Sinn. Mittel, die die Welt darstellen, sind doch realistisch.

Eine Frage, die ich verstehen kann, heißt: sollte die Haltung des Autors mit realistischen Mitteln widergespiegelt werden? Die Antwort hängt natürlich von der Haltung ab. Richtige, also wirklichkeitsadäquate Haltungen brauchen realistische Mittel.

Realistische Kunst ist, auf Deutsch, interpretierte Darstellung der Wirklichkeit. Die Differenz zwischen der Wirklichkeit und ihrer künstlerischen Reproduktion ist die Stelle, wo Form statthat, und die Form ist die Wohnung der Seele des Künstlers. Die Form ist am Kunstwerk das hauptsächliche Politikum, also das Interessante.

Der Künstler, der es wagt, viel und wichtige Wirklichkeit formal zu bewältigen, glaubt an die Humanisierbarkeit der Gesellschaft.

Was die Absurden so fad macht, ist nicht so sehr die Kleinheit ihrer Stoffe als (wie innig das auch zusammenhängt) die Zaghaftigkeit ihrer Haltung. Traurige und verwirrte Leute stören gute Parties und schreiben schlechte Stücke.

Es gibt in diesem Jahrhundert bisher zwei typische Richtungen des Dramas, das Brechts und das der Absurden. Die Absurden verzichten auf Erkenntnis der Welt, Brecht opfert ihr alles. Vom Standpunkt der Wissenschaft haben die Absurden unrecht und hat Brecht recht; vom Standpunkt des Dramas haben sie alle miteinander unrecht.

Iphigenie, oder: Über die Wiederverwendung von Mythen

1

Der Witz ist, daß Klytemnestra Recht hatte. Agamemnon hatte ihr den ersten Mann erschlagen, das neugeborene Kind von der Brust weg umgebracht und sie zur Heirat gezwungen. Hiernach hatte er ihre Tochter Iphigenie anläßlich irgendeines albernen Wetterzaubers zerstückelt und war, angeblich aus Gründen der Ehre, zehn Jahre lang verreist; zurück endlich kam er mit einer Geliebten namens Kassandra und einem Paar Zwillinge, die er derselben schon gemacht hatte. Es ist ziemlich folgerichtig, daß Klytemnestra sich mit einem Cousin Agamemnons, der ohnehin mit ihm in Erbstreitigkeiten lag, zusammentat und die unerquickliche Ehe, den Gepflogenheiten der Zeit entsprechend, auflöste. Die Zeitgenossen standen auf ihrer Seite und nicht auf der Seite ihres Sohnes Orest, der sie tötete. Der originale Mythos endet billigerweise mit der Schlachtung des Orest durch seine wieder ins Leben gebrachte Schwester Iphigenie.

2

Die auf uns gekommene Version, der zufolge Orest der Ehebrecherin den verdienten Lohn erteilt und dann mit Iphigeniens Hilfe davon kommt, ist eine Propagandafassung, in die Welt gesetzt von Ideologen der Männerherrschaft. Für sie war der Muttermörder eine Art patriarchalischer Revolutionär.

3

Goethes Fabel hält sich an diese jüngste Fassung. Der von den Erinyen gejagte Orest trifft seine zu den Tauriern verschlagene

Schwester, wird durch sie entschuldigt und nach Griechenland gerettet. (Dem alten Barbarenkönig Thoas, dessen Altar stets blutig ist, spielt Goethe glimpflicher mit als die Vorlage. Er wird von den Geschwistern nicht mehr bestohlen und erschlagen, sondern durch den kühnen Vorschlag abstrakt ethischen Verhaltens dupiert und, wie es den Anschein hat, gebessert).

4

So benutzt Goethe zur Demonstration seiner Meinung, daß die Weiber menschenähnlicher seien als die Männer, die weiberfeindliche Spielart der Mythe. Das ist erwähnenswert: nicht, weil es kurios ist, sondern weil es über die Rolle von Mythen in nachmythischer Zeit Auskunft gibt. Der dauernde Wert einer Mythe hängt nicht ab von ihrer ursprünglichen Bedeutung.

5

Alle Geschichten über das Haus Tantalos sind ursprünglich Geschichten über die Durchsetzung des Vaterrechts. Die patriarchalischen Griechen hatten mit der matriarchalischen Urbevölkerung einen religiösen (also juristischen) Kompromiß schließen müssen, den sie erst mit Tricks, später mit Gewalt zugunsten der Männer aufhoben. Vom Sonnentitanen Tantalos und dem Pferdekönig Pelops bis zum freigesprochenen Muttermörder Orest dreht es sich immer um dieselbe Sache, die Emanzipation des Mannes. Wir haben das vergessen. Schon die antiken Kommentatoren hatten es vergessen.

6

Aus den Mythen wurden Legenden, aus den Legenden Gedichte. Dennoch unterscheiden sich Anekdoten, die im Mythos wurzeln, von Anekdoten zufälligerer Herkunft. Sie sind kollektiv geschrieben, von Leuten mit rauhen, harmlosen Seelen. Sie sind stabil, bis zur Formel gemeißelt und inhaltlich kompromißlos. Man kann sie nicht individualisieren und schon gar nicht psychologisieren. Sie wollen immer auf Großes hinaus.

7

Tantalos zeugte den Pelops. Pelops zeugte den Atreus und den Thyestes. Atreus zeugte den Agamemnon, Agamemnon den Orest. In den unmittelbaren Begebenheiten dieser fünf Herren ereigneten sich die Schlachtung und Verspeisung von 6 Knaben, der Diebstahl 1 goldenen Hundes und 1 goldenen Lammes, 2 der klassischen und beispielgebenden Fälle von Homosexualität, 2 Schändungen von Töchtern durch ihre Väter, 1 Vatermord, 1 Muttermord, 1 Gattenmord, 1 Tochtermord, nicht zu rechnen Selbstmorde, Ehebrüche und minder intime Bluttaten unter Verwandten zweiten oder noch entfernteren Grades. Solche Vorfälle heimeln auch den modernen Leser an und gewähren ihm Befriedigung.

8

Nämlich, und das ist der Punkt, auf den die Überlegung hinaussoll, begreifen wir die Bilder der magischen Epoche nicht historisch, sondern poetisch. Das Abgebildete ist vergangen, die Abbildungen blieben; und wir erkennen uns, obgleich sie nicht von uns gemacht sind, in ihnen wieder. Ein so heftiges wie privates Interesse beispielsweise nahm Goethe an der Figur des Tantalos. In seinem Schicksal sah er das Schicksal des Genies am Hof der Mächtigen: es wird rascher als alle erhoben und gründlicher als alle vernichtet.

9

Das Haus des Tantalos, das ist die Menschheit. Seine Greuel, das sind die Greuel der Klassengesellschaft. Ihr angeerbter Fluch ist das Eigentum, das sich, wie bekanntlich die böse Tat, ständig reproduziert.

10

Große Widersprüche verlangen große Lösungen, den Sozialismus etwa. Goethes Lösung, die Wahrheitsliebe der Iphigenie, mag, konkret genommen, nicht sonderlich geschickt erscheinen. Symbolisch verstanden aber entspricht sie der Höhe und Würde des Gegenstandes; sie meint ja nicht weniger als die menschlich aktive Utopie, den utopischen Akt der Menschlichkeit.

Shakespeare

Shakespeare ist, was wir alle wollen und nicht können.
Shakespeare lebte in einer Zeit, die mehr Genie ertrug als jede andere, und er war von den dramatischen Genies das größte. Ein solcher Zusammenfall ist schwerlich wiederholbar. Es gibt in der nachshakespeareschen Dramatik Neuerungen; es gibt, soweit sie mir bekannt wurde, keine Verbesserungen. Man kann sich von Shakespeare unterscheiden, durch Fehler.
Ich persönlich habe Shakespeare erst sehr spät verstanden. Nur jedes Mal, wenn ich anfing, eine Sache wirklich erstklassig zu machen, bemerkte ich, daß Shakespeare sie besser gemacht hatte. Wir wissen einiges mehr über die Welt als Shakespeare. Wir wissen kaum mehr über den Menschen, und wir wissen immer noch nicht die Hälfte von dem, was er wußte, über die Kunst.

Kritik zu Käte Hamburgers Buch »Von Sophokles zu Sartre«

Die Namen der griechischen Mythen- und Dramenhelden bezeichnen großgemalte, extreme Charaktere in unverwechselbaren Grundsituationen. K. Hamburger hat, angesichts der antikisierenden Welle der dreißiger und vierziger Jahre, unternommen, die Verwandlungen dieser berühmten Figuren von der Antike zur Moderne zu beschreiben und zu deuten; sie handelt in jeweils einem Kapitel über Klytemnestra, Orest, Elektra, Iphigenie, Helena, Alkestis, Phädra, Medea, Ödipus und Antigone. Das Thema ist fruchtbar; in ihm wohnen Fragen. Wieso und inwieweit ist dieselbe Sache unter geänderten Umständen nicht dieselbe? Wie ist das Verhältnis von Zeitläuften und Charakteren? Das Thema verspricht ästhetische, soziologische, ideologiekritische Entdeckungen, Lehren für den Historiker wie den Seelenkenner. Der Hauptfehler des Buches ist, daß von all dem, was man in ihm zu finden erwartet, so sehr viel nicht in ihm steht. Und was in ihm steht, ist unzulänglich.

Von Sophokles zu Sartre: die Zusammenstellung hat etwas Skurriles. Die genannten Schriftsteller haben miteinander gemein, daß sie alliterieren, und daß sie Atridenstücke geschrieben haben; der Titel ist in dem gleichen Maße sinnreich wie etwa: *Vom Montblanc zum Maulwurfshügel.* Im Vorwort distanziert sich Frau H. von dem Titel, und im Leser erwächst die Hoffnung, daß sie etwas von der Komik, die die Gleichordnung zweier so ungleichwertiger Sachen enthält, verspürt. Aber die Hoffnung wird enttäuscht. Die Autorin vergleicht mit großem Ernst die schwache Schule der westlichen Moderne mit der sehr guten Schule der antiken Tragiker.

Ob gute oder schlechte Stücke geschrieben werden, ist kaum eine Frage des Talents der Stückschreiber. Die Alten waren so gute Dramatiker, weil da eine historische Situation Dramatik forderte. Sie betrachteten den Zerfall der Gentilordnung und das Werden der Klassengesellschaft, die Ablösung des Mutterrechts durch das Vaterrecht. Sie entdeckten, daß diese enormste Revolution der frühen Geschichte von entschiedener Notwendigkeit war und aber nicht von annähernd so entschiedener Erfreulichkeit; vielmehr bedeutete die patriarchalische Moderne (wie jede Moderne) den Verlust hoher sittlicher und emotionaler Güter. Ein neues Wertsystem setzte sich an die Stelle eines alten; beide waren kraftvoll und in sich stimmig; eines war des anderen absoluter Feind und keines dem anderen vollen Herzens vorzuziehen: der Vorgang war nur dramatisch-objektiv und, wenn man dazu neigte, tragisch zu beschreiben.
Die Orestien der Alten also erhöhen einen ungeheuren gesellschaftlichen Widerspruch ins menschlich Problematische. Die des Sartre konstruiert zu einem menschlichen Problem eine unglaubhafte, irreale, ausgedachte Gesellschaft. Darum sind alle Klassiker unvergänglich und sind die Neuklassizisten wie Sartre und seine weniger begabten Kollegen (Giraudoux, Anouilh, Wilder etc.) eine schon nicht mehr bestehende Bühnenmode. Der Unterschied entgeht Frau H., weil ihr methodischer Standpunkt der der modernen Dichter ist. Sie weiß nichts von gesellschaftlicher Wirklichkeit. Sie abstrahiert den realen Menschen zum isolierten Träger »menschlicher Existenzproblematik«, als da wären Schuld, Vereinsamung, Glaubenszweifel, Tod. Bei aller Anstrengung, die Antike aus ihren eigenen Gesetzen heraus zu verstehen, prüft sie doch beim Vergleichen der Alten mit den Neuen im Grunde immer nur, welcher von beiden der bessere Sartre ist.
Der Rezensent beklagt das Fehlen materialistischer Methodik nicht, weil er an ästhetischen Ergebnissen desinteressiert wäre, sondern weil er historisches Verständnis für die Voraussetzung ästhetischen Verständnisses hält. Frau H. handelt über die »Antigone«. Sie kündigt, explizit, eine Interpretationsgeschichte dieses Stücks an, und sie ist fähig, die – bürgerlichsten Wissenschaftlern nicht mehr

fremde – Erklärung der Antigonehandlung als Zusammenstoß vaterrechtlichen und mutterrechtlichen Verhaltens unerwähnt zu lassen. Für matriarchalisch sagt sie »chthonisch«, und den politischen Kampf gegen das Vaterrecht heißt sie »altes, rohes Recht der Blutrache«. So vermag sie nicht einmal Hegel zu folgen und der Antigone wie dem Kreon die relative Rechts-Gleichheit zuzubilligen, auf welcher Rechts-Gleichheit doch aber die exemplarische Schönheit der Tragödie beruht; geschweige denn, daß sie das Stück verstünde, wie es verständlich ist: als die Geschichte eines Menschen, der, wie Hamlet, angesichts einer unvollkommenen neuen Welt die Humanität hinten sucht und damit alles in den Strudel seines barbarischblutigen Untergangs reißt. Sie ist außerstande, die Banalität späterer Antigone-Modernisierungen zu bemängeln, die den Antigonekonflikt zur Rebellion einer idealen Heldin gegen einen Bösen (»negativen«) Kreon herabwürdigen. Sie folgt, hilflos, Anouilh und sieht die Antigone als die Personifikation des Todeswillens. Man kann mit gleichviel Gründen den Hamlet so ansehn, nur, was soll das? Kurz zu sein, der Wert des Buches reduziert sich auf eine Aufstellung derjenigen antiken Charaktere, die modernen Bearbeitungen unterzogen wurden, und eine, wissenschaftlich kaum ergiebige, Erzählung der alten und neuen Stückinhalte. Das hat ein gewisses lexikalisches Interesse. Aber der Anspruch, den die Autorin erhebt: »den jeweiligen Stand des Selbstverständnisses des menschlichen Geistes« anhand der Abwandlungen jener archaischen Typen darzustellen, erfüllt sie nicht. Man erfährt nur mehr, als einem lieb ist, über den Stand des Weltverständnisses der Heideggerschule.

Interview

Herr Hacks, welcher Dramatiker hat Sie am nachhaltigsten beeindruckt?

Pocci.

Ist Ihre künstlerische Entwicklung stellvertretend für irgendetwas?

Ich fürchte, ich bin ungemein stellvertretend für die Entwicklung der Dramatik in diesem Land. Alle guten Leute hier haben in einer Periode des episch-soziologischen Theaters gelernt, gesellschaftliche Vorgänge auf der Bühne darzustellen, und können jetzt darüber hinausgehen. Jetzt können sie große Geschichten von Leuten erzählen, ohne die Tatsache zu vernachlässigen, daß diese Leute in einer Gesellschaft angesiedelt sind.

Welche Rolle spielte in dieser Entwicklung die Dramatik des Sturm und Drang?

Sehen Sie, wir haben ziemlich genau die Entwicklung der frühbürgerlichen Dramatik rekapituliert. Wie diese bestanden wir darauf, die Gattung des Dramas, die eigentlich schon erfunden war, neu zu erfinden. Wie diese – ich rede von der vorlessingschen, Leuten wie Lillo, Pfeil, Brawe – begannen wir mit Stücken, die vollkommen damit zufrieden waren, daß sie die neue Klasse überhaupt auf die Bühne brachten; sie schilderten sie in ihrem läppischsten Tun und Treiben und mit der einzigen Aussage, daß diese neue Klasse die Tugend gepachtet habe. Die nächsthöhere Stufe war in der bürgerlichen Dramatik die des Sturm und Drang, wo die Klasse, selbstbewußter geworden, hinging und anfing, die überkommenen Formen, der Gesellschaft wie der Kunst, zu beleidigen. Die entsprechende Zeit bei uns waren die fünfziger Jahre, mit »Dorfstraße«, »Schlacht bei Lobositz« und »Lohndrücker«. Analogien beweisen nie alles; aber auf den Sturm und Drang folgte die Klassik, wo man die großen Produktionen der Vergangenheit nicht erledigte, indem man sie ignorierte, sondern indem man sie verbesserte. Ich vermute, daß auch wir dorthin kommen wollen. Es ist natürlich schwer, über den letzten Stand unserer Dramatik zu reden, solange die drei wichtigsten Stücke der DDR, Müllers »Umsiedlerin«, Langes »Marski« und mein »Tassow« der Öffentlichkeit nicht zugänglich sind.

Es heißt bei Ihnen: »Die klassische Haltung hat größere Chancen als die Haltung des Neuerers«. Was meinen Sie damit?

Mit einem Neuerer meine ich den Mann, der so tief in einer fortschrittlichen Idee steckt, daß er durch diese fortschrittliche Idee borniert ist. Ein Klassiker wäre hingegen einer, der die Bewegungsgesetze der Welt so gründlich begriffen hat, daß er alle Fahrwege des Fortschritts zu erkennen und auf den Schultern seiner Vorgänger und selbst seiner Gegner zu stehen vermag. Ein Neuerer verwirft die Tradition. Ein Klassiker verbessert sie. Andersmacher sind ehrenwerte Leute, Bessermacher sind die richtigen. Der Irrtum des Neuerers erscheint im ästhetischen Bereich vornehmlich als Verwechslung von Kunst und Wissenschaft; die sogenannten neuen Ideen sind im allgemeinen neue wissenschaftliche Ideen. Eine wissenschaftliche Idee aber ist an dem Tag überholt, an dem eine neuere erfunden wurde, während ein Kunstwerk unüberholbar ist. Alle, die darauf bauen, daß ihr Werk etwas über den neuesten Stand der Dinge sagt, erleben die Enttäuschung, daß ein Jahr später der neueste Stand schon der vorletzte ist. Und nirgends ändern sich die Dinge so schnell wie in unserem Land.

Welche Rolle kann die Wissenschaft für die Arbeit eines Schriftstellers spielen?

Eine niedrige Rolle. Eine Sklavenrolle. Im Bewußtsein des Schriftstellers muß sie wohnen, in seiner Methode darf sie nicht erscheinen. Natürlich gibt es nichts Abscheulicheres als dumme Dichter, aber kaum weniger abscheulich sind wissenschaftliche

Dichter. Die gesamte westliche Moderne tritt mit dem Anspruch auf, wissenschaftlich zu sein. Das absurde Theater motiviert sein künstlerisches Versagen mit der »wissenschaftlichen« Unmöglichkeit, einen Vorgang rundum zu beurteilen. Sicherlich ist es eine ganz besonders elende Wissenschaft, die da praktiziert wird, die des Positivismus; sicherlich ist unsere Wissenschaft besser und der gleiche Irrtum bei uns entschuldbarer. Aber er bleibt ein Irrtum.

Was ist der Unterschied zwischen wissenschaftlicher und künstlerischer Methode?

Der Unterschied resultiert aus dem unterschiedlichen Gegenstand. Die Wissenschaft bemüht sich, das Subjekt vom Objekt zu trennen, das Objekt vollkommen rein zu beschreiben; das Objekt ist ihr Gegenstand. Der Gegenstand der Kunst aber ist jene merkwürdige Einheit von Subjekt und Objekt, von Begriffenem und Griff. Der Künstler zeigt die Welt auf seine höchst persönliche Weise. Man kann sagen, Gegenstand der Kunst ist die Wirklichkeit, erfahren durch eine Haltung. Ein Beispiel. Wenn Sie ein pariser Bauwerk, eine Brücke oder eine Kirche, gemalt sehen von einem realistischen, einem impressionistischen und einem expressionistischen Maler, werden Sie herausfinden: der Gegenstand, der für die Wissenschaft immer der gleiche wäre, ist für die Kunst dreimal ein anderer. Es ist subjektive Haltung eingeflossen. Im ersten Fall die einer zufriedenen Bourgeoisie, im zweiten die einer skeptischen und im dritten die einer sich gegen sich selbst auflehnenden Bourgeoisie. Natürlich enthält der Gegenstand der Kunst auch Objektives, insofern fällt auch etwas wie objektive Erkenntnis ab. Aber der Zweck der Kunst ist nicht Nachricht über die Wirklichkeit. Der Zweck der Kunst ist Nachricht über eine Haltung, die man der Wirklichkeit gegenüber einnehmen kann. Die Abbildung der Wirklichkeit ist das Mittel, und der Zweck (aus dem nun die künstlerische Methode entspringt) ist, eine Haltung anzubieten; hier schlägt die Sache um in Politik.

Wie entsteht ein Theaterstück?

Für ein Theaterstück braucht man immer zwei Einfälle. Der eine ist im allgemeinen ein Einfall szenischer oder dramaturgischer Natur, also ein Einfall, der das Fleisch für ein Stück hergibt. Der andere ist im allgemeinen eine poetische Moral, die man für lohnend hält. Es kommt fast nie vor, daß beide gleichzeitig auftreten; gewöhnlich liegt der eine ein paar Jahre lang herum, und man findet den anderen und sagt: ja, das ist der, der mir zu dem gefehlt hat. Der Rest ist Elektronik.

Was wissen Sie noch über diese beiden Grundeinfälle? Welcher ist zuerst da, oder gibt es keine Regel?

Es gibt keine Regel, es gibt ein Beispiel. Ich hatte den Einfall, die Komödie von einem Mann zu schreiben, der seiner Zeit voraus ist und, in einer konkreten gesellschaftlichen Situation, sich verhält, als lebe er hundert Jahre später. Nach einem Zeitabstand von mindestens sechs Jahren erzählte man mir von einem Mann, der 1945 die Bauern mit der Pistole gezwungen hatte, eine Kommune zu gründen. Aus diesen beiden Bestandteilen besteht die Idee vom »Moritz Tassow«.

Haben Sie, was man ein Grundthema nennt?

Drei. Anfangs, in Westdeutschland, hielt ich es für ein hinreichendes Grundthema, die Klassengesellschaft zu widerlegen. Eine Weile später entdeckte ich dann, daß das schon andere vor mir besorgt hatten. Meine nächsten Stücke – wenn ich vereinfache – handelten über die Pflicht des Menschen, sich zu emanzipieren, es waren Geschichten von Leuten, die sich ihrer Schranken entledigen, wie »Die Schlacht bei Lobositz« und »Die Sorgen und die Macht«, oder solche, die gegen unemanzipierte Seelen, gegen lakaienhafte und opportunistische Haltungen polemisierten, etwa der »Müller von Sanssouci« oder die »Kindermörderin«. Meine letzten Stücke finden auch diese Frage nicht mehr sehr aktuell, wir sind weiter. Sie beschäftigen sich mit dem emanzipierten Menschen und seinen Widersprüchen zu einer nicht oder nicht vollkommen emanzipierten Gesellschaft. Davon handeln eigentlich alle meine letzten Stücke: der »Frieden«, der »Tassow«, die »Polly«, die »Helena«, ja. Von der emanzipierten Haltung, von der Haltung des wiederhergestellten Menschen.

Wann glauben Sie, wieder mit einem Gegenwartsstück beginnen zu können?

Wenn Sie sich an das Beispiel von dem Pariser Bauwerk und den drei Malerschulen erinnern, werden Sie sich möglicherweise davon überzeugen lassen, daß es keines besonderen Stoffes bedarf, um eine neue Aussage herzustellen. Die Kunstwerke, die die großen Skandale, will sagen, die großen Wirkungen hervorgerufen haben, waren gewöhnlich die, die durch formale Mittel neuartig waren, und nicht die, die einen neuen politischen Inhalt hatten. Natürlich können Sie fragen: warum bringen Sie Ihre neue Form nicht an einem neuen Stoff an? Ich würde dann entgegnen, daß der neue Stoff den Autor in die Versuchung führt, sich mit seiner stofflichen Neuartigkeit zu begnügen und zu vergessen, daß er ihn auf wirklich neue Weise behandeln, wirklich neue Haltungen vorschlagen muß. Wer, wie die alten Griechen, einen neutralen Stoff nimmt, dem stellt sich keine andere Aufgabe als die: wie behandelst du diesen alten Stoff neu? Wer einen neuen Stoff nimmt, dem kann geschehen, daß er ihn konventionell behandelt und dennoch in dem guten Glauben lebt, er habe etwas Neues gemacht. Das ist nicht alles, was über die Sache zu sagen wäre, aber das ist die Gefahr der neuen und der Vorteil der alten Stoffe.

Welche Anforderungen stellen Sie an einen Stoff?

Er muß wichtig sein. Es kann ein Stoff sein, der von großer gesellschaftlicher Bedeutung ist, also unter Mächtigen spielt. Oder ein Stoff von großer ideologischer Bedeutung, also einer von Leuten, in deren Innenleben Berichtenswertes vorgeht.

Wie ich sehe, in jedem Fall ein Stoff mit einem Helden?

Ja. Ein Theaterstück muß einen Helden haben. Das Recht für diese Behauptung nehme ich aus den Gesetzen des Genres und aus den Gesetzen unserer Epoche.

Heißt das, daß unsere Zeit der Dramatik günstig ist?

Enorm günstig. Die Dramatik fängt überhaupt erst an. In der geschichtlichen Zeit, die wir überblicken, hatte die Kunst die Funktion, über die Fehler der Welt zu handeln: indem sie sie abbildete, oder indem sie ein utopisches Gegenkonzept lieferte. »Fehler« kann man übersetzen und sagen: antagonistische Widersprüche. Die antagonistischen Widersprüche haben aufgehört, und wir sind in eine

Zeit gelangt, in der die Widersprüche nicht mehr antagonistisch sind; das ist schon keine Phrase mehr. Ich meine nun, daß nur in einer Zeit, in der die Widersprüche nicht antagonistisch sind, der Dramatiker die Freiheit, Kühnheit und Objektivität aufbringen kann, die er benötigt, um ein wirklich widersprüchliches Theaterstück zu schreiben. – Erlauben Sie mir einen Exkurs. Von manchen Stellen unseres Landes wird die wunderliche Forderung erhoben, daß die Kunst eine Kunst für das ganze Volk sein solle. Das ist die Forderung nach einer homogenen Kunst für eine homogene Bevölkerung, die Forderung nach den abgeschafften Widersprüchen. Das heißt, kurzum, daß das Ende der Kunst und das Ende der menschlichen Entwicklung erreicht sei; (denn es gibt doch keine Entwicklung, außer in Widersprüchen). Nun, jeder sieht, daß das Unsinn ist. Es muß natürlich Parteiungen geben, auch Geschmacksparteiungen.

Damit reden wir vom Publikum. Für welches Publikum schreiben Sie?

Nicht für gar keines, aber auch nicht für ein bestimmtes. Ich mache mir das Publikum, für das ich schreibe, in meinem Kopf selber. Das ist vermutlich ein Saal voll Leuten, die mir ziemlich ähnlich sind.

Denkende Zuschauer?

Um Gotteswillen, nein. Ein Theater, das den denkenden Zuschauer voraussetzt, ist vermutlich gewillt, sein Publikum zu langweilen. Kunst wendet sich an alle Vermögen des Menschen: Empfindungsfähigkeit, Sinnlichkeit, politische Interessiertheit. Natürlich auch Vernunft.

Finden Sie Ihr Publikum in der Wirklichkeit wieder?

Fragen Sie den Kassier.

Haben Sie einmal gesagt, ein quantitativ großes Werk sei besser als ein kleines?

Ein großes Werk ist besser als ein kleines. Ein Stück, das viel Welt in sich aufgenommen hat, ist besser als eins, das nur einen Teilausschnitt der Welt aufgenommen hat. Quantität, künstlerisch bewältigte Quantität, ist eine Äußerung von Kraft, Ich glaube, daß Kraft ein Erkennungsmerkmal eines modernen sozialistischen Schriftstellers ist.

Daraus resultiert die Frage nach den *großen Mitteln*.

Die Mittel werden provoziert von den Inhalten. Sind die Inhalte wichtig, werden die Mittel groß. Wer jemals versucht hat, Verse zu schreiben, merkt, daß sie mühelos große Gedanken, große Gefühle und Leidenschaften aufnehmen, und daß sie aber ungeheuer spröde und widersetzlich werden, wenn sie beschreiben sollen, wie ein Kaffeetisch gedeckt ist. Das können sie nicht. Es gibt keine Übereinstimmung zwischen dem Mittel des Blankverses – ich habe, trotz einiger Versuche, die ich selbst, und vieler, die andere gemacht haben, noch keinen sonstigen für die deutsche Sprache geeigneten dramatischen Vers gefunden – und naturalistischen Inhalten. Insofern werte ich die Renaissance des Versdramas in der DDR als einen sehr erfreulichen Vorgang.

Glauben Sie, daß solche Mittel kontrollierend zurückwirken können auf die zu wählenden Stoffe?

O ja. Große Form entlarvt alles Miserable, indem sie selbst miserabel wird. Ich habe das vor sieben Jahren gelernt.

Aber ist es zulässig, Stoffe nach ihrer Eignung für die Mittel auszuwählen?

Es ist nicht zulässig, es ist Pflicht. Es geht die Kunst einen Dreck an, was andere Erkenntnisbereiche für wichtig halten. Sie hat ihre eigenen Vorstellungen von Wichtigkeit, von Aktualität. Wenn Mittel für sie wichtig sind, sind sie wichtig. Das bezieht sich auf das Verhältnis der Kunst zur Wissenschaft, das bezieht sich auch auf das Verhältnis der Genres untereinander. Ein Stoff, der für das eine Genre gut ist, kann für das andere unbrauchbar sein. Das bezieht sich, nicht zuletzt, auf die einzelne Künstlerpersönlichkeit. Denn man kann nur gut machen, was man machen kann. Und für die Kunst gibt es kein anderes Kriterium, als daß man eine Sache gut macht, sonst ist es nicht Kunst.

Autobiographie

Der heilige Benediktus, der, wie man mir sagt, im Jahre 480 geboren wurde, befaßte sich vornehmlich mit der Lösung des Problems, wie einer auf Erden möglichst glücklich leben und doch eben noch in den Himmel kommen könne. Ich, der ich, wie man mir sagt, im Jahre 1928 geboren bin, befasse mich (das zu Ändernde geändert) ganz mit demselben Problem.

Über Langes »Marski«

I

Hartmut Lange wurde schnell entdeckt. Im Sommer 1960 erschien er in Berlin, ein dürrer Mensch mit abstehenden Ohren und schlecht geschnittenen Haaren, hübsch auf eine proletarische Weise. Er hatte nichts gelesen außer dem »Hamlet« und der »Dialektik der Natur«. Er hatte ein Stück geschrieben, das damals »Senftenberger Erzählungen« hieß.
Dramatiker beginnen anders als andere Autoren. Sie fangen stets jung an; ungeübt, nie kraftlos, übermäßig, nie mittelmäßig. Sie verfügen über die Gabe der Szene, unmißverständlich. Stückeschreiben ist keine Sache, die man, Erfahrungen und Kenntnisse sammelnd, allmählich lernt. Man kann es, oder man wird es nicht können. »Senftenberger Erzählungen« sah aus wie alle ersten Stücke.
Es wurde sofort gelesen. Es wurde eilig weitergereicht; erstrangige Fachleute rühmten es; Hartmut Lange wurde – worauf andere jahrelang warten müssen – ein Tip. Höchste Verantwortliche wurden von seiner Existenz benachrichtigt. Sein Name schmückte, und schmückt noch, die Spielplanvorschauen der führenden Bühne des Landes. Natürlich wurde er nicht gespielt. Was, bis heute, die Öffentlichkeit von ihm kennt, sind seine Lieder zu »Florian Geyer«, ein paar Bellman-Nachdichtungen und der »Tartüff«, den er, assistiert von Benno Besson, fürs Deutsche Theater übersetzt hat.
Warum haben es Dichter schwer? Man kann kaum eine bestimmte Gesellschaft für ein Phänomen verantwortlich machen, das zu den allgemeinen Gesetzen menschlichen Zusammenlebens zu gehören scheint. Die menschliche Gesellschaft ist ein Funktionsgewebe aus

Sprach- und Verhaltensklischees. Wie soll sie Verwendung haben für Leute, denen jedes Vermögen fehlt, Gewohnheiten zu entwickeln? Wie soll sie Verständnis aufbringen für Naturen, deren Ordnung der Wichtigkeiten ganz subjektiv ist, die gewisse Stellen der Welt mit erschreckendster Genauigkeit beschreiben, andere mit ebenso erschreckender Gleichgültigkeit vernachlässigen, und nach keinem Auswahlprinzip als dem der Verwirklichung ihres höchstpersönlichen, freilich auch wieder erstaunlich darstellenswürdigen Selbst?

Je begabter einer ist, desto hilfloser wird die Gesellschaft, die ja schon seine Vorzüge für Fehler ansieht, sich an seine Fehler klammern. Sie nimmt die Klaue des Löwen für eine mißratene Patschhand und besteht darauf, ihren Besitzer für einen Krüppel zu halten, bis er eines Tages dasteht, die Mähne schüttelt und brüllt.

Es ist ruchbar geworden, daß, spätestens seit 1962, die Dramatik in der DDR begonnen hat, unter den literarischen Genres die Führung zu übernehmen. Hartmut Langes Beitrag ist eine Komödie mit dem Titel »Marski«, verfaßt 1962.

2

Hier ist die Geschichte, trocken erzählt; wer es saftig haben will, soll das Stück lesen. Herr Marski träumt vom Essen und von der Freundschaft. Essen und Freundschaft sind seine Leidenschaften, genauer: das Essen mit Freunden ist seine Leidenschaft. Das Bedürfnis nach Genuß und das soziale Bedürfnis fallen bei ihm zusammen; ohne Gesellschaft schmeckt es ihm nicht. Die tiefe Logik dieser Koppelung – die Tatsache, daß hochentwickelter Genuß vergesellschaftete Produktion voraussetzt – ist Herrn Marski unbekannt. Denn Herr Marski ist ein Großbauer, ein Vertreter der individuellen Aneignung. Die Freunde aber sind die Kleinbauern des Ortes, durch ein System dörflicher Dienstleistungsverhältnisse abhängig von Herrn Marski. Sie produzieren, was Marski kunstvoll konsumiert. Davon will und darf Marski nichts wissen; die Herkunft der Güter erscheint ihm als ein Wunder: »O süße Harfe, die so reiche Früchte bringt«.

Marski liebt seine Freunde. Die Freunde würden ihn lieben, wenn sie ihm nicht dienen müßten. Zur Freundschaft gehört Gleichheit; sie sind Ungleiche. Das Freundschaftsband und damit Marskis Kontakt zur Menschheit besteht nur in Marskis Kopf. So befinden sich Marskis zwei Naturen, die humane und die soziale, in Widerspruch. Als Mensch ist er ein Kerl, als gesellschaftliches Wesen eine Null. Der Riese, sagt der Prolog, ist krank. Über die Füllung des hohlen Riesen mit gesellschaftlichem Inhalt handelt das Stück.

Beim Mittagessen mit den Freunden scheint es, als könne Marskis gewaltige Person den Widerspruch verdecken. Er erzählt seinen Traum, schwelgt in Gaumenlust und Sympathie: »Euer Haar war zu Blumenkohl gekräuselt, ihr wart barhäuptig, denn es regnete braune Butter und Muskat. Ihr flogt in Wohlgerüchen dahin! Ich war nicht faul, ich ritt an eurer Seite, auf einer Ente, die war mit Granatäpfeln geröstet. Das Tier war derart duftig bei Leibe, daß mir das Wasser aus den Mundwinkeln floß. Ich konnte nicht anders, ich mußte ihm ein Stück aus seinem Rücken schneiden. Ich aß davon, ihr lächeltet mir zu, ich sah euch in die Augen, und was ich dort sah, es läßt sich nicht beschreiben! Es war die Freundschaft«.

Mächtiger als Marskis Charme ist die Zeit; es ist die Zeit der ersten Produktionsgenossenschaften. Man kann die ländlichen Produktionsmittel jetzt auch vom Staat haben. So entdecken die Freunde den historischen, nicht notwendigen Charakter ihres Zustands der befreundeten Sklaverei. In einer wunderschönen, drehpunktreichen Szene bewegt und entfaltet sich der Widerspruch. Die Idylle endet in Verstimmung. Marski der seine Freunde liebt und ausbeutet, nimmt für Undank, wenn sie aufhören, seine Haltung als eine einheitliche zu betrachten.

Marski hat gut getafelt, ihm wird poetisch ums Herz. Über die Fluren wandelnd, lehrt er einen der Freunde die Erkenntnis der Schönheit. Mit der Schönheit erkennt der Freund die Notwendigkeit des Kommunismus: »Wenn ich in schlichte Prosa zurückfallen dürfte, Herr Marski, wissen Sie, was ein Mohnfeld ist, wenn es vom Wind bewegt wird, oder wenn es nach einem Gewitter frisch gewaschen dasteht und sich der Sonne entgegenstreckt? Ich sehs gern. Aber es ist nicht mein Mohn, den ich sehe, es ist Ihr Mohn, Herr Marski, und damit beginnt mein Leiden«. Der Freund kündigt seinen Eintritt in die Genossenschaft an.

Der Zerfall kommt nun mit Macht. In einer «Landschaft ohne Strauch« sammeln sich die Freunde, um Marski beim Dreschen zu helfen.

»Es ist fröstelnde Früh,
Noch beherrscht blasser Nebel
Die Luft, und am Boden der Tau,
Er durchnäßt uns die Schuh«.

So geht man zur Arbeit für andere. Zwei Freunde aber sind gar nicht erschienen.

Marski, in tragischer Blindheit, weigert sich, ihr Nichterscheinen zu glauben:

»MARSKI: Komm herunter, Barhaupt, wir wollen die Säcke holen gehn.

STASCHEK: Ich bin nicht der Barhaupt, Herr Marski, sondern der Staschek.

MARSKI: Dich meine ich nicht. Ich meine den Barhaupt. Komm herunter, Barhaupt, ich habe eine Überraschung für dich. Ich habe dir ein paar von meinen Milchkannen aussortieren lassen, echt Solinger Stahl. Du kannst sie dir ansehen, wenn wir die Säcke holen gehn. Komm herunter, Barhaupt.

WENDEL: Ich bin nicht der Barhaupt, Herr Marski, sondern der Wendel.

ZERRE: Ich bin der Zerre.

NOTNAGEL: Ich bin der Notnagel.

MARSKI: Und die beiden da?

STASCHEK: Das sind keine Menschen, Herr Marski, das sind zwei Garben.

MARSKI: Wer ist dann der Barhaupt?

ZERRE: Der Barhaupt ist nicht da.

MARSKI: Und der Vogt?

ZERRE: Der Vogt auch nicht.

Marski: Tatsächlich. Sie sind nicht da. Es ist noch nicht sechs Uhr!«

Aber die anderen glaubens, weil sie dran glauben müssen: ohne die Fehlenden wird die Arbeit zu schwer. Übermäßige Anstrengung macht nachdenklich; die Freunde gehen fort, einer nach dem anderen. Marski arbeitet weiter. Er schafft, was für sechs zu viel war, allein. Er steht auf der Maschine, einsam, groß, übriggeblieben wie ein keltischer Dolmen.
Heroische Haltungen taugen nicht für die Dauer, der Hof wächst Marski über den Kopf. Das Füttern des Viehs wird zu einer gigantischen Schlacht. Marski verliert. Von Geistern beraten, unternimmt er einen letzten Rettungsversuch: sein beflissener Sohn Olaf, dem er alle zärtlichem Neigungen zu der Magd Gerda verboten hatte, soll jetzt die Magd heiraten, um sie auf dem Hof zu halten. Olaf und Gerda aber fliehen das unheimliche Vätererbe und entrinnen in die helle Bequemlichkeit der neuen Zeit.
Der ökonomische Zusammenbruch malt sich in Marskis Seele; er hat keinen Appetit mehr. Er hat geschworen: wenn ihm ein Mal das Essen nicht schmeckt, wird er sich erhängen. Nun ist es an dem. Die Katastrophe wohnt in einer Regieanweisung: »Er probiert die Pilzsuppe. Sie schmeckt ihm nicht«. Marski erhängt sich.
Und auftreten die Freunde, Genossenschaftsmitglieder inzwischen, eigenständig, unabhängig, reich. Jetzt, da sie Menschen für sich sind, können sie dem Menschen Marski Freunde sein. Marski wird vom Strick geschnitten, das Stück endet in einer aristophanischen Fress-Operette.

»Eh daß ich mich aufhänge,
Ess ich lieber«.

3

Das Stück hieß ursprünglich »Tod und Leben des Herrn Marski«, der Titel erinnert an eine berühmtgewordene Dämonologie des vorderen Orients. Man darf nicht übersehen, daß der Auferstehungsmythos eine gewaltige Leistung primitiver Dialektik darstellt;

er ist Ergebnis geistiger Kühnheit und Ausdruck tiefer Hoffnung. Aber der moderne Materialismus hat den mythischen Begriff durch einen wissenschaftlichen Begriff ersetzt: durch den Begriff der Negation der Negation, den der Aufhebung.
Negiert, im Sinne von aufgehoben, wird niemals das Schlechte, stets das Gute. Nicht die Fehler des Kapitalismus (oder einer anderen Epoche oder Sache) sprengen die eigenen Schranken, sondern die Tugenden. Nicht Armut braucht den Sozialismus, sondern Reichtum. Marski, wäre er nicht ein Mensch von reichsten Gaben, hätte ein Großbauer bleiben können; er würde sich abgefunden haben mit der Verkleinerung seiner Wirtschaft, mit dem Zustand der Freundlosigkeit. Ein Zwerg Marski hätte weitergewurstelt, der Riese Marski drängt zur Katastrophe und zum Umschlag.
So wird Marski nicht umerzogen, wie es in vielen traurigen Stücken oder Vorfällen geschieht, wo einer am Ende ein guter Sozialist ist und kein Mensch mehr. Natürlich wird Marski auch nicht einfach übernommen. Er wird entlassen als der alte und mehr als der alte, als der aufgehobene Marski. Der Weg zur Verwandlung des Innen führt über das verwandelte Außen. Der Genuß wird zum Ekel, wenn er sich, in neuer Umwelt, absondern muß. Der Besitz wird zur Plage, wenn er, in neuer Umwelt, seine Kapital-Eigenschaft verliert, die Fähigkeit, Arbeitskraft zu kaufen. Die Arbeitsfreude wird zur Schinderei.
Beim Übergang vom Jura zur Kreide starben die Saurier aus. Ein einziges Wesen ist so vielfältig strukturiert, daß die es bildenden Gegensätze zerfallen können, sich neu zusammensetzen und in allen Zeitaltern fortbestehen: das Fossil Mensch.
Dieses Stück vom Menschen ist kein Agrardrama. Wäre es eines, würde das Ende niemanden befriedigen. Allgemeiner Beitritt zur LPG ist nicht die Lösung der landwirtschaftlichen Frage; die auftauchenden Nöte und Sorgen der Genossenschaften müßten zumindest im Ansatz gezeigt werden. Der »Marski«-Schluß aber ist ein philosophischer Schluß. Er ist der Gipfel der Triade Ausbeutung – Tod der Ausbeutung – Kommunismus; er meint nicht weniger als die Aufhebung aller Aufhebungen, den Sprung in die Freiheit.

Damit wird nicht vorgebracht, daß »Marski« kein aktuelles Stück sei. Kunstfähige Fragen sind immer alt; aktuell und unverwechselbar zeitlich ist an Kunstwerken die Haltung, in der gefragt wird und geantwortet. Von den vier großen revolutionären Ereignissen unseres Landes, der Bodenreform, der Enteignung der Trusts, der Kollektivierung und dem Neuen Ökonomischen System, behandelt der Marski nicht, wie man vermuten möchte, die Kollektivierung; er ist vielmehr genauer ästhetischer Ausdruck des letzten und dramatisch scheinbar unergiebigsten unter ihnen, des Neuen Ökonomischen Systems.
Das Neue Ökonomische System ist die historische Stelle, wo der Sozialismus aus der bloßen und beschränkten Verneinung der Ausbeutergesellschaft sich steigert zur Aufhebung aller geschichtlichen Leistungen vor ihm. Als der Sozialismus schwach war, unterschied er sich von der Weltzivilisation, indem er sie verleugnete; nun da er stark ist, unterscheidet er sich von ihr, indem er sie frißt. Sie drückt ihn nicht im Magen; er verdaut sie; er läuft nicht mehr Gefahr, bei diesem Stoffwechsel Schaden an seiner Substanz zu nehmen. Der Kolchos (um vom »Marski« zu reden) war reif, als er dem Kulaken so überlegen war, daß er ihn brauchte. Weil der Sozialismus fest sitzt, können Marskis bürgerliche Tugenden (Genußfähigkeit, Spezialistentum) sozialistische Tugenden werden. Kurz, der Fall Marski ist der Fall des Neuen Ökonomischen Systems. Daß das Stück vor dem Neuen Ökonomischen System geschrieben wurde, ist kein Widerspruch zu dieser Feststellung; das gehört sich. Dichter sind einmal durch einen heißen Draht mit der Küche des Weltgeists verbunden.

4

Über Kunst reden ist, über Form reden; leider ist es unmöglich, irgendwelche formalen Eigenschaften zu würdigen, außer man hat den Zweck der Sache begriffen. Dem, was im »Marski« stofflich vorgeht, der Aufhebung der Inhalte, entspricht das künstlerische Verfahren: die Aufhebung der Formen. Es soll an diesem Ort nicht die Rede sein von der ungewöhnlichen Strenge der Komposition, die in der ehrwürdigen Folge von Exposition, Aufbrechen und Steigerung der Widersprüche, Höhepunkt, einigem Abstrampeln des schon erledigten Helden und tragischer Katastrophe verläuft; es will auch nicht auf die Reinheit und zugleich Neuartigkeit des Genres hinaus (– die Tragödie springt, nachdem sie sich vollendet hat, in die Komödie). Sondern untersucht werden soll die Aufhebung von Kunstmitteln, die als »alt« bekannt sind und verdächtig. Warum steht das neuere Drama in der DDR mit den Alten auf vertrauterem Fuße als irgendeine theatralische Richtung seit der deutschen Klassik?

Die bürgerliche Kunst steckt, und nicht zum ersten Mal, in der Epigonenkrise. Die Hervorbringungen aller Zeiten und Länder liegen hinter ihr gleich einem Gebirge, dessen Schatten keiner entrinnt; man hat nichts Neues zu sagen, und die Weisen, das Alte zu sagen, sind erschöpft. Um sich in diesem Düster notdürftig bemerkbar zu machen, greift der moderne Künstler nach dem kleinsten Lichtlein, er rettet sich in die Masche. Kein Besonderer, wird er zum Sonderling. Concetto, Individual Sound, das sind ästhetische Hauptkategorien des westlichen Jahrhunderts. Es gibt auch den Verzicht auf Kunst überhaupt. Mit dem bedeutenden Gegenstand entschwindet die bedeutende Persönlichkeit; der Künstler unterwirft sich tachistischen Methoden, Zufallstechniken. Der Gedankengang stammt von Arnold Gehlen, und Gehlen ist kein dummer Mann.

Wie wunderlich aber erscheint Gehlens Theorie, gemessen an der Praxis des Hartmut Lange. Dieser Knabe sucht, ohne jegliches Minderwertigkeitsgefühl, die Gesellschaft der allerfeinsten Leute. Er spaziert mit dem Goethe und dem Aristophanes, dem Shakespeare und dem Rabelais. Er nimmt sich, was er braucht, aus ihren Taschen, und mit einem solchen poetischen Recht, daß kein kritischer Gerichtshof der Welt wagen dürfte, das Genommene zurückzufordern. Unter den Bestohlenen fehlt Brecht. Auch das ist bezeichnend für die Neuesten; undenkbar ohne Brecht, ähneln sie ihm nicht.

Der Marxist sitzt auf dem archimedischen Punkt, wo man mit Mount Everests, Gaurisankars und Chimborassos spielt. Es ist

Spiel in der Art, wie Lange mit der Klassik verfährt. Es bleibt zu zeigen, daß es mehr als Spiel ist und der volle Ernst der Kunst.

5

Thomas Stearns Eliot hat einen bemühten und rührenden Artikel geschrieben, »Poetry And Drama«, worin er sich über die Frage den Kopf zerbricht, ob ein Dramatiker von heute Verse schreiben könne, und was für welche. Von Anfang an ist er entschlossen, die Unverwendbarkeit des Blankverses zu beweisen; so beginnt sein Raisonnement mit einem logischen Knoten. Der Shakespeare-Vers, sagt er, war gestisch; leider ist er durch die Versepiker des neunzehnten Jahrhunderts ungestisch geworden. Hier hat er schon recht, aber warum fordert er nicht die Rückkehr zum originalen Shakespeare-Vers? Es fällt ihm nicht ein, weil er nicht will, daß es ihm einfällt.

»Der Rhythmus des regelmäßigen Blankverses«, sagt Eliot also, »hatte sich zu weit von der Bewegung der modernen Sprache entfernt . . . Das poetische Drama, wenn es seinen Platz wiedererobern will, muß in offene Nebenbuhlerschaft mit dem Prosastück treten«. Das heißt: der Vers soll so beschaffen sein, daß das Publikum bereit ist, »ihn von Leuten zu hören, gekleidet wie wir selbst, in Häusern und Wohnungen lebend gleich den unsrigen und Telephone benutzend, Automobile und Radioapparate . . . Was wir zu tun haben, ist: Poesie in die Welt bringen, in der der Zuschauer lebt und in die er, wenn er das Theater verläßt, zurückkehrt, nicht: ihn in eine ausgedachte Welt transportieren, durchaus unähnlich der seinen, – in eine unwirkliche Welt, in der man Poesie duldet«. Und er kommt zu dem Resultat, daß der moderne Versdramatiker einen Vers erfinden müsse, dem man nicht anmerkt, daß er ein Vers ist.

Mit all dem ist ein Einwand nicht erledigt: Wieso verhielt sich das bei Shakespeare anders? Shakespeares Stücke waren doch zu Shakespeares Zeiten Zeitstücke; sie wurden doch nicht gespielt im Kostüm vergangener Epochen, sondern im elisabethanischen. Sprachen Londons Puritaner im Blankvers? Besaßen die Politiker der Tudorzeit einen größeren Wortschatz als die des zwanzigsten Jahr-

hunderts? Selbst wenn man annehmen kann, daß das Leben jener Tage einiges mehr an Unmittelbarkeit und Ursprünglichkeit enthielt als das heutige, bleibt doch der Unterschied zwischen der damaligen Alltagssprache und der Bühnensprache prinzipiell.
Eliots Antwort und Irrtum: schuld sind die Telephone. Wieder einmal wird für die Verflachung, Armut und Kunstfeindlichkeit unserer Zeit die Technik verantwortlich gemacht, nicht die kapitalistische Entfremdung. Der Mensch ist der Feind des Menschen, das stellt sich in den Hirnen dar als: die Technik ist der Feind des Menschen, oder gar: die materiellen Dinge sind es. Das Symptom wird zum Sündenbock für die Sache. Wüßte Eliot, daß sein Vers an der Entfremdung krankt, würde er andere Arznei suchen, ihn zu kurieren.
Gefühle, die auf der Börse notiert werden können, Gedanken, die nur immer bis an den Rand des Chaos reichen, Handlungen ohne Wirkung: sie führen freilich zu keiner Sprache, die den hohen Anspruch des Blankverses erträgt. Der Blankvers ist ja was anderes als bloß ein fünfmaliges Wiederholen von Senkung und Hebung; er will gefüllt sein mit seelischen Gewichten, sonst lebt er nicht. Es ist nicht das Wortmaterial von heute, gegen das sich der Blankvers sträubt, es sind die Haltungen der Hollow Men. Eliots Verse sind nicht modern wie Telephone, Automobile und Radioapparate. Sie sind so verzagt wie seine Welt, sein Gemüt und die Fabeln seiner Stücke.
Der Vers kann epigonal sein, klassizistisch. Er kann der Vertuschung von Widersprüchen dienen, der Vortäuschung einer Harmonie, die es nicht gibt. So, das stimmt, ist er auf uns gekommen. Aus diesem Grund beginnt die Geschichte des Dramas in der DDR mit den Prosastücken von 56 und 57. Es wurden kleinere und mittlere Widersprüche vorgestellt, und Ausdrucksmittel für kleinere und mittlere Widersprüche ist die Prosa. Der Siegeszug unseres Versdramas beruht auf der Entdeckung, daß klassische Literatur, weit entfernt davon, Literatur der Harmonie zu sein, Literatur der Souveränität ist, allein fähig, große Widersprüche in den artistischen Griff zu bekommen. Der Vers ist das Gefäß für große Wider-

sprüche. Die Widersprüche gibt es immer; die heitere Festigkeit, ihnen offen ins Gesicht zu sehen, haben nur glückliche Epochen.
Die Verstechnik im »Marski« ist, man kann es getrost sagen, virtuos. Die Verse wirken nicht gehämmert (und sind es wohl auch nicht); sie sind unangestrengt, nicht spitzfindig, von natürlichster Poesie. Lange hat sich nicht für den durchgehenden oder vornehmlichen Gebrauch des Blankverses entschieden, was er vermutlich getan hätte, hätte er eine bewegtere Fabel von mehr Handlungsfülle und äußerlicherer Dramatik gehabt; – er benutzt, außer Prosa, den deutschen Knittel und kurze, anapästisch getönte Chorzeilen. Sein Blankvers aber ist von außerordentlicher Verwandlungsfähigkeit, von lieblicher Milde, gestischer Härte oder dramatischem Feuer.

6

Dies sind die sechs Freunde des Herrn Marski: Barhaupt, der Poet, Staschek, der Entzauberer, Vogt schwerzüngig und harmlos Wendel, der Krüppel Notnagel und Zerre mit den Passionen eines Spulwurms. Die Persönlichkeiten unter ihnen sind Barhaupt und Vogt; sie sind, Marski sagt es, seine besten Freunde. Auch Wendel wiederholt, wörtlich: »Vogt und Barhaupt sind Herrn Marskis beste Freunde«. Die Wiederholung zeigt, die Feststellung ist wichtig. Marskis Freundschaftsbedürfnis ist nicht erheuchelt, er will Menschen um sich, er liebt nach Wert. Die Wertvollsten aber sind es, die ihn als erste verlassen; der gleiche Grund, der sie zu Marskis Freunden macht, macht sie zu seinen Feinden. In umgekehrter Entsprechung verläuft die Geschichte des Schmarotzers Zerre. Er, den Marski stets verachtet, hält bis zum Schluß zu ihm; von Brosamen lebend, kümmert er sich nicht um den Tisch. Er zeigt, was für Freunde einem Ausbeuter gebühren. Und gerade die hartnäckig versicherte Treue dieses Elenden vergällt Marski die Suppe; sie treibt ihn in die Schlinge des Stricks und in den Tod und in das neue Leben.
Marskis Freunde sind gewöhnliche Leute, keine Riesen. »Sie sind keine überragende Tischgesellschaft, ihr Appetit ist muffig, aber er steckt voller Bemühungen«. Diese gewöhnlichen Leute indessen

bedeuten, zusammengenommen, etwas, daß größer ist als der große Marski: sie bedeuten die menschliche Gesellschaft. Wie zeigt man ihre Größe? Sie bleiben in der Fabel Sieger; das reicht nicht; auch Gulliver wird gefesselt von den Liliputanern. Größe kann, im Kunstwerk, nicht hergestellt werden als mit künstlerischen Mitteln.

Lange verleiht den Freunden Überlegenheit, indem er sie auf eine ästhetisch höhere Ebene stellt als den Helden; er gibt ihnen eine Art dramaturgischer Spielmeisterfunktion. Sie fabrizieren Marskis Traum, sie machen dem Marski die Geister. Marskis Innerstes, heißt das, ist bewirkt von außen, die Größe des Einzelnen abhängig vom Entwicklungsstand der species.

So viel von dem inhaltlichen Grund der übersinnlichen Szenen; sie haben auch einen stilistischen. Träume und Geister poetisieren das Theater. Hier ist ein Zitat aus Johann Jakob Breitingers »Kritischer Dichtkunst«; vorausgeschickt die Bemerkung, daß es in der Ästhetik der Schweizer für den Marxisten, mehr als er denkt, aufzuarbeiten gibt.

»Sein (des Poeten, P. H.) ganzes Vermögen bestehet in der geschickten Verbindung des Wunderbaren mit dem Wahrscheinlichen; dieses erwirbt seiner Erzählung Glauben, und jenes verleihet ihr eine Kraft, die Aufmerksamkeit des Lesers zu erhalten und eine angenehme Verwunderung zu gebären. Wie nun das Wunderbare ohne die Wahrscheinlichkeit abenteuerlich und unglaublich wird, so hat anderntеils das Wahrscheinliche, wenn es von dem Verwundersamen nicht unterstützt wird, keine genugsame Kraft auf das menschliche Gemüte, selbiges angenehm zu rühren oder mit Ergetzen anzufüllen. Darum muß der Poet wissen, diejenigen Dinge, die das Zeugnis der Wahrheit und Wirklichkeit haben, von dem Ansehn der Wahrheit bis auf einen gewissen Grad zu entfernen und ihnen eine wunderbare aber dabei unbetrügliche Gestalt anzuziehen«.

Kunst ist nicht Nachricht schlechthin; Kunst ist Nachricht von einem bestimmten Menschen an bestimmte Menschen. Poetisierung der Künste ist Vermenschlichung der Künste und entspricht jener

Haltung, die die Welt zu vermenschlichen trachtet. Das ist der Inhalt unseres Streits mit den Positivisten, Dokumentaristen, »wissenschaftlichen« Dichtern, Eisenbahnschienenschwellenbeschreibern, und wie die Spielarten des Neonaturalismus alle heißen. Goethe verteidigte, mit olympischer Bockigkeit, die Poesie gegen die Schilderer einer entfremdeten Welt, welche, wie er wohl wußte, moderner schrieben als er. Wir verteidigen die Poesie gegen dieselben Schilderer derselben entfremdeten Welt, doch mit muntererer Laune; denn wir verteidigen, wie wir wohl wissen, die Zukunft.

Die poetisierenden Szenen im »Marski« erinnern an literarisch Bekanntes: an den wandelnden Faust, an Shakespeares Geisterszenen, an die Lear-Frage, an die Chöre des Aristophanes. Man erkennt wieder, man lacht. Eben drum ist wichtig zu betonen, daß man, wenn man nicht begriffen hat, daß die Absicht nicht parodistisch ist, nichts begriffen hat.

Parodie ist Schwäche. Einer, der von einem Alten, das er überwunden zu haben meint, nicht loskommt, kritisiert es durch Nachahmung, und er bezieht alle Kraft von dem, was er, oberflächlich, kritisiert. Worüber man witzelt, das hat einen. Aber nicht nur der Weg fort vom Alten führt über die Ironie, auch die Suche nach dem Alten. Schon die Schlagerparodien in der »Dreigroschenoper« zeigen Brechts Wertschätzung der (wenn auch borniert) volkstümlichen Kunst des Wirkungmachens, und Brechts Jamben im »Ui« und in den »Rundköpfen« sind zu vollkommen, als daß man ihnen den bloß negierenden Zweck glauben darf. Bei Lange ist die Sachlage vollends deutlich. Der Gebrauch der bekannten Mittel geschieht mit Anmut und ungeheurer Naivität. Da ist nichts Schiefes im Zusammenhang. Da ist im mindesten keine Entlarvung angestrebt, sondern, bei aller Komik, einfach Schönheit.

7

Jede Zeit hat die Lieblingsfiguren, die sie verdient; die Lieblingsfigur des sozialistischen Dramatikers ist der Riese. Der Riese, das ist der nicht durch Fehler der Welt eingeschränkte Mensch. Seitdem der zerstörerische Widerspruch zwischen dem Menschen und der

Klassengesellschaft sich aufzulösen beginnt, werden die produktiven Widersrpüche zwischen dem Menschen und der Gesellschaft als solcher sichtbar; da ist keine Identität möglich; davon bleibt und lohnt zu handeln.

Der berliner Dramaturg Stolper bemerkt mit Recht, daß die deutschen Dramatiker es von jeher lieben, ihre Hütten neben die der Philosophen zu bauen. Das ist kein ganz ungefährlicher Ort. Da weht zwar der Wind, aber der Wind kann Dürre bringen. Der Hang der Deutschen zum Allgemeinen hat tatsächlich ihre erhabensten und ihre miserabelsten Leistungen bestimmt. Hartmut Lange ist – wie ausgelederte Kategorien hier auch immer bewegt wurden, um mit Mitteln des Begriffs Tatsachen der Kunst darzustellen – ein naiver, plastischer, sinnlicher Dichter. Seine Riesen sind es von allen Seiten, seine Figuren haben Bäuche.

Weil die Gesellschaft wieder Platz für den Menschen hat, hat der Mensch wieder Platz für die Gesellschaft; die zweibeinige Hülse füllt sich mit Totalität. »Marski« heißt nicht mehr »Tod und Leben des Herrn Marski«. Titel heutiger Stücke lauten: »Polly, »Marski«, »Philoktet«. Stücke derselben Autoren hießen vordem: »Eröffnung des indischen Zeitalters«, »Senftenberger Erzählungen«, »Klettwitzer Bericht«. Es gelingt wieder, Personen glaubhaft zu machen, deren Individualität so wesentlich und deren Unverwechselbarkeit so reich an Allgemeinem ist, daß der bloße, unkommentierte Name Programm wird.

Es gab schon Zeiten, wo das Subjekt in der Gesellschaft sein Recht hatte und die Stücktitel Namen waren. Aus diesen Zeiten, der Antike und der Renaissance, stammt die Liste der Utopien in Menschengestalt, also jener Helden, die, durch vollkommene Ausprägung einer Seite des humanen Wesens (einer gesellschaftlichen Haltung oder eines anthropischen Vermögens) die Idee der Vollkommenheit überhaupt verkörpern. Prometheus ist die Utopie der Revolution, Helena die der Schönheit, von Juan die der Sinnlichkeit, Faust die des Denkens, Gargantua die des niederen Begehrens.

Marski ist natürlich vom Samen Gargantuas. Aber er übt außer der Tätigkeit riesenmäßigen Verdauens auch die Tätigkeit riesenmäßigen Anpflanzens; er verschlingt nicht nur Welt, er erzeugt Welt; dieser Fresser arbeitet. Das unterscheidet ihn von seinem Vatersvater, zum Guten. Damit fügt er den Utopien die Qualität hinzu, die ihnen allen mangelt, die der Durchführbarkeit; damit kündet er vom Entstehen eines Geschlechts, von dem man, wie Hesiod von den Landbewohnern, die die Gerechtigkeit kennen, sagen kann: »Sie sind nur tätig für Felder und Feste«.

Unruhe angesichts eines Kunstwerks

(»Philoktet« von Heiner Müller)

Diese vollkommene Tragödie ist von vollkommener Bauart und in vollkommenen Versen verfaßt. Drei Vollkommenheiten; jede von ihnen liefert mir Antworten und, seltsamerweise, Fragen.

Hier ist eine Tragödie geschrieben; kann man Tragödien schreiben? Eine Tragödie benötigt einen bewußten Helden, einen Helden also, der, was er tut, täte, auch wenn er wüßte, was er tut. Das läßt sich vom Philoktet nicht sagen; ihn zerstört Starrsinn, nicht Notwendigkeit. Müllers Stück ist besser als das des Sophokles, aber ich meine, daß Sophokles Recht hatte, als er den tragischen Ansatz zur Katastrophe zu treiben sich weigerte; die Konfliktlage verlangt Ausgleich auf der höchsten historischen Ebene. Über diesen besonderen Fall auf Lemnos jetzt hinaus: gilt dasselbe nicht für alle ehemals tragischen Stoffe? Die Opfer der antagonistischen Widersprüche, die schicksalhaft scheiterten, weil sie keinen Ausweg sehen konnten, – wirken sie für uns nicht alle ein bißchen kurzsichtig? Folgt Tragik allein aus der geschichtlichen Konstellation des Vorgangs, oder folgt sie nicht vielmehr aus dem geschichtlichen Bewußtsein des Beschreibers? Weiß das Müller, und erklären sich hieraus die unübersehbaren satirischen Züge in seinem Stück?

Hier ist eine Fabel nach einer alten Fabel. Sie ist reicher, komplizierter und geschlossener als diese, aber sie ist, wenn man so sagen will, von der herkömmlichen Sorte. Eine solche Fabel, zeigt sich, kann den gründlichsten Ideen zum Körper dienen; sie ermöglicht Totalität. Wir gehen heute, wenn wir eine Fabel machen, immer noch mehr von der Gründlichkeit unserer Ideen aus als von der dramatischen Ergiebigkeit ihrer Bestandteile, und die Fabeln, die wir so er-

finden, sind schwächer als die, die wir vorfinden. Sollten wir nicht einsehen, daß die herkömmliche Sorte die richtige ist?
Hier ist eine Sprachkunst, die ich nicht nach Gebühr loben kann, weil ich sie übers schickliche Maß loben müßte. Keiner handhabt so souverän wie Müller den Vers als Grenzereignis. Der »Umsiedlerin«-Vers, das war die äußerste Gewalt, die man einem Vers antun konnte, ohne daß er aufhörte, ein Vers zu sein. Der »Philoktet«-Vers, das ist das Höchstmaß an innerer Spannung, das man einem Vers anmuten kann, ohne ihn der Qualität erlesener Reinheit zu berauben. Klassische Literatur spiegelt die tatsächliche Barbarei der Welt im Stoff wieder und ihre mögliche Schönheit in der Form; diese Maxime scheint im »Philoktet« erfüllt. Dennoch zögere ich, das Stück klassisch zu nennen. Die Schönheit dieser Verse hat von der Farbe des Gegenstandes. Sie ist utopisch und aber zugleich archaisch, anmutig und düster, ungeheuer in beiden Bedeutungen des Worts. Ist am Ende der »Philoktet«-Vers in seiner mehr als menschlichen Schönheit barbarisch?
Kunstmeinungen interessieren uns, wenn sie uns bestätigen. Ein großes Kunstwerk kann uns irre machen. Wir lesen Philoktet und erkennen die Verbesserungsbedürftigkeit unserer Gedanken über die Kunst.

Das Poetische

»Die Partei, die Partei,
Die hat immer recht«
Louis Fürnberg

»Die Poesie, die Poesie,
Die Poesie hat immer recht«
Friederike Kempner

Erstes Kapitel

Worin, was wir nicht zu wissen vorgeben, vorausgesetzt wird

Im Anfang war die Welt poetisch. Die Welt, das sind für den Menschen die von ihm hergestellten Gegenstände und gesellschaftlichen Einrichtungen. In den frühen Tagen der Geschichte ist den Gütern und den gesellschaftlichen Einrichtungen anzusehen, daß sie von Menschen produziert sind und zum Gebrauch durch Menschen; ihre menschliche Herkunft und ihr menschlicher Zweck liegen unvermittelt am Tage. Deshalb ist die Poesie älter als die Prosa. Natürlich ist das eine Poesie der geistigen und materiellen Armut, eine Elends-Poesie. Das einfache anthropozentrische Denken war schlechtes Denken, Ergebnis einfachen Produzierens. Der Mensch, um zu sich zu gelangen, mußte eine Welt der Produkte und Produktionsverhältnisse erzeugen, die ihm als fremde und feindliche gegenübertrat. So kühne und vortreffliche Erfindungen mußten gemacht werden wie Klassen, Ausbeutung, Warenproduktion, Anonymität des Konsumenten und so weiter. Höhepunkt dieses umwegigen Fortschritts oder fortschrittlichen Umwegs war der Kapitalismus. Jetzt ist alles Prosa. Die Künstler, die, mit welchem Recht immer, eine Zeit an ihrer poetischen Ergiebigkeit messen, betrachteten diese Entwicklung mit Mißbehagen. Das Mißbehagen ist in Deutschland endgültig formuliert in Schillers »naiver und sentimentalischer Dichtung«.

Offenbar ist unsere sozialistische Welt nicht mehr identisch mit der der Bourgeoisie. Sie ähnelt ihr in vielen Erscheinungen einer Industriewelt; sie unterscheidet sich von ihr in der Tendenz. In ihr ist etwas, das uns drängt, Kunst zu machen. Wenn Balzac aus seiner Zeit die Folgen zog und die Prosa unbeschränkt inthronisierte, sind wir entschlossen, die Poesie als Gegenprätendenten aufzustellen. Wir leben nicht in einer poetischen Welt, aber wir empfinden die Welt als poetisierbar. Unsere Äußerungen sind nicht naturwüchsig poetisch, aber unser Streben nach Poesie, glauben wir, ist naturwüchsig. In einer solchen Lage bedarf es bewußter Mittel, Poesie herzustellen. Über die Mittel – ihre Form und ihr Wesen – zerbrechen wir uns den Kopf.

Wir haben zur Artifizierung der Wirklichkeit zwei hauptsächliche Verfahren. Wir wenden sie an, nicht weil uns eine vorgefaßte Meinung hierzu veranlaßte, sondern spontan, gedrängt von der Sachlage, bei der Arbeit. Die Welt, wenn wir uns überrumpeln lassen, drängt sich uns auf als tote, äußerliche, schlechte Objektivität. Um sie kunstfähig zu machen, machen wir sie dialektisch. Wir stellen die Vorgänge, die wir ästhetisch begreifen wollen, in einen genauen gesellschaftlichen Zusammenhang; so haben wir nie mit Mächten zu tun, stets mit Leuten. Wir zeigen nicht Liebe, sondern Cleopatra, Julia, Gretchen liebend. Wir zeigen nicht Geist, sondern Fausts, Hamlets, Galileis Geist. Die Ideen und Gefühle geraten in Bewegung. Sie erweisen sich als Teil der Bewegungen der Geschichte; die als Kämpfe von Klassen; die als interessierte Handlungen einzelner Personen. Die Welt, durchschaut, wird anschaulich, mithin kunstfähig. Das ist das Verfahren des Historisierens. Wir wissen einigermaßen, worin es besteht und warum wir es anwenden.

Tatsächlich aber enthält unsere Praxis ein ganz entgegengesetztes Verfahren: das Poetisieren. Wir nehmen einen sozialen Zustand, einen Vorgang, einen Gegenstand und machen ihn poetisch. Wir tun es und sollten sagen können, was das ist, was wir da tun.

»Das Poetische als solches zu definieren«, sagt Hegel, »abhorreszieren fast alle, welche über Poesie geschrieben haben«. Nun, auch ich werde mich hüten. Nichts richtet solchen Schaden an wie voreilige Definitionen. Ich will versuchen, mich dem Thema zu nähern, als sei es nicht in höchstem Maße widerspenstig, sondern im Gegenteil recht harmlos. Ich will ein paar sehr rohe, vulgäre und offensichtliche Beispiele hernehmen: ein paar Fälle, wo niemand leugnet, daß da Poesie statthat. Ich will sie herumdrehen und anschauen und zu erraten trachten, was an ihnen poetisch ist. Alle Phänomene der Kunst sind zusammengesetzt, keins einfach; so auch das Poetische. Es wird bei meinem Unterfangen keine Definition herauskommen aber, wie ich allerdings hoffe, eine Anzahl von Einsichten, die bei der Aufstellung einer solchen Definition verwertbar wären.

Zweites Kapitel
Die Räuberbraut

Eins der erfolgreichsten deutschen Gedichte ist die Ballade von der Räuberbraut. Das Gedicht existiert in vielen Fassungen; es besteht keine Notwendigkeit, über ihre Echtheit oder ihren philologischen Rang zu streiten. Diese ist meine.

An einem Fluß, in einem tiefen Tale,
Da saß ein Mädchen an einem Wasserfalle.
Sie war so schön, so schön wie Milch und Blut.
Von Herzen war sie einem Räuber gut.

Du armes Mägdelein, mich dauert deine Seele,
Denn ich muß fort in meine Räuberhöhle,
Wo wir dereinst so glücklich wollten sein.
Jedoch es muß, es muß geschieden sein.

Nimm diesen Ring, und sollte jemand fragen,
So sollst du sagen, ein Räuber hat ihn getragen,
Der dich geliebt bei Tag und bei der Nacht
Und der schon viele Menschen umgebracht.

Geh du nur hin auf eine grüne Wiese,
Wo viele andre junge Männer sind.

Vielleicht kannst du mit einem glücklich sein.
Ich aber muß in finstern Wald hinein.

Die Wirkung der »Räuberbraut« ist ungeheuer. Wir fragen nach der Ursache solch ungeheurer Wirkung. Die Popularität eines Kunstwerks, so weiß man oder glaubt man zu wissen, hängt ab von seinem I-Wert.

I-Wert heißt Identifikationswert; der Begriff stammt aus dem Illustriertengeschäft. Der Identifikationswert eines literarischen Erzeugnisses ist die Chance, die es dem Leser gibt, es direkt auf seine eigene Lage anzuwenden, also sich mit seiner Hauptperson und ihren Umständen zu identifizieren. Der Identifikationswert ist hoch, wenn das Erzeugnis möglichst grundlegende Erlebnisse einer möglichst umfassenden Zahl von Menschen betrifft.

Geschichten von hohem I-Wert enthalten Gefühle, die stark aber unspezifiziert sind, da jede genauere Bestimmung die Leserzahl einschränken würde, und sie müssen geistig primitiv sein, weil die Größe des erreichten Kreises proportional ist zur Niedrigkeit der Nivellierungsebene. Gleichzeitig aber müssen sie im Konsumenten den Eindruck des persönlichen Gemeintseins hervorrufen; ihre Allgemeinheit und Plattheit dürfen nicht umschlagen ihn ohnmächtige Leere. Wer meint, das Schnulzenmachen sei leicht, irrt. Wenn die Kunst mit dem Widerspruch zwischen dem Allgemeinen und dem Besonderen zu schaffen hat, plagt sich die Massenkunst mit dem noch unversöhnlicheren Widerspruch zwischen dem Trivialen und dem Besonderen. Mit abstrakten und unwirklichen Mitteln vermittelt sie den Effekt der Einmaligkeit und der Wirklichkeit.

Um den enormen I-Wert der »Räuberbraut« deutlich zu machen, übersetze ich das Gedicht, Zeile für Zeile, in die unverkleidete Sprache der Tatsachen.

Am Wäschebottich im Souterrain
Saß, während das Wasser aus dem Hahn lief, das Dienstmädchen.
Es war, da es nicht viel über 16 war, noch leidlich hübsch.

Und es liebte, etwa zum dreißigsten Mal, mit der ganzen
Kraft seines liebebedürftigen Herzens, einen Herrn,
über den nur eins feststand: daß auch er sie nicht
heiraten würde.

Mein Kind, ich sage es wirklich ungern,
Aber in meinem meublierten Zimmer geht es nicht mehr.
Ich habe gehofft, es ist für länger.
Aber wer kann schon im Leben, wie er will.

Hier schenke ich dir einen Ring (echt Bernstein und
echt Silber). Wenn dich einer fragt,
Kannst du ruhig sagen, daß du ihn von mir hast,
Und daß wir uns umarmt haben jeden Mittwoch nach sieben,
Und daß ich weniger fad war als die, die ernstlich für
dich in Frage kommen.

Wenn du nächsten Mittwoch ins Kino gehst,
Gibt es schließlich noch andere Herren.
Vielleicht ist einer dabei für länger.
So, und wir haben jetzt schon einen verschiedenen Weg.

Wir sehen, hier liegt der Grund des Erfolgs. Wir sehen aber auch: Indem wir das Gedicht auf seinen Erfolgsgrund reduzieren, erhalten wir ein Gedicht, das den Erfolg nicht hätte. Kunst besteht niemals aus einem ihrer Bestandteile allein, und wenn wir einen Bestandteil, selbst den hauptsächlichen, zum ausschließlichen erklären, vernichten wir die Kunst. Wir haben die »Räuberbraut« ganz auf den Boden der Anwendbarkeit geholt, nun taugt sie nichts mehr. Etwas fehlt. Was ist das, was da fehlt? Es ist offenbar das, was wir als bloße Zutat, Verzierung oder allenfalls Tarnung des Köders glaubten vernachlässigen zu können, das genaue Gegenteil von dem, was wir für das Eigentliche hielten: das Unerreichbare, das Unwirkliche.
Ich will dieses Prinzip isolieren und eine zweite Übersetzung versuchen.

In einer bedeutenden Landschaft, umtürmt von ragenden Gipfeln,
Saß ein Fräulein zwischen wilden Gewässern, bewegt wie ihre Seele.
Sie war schön, schöner als jede sonst,
Und sie liebte mit aller Glut ihres starken Herzens einen, den die Gesellschaft ausgestoßen hatte, weil er ein Kerl war.
Unglückliche, ich weiß, daß ich dir vielleicht das Herz zerreiße,
Aber ich muß meinen einsamen Weg allein gehn.
Wir hofften, das Schicksal zu überlisten.
Es ist stärker als wir.

Nimm dieses einmalige Kleinod; es wird Aufsehen erregen.
Sprich dann: ich schäme mich meines Herrn nicht.
Sprich: seine liebe war groß wie die Welt,
Menschen, mich ausgenommen, waren wie Ungeziefer vor ihm.

Geh, kehre zurück zu deinesgleichen.
Es soll ja, außer mir, auch noch eine Art von Männern geben.
Finde dich mit einem davon ab; was ein Mensch im Leben fühlen kann, habe ich dich fühlen machen.
Ich verschwinde aus dieser Wirklichkeit, für die ich, denn das ist meine Tragödie, zu gut bin.

Auch diese Version, zeigt sich, befriedigt nicht. Auch ihre Qualität ist einseitig. Der Geschmack lehnt sie, als übertrieben, romantisch, nicht mehr ernstlich nachvollziehbar, ab. Wie vortrefflich erscheint, gemessen an den beiden Übersetzungen, das Original. Es ist kürzer als jede von ihnen und enthält dennoch die vollständige Aussage beider. Zwei so außerordentliche Zeilen wie

Der dich geliebt bei Tag und bei der Nacht
Und der schon viele Menschen umgebracht

sind, als Schilderung eines musterhaften Geliebten, fast unerreichbar. Mit einfachsten Worten und auf knappstem Raum formulieren sie den Umfang seiner Liebe und die Exzeptionalität seiner Person. Sie halten, wie das ganze Gedicht, die Balance zwischen dem Banalen und dem Überschwenglichen, dem Glaublichen und dem Unglaublichen, dem Faßbaren und dem Ideal.

Unsere Experimente haben zu einem Resultat geführt. Was einem Kunstwerk zum Erfolg verhilft, ist nicht allein der I-Wert, sondern auch dessen Negation, die ich den U-Wert, den Unwirklichkeitswert, nennen will, und diese beiden gegensätzlichen Eigenschaften müssen als Einheit auftreten.

Es fragt sich, ob das Gesetz nur für die niederen Künste gilt. In den höheren Künsten wird ein Zweck zur Wirkung gebracht; der Zweck der niederen erschöpft sich in ihrer Wirkung. Alle Künste, immerhin, müssen wirken. Und das Gesetz der widersprüchlichen Einheit von Identifikationswert und Unwirklichkeitswert scheint mit das Gesetz der künstlerischen Wirkung zu sein.

In der »Räuberbraut« erscheint der Widerspruch als der simple Widerspruch von Identifikation und Vulgärromantik. In der Kunst ist die bloße Identifikation ersetzt durch die heikle Subjekt-Objekt-Beziehung, die wir Realismus nennen, und die Romantik durch jene bedeutungsvolleren Formen der Unwirklichkeit, über die wir ja eben mehr zu erfahren suchen. Aber in dem Moment, wo wir es sehen wollen, sehen wir jedenfalls, daß Nichtidentität mit der Wirklichkeit ein Merkmal jeglicher Kunst ist, auch der gegenständlichsten. Wenn gesagt wird, Kunst ahme die Natur nach, so ist das mit Einschränkungen zu verstehen, und auf die Einschränkungen kommt es an. Kunst projiziert die Natur auf ein Medium (Wort, Stein, Farbe, Klang); statt den von vornherein vergeblichen Versuch der illusionistischen Vortäuschung von Natur zu machen, trifft sie mit dem Konsumenten eine Verabredung, was der für Natur zu nehmen habe. Kunst hat, anders als die Natur, Form; in der

Form wohnen die wichtigsten ihrer Inhalte. Kunst ist kein Dialog des Menschen mit der Natur, sondern ein Dialog zwischen Menschen über die Natur. Kunst enthält die Natur nie, indem sie sie kopiert, sondern immer, indem sie sie bedeutet. Diese Nichtidentität mit der Natur ist für die Kunst natürlich kein Nachteil, sondern die Voraussetzung ihres Daseins. Alle Kunst ist, wie die »Räuberbraut«, ganz von dieser Welt und ganz von einer anderen.
Die Kategorie der Unwirklichkeit ist bis zu einem gewissen Grade in der Ästhetik bekannt. Der Begriff des Wunderbaren, ein Zentralbegriff der Kunsttheorie des achtzehnten Jahrhunderts, hat mit ihr zu tun, aber er engt sie ein auf einen bestimmten Motivkreis. Der Begriff der Verfremdung hat mit ihr zu tun, aber er engt sie ein auf einen bestimmten Erkenntniszweck. Ich denke, auch diese beängstigend allgemeine Kategorie »Das Unwirkliche« hat, obgleich sie sich nicht auf bestimmte Künste, sondern auf die Kunst als solche bezieht, ihre erkennbare und erkennenswerte Funktion.
Sie hat eine psychologische Funktion. Kunst kann ihre verschiedenen Zwecke nur erreichen, wenn der Konsument das Gefühl der Freiheit behält. Er setzt – da ja alles nur Schein ist – bereitwillig seine seelischen Kräfte in Aktion; er probiert sich, anhand des Kunstwerks, auf seine inneren Möglichkeiten hin aus; er bereichert sich, indem er beim lockeren Durchspielen der von der Kunst gemachten Vorschläge diesen durch Zustimmung oder Handeln, diesen durch Beiseitelegen und Aufheben sich aneignet. Die Wissenschaft, die immer mit Vollmacht der Realität auftritt, fordert, wie die Realität, Entscheidungen und kann aber, im Gegensatz zur Realität, durch Nichtkenntnisnahme für ihre Strenge bestraft werden. Die Kunst, welche die Realität durch das Gegengewicht der Poesie im Schweben hält, übt eine sanftere aber oft nachhaltigere Gewalt.
Da ist, wenn ich nicht irre, auch eine inhaltliche Funktion. Das Verlangen nach dem Unwirklichen kann nur verstanden werden als das Mißbehagen am Wirklichen, als das Verlangen nach dem anderen. Was dieses andere aber auch im historischen Einzelfall sein möge, es ist – sonst würde es nicht verlangt – das Bessere.

Drittes Kapitel
Grüne Petersilie

> Grüne Petersilie, das wunderschöne Kraut.

Mit dieser Zeile beginnt ein deutsches Volkslied, worin ein Mädchen bereut, den Schatz seiner Unschuld ohne Gegenpfand fortgegeben zu haben. Ein anderes Volkslied erzählt, wie ein lange auf Reisen gewesener junger Mann die Treue der Geliebten prüft, indem er, unerkannt, sich selbst verleumdet und ihr einen Antrag macht. Es beginnt so:

> Es stand eine Linde in jenem Grund,
> War oben spitz und unten rund.

Die beiden Liedanfänge haben zwei Eigenarten gemeinsam. Beide unterrichten uns von der Existenz irgendeiner Pflanze. Beide stehen mit dem Inhalt des Liedes in keinem auffindbaren Zusammenhang, auch keinem symbolischen. Bei aller Mühe wäre der Hörer außerstande zu erraten, worauf das Ding hinauswill. Die Unabhängigkeit der Einleitung vom Eingeleiteten geht so weit, daß der gleiche Anfang verschiedenen Liedern zum Auftakt dienen kann und tatsächlich dient.

Der Sachverhalt scheint mir bemerkenswert. Wieso wachsen besagte Pflanzen auf dem doch ziemlich fremden Boden besagter Fabeln, oder ist es vielleicht ein ganz anderer Boden, auf dem sie wachsen?

Um uns mehr Material zu verschaffen, sehen wir uns nach weiteren Motiven um, die für Liedanfänge taugen. Wir finden Landschaften (Zwischen Berg und tiefem Tal) und Jahreszeiten (Nichts Schöners kann mich erfreuen, als wenn der Sommer angeht). Wir finden meteorologische Erscheinungen (Es hat einmal geregnet, allweile drippt es noch), Himmelsdinge (Spaniens Himmel breitet seine Sterne), und wir finden geographische Lokalisierungen, vornehmlich Ortsnamen (Frankreich war eine schöne Stadt). Alle diese Mo-

tive lassen sich leicht unter einen einzigen Begriff subsummieren. Er lautet: Das Unveränderliche.
Flora, Jahresablauf, Landschaft, Wetter, Gestirne, – sie gehören nicht in die vom Menschen erzeugte Umwelt, die sich mit dem Fortschreiten der menschlichen Gesellschaft verändert. Sie sind außerhalb des Zugriffs der Geschichte, unerfaßt von der Kategorie des Werdens. Sie sind ewig, nicht zeitlich; dauernd wie der Himmel des Aristoteles oder doch immer wiederkehrend. Auch die Städte haben hier keineswegs die Aufgabe, eine allgemeine Aussage im Besonderen anzusiedeln; auch sie verkörpern das Bleibende im Verhältnis zu dem Transitorischen, das sich in ihnen abspielt. Die Stadt erhält den Rang eines Naturgebildes. Sie wird vielleicht nicht für alle Zeiten dasein, aber sicher noch lange; es gibt sie vermutlich nicht von jeher, jedenfalls ist sie sehr alt.
Das Alte überhaupt steht, als bescheidenere Form, für das Unveränderliche. Alle Autoren von Lessing bis Weiskopf, die uns über die Gesetze der poetischen Wortwahl beraten und uns mit Recht empfehlen, triviale oder scientifische Ausdrücke zu vermeiden, schikken uns auf die Suche nach alten Worten. Natürlich gibt es in der Kunst kaum etwas Alberneres als kunstgewerbliche Altertümelei. Aber ebenso wie das gewollt wirkende Alte sperrt sich das offenkundig Neue gegen eine poetische Behandlung. Das Neue muß reflektiert werden, bleibt eine Sache des Kopfes. Das Alte, wenn es die Schwelle des Ungewohnten und Bedenklichen überschritten hat, läßt sich schon erleben, und es hat, durch langen Umgang, eine Art von Einfachheit gewonnen, die es anschaulich macht. Worte wie Sachen müssen, um poetisch zu werden, lagern. Lokomotiven sind poetisch, Raketen sind es nicht. Öfen sind es, Fernheizungen nicht. Das Wort LPG im Gedicht geht nicht; das Wort Genossenschaft – weil es ein bewährtes Wort ist, das uns zwingt, das Alte wie das Neue in der Sache zu sehen – geht allenfalls. Das Wort Dorf geht.
Selbst gesellschaftliche Abläufe werden durch Alter poetisch. Je mehr Stadien der gesellschaftlichen Entwicklung sie überdauert haben, desto unabhängiger sind sie, folglich, von denselben, und sie

erweisen sich als Grundmuster allen menschlichen Zusammenlebens. Diese Grundmuster unterliegen historischen Modifikationen; ein Tor, wer das übersieht; aber der besondere Blickwinkel der Poesie richtet sich einmal mit Hartnäckigkeit auf die Konstante. Anspielungen auf frühgeschichtliche oder mythologische Vorbilder poetisieren eine Situation. Ein Lied wie Ein Hund schlich in die Küche, das in acht kurzen Zeilen so ursprüngliche Themen wie Hunger, Sünde, Tod, kultische Trauer, Unsterblichkeit im Erinnertwerden abhandelt und in seiner Rondoform den nicht aufhörenden Reproduktionszyklus dieser Themen betont, – ein solches Lied ist pure Poesie.

Wir, die wir dem Neuen alles zu danken haben und das Geschäft des Änderns mit Eifer und Glück betreiben, stoßen hier auf ein mächtiges Bedürfnis nach dem Alten und Beharrenden. Dieser Widerstand kann unser Denken weiser machen. Das Neue ist nutzlos, wenn es nicht angestrebt wird, um sich zu bewähren, das Ändern ein Unfug ohne vorgestellten Erfolg des Änderns. So wie das Alte seine Tauglichkeit beweist durch die Fähigkeit, in Neues umzuschlagen, muß das Neue, taugt es was, umschlagen können in Altes. Bewegung ist nichts ohne Ruhe; ein Haufen Negationen allein macht noch keine Dialektik.

Unsere gewonnene Einsicht können wir auf die totale Bewegung der menschlichen Geschichte anwenden und sie so beschreiben. Am Anfang ist ein Festes: die biologische Struktur des Menschen als eines erzeugenden und zeugenden und hierbei Lust oder Unlust empfindenden Wesens. Dieses Wesen nimmt den Gang durch die Geschichte, am Ende welcher zwiespältigen und verlustreichen Bewegung die Wiederherstellung desselben natürlichen Wesens, unendlich bereichert um die Gaben der gesamten Menschheit, stehen wird. Das ist kaum eine vollständige oder exakte Darstellung im wissenschaftlichen Sinn. Aber das ist, in der rührenden Einfalt seiner Abkürzung, das stets geltende und auf die vielfältigste Weise zur Erscheinung gelangende Geschichtsbild des ästhetischen Bewußtseins.

Die Kategorie des Unveränderlichen, meine ich also, dient, um an

die Tatsache der biologischen Konstanz des Menschen und an die Erwartung einer menschlichen Zukunft zu erinnern. Beide, der natürliche Mensch wie die humane Utopie, werden in der historischen Wirklichkeit nicht angetroffen. Sie existieren in der Vergangenheit und in der Zukunft, vielleicht auch nur in der Erinnerung und in der Hoffnung. Sie sind zwei gedachte Gegenentwürfe zur Welt. Hieraus erklärt sich die abrupte Art, der Montagecharakter, der Gestuswechsel, womit das Unveränderliche in der Kunst, hart abgesondert vom übrigen, aufzutreten pflegt: ob nun als Liedanfang, Balladenrefrain, klassischer Jambus oder Gott aus der Maschine.
So wenig wie jede andere läßt sich die Kategorie des Unveränderlichen in ungemischter Reinheit gebrauchen. Kunst, die nur mit Mond, Wind, Röhricht und mit den allgemeinsten menschlichen Gefühlen arbeitet, ist bestenfalls weltflüchtige Idylle, gemeinhin ist sie einfach reaktionär. Kunst aber, die die Bewegung vergötzt, sich ans Neueste klammert und weder vor noch hinter sich einen ihrer Aufmerksamkeit würdigen Zustand erblickt, wird emotional arm, schnell vergänglich und ästhetisch unbefriedigend ausfallen; ich weiß kaum Beispiele für Fortdauer unpoetischer Poesie. Die unbezweifelbare Würde des Unstabilen sollte sich in der Kunst bestätigen durch Konfrontation mit der – zugleich ärmeren und erhabeneren – Würde des Stabilen.

Viertes Kapitel
Einzug des Demetrius, oder: Das Theater als Pomp

In jedem Stoff, wenn man ihn auf seine dramatischen Möglichkeiten hin untersucht, gibt es ein paar Punkte, die, als ergiebige, gleichsam aus ihm herausspringen. Ob es sich um einen denkwürdigen Charakter handelt, um eine Verwicklung, die unmittelbar erkennen läßt, daß ihre dramaturgische Aufarbeitung reichen Ertrag bringen müsse, um eine Konstellation, die als Gefäß taugt für eine totale Idee von der Welt, oder einfach eine wirkungsträchtige Szene: diese

Punkte sind es, die den Autor bewegen, sich für den Stoff zu entscheiden und das mühselige Handwerk des Zergliederns, Kämmens und Zusammensetzens zu beginnen. In Schillers Überlegungen zum »Demetrius« spielt ein solcher Punkt eine entscheidende Rolle: der Einzug des falschen Zaren in Moskau. Gleich zu Beginn notiert Schiller:

> Zuschauer auf den Dächern und Toren beim Einzug des falschen Demetrius. – Die Schiffbrücke zu Moskau, über welcher eine Ehrenpforte. Eine lange Straße hinab sieht man gemalte Zuschauer, Kopf an Kopf, ebenso auf Fenstern und Dächern. – Dieser reiche Anblick des Menschengedränges muß auf einmal das Auge treffen, wenn eine Gardine gezogen wird.

Unter der Überschrift »Pro«, also bei den Argumenten, die der Dichter zugunsten des Demetrius-Stoffs sammelt, schreibt er:

> Günstig ist der Stoff wegen seiner mancherlei sinnlichen und zum Teil prächtigen Darstellungen. Darunter ragt hervor: der Einzug in Moskau und die zarische Hochzeit, besonders aber der Übergang von einem Freudenfest zu einem Mordfeste. Außer diesen gibt es noch Züge brutaler Zargewalt, Mordtaten, Schlachten, Siege, Zeremonien usf.

Man muß wissen, daß der späte Schiller nicht vollständig begriffen werden kann, denn als Vorläufer der Dramatik des neunzehnten Jahrhunderts. Seine Intrigendramaturgie leitet die Linie Scribe-Birch=Pfeiffer ein; mit der »Braut von Messina«, vor allem aber den »Kindern des Hauses« erfindet er das restaurative Schicksalsdrama vor Müllner und vor Houwald. Die »Jungfrau von Orleans« wiederum initiiert das romantische Prunkspektakel Auffenbergs oder Holbeins.
Als Hauptschönheit verstanden und unzählige Male nachgeahmt wurde aus der »Jungfrau« der Krönungszug. Der Bericht über eine

erfolgreiche »Jungfrau«-Aufführung in Breslau (in Winklers Repertoire) erschöpft sich in folgendem einzigen Satz: »Der gegen dreihundert Personen enthaltende Krönungszug erschien hier früher nie mit solcher Pracht ausgestattet.« Es erhellt, warum Schiller den Zug des Demetrius unter den feststehenden Szenen immer wieder freudig vermerkt, und auch, warum die ganze Denkarbeit, die er an der Szene noch zu leisten hat, in der Lösung des Problems liegt, diesen Aufzug von dem in der »Jungfrau« zu unterscheiden. Er schreibt:

> Einzug in Moskau.
> Die Hauptszene des Stücks in Rücksicht auf stoffartiges Interesse.
> Prospekt der Stadt Moskau; man blickt, sowie verwandelt wird, in ein unermeßliches Gewühl von Häusern und Türmen in der Ferne hinaus; der halbe Prospektvorhang besteht aus dergleichen, und einige Kuppeln schimmern von Goldblech. Näher und in den Kulissenstücken unterscheidet man Zuschauer aus Fenstern und Dächern und Gerüsten. Eine Schiffbrücke über die Moskwa kann vorkommen, wodurch der Zug dupliert wird . . .
> Damit diese Szene nicht dem Krönungszug in der »Jungfrau von Orleans« begegne, muß sie . . . ganz anders geführt und disponiert werden . . .
> Anders disponiert wird sie durch das Anbringen einer Brükke, eines Triumphbogens, durch die größre Gegenwart der Zuschauer und die Bevölkerung der Dächer und Türme, durch den Aufzug selbst, wobei auch reichgeschmückte Pferde, der Zar selbst ist zu Pferd.

Man muß lachen. Das Beispiel ist niedrig. Um zu zeigen, daß dieses, wie alle die anderen niedrigen Beispiele, nur in naiver, grober und durchschaubarer Form allgemeine Gesetzmäßigkeiten der Kunst demonstriert, erinnere ich an eine andere Art von Aufzügen: an die Metaphern-Aufzüge der großen Shakespeare-Monologe.

Nun ward der Winter unsers Mißvergnügens
Glorreicher Sommer durch die Sonne Yorks;
Die Wolken all, die unser Haus bedräut,
Sind in des Weltmeers tiefem Schoß begraben.

Da marschieren, wie im romantischen Festzug die geputzten Statisten, die geputzten Gedanken in langer, dichter Folge, und es wäre doch müßig zu behaupten, der sprachliche Prunk sei lediglich ein Mittel zu erlauchterem Vorhaben und nicht auch als solcher schon ein Zweck. Übrigens ist die Metapher, das sage ich in Klammern, eine von Natur poetische Sache. Anders als Allegorie und Parabel, die auf einen bestimmten einzelnen Vorgang anspielen, meint die Metapher eine unbestimmte Vielzahl gleichgearteter Vorgänge. Sie erklärt die Analogie, die sie herstellt, für mehrfach anwendbar. Das bedeutet aber, daß sie die Welt auf die dauernden, konstanten und sich wiederholenden Erscheinungen hin absucht.
Wir kommen aus dem Tausendsten ins Hundertste und danach, kann sein, noch zum Thema zurück. Gewiß liegt der Verdacht nahe, als wohne dem Poetischen ein besonderer Hang zum Nichtswürdigen inne und als sei es durch den gespannten Fuß, auf dem es zum Hier und Heute lebt, besonders geeignet, in den Kitsch umzuschlagen. Der Verdacht, denke ich, trügt. Das Hier und Heute liegt einer großen, umfassenden Betrachtungsweise nicht weniger fern als das Dort und Nie, und mehr Unheil als der poetische Kitsch bewirken der Tatsachenkitsch, der Faktensalat und der Dokumentarismus, dieser Realismus des kleinen Mannes. So nichtig wie falsche Prosa kann falsche Poesie kaum sein. Die Entfremdung stellt uns vor die Wahl zwischen der Entstofflichung des Humanen und der Enthumanisierung des Stofflichen. Wir nehmen die Wahl nicht an, aber wir halten den letzteren Irrtum, vielleicht weil er der aktuellere ist, für den bedenklicheren; er übrigens ist es, der die Poesie in den besagten Verdacht gebracht hat. Keine Kategorie aber ist verdächtiger als die des Pompösen.
Pomp, um das Wort dem Begriff nach zu bestimmen, ist der Zusammenfall des Sinnlichen mit dem Feierlichen. Pomp tönt oder ist

Schau; die Augen- und Ohrenweide wird Pomp, sobald sie einen festlichen, getragenen Gestus hat. Das Pompöse ist kein dem Poetischen übergeordneter Begriff in dem Sinn, daß, was poetisch ist, pompös sein müsse, sondern ein Teilbegriff: was pomphaft ist, ist poetisch. Die Anwendung von Pomp bekommt dem Poetischen; sie macht es kräftig. Wenn ich von Poesie rede, rede ich ja nicht von Gebeten und schon gar nicht von Jungfrauen; das Feinsinnige überlasse ich den Sonntagsblättern. Es geht mir darum, Rettenswertes zu retten und eine Realismus-Theorie zu vervollständigen, in welcher, endlich wieder, Klassik Platz hat. Klassik ist poetisch, und Klassik ist pomphaft.

Klassische Zeiten sind immer solche des Theaters. Klassische Zeiten des Romans sind unklassische Zeiten. Ich stelle das Pompöse anhand des Theaters dar, weil es dort nicht nur – wie in allen poesiefähigen Genres – möglich ist, sondern vielmehr unentbehrlich.

Die strukturellen Gesetze der Genres hängen von der soziologischen Struktur des Publikums ab, auf das sie wirken sollen. Das Theater ist unter den Künsten die öffentlichste, geselligste; alle Welt weiß es, aber nicht alle Welt richtet sich danach. Immer wieder kommen welche, die ihre Maschinen im Schuppen und ihre Mäntel und Degen im Schrank lassen, und brüsten sich, sie hätten das Theater, indem sie es abgeschafft haben, verbessert. Ist so schwer einzusehen, daß die Erfordernis, eine Menge Fernstehender und – ganz räumlich genommen – Fernsitzender zu erreichen, eine gewisse Gehobenheit der Spielebene, der Gebärde und mithin auch der emotionalen und intellektuellen Haltung bedingt?

Theater ist nicht leise. Deutlich beginnt die Vorstellung; not with a whimper but a bang. Shakespeares Trompete und Fahne (oder später, im geschlossenen Haus, das Entzünden der Bühnenlampen), die Eingangs-Romanze im altspanischen Theater, die Drei Schläge der französischen Klassik: all diese Startsignale dienen, die Zuschauerschaft zum Verstummen zu bringen, und aber auch kundzutun, daß da etwas folgen werde, was das Stummsein so vieler Leute lohnt. Unser »bang« ist das feierliche Hochgehen des roten Plüschvorhangs. Es gibt Reformer, die anraten, den roten Vorhang fortzulassen oder gegen Ersatzgebilde aus der realen Umwelt entnommenen Materialien einzutauschen. Ihre Gründe, sagen sie, sind der Kampf gegen das Altmodische und das Bekenntnis zur Wirklichkeit. Aber ich fürchte, das wahre Motiv ist kein besseres als mangelndes Gefühl eigenen Werts.

Als Sinnbild des Theaters figuriert, noch immer, der König mit seinem Purpurmantel und seiner goldenen Pappkrone. Er ist so wenig ersetzbar wie der Plüschvorhang; das heißt, er ist unersetzbar, außer man hat seine Funktion erkannt. Der König ist nicht einfach der Präsident von einst. Der König gehört, anders als der Präsident, ins Reich der Poesie. Auch er, das ist wahr, ist ein gesellschaftlich Mächtiger, ein begünstigter Handlungsurheber. Zugleich aber bedeutet er den Menschen in seiner äußersten Ausprägung, den hochstehenden, wichtigen, weltumspannenden Menschen. Was für einer er auch sein mag, Schuft, Politikus, Schwächling, Vater, Liebender oder Weiser: er ist es in höchstem Grade. Er leidet und bestimmt nicht nur sein Schicksal, sondern das seines Volkes; so macht ihn das Theater, gleich dem Märchen, zur Chiffre für menschliche Größe. Er ist der menschlichste Mensch, nicht der Unmensch. Man rollt vor ihm den roten Läufer aus, und er verdient es.

Pomp ist verächtlich geworden, weil er in der verdinglichten, entseelten Welt des Bürgertums nur mehr als leeres Gepränge vorkam. Aber es spricht doch, soweit ich sehe, nichts dagegen, Großes groß auszudrücken. Theater als Pomp, das ist, historisch betrachtet, Selbstbewußtsein einer Klasse. Ästhetisch verstanden, ist es Feier der menschlichen Möglichkeiten, Vorzeigen erlangter und erlangbarer Reichtümer, der Stolz des Menschen auf sich selbst.

Hamlet ohne Geheimnis

Wer den »Hamlet« verstanden hat, glaubt, es sei ganz einfach, ihn zu verstehen. Ich lese André Müller und bemerke, daß er Recht hat, und ich finde es noch selbstverständlich, daß er Recht hat. Erst die Lektüre neuester und meistzitierter Shakespeare-Ausleger belehrt mich, wieviel Unsinn über dieses Stück gedacht werden kann. Man soll sich überhaupt abgewöhnen, Kenntnisse geringzuschätzen, nur weil man selber sie hat.

Ich erinnere mich also, wie ich den »Hamlet« verstanden habe. Der Weg, stelle ich fest, war sehr viel weniger einfach als das Ergebnis.

Ziemlich früh bekam ich heraus, daß Hamlets Zaudern Hamlets Tugend ist. Das deutsche achtzehnte Jahrhundert pflegte das Drama mit einem glücklichen Schluß zu spielen, und ich mochte nie jenen Lehrern folgen, die mir versicherten, dies sei geschehen, um die schwangeren Weiber im Publikum außer Gefahr vorzeitigen Kreißens zu setzen. Meine Mutmaßung, daß der progressive Kleinbürger der Zopfzeit den Hamlet, eben um seines Zauderns willen, als Gesinnungsgenossen ansah, fand ich bewiesen in Johann Elias Schlegels Schauspiel »Canut«.

Canut, König von Dänemark und England übrigens, ist das positive Ideal der Jahrhundertmitte, und die Handlung des Lehrstücks besteht darin, daß Canut nicht handelt. Sein Gegenspieler, Ulfo, ist eine Art negativer Claudius: ein Mann von der ipsistischsten Moral, einer, der seine Existenz keinem zu danken haben will als sich. Wie Claudius kann Ulfo nicht bereuen, Canut wie Hamlet nicht hassen. Wie in Hamlet und Claudius sind in Canut und Ulfo bürgerlicher

Gemeinsinn und bürgerliche Machtgier in zwei Individuationen gespalten. Es braucht die höllischsten Schurkenstreiche des Ulfo, bis Canut sich zur Tat ermannt. Kurzum, in Schlegels »Canut« traf ich Hamlet als König, Wittenberg als Staatsraison.

Kleinbürger sind Leute, die historische Tendenzen immer nur in Form unanwendbarer Abstraktionen begreifen. Der Absolutismus brachte das Ende der feudalen Anarchie; flugs glaubten die Kleinbürger die Zeit der Gewaltlosigkeit gekommen und beschäftigten sich mit der Problematik des Nichtstuns. Ich, ein deutscher Kleinbürger, hielt damals den Hamlet für eine positive Figur.

Hiernach lernte ich Brechts »Hamlet«-Kritik kennen. Der Revolutionär Brecht war ziemlich desinteressiert an bürgerlichen Tugenden und höchst interessiert an junkerlicher Roheit. Er beschrieb den Dänenprinzen als einen Schönredner, den seine eigenen Phrasen für eine Weile hindern, sich als der Barbar zu zeigen, der er ist. Wir hatten es damals alle mächtig mit dem Entlarven; ich hing Brecht auch in diesem Punkte an. Aber da ist doch ein Unterschied zwischen Hamlet und Präsident Johnson. Gewiß ist das Stück die Geschichte eines Rückfalls. Nur unterschlägt Brecht die Fallhöhe, und er unterschlägt die guten Gründe für den Fall; er unterschlägt die Tragödie.

So hielt ich denn Hamlet eine Zeitlang für einen guten Menschen und dann eine Zeitlang für einen bösen; aus den zwei Hälften hatte ich meine Wahrheit zusammenzusetzen. Das war erst möglich in postrevolutionären Zeiten.

Jetzt, wo – innerhalb der DDR-Gesellschaft – die Bourgeoisie kein Feind mehr ist, sondern einfach ein Kadaver unter anderen Kadavern im Beinhaus der Klassen, betrachten wir sie mit Gelassenheit. Über die Toten kann man schon einmal Gutes reden. Wir vermögen, ihre Vorzüge wahrzunehmen, ihre Probleme zu würdigen.

»Hamlet« ist die Tragödie des bürgerlichen Humanismus. Es sind die Begebenheiten eines Mannes, der, weil er kein durchaus Neues an die Stelle des Alten zu setzen weiß, dem Alten erliegt. Er will eine geordnete Welt und findet bloß eine bürgerliche. Zu stolz, sich mit einem nur relativen Fortschritt abzufinden, verrät er den Fortschritt.

Das ist das furchtbare Dilemma einer beschränkten und widersprüchlichen Klassenposition, die, je Vollkommeneres sie anstrebt, desto deutlicher ihre Schranken und Widersprüche offenbart, je weiter sie vorstößt, desto weiter hinten landet. Wie beim Coriolan zeigen sich die Fehler einer Klasse am scheußlichsten an ihren edelsten Exemplaren. Hamlets Erbärmlichkeit ist aus Größe.
Ich habe mich so sehr weitläufig über mich ausgelassen, damit der Leser, dem ich dieses Buch anraten möchte, weiß, mit welchen Karten ich spiele, und aber auch, weil André Müllers Verfahren, den »Hamlet« zu verstehen, so außerordentlich verschieden von dem meinen ist. André Müllers Verfahren, den »Hamlet« zu verstehen, ist, er hat den »Hamlet« gelesen.
Das bemerke ich nicht aus humoristischen Gründen. Kenntnisnahme der Tatsachen ist von den Erkenntniswegen der seltenste. Der Mensch wird ja in eine bereits formulierte Umwelt hineingeboren; er trifft früher mit den Urteilen über die Gegenstände zusammen als mit den Gegenständen; die normale Weise, Einsichten zu erlangen, ist, daß einer von einer Sache eine Idee hat und danach – falls er mehr als durchschnittlich objektiv ist – überprüft, ob die Idee zutrifft. André Müller verhält sich, wenn er nichts sagt als was ist, jedenfalls merkwürdig.
Es gibt nichts Komplizierteres als Tatsachen. Die Fähigkeit, Tatsachen unbefangen zu beschreiben, kann nur zweierlei verraten: völlige Ignoranz oder einen überaus fein strukturierten Apparat von Begriffen.
Der Vorteil von André Müllers Methode liegt in ihrer Beweiskraft. Er spricht nicht: soundso interpretiere ich den »Hamlet«, er spricht: das und das steht drin. Sorgfalt, die Tugend der Dummköpfe, erweist sich bei diesem denkenden Mann als ein Hilfsmittel von unschätzbarem Wert. Es kommt an den Tag, daß Shakespeare selber Ideen hatte und deren der Ausleger vielleicht so sehr nicht bedarf.
Es gab zwischen einer klugen Frau und mir eine ausführliche Debatte über Hamlets Alter. Sie sagte, diejenige Eigenschaft, welche Müller jetzt als Hamlets Reinheitskomplex bezeichnet, sei nur ent-

schuldbar bei einem Kind von etwa siebzehn; bei einem erwachsenen Mann wirke eine solch weltentleerte Alles-oder-nichts-Position einfach krankhaft. Ich wieder brachte vor, daß, wenn man die besagte Haltung durch Jugend, also psychologisch, erkläre, man ihre philosophische Bedeutung mindere. Dieser Streit ist jetzt entschieden. Bei Shakespeare steht, Hamlet ist 30. Daß es bei Shakespeare steht, steht bei André Müller.

Völlig neu ist der Nachweis von Horatios Schmarotzertum: eine unspielbare Rolle ist spielbar geworden. Die genaue Darlegung der Friedenspolitik zwischen Claudius und dem alten Norwegen wird die Regisseure vielleicht bewegen, diesen zentralen und unentbehrlichen Fabelbestandteil endlich in der ihm gebührenden Weise augenfällig zu machen. Von nicht kleinerer Bedeutung ist die Analyse des Laertes-Aufstandes als einer Gegenrevolution.

Und was von den Details gilt, gilt im gleichen Maße von der Hamlet-Fabel selbst. Wir kennen jetzt die Drehpunkte des Stücks, es sind vier. Der psychologische Drehpunkt, wo Hamlets nicht hinlängliche Vernunft zum ersten Mal in Emotion umzuschlagen trachtet: »mir fehlts an Galle.« Der Handlungsdrehpunkt, wo Hamlet auf vagen Verdacht hin sein erstes Opfer metzelt und der Blutrausch beginnt: die Ermordnung des Polonius. Der ideologische Drehpunkt, wo Hamlet die Utopie aus der Zukunft in die Vergangenheit zurückwirft: der Durchzug des Fortinbras. Und Hamlets Tod vor dem Tode: die Totengräberszene, wo der Prinz auf dem Kirchhof von Helsingör die Utopie begräbt.

Dieses Buch, will ich sagen, enthält die Wahrheit über Hamlet. – Gibt es die? – Wenn es Wahrheit gibt, gibt es auch die über Hamlet. Es ist etwas wie ein Consensus omnium capitum vadosorum geworden, zu behaupten, es gäbe über Hamlet mehrere Wahrheiten oder, was ganz auf dasselbe hinausläuft, gar keine. Aber diese Behauptung ist doch bestenfalls das Mißverständnis der Tatsache, daß das nämliche Kunstwerk in verschiedenen Umständen und zu verschiedenen Zwecken auf unterschiedliche Weise reproduziert werden muß; hierdurch verliert es doch nicht seine Identität. Man kann den Hamlet neu bewerten, man kann neue Seiten an ihm betonen.

Aber das Stück selbst kann nur richtig oder falsch oder mehr oder weniger richtig verstanden werden.
Hamlet ohne Geheimnis also, und ich weiß schon, das mißfällt vielen. Die Sphinx ist enträtselt als Montage aus Clansymbolen, gleichzeitig den Stamm und das Jahr verkörpernd. Die fliegenden Untertassen sind entlarvt als Klumpen ionisierter Luft. Und jetzt auch noch der Hamlet! Aber das, was Hamlet in Wahrheit ist: die Tragödie von der Unvollkommenheit aller Verbesserungen, – dieser nie auflösbare, stets konkret nach der besonderen Lage zu bewältigende Widerspruch scheint mir sehr viel geeigneter, die menschliche Seele aufzurühren, als das geheimnisvollste Geheimnis. Das Geheimnis ist der Widerspruch der Faulen.
André Müller nimmt den Shakespeare beim Wort, was er vielleicht nicht in jedem Fall tun sollte. »Hamlet« ist ein Kriminalstück, keine Kriminalakte. In der Kunst verändern Sachverhalte ihr Wesen; sie hören auf zu sein und fangen an zu bedeuten. Claudius ist natürlich nicht die historische Praxis zur historischen wittenbergischen Theorie, das wäre allenfalls der Lord-Mayor von London. Claudius bedeutet den Tudor-Absolutismus, den Klassenkompromiß, die Koinzidenz der politischen Gegensätze überhaupt; Wittenberg bedeutet den Protest, den Humanismus, die Emanzipation des Geistes überhaupt; so verstanden erst verhalten sie sich zu einander wie das Wirkliche zum Möglichen. Ich glaube, hier liegt der Fehler von Müllers Vorzügen. Hoch überrascht von der Menge an Realität, die er im Shakespeare findet, neigt er dazu, im ganzen Shakespeare unvermittelte Realität zu suchen. Jede Methode bleibt einseitig. Die Einseitigkeit von Müllers Methode macht, daß er mehr Realität im Shakespeare gefunden hat als jeder vor ihm.
Und natürlich erklärt sich das Fehlen ästhetischer Erwägungen in seiner Schrift daraus, daß er sie mit Sorgfalt ausgeklammert hat. André Müller, von dem wir wissen, daß er anderes kann, verfolgt hier eine einzige Absicht: die Absicht, denjenigen, die den »Hamlet« nicht gelesen haben, also allen, den Inhalt dieses Stücks mitzuteilen. Er handelt nicht über die Schönheit des »Hamlet«, er erschließt sie. Denn so wenig einer die Farbe eines Gegenstandes

würdigen kann, den er nicht sieht, kann er die Schönheit einer Kunststelle würdigen, die er nicht versteht. Alle wirkliche Schönheit ist Schönheit von etwas.

Je größer ein Dramatiker ist, desto ungenügender ist seine Realisation auf den Bühnen, und je theaterwirksamer er schreibt, desto schlechter wird er gespielt. Die Schauspielhäuser unseres Jahrhunderts, die ganz gut mit Ibsen, Hauptmann und Giraudoux fertig werden, versagen vor allen Klassikern. Es gibt keine Spielweise für den Sophokles und keine für den Goethe; niemand kommt mit dem O'Casey zurecht, und den Shaw hält man noch immer für einen Konversationsstückschreiber. Am unbarmherzigsten mißhandelt aber wird das theatralischste unter den Genies, Shakespeare.

Dieser Übelstand muß auf doppeltem Weg beendet werden. Die Theater müssen ihre Mittel so weit vervollkommen, daß sie zu liefern vermögen, was die Klassiker ihnen abverlangen. Und der menschliche Geist muß sich zu einer solchen Höhe des Standpunktes entwickeln, daß er, was da verlangt wird, überhaupt erkennt. Kommunismus ist die Zeit, wo Shakespeare verstanden wird. Der Leser sieht, warum mir an André Müllers Arbeit gelegen ist.

Ein Plan

Lieber Herr Rischbieter, mit der Frage nach meinen dramatischen Plänen bringen Sie mich in keine geringe Verlegenheit. Ich bin sehr ehrbar erzogen, und nur gegen starke innere Hemmungen hat mich das Leben gelehrt, mit meinen Taten zu prahlen; mich derjenigen Taten zu rühmen, die ich erst noch zu tun vorhabe, fällt mir, offen gestanden, nicht leicht. Auch habe ich keineswegs eben einen Literaturpreis erhalten, dessen hoher Name meine sämtlichen Werke, geschriebene und ungeschriebene, zu heiligen vermöchte. Wenn ich mich dennoch entschlossen habe, den Vorwurf meiner »deutschen Komödie« ausnahmsweise schon bekanntzumachen, so tue ich es nicht, um vorweg einen Beifall einzuheimsen, der nachher vielleicht ausbleibt. Ich tue es, weil ich der Ermunterung bedarf, die mir nach Kundgabe folgender Andeutungen zweifellos zuteil werden wird.

Held des Lustspiels ist ein deutscher Kleinbürger . . .

Ich muß Sie, ehe ich fortfahre, bitten, mir keine Abneigung gegen das Kleinbürgertum zu unterstellen. Ich selbst bin ein Kleinbürger, und ich leide weder am Mißfallen an meiner Person noch dem an meiner Klasse. So wie – günstigenfalls – die obere Klasse zu leben versteht und – günstigenfalls – die untere zu handeln, versteht sich die Mittelklasse – eben weil ihr diese beiden Fähigkeiten verschlossen sind, und, wohlgemerkt, günstigenfalls – aufs Denken. Es ist kein Zufall, daß just das kleinbürgerliche Deutschland die scharfsinnigste aller Philosophien hervorgebracht hat, die hegelsche, und der Marxismus, die grundlegende Theorie des Kapitalismus und der Revolution, konnte nur in einem Lande erdacht werden, das den einen wie die andere nicht zu machen imstande war. Die Abschweifung ließe sich fortsetzen, aber Abschweifungen haben ihre Grenze.

Ein deutscher Kleinbürger also, und ich will ihn Wolf-Günter nennen. Er ist ein mittelgroßer Mensch, dunkelhaarig, ein Dichter. Er trägt, stelle ich mir vor, einen Schnauzbart von der gemütlichsten Dämonie.

Mein Einfall besteht nun darin, daß beim Bau der Berliner Mauer dieser Wolf-Günter versehentlich mit geteilt wird. Er existiert jetzt in zwei gesonderten Hälften: einer Ost-Hälfte, die ich Wolf nennen würde, und einer West-Hälfte, für die mir dann der Name Günter verbleibt.

Wolf und Günter sind völlig identisch; sie sind ja im Grunde eine Person. Beide haben ein hübsches Talent und ein enormes Geltungsbedürfnis. Ihre Denkweise ist sehr volkstümlich: sie vertreten alle Meinungen, die man nur vertreten kann, und von denen die gegenteilige auch. Sie wissen entzückende Anekdoten, die sie auf flüssige und etwas verwirrte Weise vortragen. Beide endlich haben eine unglückliche Liebe zu einer Kunstgattung: der Dramatik, und beide haben eine Liebe zu demselben wunderschönen Fräulein, die ebenfalls schief geht; für Dinge dieser Art fehlt es ihnen natürlich an Kraft.

Aber der Kern des Stücks ist politisch.

Beide, Wolf und Günter, sind die überzeugtesten Anhänger derjenigen Gesellschaft, in der sie weilen; niemand kann sich fortschrittlicher verhalten als Wolf, wenn er gelegentlich unter die Kapitalisten fällt, und niemand reaktionärer als Günter bei den Kommunisten. Aber man darf nicht vergessen: sie sind Kleinbürger, und halbe. Ihnen fehlt jedes Verständnis für politische Wirklichkeit. Sie sehen nicht ein, daß die deutschen Staaten, der sozialistische wie der kapitalistische, genau so sind, wie sie nach Maßgabe der historischen Lage sein müssen; sie meinen, beide Staaten könnten, wenn sie nur wollten, etwas wolf-günterscher sein. Dieser Irrtum wird verstärkt durch ihr physiologisches Reunifikationsbedürfnis, und so geraten sie, nicht weil sie wollen, in schlechte Gesellschaft und den Ruch der Opposition.

Die Komik der Sache besteht, kurz zu sein, darin, daß mein Held seine Regierung nicht in Ruhe lassen kann. Es zieht ihn zu ihr hin; er muß ihr lästig fallen und sie loben. Immer, wenn er sie wieder recht lobt, geschieht etwas Drolliges; ihm wird die Haustür angezündet, er bekommt Schimpfe vom Innenminister etc.

Natürlich ist für beide Ausfertigungen meines gehälfteten Helden nur ein Schauspieler vorgesehen, und ich verspreche mir alle Effekte einer klassischen Doppelrolle. Höhepunkt ist die Szene, wo Wolf und Günter bei ihrem Staatschef vorsprechen möchten, um ihm ihren Rat anzubieten. Hier wird die illusionistische Vorgabe, als sei der eine Schauspieler zwei Schauspieler, fallen gelassen; den Auftritt schreibe ich simultan. Rechts sitzt der Kanzler, links der Vorsitzende, auf der Mitte der Vorderbühne treibt der Schauspieler seine Lazzi, und seine Sätze gelten zugleich für Wolf und Günter, und er wird, beider Schicksal duldend, von beiden Oberhäuptern in den Hintern getreten.

Ihr geschulter Blick, lieber Herr Rischbieter, nimmt wahr, daß ich hier den in einem Dichterleben einmaligen Glücksfall von einem Stoff gefunden habe. Er hat eine ganz frappante Hauptperson, enthält überhaupt keine Handlung aber die Chance zu den modernsten dramaturgischen Experimenten und ist von allerhöchstem nationalen Gewicht. Die nach diesem Bekenntnis fortdauernd auf meine schreibende Hand gerichtete Aufmerksamkeit der Weltöffentlichkeit wird, so hoffe ich, meine Muskeln unermüdlicher, meine Bewegungen sicherer, meine Schriftzüge ausdrucksvoller machen.

Das Drama steht allen Intendanten für ihre Spielplanvorschauen zur Verfügung.

Drittes Buch

Lyrik bis Mitterwurzer

Vorwort

Das Bild von den fetten Theaterjahren, welches der Verfasser im ersten Band seiner kunstwissenschaftlichen Betrachtungen benutzt hatte, war ahnungsvoller, als ihm dann lieb war. Nicht Neigung, der Gang der Ereignisse nötigt ihn, es zu verfolgen.

Die magern Jahre also standen pünktlich am Rand des versiegenden Wassers. Die Augenweiden schrumpften. Wo einst klassische Stiere und Widder sich mästeten, nagten ganz naturalistisch verelendete Ochsen und Schöpse mürrisch an welken Halmen; einige von ihnen, vor Hunger toll geworden, drehten sich auf immer demselben Fleck, verrenkten die Gliedmaßen und schrien abstoßend. Selbst die Mumie der heiligen Kuh Brecht, nachdem sie bei schlechter Pflege vom Fleisch gefallen war, zeigte erstaunliche Mißbildungen des Skeletts.

Frank und unbiblisch gesprochen: die Schauspielhäuser waren verödet, weniger im Zuschauerraum als auf der Bühne.

»Ich habe in ganz Egyptenland«, murmelte Pharao beim Anblick dieser furchtbaren Züchtung, »nicht so häßliche gesehen«; der Verfasser fühlt wie er. – Wie!, rufen jetzt die ärgsten Gegner des Kunstrichtigen, die vermittelnden Gemüter; (denn einen Verständnisvollen nennt man den, der grundsätzlich nichts versteht); – wie!, rufen sie, sind andere Theater nicht noch elender als das der DDR?

Der Verfasser sagt nicht, daß sein Theater das elendeste der Welt geworden ist. Er sagt lediglich, daß es verdiente, es zu sein.

Auf der Wanderung durch diese theatralische Sahel-Zone, und die fett und schönen Kühe, die er ja noch gekannt hatte, im traurigen

Gedächtnis, kam der Verfasser nicht umhin, sich mit der Frage, *wann und wo ein klassischer Nationalautor entstehe,* zu beschäftigen. Goethes Antwort gehört, seit Johannes R. Becher sie da hinein verbracht hat, ins sozialistische Schatzkästlein. Aber die berühmte Stelle, nachgelesen, erwies sich als einigermaßen überraschend. Kunstfreundliche Zeiten, so Goethes Auskunft, sind Zeiten, welche der Kunst freundlich sind.

Wirklich, mehr steht da nicht. Goethe bringt fertig, eine Tautologie, eine Ein-Hut-ist-ein-Hut-Folgerung zu geben, und dann noch eine falsche.

Die Bedingungen für Klassik, sagt er, sind erstens eine vaterländische Geschichte und gegenwärtige Größe, zweitens eine würdige Gesinnung der Landesbewohner und drittens eine reiche Überlieferung an Kunstmitteln und deren statthabende Ausbreitung. Wem wollte das mißfallen? Aber ist es tatsächlich erforderlich, um Klassik zu bewirken? Und reicht es hin?

Goethe selbst widerlegte diese ganze oberflächliche Kunstwirtschaftslehre: indem er Nationalliteratur machte. Keiner seiner Vordersätze traf auf seine Zeit, und er schrieb gut genug, was des Verfassers Geschmack angeht. Umgekehrt treffen sie allesamt auf Cromwells England, das keine Zeile hervorbrachte. Die endgültige Belehrung, daß gesellschaftlicher Erfolg künstlerischen Erfolg jedenfalls nicht absondert, danken wir, ein für alle Mal, den Puritanern.*

Es hatte sich demnach der Verfasser seine Antwort selbst zu besorgen. Er hatte sich zu erklären, weshalb Weimar seine Klassik hatte, das kaiserliche Rom hingegen nicht. Er vermutete, daß die Frage vielleicht weniger eine der äußeren Stattlichkeit einer Gesellschaft sei als eine ihrer vorläufigen Menschenähnlichkeit, und er nahm als sicher, daß es sich nicht um die reine Höhe eines wie immer gearteten Zustandes handeln könne, sondern vielmehr ausschließlich um

* Goethe deutet an, die Französische Revolution sei einen Kunstflor hervorzurufen vermögend; er wußte besser als jeder, daß in dem Satz kein Sinn war. Er war hier bereit, freiwillig flach zu sein, aus purer Parteilichkeit.

die Form seiner Bewegung, in deren Richtung das Ziel der Kunst als angelegtes sich schon ein wenig finden lassen müsse. So, und seine eigenen Erfahrungen zu Rate ziehend, gewann er einige Ergebnisse, und er ermangelt nicht, dieselben hier mitzuteilen.

Klassische Nationalliteratur und, denn das ist da inbegriffen, Dramatik entsteht unter fünf Voraussetzungen. Die drei ersten sind unabdingbare und machen das Bild, während die letzten beiden, die ungefähr den Goetheschen Forderungen entsprechen und auf ein gewisses staatliches Gedeihen, einen ziemlichen Wohl- und Bildungsstand hinauslaufen, nicht notwendig sind und zum eigentlichen Bild, gleichsam als Lasuren, erfreulich und förderlich hinzutreten. Selbfünft sind es:

1.

Ein neu und rühriger Lebensinhalt, welcher auf eine vorhandene Lebensweise von Kultur oder doch wenigstens Brauchtum trifft. Tüchtigkeit messe sich mit Form, und nicht so unvermittelbar feindlich, daß sie dieselbe als unverträgliche abstoßen muß, sondern fähig ist, sie bei einer Art mißbilligender Anerkennung im Wetteifer aufzuheben. Also

2.

Eine klassische Lage der Gesellschaft: eine, mit deren Bewältigung keine Richtung allein fertig wird. Nur eine solche vorerst unentscheidbare Zusammensetzung der Dinge hat geistige Gerechtigkeit zum Überbau; Gerechtigkeit aber ist Boden des Dramas, welches Jedermanns Standpunkt mit Überzeugung vertritt, Boden, im Grunde, aller Kunst. Den hohen Standpunkt, den klassische Dichtung zu den Parteien einnimmt, und der ihr ermöglicht, von kleineren Kampfzielen unerhitzt ihrer beispielerischen Natur zu folgen, nimmt sie am kraftvollsten und unbefangensten ein, wenn ihm ein gemeinsamer Gesamtzweck als gesellschaftlich wirkliche Macht entspricht und die dramatische Billigkeit somit selbst als Partei auftritt; andernfalls nämlich ist die Dichtung gezwungen, den hohen Standpunkt sich auszudenken, was, wenngleich nicht ausgeschlossen, so doch atemzehrend und gefährlich ist.

3.

Bewegung der klassischen Lage zum Bessern. Sie treibe vorm Rükkenwind der Geschichte, und es zeichne sich das Ende der Besserung auch bei weitem Blick nicht ab. Für die Kunst hinkt die Wirklichkeit nach; die Gegenwart ist ihr ein Vergangenes. Die großen Gelegenheiten der Kunst sind also nicht die Zeiten der großen Zustände, sondern die Zeiten der großen Vorhaben: in ihnen allein paaren sich Zuversicht mit Hang zum Wirklichen. Der Weltbedeutung bedarf die kunstfreundliche Gesellschaft nur im Wortsinn. Sie muß die Welt bedeuten können, nicht sein; und was den jeweils vordersten Fortschrittsstand betrifft, genügt, daß sie von ihm betroffen sei und Kenntnis habe. Im Wald kann Kunst stattfinden, im Hinterwald nicht.

4.

Ein Reichtum, der Behagen schafft und einerseits die Kunst aus der Not setzt, Elend zu vergeistigen, andererseits nicht bis zur Trägheit sättigt. Der Verbrauch an Gütern bleibe hinter den anspruchvollsten Bedürfnissen zurück, Erstrebenswertes sei übrig, was nicht heißt, daß der Verbrauch nicht sehr hoch sein sollte.

5.

Ein mittlerer Grad an Entfremdung. Einige Aneignungserlaubnis auch der Erzeuger und eine in ihre Grenzen gebändigte Verwaltung; Raum für eigenes Handeln des einzelnen Menschen, wenigstens auf den Plätzen, wo er, seiner Tätigkeit nach, zuständig ist. Gewisse Rücksichten dabei, die es zu nehmen gilt: eine permeable Zensur.*

Pharao hatte die häßlichen und magern die sieben schönen fetten Kühe auffressen sehen, und das, ohne daß sie davon auch bloß um eine Spur zugenommen hätten. Der ihm den Traum geschickt hatte, kannte die Welt. Sie mag einmal nicht lernen. Gewonnen, zerron-

* Der innere Gensdarm ist ein ebenso unentbehrlicher Mitwirkender an klassischer Kunst wie der innere Philosoph, der innere Sittenprediger, der innere Kunstrichter, der innere Zuschauer oder Leser. Sie rauben dem Schriftsteller die Freiheit, zu äußern, was er nicht verantworten kann. Er muß, was sie vorbringen, unbedingt gehört haben, bevor er auf sie pfeift.

nen, ist das Gesetz, nach dem sie ihre Erbschaften antritt. Joseph wieder wollte an diese soziologische Fatalität nicht glauben. Er nutzte die Zeit des Ertrags und füllte die Kornhäuser.
Der Verfasser, welcher von geistiger Nahrung redet, erklärt sich deutlicher. Was von den Künstlern in guten Jahren sich sammeln läßt, meint er, sind Scheunen voll handwerklicher Fertigkeiten und Speicher voll Hoffnung. So bevorratet, sollten sich minder ermutigende Abschnitte überstehen lassen, auch wenn sie ausgedehnt sind und auf die augenblickliche Verschlechterung, die der Kunst nie viel anhat, allem Mutmaßen nach eine weitere Verschlechterung folgen wird. Kunst greift immer vor, aber wo sie im Besitz starker Mittel sich befindet, hat sie das Zeug zum Vorgriff auch übers Absehbare hinaus: zum langen Vorgriff.
Klassik und Romantik unterscheiden sich wie Josephs Handeln und Pharaos Traum. Beide untersuchen, mit Ernst, das Verhältnis ihrer Zeit zu ihrer Kunst, – aber worauf hin? Jene, inwieweit die Zeit zur Kunst, diese, inwieweit die Kunst zur Zeit paßt. Klassische Kunst schläfert die Dummen ein und regt die Klugen auf; romantische Kunst regt die Dummen auf und langweilt die Klugen; beide erreichen ihre Absicht, es ist nur eben nicht dieselbe.

Der Satz, in welchem die ganze Wissenschaft der Romantik sich erledigt, lautet: bei schlechtem Wetter muß die Kunst schlecht sein. Kein Heu, keine Milch; es ist eine rechte Paarhuferweisheit. Das Rind steht vor der ausgeleckten Krippe und melkt nicht und hat seelenvolle Augen.
Kunst, so versichert die romantische Schule, benennt das Bestehende. Das Elend, erklärt sie, malen wir auf elende Weise, und um dem schwer Begreiflichen beizukommen, verfügen wir über die gesamte erstaunliche Weite und Vielfalt des Antirealismus. Wenn wir schon nicht gut sind, sagt sie, nicht ohne Stolz, so sind wir doch ehrlich. – In der Tat, das ist es, was ihr seid. Nichtswürdig, und dann noch ehrlich!
Die Dinge, werte Damen und Herren Romantiker, stehen betrüblich; Herr Omnes spürts am Leibe, und wenn Sie es aussprechen,

werden Sie des Herrn Omnes Beifall haben. Aber kann damit Ihr Geschäft schon besorgt sein? Haben Sie nicht irgendeine Meinung zu den betrüblichen Dingen? Überschätzen Sie nicht Ihr bißchen Jahrzehnt, wenn es für die Ewigkeit stehen soll, und Ihren unerheblichen Feind, wenn Sie ihn für den Menschen nehmen? Ist denn keine Wahrheit außer bei den Binsen? Vom Trauerspiel haben Sie erfaßt, daß es traurig, jedoch kein Spiel sei. Es verhält sich gerade umgekehrt. Statt eines Begriffs vom Kommenden haben Sie eine Torschlußfurcht und statt eines Begriffs von der Vergangenheit eine Wehmut: höchst verständlich all dies außer bei einem, der dafür bezahlt wird, daß er es besser weiß.

Nicht einmal bei den blühendsten Zeitläuften begnügt sich die Kunst damit, das Bestehende zu benennen. Wäre das, wäre keine Klassik. So blühend sind die klassischen Zeiten nun auch wieder nicht. Der Künstler, unstreitig, er hat gelobt, nichts zu verschweigen. Aber der Eid vor den Musen, anders als der vor Gericht, verpflichtet ihn, vieles hinzuzufügen: das seinige nämlich.

Ohne Nachsicht noch Milde: ist der Kunst, unter welchen Bedingungen irgend, erlaubt, nicht Recht zu haben? Hat die Beeindruckbarkeit und Empfänglichkeit des Künstlers das mindeste mit Nachgiebigkeit zu tun? Kann, was sich entschuldigen läßt, Kunst sein? – Der Verfasser hat gegen die Romantik, daß sie ihn zwingt, sich mit ihr zu beschäftigen.

Recht haben, das meint für den Urheber, daß ihm freisteht, der Zeit, was sie ihm vorschlägt, auch wieder abzuschlagen.

Er darf seiner Lage nicht erliegen. Er darf niemals aufhören, sich vom Gang der Begebenheiten ein umfassendes Bild zu machen, ein Bild, worin auch seine Lage ihren Ort hat, als an welchem befindlich dargestellt sie ihre Vollständigkeit und Schönheit bekommt. Klassik, das ist Anthropodizee: Verteidigung der menschlichen Rasse. Die Weltgeschichte ist eine kunstfreundliche Zeit.

So viel Angenehmes günstige Umstände also haben, so wenig soll man sich auf ungünstige herausschwatzen. Die letztern reichen dem Künstler kein Brot, nur Steine. Ein Mund voll Steinen, bekanntlich, brachte den Demosthenes zum Reden.

Kunst handelt von den Gelegenheiten zum Menschen, und eine schlechte Gelegenheit, denkt der Verfasser, ist doch immer eine Gelegenheit. Sie zu nutzen, erfordert etwas Arbeit, was dem Werk vielleicht keinen Abtrag tun muß. Eingestanden: Kunst ist so sehr eine Sache des Überzeugtseins durch Erfahrung, eine Sache des seelischen Gesamtbefindens, daß kein Entschluß rettet, wenn der Künstler einmal verstimmt ist; ihm ist, wie ihm ist, daran ändert kein Vorsatz. Aber ein lebhaftes Gefühl vom Weltverlauf kann sich dem Künstler in so hinreichendem Maße verinnerlichen, daß er, ein Bürger der Geschichte, auch in seinen aufrichtigsten Haltungen der romantischen Verstimmung entrinnt. Mag sein, die Kunst, die er unter mißlichen Umständen herstellt, ist minder handgreiflich als die seiner Zunftbrüder, die es leichter haben. Sei sie denn kopfgreiflicher. Die Anstrengung seiner wesentlichsten Vermögen könnte als ästhetische Wesentlichkeit erscheinen.
Der Verfasser liest in den »Bacchen« des Euripides, im »Sturm« des Shakespeare und in Goethes »Faust II«; er hat eine Theorie anzubieten. Die tiefsten klassischen Gelegenheiten, das will er für wahr gehalten haben, sind die gescheiterten klassischen Gelegenheiten.

Die Scheuern des Verfassers, um auf die herrschende Dürre zurückzukommen, waren also keineswegs leer. Aber die Speise, die er austeilte, wollte dem gegenwärtigen Rindvieh nicht munden; es verweigerte die Kost; und wenn der Verfasser sich für Augenblicke geschmeichelt haben mag, er sei erwählt, den Joseph zu machen, so belehrte ihn diese unlustige neue Tierwelt bald eines Besseren. Er saß da in seinem bunten Rock und mit seinen hohen Träumen und hätte getrost gleich in seiner Grube zu Dothan bleiben können. Er hatte mit Nektar und Ambrosia vorgesorgt, aber das Theater schlug sich geschlossen zur romantischen Schule.
Warum ist, anders als andere Künste, das Theater des langen Vorgriffs nicht fähig? Es gibt Ursachen.

– Das Theater ist eine Gruppe. Jede Menge indes, man weiß das, ist platter als das niedrigste ihrer Mitglieder, und die Erlebnisse, die ihnen seit ein paar tausend Jahren zustoßen, sollten die Autoren endlich davon abbringen, vom Theater Geschmack zu verlangen.

– Das Theater ist eine Einrichtung. Die Zeit hat ihre Hebel in ihm, und wenn schon Unabhängige sich selten genug der Zeit widersetzen, werden Abhängige es aller Wahrscheinlichkeit nach nie tun.

– Das Theater ist eine ausführende Kunst, keine hervorbringende. Schriftsteller, Tonsetzer und Maler sind auf Erfindungen aus; das Vorhandene kümmert sie ohnehin nicht sehr; da sie ohnehin zu springen pflegen, ist es bei ihnen eine reine Muskelfrage, wie weit sie springen. Die Theaterleute indes, gewohnt, Ordre zu parieren, nehmen ihre Befehle kaum von der ohnmächtigsten aller Zuständigkeiten, der Zukunft, entgegen. Die Mitwelt flicht ihnen Kränze; die Nachwelt nicht; sie hat auch wenig Grund dazu.

Das, was an Goethes Erklärung der Klassik am flinksten einleuchtet, erweist sich als ihr Hauptirrtum. Er führt das Genie auf *die Umstände* zurück, *unter denen es geboren wird;* der Satz ist so materialistisch nicht, wie er möchte. Denn da Goethe unter den Umständen nichts Tieferschürfendes als Staatsform, häufige Eigenschaften und öffentliches Erzogensein begreift, schiebt er die Schwierigkeit nur von einem Teil des Überbaus auf einen anderen. Die Sache bleibt ungründlich und erhält einen Zug von Bescheidenheit, der ausgerechnet dem Untersuchungsgegenstand, dem Genie, am schlechtesten ansteht.

Der Verfasser, der um die gesellschaftliche Bedingtheit künstlerischer Erzeugung ganz gut Bescheid weiß, hat keinen Kult im Sinn. Aber das Genie ist eine Tatsache; daß es den Fragestellungen seiner denkenden Umwelt vorgreift, auch. Natürlich hat der schöpferische Einzelne leichter, gegen die Anmutungen einer jeweiligen Bewußtseinslage sich zu behaupten, als der Zeitgeist, den seine kleinen Mißerfolge immer gleich zur Verzweiflung bringen, und dem, schlimmer, seine kleinen Aufschwünge immer schon genügen.

So hat sich der Verfasser entschlossen, die Schaubühne nicht weiterhin zu überfordern, indem er mit ihr schmollt. Vielleicht zeigt das Theater die Welt als änderbar; mit Sicherheit zeigt die Welt das Theater als unänderbar. Es kann, vergänglicher als das Drama, eben sagen, was längst klar ist; es ist, was Hamlet ihm anrät zu sein: wirklich nichts Besseres als ein Spiegel. – Der Verfasser übergibt diesen Band ohne übermäßige Erwartung.

Die meisten seiner Gedanken, findet er, ähneln den epikuräischen Göttern. Sie greifen in die Welt ein, oder sie greifen nicht ein; es ist noch unerwiesen, daß sie es nicht tun. Feststeht eines: daß sie sich bei sich selbst, wo sie sich für gewöhnlich aufhalten, ganz ungemein wohl fühlen.

Dennoch unterscheidet sich, was er jetzt einleitet, auf gewisse Weise von seinen vorhergegangenen Aufsätzen. Er schrieb seine Stücke unbegleitet; seine Meinungen haben sich dadurch, daß sie nicht geteilt wurden, eher vervollkommnet. Aber seine Pflicht, neue ästhetische Hervorbringungen zu prüfen und dem Leser nach ihrem Wert ins Verständnis und ans Herz zu legen, hat er, Stoffmangels halber, vernachlässigen müssen. Gelegentlich hielt er, um loben zu können, Umschau in fremden Kunstgattungen. Lieber als daß er Albernes beschrieben hätte, hat er Richtiges vorgeschrieben, statt mit Beispielen also mit Regeln aufgewartet, und er hat, da es im Besonderen einmal nichts zu holen gab, seine Mühe an die Erforschung des Allgemeinen gewendet. Ob dies alles seinen Überlegungen zum Schaden war, oder ob ihm gelungen sei, sich, bei Ungunst der erscheinenden Dinge, dem Eigentlichen zu nähern, – das zu entscheiden überläßt der Verfasser mit aller Ehrerbietung denen, deren Urteil ihn nicht kümmert.

Kunst und Revolution

Bekanntlich unterscheiden die Kommunisten sich von den Schwarmgeistern dadurch, daß sie über den Tag der Revolution hinaus zu denken vermögen.
Bekanntlich begnügen sich die Kommunisten nicht damit, die bürgerliche Gesellschaft abzuschaffen; sie haben vielmehr im Sinn, die sozialistische und nach der die kommunistische Gesellschaft herzustellen.
Bekanntlich ist die sozialistische Gesellschaft keine schlechtere Gesellschaft als die bürgerliche, sondern eine bessere.
Und es ist also nicht unbekannt, daß die Kommunisten entschlossen sind, den Schatz an Gütern und Fähigkeiten, den die veralteten Klassen akkumuliert haben, nicht fortzuwerfen, sondern sich anzueignen und auf eine höhere Stufe zu heben.
Beispielsweise von den Erfindungen der Bourgeoisie: Vernunft, individuelle Liebe, geistige Freiheit, Reichtum.
Was nun sollte sie hindern, auch nach der Kunst zu greifen, welche die Bourgeoisie – zusammen mit Vernunft, individueller Liebe, geistiger Freiheit – hat fallen lassen, und ebenso wie nach dem Reichtum, an dem die Bourgeoisie so sehr festhält?
In der Tat, sie sind unoriginell genug, das Brauchbare aufzubewahren und das Unbrauchbare nicht.
Was spricht gegen die Brauchbarkeit der Kunst? Kunst schlägt, durch das ihr eigentümliche Verfahren der subjektiven Bewältigung von Stoff, die Vermenschlichung der Welt vor. Das macht die Kunst unbrauchbar, sicher, für die Bourgeoisie. Wieso für die Kommunisten?

Der Mensch als Individuum hat die Chance, sich zu emanzipieren.
Die Arbeiterschaft als Klasse hat die Chance, sich zu emanzipieren.
Die Menschheit in der Geschichte hat die Chance, sich zu emanzipieren. Das ist zu sehen, es sei denn, man sähe die Welt so, wie der Imperialismus uns einreden will, daß sie sei.
Der Inhalt der Kunst, mag sein, ist die am Imperialismus kranke Gegenwart. Die Form, das sind bereits wir.
Die Revolution begeht ihren entscheidenden Fehler, wenn sie sich bloß aus ihrem Verhältnis zum Imperialismus versteht und an ihm klebt als sein seitenverkehrtes Spiegelbild und hypnotisierte Verneinung.
Der Vater dieser bürgerlichen Gegen-Kultur war Leo Tolstoj. Er war eines senilen Tages satt, ein Décadent zu sein, wurde ein Anti-Décadent und fiel aus jedem Blödsinn, den er bis dahin vertreten hatte, in den gegenteiligen Blödsinn.
Weil Kunst schön und nicht nützlich war, sollte sie fortan nützlich und nicht schön sein. Weil man Form und keinen Inhalt hatte, sollte man fortan Inhalt und keine Form haben. Weil die, welche die Kunst zu schätzen wußten, Müßiggänger waren, sollte die Kunst sich fortan nach denen richten, die sie nicht zu schätzen wissen.
Aber der Hintern der Dekadenz ist doch nicht weniger dekadent als ihr Antlitz.
Tolstojs Sohn hieß Shdanow, sein Enkel Mao.
Eingestandenermaßen ist die Kunst eine Waffe. Eingestandenermaßen ist ein Holzhammer eine Waffe. Nach Aristoteles folgt hieraus nicht, daß die Kunst ein Holzhammer sein müsse.
Es folgt eher, daß die Kunst eine um so bessere Waffe sei, je bessere Kunst sie ist.
Alles andere ist nicht Theorie der Revolution, sondern Theorie der Verzweiflung an der Revolution.
Wer immer von *der Krise* redet, redet von seiner eigenen Krise. Die Kommunisten haben Sorgen und sind in keiner Krise, und sie werden nicht auf die Ratschläge derjenigen hören, die ihnen empfehlen, schlechte Verse zu machen.

Berichtigung

Ich wollte, es wäre anders oder ich müßte es nicht sagen, aber das im Maiheft veröffentlichte Theaterstück weist sehr geringe Übereinstimmung mit der von mir verfaßten Komödie auf. Es ist »Theater heute« mißlungen, den Wortlaut ähnlich abzudrucken, und ich bin außerstande, jenes undurchdringliche Kauderwelsch im einzelnen richtigzustellen. Das war nicht der Text der »Omphale« mit eingeflossenen Druckfehlern; das war ein Druckfehler mit eingeflossenen »Omphale«-Zitaten.
Ich versichere also jedermann, daß es sich um eine editionstechnische Panne handelt und nicht etwa um meine nachträgliche Bekehrung zur absurden Schreibart. Die psychopathisch zersägten Langverse, die Iphikles da redet, sind bei mir gemeine Prosa. Übrigens, auch der redaktionelle Vorspann ist von betrübender Ungenauigkeit. Natürlich war nicht »dieser Text ... ursprünglich als Opernlibretto gedacht«, sondern dieser Text ist aus einem ursprünglich vorhanden gewesenen Opernlibretto entstanden.
Mit dieser Nachricht könnte ich die Sache ihr Bewenden haben lassen, hätte ich nicht einen Grund, neu und von weither ausholend anzusetzen. Ich halte für nötig, auch die von mir hochgeschätzte Redaktion von Schuld zu reinigen.

* * *

Dem neuesten Kapitalismus wird mit Vorliebe vorgeworfen, er sei eine Konsumgesellschaft. Dieser Vorwurf ist reaktionärer als jedes Lob; denn er ist ein verstecktes Lob, ein Lob unter der Maske des Tadels. Man schmäht den Imperialismus um der einzigen Eigenschaft willen, um derentwillen er mit Recht geschätzt wird: der Eigenschaft nämlich, daß er reich ist.

Jeder weiß oder fühlt doch, was für eine produktive Sache das ist: Konsumieren. Das genußvolle Aneignen der stofflichen und geistigen Wirklichkeit ist die Betätigung und tendenzielle Erweiterung aller menschlichen Vermögen. Wer – außer den Rhetoren des überlinken Elendskommunismus und der imperialistischen Propaganda – würde von einer Gans, die mit den Füßen an den Estrich genagelt steht, um gestopft zu werden, sagen, sie konsumiere?

Der Sozialismus strebt nach dem Ehrentitel einer Konsumgesellschaft; der Kommunismus wird eine sein. Im Spätkapitalismus wird aus den falschen Gründen und demzufolge auf die falsche Weise produziert und konsumiert. Statt mit den wesentlich humanen Kategorien Leistung und Konsum lebt der abendländische Mensch mit den Kategorien Ramsch und Reklame.

Kurz, worüber ich mich beklage, ist das Herunterkommen des Warenbegriffs.

* * *

Unter einer Ware pflegte man einmal ein verkäufliches Gut zu verstehen, (und ein Gut ist eine erzeugte Sache, die man gebrauchen kann). Zugegeben: der Zweck der Ware war auch in liberalen Zeiten nicht ihr Gebrauchswert, sondern ihr Tauschwert; das Gut wurde gefertigt nicht seiner Dienlichkeit, sondern seiner Marktfähigkeit wegen, also mit einer zynischen, paradoxen und sinnentleerten Absicht. Aber die Ware selbst war in der Regel zu brauchen, in der Regel hatte sie einen Nutzen.

Seit das monopolistische System die freie Konkurrenz abgeschafft hatte, hörte das zu gelten auf. Die Ware war von nun an kein verkäufliches Gut mehr; sie wurde ein Verkäufliches als solches. Das war nicht Schuld der Fabrikarbeit. Fabriken vermögen ebensogut, richtige Waren herzustellen, wie jene modernen Schein-Waren, jeßen Schmutz und jenen Schund, bei dessen Erwerb anstelle des Bedürfnisses das Prestige und anstelle des Gebrauchswerts das Design tritt. Schuld ist die Unumschränktheit der ökonomischen Selbstherrscher. Der Imperialismus erst erweiterte die Schande der Ausbeutung um die Schande des Betrugs.

Weshalb erwähne ich das? Weil auch die Kunst eine Ware ist und, ungefähr seit der Jahrhundertwende, eine heruntergekommene.

* * *

Bekanntlich hat die Verwandlung in eine Ware der Kunst nicht nur geschadet. Die Verwandlung der Güter überhaupt in Waren war ja ein entscheidender historischer Fortschritt: sie erst brachte den riesigen industriellen Reichtum hervor, dessen Vorhandensein der Menschheit erlaubte, den Sozialismus in Angriff zu nehmen.

Dadurch, daß die Kunst zu Markte getrieben wurde, entkam sie den engen Grenzen, in welchen sie bis dahin steckte. Sie verlor Besonderheiten, die allzu oft Absonderlichkeiten waren. Sie durfte sich weder provinzielle Idiome noch Geheimsprachen leisten; sie hatte den Verzicht auf Gruppenkonventionen zu lernen und entdeckte hierbei Inhalte und Formen von allgemeiner Geltung. Sie mußte, bei Strafe ökonomischen Todes, die Begriffsform der Wirkung erforschen. Von anonymen Konsumenten abhängend, entwickelte sie – neben vielem Scheußlichen – das Verfahren, die Bedürfnisse mehrerer Klassen in mehreren Schichten eines einzigen Kunstwerks zu befriedigen.

Heute kann von der Kunst nichts Besseres gesagt werden als von den anderen Waren auch. Sie ist unverwendbar, manipulierter Schrott. Eine Sorte von Literatur ist entstanden, die man nur kauft, nicht liest. Ein ansehnliches Äußeres und ein Rumor von Geistigkeit sind die gemütsplanerischen Hebel, die den Kunden bewegen, das Druckwerk aus dem Laden und, ungeöffnet, zu seinem Bücherschrank zu tragen. Wie es drinnen aussieht, geht, das Lied weiß es, keinen was an.

Das ist der Punkt, zu dem ich gelangen wollte und auf keinem kürzeren Wege gelangen konnte.

* * *

Tatsächlich ist nur in diesem Gesamtzusammenhang die Schludrigkeit zu erklären, mit der im Westen unseres Jahrhunderts Bücher gemacht oder sonst Texte vervielfältigt werden. Die polygraphischen Maschinen, Geniestücke der Technik, drucken Wörter, die kein Käufer, kein Verleger, kein Lektor jemals gelesen hat, ja oft der

Autor selbst nicht, als er sie schrieb. Natürlich ist, wo es so hergeht, Gediegenheit keine Tugend. Der bestbeleumundete Verlag fühlt sich durch Druckfehler nicht mehr geschändet. Es gibt seit langem keine Handwerkerehre mehr; inzwischen gibt es schon nicht mehr eine Kapitalistenehre.

Die Herausgeber von »Theater heute« haben es nicht leicht. Kultur ist wenig gefragt, kaum noch die schickste. Eine Fachzeitschrift solchen Umfangs ist berechnet auf das interessierte Publikum eines interessanten Theaters; fehlt das, übernimmt sie sich dauernd. Die Redaktion ist aus Rentabilitätsgründen winzig. Ihr Fleiß ist um so mehr zum Bewundern. Aber wie sollte sie sorgfältig sein? Und wozu?

Ich wiederhole: ich bewundere »Theater heute«. Durch den Glanz seines Papiers und seiner Phantasie ersetzt es eine ganze Bühnenlandschaft. Die Ware Theater ist, wenn schon untergewichtig, in dieser Zeitschrift aufs reizendste verpackt. Ich spüre sogar Bemühungen, außer der Werbung fürs westdeutsche Theater und sich selbst Spuren von Inhalt zu verkaufen, wobei ich gerechterweise unberücksichtigt lasse, welchen Inhalts. Unter solchen Umständen weniger Druckfehler zu verlangen, wäre sicherlich zu viel verlangt.

* * *

Die wenigen Konsumenten also, die sich über den fehlenden Gebrauchswert des »Omphale«-Abdrucks unfreundliche Gedanken gemacht haben, mögen sich mit ihrer Beschwerde anderswohin wenden. Nicht ich habe den Verstand verloren, nicht die Redaktion hat es. Wer den Verstand verloren hat, ist einzig und allein die ökonomische Umwelt, in der sie leider leben. Wenn ich mich berechtigt fühlen darf, ihnen einen Rat zu erteilen, wäre es der, sich über den Gebrauchswert der monopolkapitalistischen Ordnung ein paar unfreundliche Gedanken zu machen.

Brief an einen Geschäftsfreund

Sehr geehrter Herr, Sie wollen die Gelegenheit einer Arbeitspause benutzen, nach Berlin fahren und Heiner Müller besuchen; dieses Vorhaben hat meinen ganzen Beifall. Die Sitte, schöpferischen Geistern seinen Respekt zu erweisen, indem man sie vom Schaffen abhält, ist so sehr aus der Mode, daß die meisten schöpferischen Geister, glaube ich, sie eher vermissen als fürchten. Falls Sie in Ihrem Wesen irgend etwas Ausgefallenes, Unverständliches oder schwer Anwendbares haben, dürften Sie herzlicher Aufnahme gewiß sein.

Mit den Auskünften, welche Sie von mir erbitten, machen Sie mir keine unverhältnismäßige Mühe. Die Ehre, mit diesem außerordentlichen Mann in einer Zeit und einer Stadt zu leben, bringt allerdings Pflichten mit sich, und ich zögere nicht, sie zu erfüllen. Was, schließlich, sind Ehren wert, die einen zu nichts verpflichten?

Ich beantworte also Ihre Fragen, nach meiner Kenntnis und in der Reihenfolge, in der Sie sie gestellt haben.

Wie er wohne? Wie irgendeiner; seine Art zu wohnen hat kaum Eigenschaften. Selbstredend besitzt er Bücher, und um auszudrükken, daß Bücher keine edlere Funktion haben als anderes Werkzeug, hat er die Bücherbretter auf ländlichen Leitern liegen, solchen, wie sie die Deutschen verwenden, um ihre Stalldächer zu teeren oder im Herbst Äpfel abzunehmen. An den Wänden hat er mit Reißzwecken Zettel befestigt, welche mit Bruchstücken von Versen, Strophen oder Szenen betippt sind und ihn ermuntern sollen, sich Ergänzungen einfallen zu lassen, was freilich oft nicht geschieht. Ich bilde mir ein, daß dieses Verfahren einen gewissen

Mangel an Entschließungsfreude verrät, und ich halte für wahrscheinlich, daß der Dichter dazu neigt, seine Fragmente nach einer hinreichenden Ablagerungsfrist für fertig zu erklären. He's aging his scraps.

Zu welcher Stunde Sie am gelegensten kämen? Wenn das Ihr Problem ist, aber es ist nicht das von Müller, und Sie verbessern wenig, wenn Sie eine Verabredung treffen und die einhalten. Das Zeitgefühl vieler Künstler ist, gleich dem der Helden Homers, noch durchaus unverwaltet; die Abfolge ihrer Handlungen regelt sich nach deren Gebrauchswert, nicht nach dem Eigensinn irgendeiner natürlichen oder ökonomischen Physik. Müller schläft, wenn er müde ist, speist, wenn er hungrig ist, und arbeitet, wenn er kann. Er lebt, wie er muß, aber er muß nicht, wie wir müssen; und er ist unfähig, eine literarische Produktion oder eine kleine häusliche Verrichtung von einem vorgehabten Schlußtermin her zu organisieren. Was ihn von den homerischen Helden unterscheidet, ist: ihm fehlt hierbei ganz das Behagen. Versuchen Sie es ruhig um 12 Uhr mittags oder um 4 Uhr nachts; es ändert nichts.

Ob er fleißig sei? Ich sagte es schon: sehr. Soweit ich sehe, sind alle Künstler fleißig und in dieser Hinsicht ein Vorbild für die restliche Menschheit. Welcher Berufsstand sonst hätte habituell an sich, bis zur Selbstvernichtung an einem Erzeugnis zu arbeiten, von dem er weiß, daß es benötigt wird, und von dem er Grund hat anzunehmen, daß niemand vorhat, es zu bezahlen? Die Künstler wissen stets, was die Zeiten, und aber nie, was die Zeitungen von ihnen verlangen; um so mehr verdient sie sind, desto weniger sind sie verdienend; sie unterwerfen sich dem gesellschaftlichen Auftrag, ohne viel zu fragen, ob die Gesellschaft ein Lohnbureau für derartige Sachen eingerichtet hat. Ihre einzige Tugend ist ihre Arbeit. Wie jene hat diese den Lohn in sich; übrigens billige ich dieses Verhalten nicht ohne Einschränkung. Ein Künstler, denke ich, sollte für sich zu sorgen wissen. Wer würde einen Arbeiter loben, der seine Maschine nicht pflegt?

Ob alle Werke Heiner Müllers von diesem *Heiner Müller verfaßt seien?* Sie haben recht, der Name Müller kommt hier ebenso häufig vor wie bei Ihnen etwa der Name Purudansas. Dennoch verhält es sich nicht so, daß ein zweiter Autor unter gleichem Namen sein Wesen triebe; unserer ist der einzige seines Vornamens. So schwer sich das glauben läßt, all jene heroischen Wasser- und wässerigen Heroenbardiette, all jene Eindeutschungen Shakespeares und Molières sind vom Verfasser des »Herakles« und des »Philoktet«: eben demselben, dessen Ruf sie so beflecken. Es gibt bei Heiner Müller nicht, wie bei gewöhnlichen Schriftstellern, Werke und Nebenwerke; es gibt bei diesem Tragiker nur Werke und Gegenwerke, und die Kluft zwischen ihnen vergrößerte sich noch seit jenem entsetzlichen Morgen, als er in seinem Bett erwachte und feststellen mußte, daß er berühmt war. Sicher wäre alles einfacher, wenn Müller sich entschieden hätte, die Hervorbringungen seiner Nachtseite unter Pseudonym – Heiner Hyde oder ähnlich – zu veröffentlichen. Aber einfach, verstehen Sie, soll es ja eben nicht sein.

Wie er denn sei? Nun ja, ich hatte von vornherein keine kleine Meinung von der Aufgabe, die Sie mir mit Ihrem Brief anmuten; entschuldigen Sie sich nicht, ich vollbringe mein Bestes.

Einen Kopf solchen Ranges kann man, sofern man es überhaupt kann, nur beschreiben, indem man ihn in Schichten zerlegt. Das gilt grundsätzlich, und es gilt auch dann, wenn die Schichten sich nicht widersprechen, sondern zu decken scheinen. Möge die Oberfläche dem Grund zum Verwechseln ähneln, wir verwechseln sie nicht.

Die äußere Schicht also ist die geheimnisvollste. Wer Müller nicht kennt, kennt ihn als raunenden Fremden: Spott speiend, Skepsis lispelnd oder sibyllinische Rätselsprüche vor sich hin murmelnd, – einen Hermes Trismegistos, der das Gold einer Wahrheit geringschätzt, außer er hat es selbst aus Dreck hergestellt. So ist er bestaunt und gefürchtet, was ihm viel Alltagsmühe abnimmt.

Wo es ihm gefällt oder er gefallen möchte, zeigt er die nächstfolgende Schicht und erscheint als Mann von Laune. Er bezaubert durch Heiterkeit und gewinnt Herzen durch gediegene und aufbauende Grundsätze. Die Überraschung, die er hierdurch hervorruft, verfremdet Solidität zum Ereignis, und vor dem schattigen Hintergrund seines üblichen Gebarens strahlt das milde Licht seiner Aufgeschlossenheit um so inniger.

Das ist, was er uns zeigt, und er gehört zu den erhabenen Charakteren, die sich nie gehen lassen; er zeigt nichts als was er zu zeigen beabsichtigt. Was aber ist innen? Ich weiß es nicht, und wenn ich es wüßte, würde ich es Ihnen nicht sagen, und wenn ich es Ihnen sagte, würde es Sie wenig angehen, und wenn es Sie auch was anginge, würde es sich doch nicht schicken. Eins allenfalls dürfen und können wir: über sein Werk nachdenken, dessen Früchte er uns zum guten oder schlechten Gebrauch überlassen hat, und dessen Wurzeln ja aber direkt in jenes innere Gewölbe hineinhängen.

Offenbar ist der Nährboden seines Werkes ein in sich feindliches Element. Wie sein Stil gekennzeichnet ist durch bruchstückhafte Vereinzelung der Bestandteile und vollkommen schöne Ausformung der Bruchstücke, so erscheint die Welt bei ihm in unauflösbarer Spannung zwischen dem Zufälligen und dem Gesetz. Mit dem Widerspruch ist Müller entschlossen, sich nicht abzufinden. Er denkt und fühlt wie Pascal; aufgrund derselben Vernunftschlüsse, aufgrund deren Pascal auf Gott wettete, hat er auf den Kommunismus gewettet.

Natürlich lassen sich alle diese gegensätzlichen Momente mit Hilfe der materialistischen Dialektik ohne unüberwindliche Schwierigkeiten vermitteln, und natürlich beherrscht Müller die materialistische Dialektik souverän genug, um das, wenn er will, zu können. Aber er wills nicht. Es gibt kaum eine Haltung, die seinem Wesen so fremd ist wie die vermittelnde. – Er denkt also, wie er will? – Zugestanden, aber haben Sie jemals einen getroffen, der gedacht hätte, wie er nicht wollte? Müller, so versuchen wir, ihn zu begreifen, läßt die Dinge in ihrer Entzweiung, und aus der Entzweiung schöpft er die Energien seiner Kunst. Die Seele unseres nördlichen Seneca ist aus dem Stoff gemacht, aus dem die tragische Gattung gemacht ist.

Ob es tunlich sei, Ihre Tochter mitzubringen? Es hängt von Ihren väterlichen Plänen ab. Vermöge der Wirkungen seiner ersten und zweiten Schicht erfreut sich Müller der Gunst des schönen Geschlechtes. Über das, was seine dritte Schicht dann mit ihnen anfängt, habe ich keinen Unterricht.

Womit Sie ihm eine Freude machen könnten? Haben Sie da nicht irgendeinen Orden, die Versilberte Kaurimuschel II Klasse oder etwas von der Art? Die die Welt verachten, sehen sich stets gern von der Welt geachtet; denn einseitige Verachtung spendet höheren Genuß als gegenseitige.
So viel, lieber Herr. Ich habe mich, Ihrem letzten Wunsch zu genügen, beim Deutschen Reisebureau nach der Route erkundigt und dort die folgende, selbst für diese zuständige Stelle überdurchschnittlich präzise Auskunft erhalten. Sie möchten sich, wenn Sie die Malediwen verlassen, zunächst jedenfalls links halten; das übrige erführen Sie dann am besten beim ersten Schiffsoffizier.
Ich verbleibe etc etc.

Fünf Kapitel über Gotthold Gloger

Erstes Kapitel
Gotthold Gloger ist ein Physikalisches Ereignis

Einen größeren Bogen her, wir sollen Gloger malen.
Ich, der Porträtist, bin, mein Paß bezeugt es, von großer Statur. Wenn ich gemeinsam mit Gotthold Gloger über Land gehe, erzählen die Leute nachher: da waren zwei Männer hier, ein großer und ein kleiner. Der kleine bin dann ich.
So groß ist Gloger.
Nicht weniger als dem Auge imponiert er dem Ohr. Sein herrlicher Brustkorb könnte in Klingenthal gebaut sein. Ich sage nicht, daß er niemals leise wäre. Auch eine Kaiserbaßtuba ist zuweilen leise.
Stellen Sie ihn sich vor, wenn er bei Ihnen eintritt. Er tritt nicht ein. Er zieht auf wie ein mächtiger und wohlgelaunter Donner.
Gleich der des Elephanten paart sich seine Kolossalität mit Sanftmut. Damen suchen Zuflucht unter seinen Händen wie unter einem Dach, und ich habe ihn die Mitarbeiter einer Großküche zu Tränen rühren sehen, als er ihnen »Du Haupt voll Blut und Wunden« vorsang.
– Er singt also?
– Warten Sie doch ab.

Zweites Kapitel
Gotthold Gloger ist ein unentfremdetes Wesen

Die Arbeitsteilung wurde vor ein paar Millennien eingeführt, und Gotthold Gloger muß das übersehen haben. Verstehen Sie mich recht: alle Künstler kritisieren die Arbeitsteilung, oder jedenfalls die aus ihr folgenden Haltungsschäden. Das ist nicht, wovon ich rede. Gotthold Gloger hat die Arbeitsteilung noch gar nicht wirklich begriffen.

Das Singen lernte er im Kirchenchor zu Büdingen.

Nolde brachte ihm die Aquarellmalerei bei, Hans Henny Jahnn das hormonelle Düngen von Tomaten, Lewin das Bestimmen von Bronzegeräten oder alter Keramik.

– Das ist alles?

– Das steht für alles. Es kommt nicht darauf an, daß einer alles kann. Es kommt darauf an, daß in seinem Wesen kein Grund ersichtlich ist, warum er nicht alles können sollte.

In welcher Form Leute immer zusammentreffen, Gloger fühlt sich in ihr behaust. Seit ich ihn zum ersten Mal sah, besitzt er einen Pullover, der – auch im Verhältnis zur Oberfläche seines Trägers – sehr umfangreiche Löcher hat. Seit derselben Zeit besitzt er, als einziger meiner Freunde, einen Smoking.

Er bewegt sich in Festsälen so ungezwungen wie in Kaschemmen, in den Zirkeln der Schöngeister so selbstverständlich wie auf einem Seminar für führende Landwirtschaftskader. Es gibt keine Menschengruppe in keinem Ort unseres Landes, wo er nicht die Hälfte der Anwesenden persönlich kennt und nicht drei Viertel von ihnen mit Du anredet.

– »Hercules und die Pygmäen«, bemerkt Goethe in seinen Kommentaren zum Philostrat; »köstlicher Gegensatz.«

– Ich habe Goethe schon Tieferes bemerken hören.

– Es ist nicht flach, wenn man das Richtige dabei denkt.

– Wollen Sie nicht gefälligst hören, bevor Sie denken?

Wer die Menschen nicht fürchtet, fürchtet erst recht nicht die Natur. Setzen Sie Gloger ohne Subsidien mitten in die Wildnis. Wo der

zivilisierte Bürger bald umkäme, fällt ihm kaum etwas auf. Er braucht keine Angel, um Forellen zu fangen, kein Pilzbuch, um sich nicht zu vergiften. Er könnte sich von einem Wald und einem Fluß so zureichend ernähren wie der gelernteste Einsiedel.
Aber die Meisterschaft in der Kochkunst erwarb er in Frankreich.

Drittes Kapitel

Gotthold Gloger befindet sich im Stande der Unschuld

Diesem Manne eignen Kenntnisse. Er ist voller Bildung, und wenn er, um nach einem Gegenstande zu suchen, in die Westentasche seines Geistes greift, fällt immer eine Handvoll Bildung mit heraus. Sein politisches und literarisches Wissen ist gründlich.
Aber das Gemüt dieses Mannes ist von einem solchen Grade der Unschuld, daß die Kenntnisse nichts daran haben verderben können.
Die moderne Literatur zum Beispiel hat ihn nie behelligt. Wenn er den Namen Samuel hört, fällt ihm vermutlich nicht Beckett ein, sondern Richardson.
Zu dem Namen Franz assoziiert er mit mehr Wahrscheinlichkeit den Franz Bacon, den Franz Villon oder den von Assisi als etwa den Verfasser des »Prozesses«.
Und beim Namen Jean Paul ist es zweifellos nicht Jean Paul Sartre, sondern Jean Paul Richter, an den er denkt.
Ähnlich steht es mit seiner Parteilichkeit, die sich als ein integrales Dafürhalten beschreiben ließe. Instinkt macht ihn mißtrauisch gegen Schwarmgeister aller Art. Sein soziologisches Verhältnis zur modernen Welt empfindet er ungefähr so: er zählt zum Clan der Deutschen im Stamm der Kommunisten.

Viertes Kapitel
Kann das die VOLLE WAHRHEIT sein?

– Nun also, reden Sie doch!
– Sagen Sie sich doch selbst.

Fünftes Kapitel
Die VOLLE WAHRHEIT

So viel Natürlichkeit ist einfach unnatürlich.
Der neuere Mensch hat zwei Weisen, sich den Namen Mensch zu verdienen. Die eine besteht darin, daß er als spezialisierter – mithin in gleichem Maße begabter wie beschränkter – Teil am zusammenfassenden Treiben der Gattung partizipiert. Die andere besteht darin, daß er bereits als Individuum dem Menschen ähnelt.
Offensichtlich schließen diese beiden Weisen einander aus. Kaum weniger offensichtlich besteht unsere Aufgabe darin, sie zu vereinbaren. Aber wie man das immer macht; klar ist, daß Menschenähnlichkeit kein Zustand ist, sondern eine Aufgabe, und Vollkommenheit nicht zu denken, außer sie ist hergestellt worden.
Ist denn überhaupt möglich, daß einer die Entfremdung niemals kennengelernt hat? Ist denn nicht plausibler, daß er, in dem Alter, welches das Muster der Seele prägt und an das sich die fertige Seele wenig mehr erinnert, die Entfremdung zu nachdrücklich hat kennenlernen müssen?
Die arbeitsteilige Ordnung ist unsere große Gefahr und größere Chance. Kann man sich ihr gegenüber gleichgültig verhalten? Oder gibt es eine Mischung von Haß und Liebe, die wie Gleichgültigkeit aussieht?
Was der Gotthold da macht, geht ja nicht.
Fünfundvierzig Jahre lebt er schon ohne Geld, und auskömmlich. Fünfundvierzig Jahre wandelt er durch diese Welt notwendiger Kämpfe, und wohlgelitten. Er ist heil wie ein Symbol, und dieses Symbol hat eine große und schöne Frau und ein (großes und schönes) Kind.

Kurzum, von allen Existenzen, die ich getroffen habe, ist diese die problematischste.
Und aus diesen Gründen . . .
– Hören Sie: erst erzählen Sie mir, was ich nicht glauben kann, und in dem Moment, wo ich es fast schon glaube, erzählen Sie mir das Gegenteil.
– Welches Gequengel. Jetzt unterbrechen Sie mich tatsächlich noch im letzten Satz.
Und aus diesen Gründen, sage ich, ist es, daß Gotthold Gloger nicht umhin konnte, ein Schriftsteller zu werden.

Butzbacher Autorenbefragung

Sehr geehrter Herr Müller (und sehr geehrte Damen und Herren Schüler), Ihre Fragen lassen sich alle in einem Satz beantworten, den ich leider irgendwo auch schon gesagt habe: Ich bin für nichtengagierte Literatur von engagierten Autoren.

Damit meine ich dreierlei.

Erstens, daß Kunst sich nicht sehr gut eignet, direkten politischen Einfluß zu üben. Es gibt Umstände, wo sie es versuchen muß, aber gewöhnlich ist es schlechte Kunst, die herauskommt.

Zweitens, daß ein Schriftsteller, wie jeder Mensch, unvollständig und verkümmert ist, wenn er versäumt, sich politisch zu verhalten. Schlicht gesprochen: ich glaube ein verantwortlicher Bürger des 20. Jahrhunderts sollte Kommunist sein und als solcher handeln.

Und drittens, daß ein Künstler in seiner Kunst zwangsläufig sein Wesen ausdrückt und folglich ein kommunistischer Künstler, worüber er immer redet, gar nicht umhin kann, kommunistische Kunst zu machen.

So viel. Sie haben recht, ein Künstler pflegt mit der Gesellschaft in Konflikt zu geraten. Das gehört, seit es eine Kunst gibt, zum Métier. Er kommt nicht nur in Konflikt mit gegnerischen Klassen; er kommt ebenso notwendig in Konflikte mit der Klasse, der er sich zugehörig fühlt. Ich wiederhole: es war nie anders; es gehört zum Métier. Die Lösung ist theoretisch sehr einfach: er darf unter keinen Umständen die Kunst verraten, und er darf unter keinen Umständen den Fortschritt verraten. Wie er das praktisch macht? So gut er kann.

Ergebenst, Ihr Peter Hacks

Cremer, oder: Die Überwindung der Tugend in Deutschland

I

Über Cremer? Also erst einmal über mich.

Ich bin Schriftsteller, nein: ich bin Dramatiker. Ein Dramatiker ist ein Mensch, der nicht weiß, was ein Roman ist. Ein Schriftsteller ist ein Mensch, der nicht weiß, was bildende Kunst ist.

In der Tat ist es für einen Künstler nahezu unmöglich, über den großen Vertreter einer Nachbargattung zu handeln. Er weiß, was Kunst ist, er spürt, da wirkt Kunst. Aber er weiß zu gut, was Kunst ist, um nicht zu wissen, daß er niemals hinter die Geheimnisse dringen wird, die diese Wirkung verursachen. Gattungen folgen verschiedenen Regeln, ja, sie leben in verschiedenen Zeiten. Was für die eine heute gilt, kann für die andere gestern gegolten haben oder morgen gelten. Der Künstler, der über eine fremde Kunst urteilt, schließt gewöhnlich von seiner eigenen her, also falsch.

Es ist deutlich, wie schlecht ich mich für diese Sache eigne. Ich verstehe zu viel von Kunst, um als Laie, und zu wenig von bildender Kunst, um als Fachmann zu reden. Ich bin nicht mehr unbefangen und doch aber keineswegs bewandert. Warum tue ich es nur?

Nun, es hat seine Vorteile zu wissen, wovon man nichts weiß. Ich werde ja nicht dumm sein und Urteile abgeben. Ich werde kein Fachwelsch benutzen, welches den Leser ermüdet und den Autor mißleitet. Ich sehe sicherlich keinen einzigen Baum; kann daher sein, ich ahne den Wald.

Der wahre Grund ist natürlich: ich liebe Fritz Cremer.

2

Ich finde, daß Cremer mir ähnelt, und daß er einen ähnlichen Weg geht.
Der erste Teil dieser Behauptung – es ist mehr als offenkundig – stimmt nicht. Jedermann sieht, daß Cremer, fast allen seiner Beschaffenheiten nach, eher mein Gegenteil ist. Ich könnte mich erklären; ich könnte anführen, daß Cremer die Moden verachtet, wie ich, daß Cremers Kunst nicht käuflich ist, wie meine, daß Cremers vorzügliche Eigenschaft Gediegenheit ist, so wie ich das in meinen besseren Stunden von mir hoffe. Die Erklärung würde keinen überzeugen. Ich lasse also den Gegenstand fallen, man muß mir nicht glauben. Ich rede hier überhaupt, was ich will.
Auf dem zweiten Teil der Behauptung beharre ich aber.
Ich habe Cremer, der, glaube ich, älter ist als ich, stets als einen mir Gleichzeitigen gesehen. Der Gang einer Kultur wird, unbestrittener Maßen, vom historischen Bedürfnis bestimmt. Nur hat die Geschichte das mit uns Menschen gemein, daß ihre Bedürfnisse sich niemals von selbst erfüllen. Auch der Weltgeist lebt nicht im Schlaraffenland.
Das meint: die Bewegung einer Kultur, wie stimmig sie sich auch ansehen mag, muß von Leuten erzwungen und durchgesetzt werden, einzelnen Leuten, unter Umständen sehr einzelnen. Man kann die gesellschaftliche Logik im Rücken und doch schwere Mühe haben. Man kann mit der Weltgeschichte allein sein.
Wann immer ich von meiner Arbeit auf und über die Gattungsmauer schaue, sehe ich drüben Fritz Cremer am Werk, und ich bilde mir ein, er sei eben bei genau derselben Arbeit.

3

Cremer ist ein überaus deutscher Bildhauer. Das ist einer der Gründe meiner Zuneigung. Kunst muß national sein.
Ich wiederhole jetzt Bekanntes, oder vielmehr, ich äußere Dinge, die bekannt sein sollten.
Wenn Kunst bedeutet, daß die Wirklichkeit als von einem Subjekt durchdrungen sich darstellt, folgt, daß das Kunstwerk um so rei-

cher sein müsse, je reicher das künstlerische Subjekt ist. Ist das Subjekt punktförmig und leer, bleibt auch der Gegenstand unerfaßt oder auf arme Weise erfaßt. Zur Subjektivität des Künstlers nun ist nötig, daß sie sich in sich erweiternden Bereichen verwirklicht: er habe eine Gemütsart, eine Landschaft, eine Klasse, ein Vaterland. In solcher Fülle befestigt und in so vielfältiger Hinsicht ein Besonderer, vermag er am Ende auch, der gegenwärtigen und künftigen Menschheit anzugehören.

Wir sind, wie wir geworden sind. Wir haben eine Geschichte, die uns dahin gebracht hat, lange nachzudenken, bevor wir handeln; wir haben ein Wetter, das uns aufgibt, emsig zu schaffen, um nicht auf der Stelle zu verhungern oder uns zu erkälten. Wir lieben die Wahrheit mit solcher Verbissenheit, weil die anderen guten Sachen selten für uns zu haben waren.

Als Cremer anfing, konnten, irre ich nicht, die deutschen Bildhauer zwei Sorten von Menschen machen: die klobig dumpfen und die länglich strebenden. Beide waren mit Kanten versehen; die Kanten dienten dazu, darauf hinzuweisen, daß das Ganze auf Geistiges hinauslief.

Man hätte sich leicht auch etwas anderes einfallen lassen können, aber, wie erwähnt, wir machen es uns nie leicht hierzulande. Unsere Sonnen brechen immer aus Nebeln hervor.

4

Cremers Landschaft ist das Ruhrgebiet. Cremers Klasse ist das Proletariat. Cremers Vaterland war das Mörderdeutschland; folglich bestimmte sich seine Menschlichkeit als Angriff gegen die Unmenschlichkeit, und das sollte lange so bleiben.

Warum benutzt Cremer den Stein, den in schöne und bleibende Form zu bringen er gelernt hat, um mit ihm Drucke anzufertigen? Es gibt viele Antworten. Weil er es nicht gelernt hat; (wir machen es uns nicht leicht hier, sagte ich das schon?). Weil er keine andere Art von Arbeitspausen kennt als, auf andere Art zu arbeiten. Weil er sich auf dem Papier mit sich selbst verständigt. Die Hauptantwort, so weit ich unterrichtet bin, lautet: weil das Mittel des Steindrucks ihn befähigt, sich rasch und unmißverständlich auszudrücken. Ausdruck aber war in jenem Abschnitt seines Lebens einfach ein anderes Wort für Kampf.

Kampf gegen den Nazismus, gegen die Gegenrevolution, gegen unser altes Elend und gegen unsere neuen Narrheiten.

Aber die Tugend hat keinen Zweck in sich. Wie das Ziel einer Gesellschaft sich im Kampf gegen die Unmenschlichkeit nicht erschöpfen darf, sondern darin liegen muß, selbst eine menschliche Gesellschaft zu sein, ist das höchste und schwerste Ziel der Kunst, auf bejahende, ungebrochene, nicht an einem Feind sich stützende Art den Inhalt eines erstrebenswerten und hochherzigen Lebens herzuzeigen.

Auch ich komme aus einer Schule, wo die Linie vor dem Ton geht, der Gedanke vor der Sinnlichkeit, die Moral vor dem Fressen. Auch ich habe lernen müssen zu lieben. Einige Damen meiner Bekanntschaft und der Herr Hermann Kähler wissen, daß ich inzwischen große Stücke auf die Liebe halte. Wofür kämpfen, wenn nicht um der Liebe willen? Nur wer stark liebt, hat Grund, stark zu hassen.

Wenn ich in dem Punkte gelernt habe, so auch von Cremer. Ich sah über besagte Mauer und bemerkte, wie der Mann, der die Revolution gemalt hatte, sich mit einigem Schweiß auf der Stirn daran machte, die Freude zu malen.

Laßt uns die Tugend in Humanität umwandeln.

5

Es ist nicht einfach, eine Schönheit herzustellen, in welcher die Erfahrungen von Buchenwald und Budapest nicht vergessen, sondern aufgehoben sind. Es war nicht einfach für Cremer.

Aber solche errungene Schönheit ist schöner als eine, die das Häßliche nur übersehen hat, – so wie die Sinnlichkeit einer an sich schamhaften Frau, die in der Liebe ihre Scham verliert, nicht nur mehr über ihre Liebe aussagt, sondern auch die kräftigere und vollere Sinnlichkeit ist als die einer geschlechtlich Unbefangenen, die sich nie hat schämen dürfen.

Der Begriff Schamhaftigkeit paßt auf Cremer. Übrigens: alle Kunst ist schamhaft.

Scham ist die Gewohnheit, beim Herzeigen seelischer oder fleischlicher Einzelheiten den Eindruck zu erwägen, den man beim Beschauer hervorruft. Scham ist: Bedürfnis, nicht peinlich zu sein, Sorge, sich aufzudrängen. Der Schamhafte zieht, solange er noch vor diese Wahl gestellt ist, vor, spröde zu erscheinen, ehe er Gefahr liefe, aus dem Leim zu gehen.

Scham äußert sich also keinesfalls im Verheimlichen irgendeiner Eigenheit – das wäre Muckertum oder Verklemmtheit – sondern in einer Weise des Offenbarens, die Verantwortlichkeit einschließt.

Nicht anders aber hält es die Kunst, die, gleichermaßen unvereinbar mit bloßem Sichgehenlassen wie die Scham, ihre Wirkung zu berechnen hat und – aus Gründen der ästhetischen Schicklichkeit – stets sorgt, daß ihre Seele und ihr Fleisch der künstlerischen Absicht untergeordnet bleiben und nicht etwa in fahrlässiger Nacktheit sich zur Schau stellen. Nichts ist unangenehmer als Kunstwerke, welche nach Haut riechen. Es gibt keine Freikörperkunst.

Cremers Sinnlichkeit ist mir teuer, weil sie nicht, wie bei Bildhauern sonst oft, einfach vormoralisch ist. Er bewundert Unverschämtheit; ihm selbst fehlt jede Spur davon. Er gelangt zu heidnischer Schönheit, aber die Schönheit ist nicht schnell.

Die Linien sind wie mit Spitzeisen und Schlägel vorangetrieben.

Ein besonderes Verhältnis habe ich zu der Folge mit den Gliederpuppen. So wie ich meine Ungarnrede (aus »Die Sorgen und die Macht«) in seinen Mindszenty-Blättern wiederfinde und meinen Deutschen Wald (aus »Moritz Tassow«) in seiner Walpurgisnacht, entdecke ich in dieser wunderschönen Erfindung die Fragestellung meiner »Omphale«.

Lamettrie lebte in dem Beamtenstaat Frankreich. Daher übersah er, daß seine Lehre, daß der Mensch ein Apparat sei, nur für den männlichen Menschen, den sogenannten Mann, gilt. Cremer weiß es besser. Bei ihm ist die Frau das Lebewesen und der Mann der Apparat, wobei natürlich ein Apparat in seinem Wesen dadurch gekennzeichnet ist, daß er kaputt ist.

Das ist alles sehr komisch, sehr tief, sehr vorläufig.

6

Cremers Welt besteht aus vier Ur-Atomen oder Elementen: Angst, Zweifel, Mut und Liebe. Hieran ändert sich vom Anfang bis zum Ende nichts. Entwicklung zeigt sich nur im unterschiedlichen Verhältnis ihrer Zusammensetzung. Nie tritt eines der Elemente unvermischt auf, außer ein Mal; von dem später.

Das Molekül aus allen vier Atomen heißt Galilei. Ich kenne Leute, die diese Plastik uneinheitlich finden, möglicherweise ist sie auch nur zu reich für den voreiligen Geschmack der Zeitgenossen. Ich habe kein Urteil davon. Ich weiß nur eines und kann bezeugen: es gibt kein ähnlicheres Bildnis Brechts als den Galilei-Steindruck, der in unserer Akademie der Künste die Inventarnummer 0 316 hat.

Ich bin nicht da, um über bildende Kunst zu reden. Ich möchte gern etwas tun, wozu ich dabin; ich möchte mir ein Gleichnis zum Leben des Fritz Cremer ausdenken.

Stellen Sie sich Sisyphos vor, der eines Tages um die Abendstunde der Ewigkeit seinen Stein auf den Berg rollt, ihn auf der Kuppe im Gras niederlegt, den Ellbogen draufstützt, ins Tal hinabblickt und sich gern der unendlich vielen Jahre entsinnt, während derer er noch schob.

Auf dem bislang vorletzten Blatt – es ist aus dem Jahre 1972 und trägt die Inventarnummer 0 358 – hat Cremer einen glücklichen Mann gemalt, und auf glückliche Weise.

Über das Revidieren von Klassikern

Es gibt ja Witze, die eine ganze Abhandlung ersetzen. Einer von ihnen ist der:
Ein Hase saust in tödlicher Angst über die Felder, ein zweiter Hase schließt sich ihm an. Nach ein paar hundert Meilen fragt er: übrigens, wovor fliehen wir eigentlich? – Sie haben, entgegnet der erste Hase, ein Gesetz erlassen, demzufolge allen Hasen das fünfte Bein abgesägt wird. – Wenn das so ist, sagt der zweite Hase, aber wir haben doch beide nur vier Beine. – Du kennst sie nicht, sagt der erste; erst sägen sie, dann zählen sie.
Dieses Gleichnis ist die volkstümliche Richtigstellung der elften Feuerbachthese. Von Marx ist einigermaßen bekannt, daß er den Gang der Dinge durchschaute; er hielt für überflüssig, das eigens mitzuerwähnen. Leider halten seither viele Leute, und unter Berufung auf Marx, das Durchschauen der Dinge für überflüssig. Sie begnügen sich durchaus mit dem Ändern.
Ich rede hier über die Gattung der dramatischen Bearbeitung. Ich denke, ich bin bereits erraten. Ich habe nichts vor, als mich zum Nachteil derjenigen Sorte von Bearbeitungen zu äußern, welche sägt, bevor sie gezählt hat.
Über die Geschichte des Bearbeitens weiß ich nicht viel. Ich habe Schröders »Hamlet« gelesen. Er ist sehr gut. Gemessen an der Weise, in der heutige Theater mit klassischen Werken umspringen, ist er von hervorragender Ehrenhaftigkeit. Er weicht vom Dichter wirklich nur in den fünf üblichen Punkten ab.

– Verschlechterung der vorhandenen Übersetzung. »Etwas ist faul im Staate Dänemark«, heißt bei Schröder feige: »Es muß ein verborgenes Übel im Staate von Dänemark liegen« – und hieß doch bei Eschenburg immerhin schon: »Es ist irgendeine Fäulnis im Dänischen Staate«.

- Berücksichtigung geltender Sitten. Hamlet darf mit Ophelia nicht sauigeln und diese Jungfrau sich auch im Wahnsinn nichts Unzüchtiges denken. Aus derselben Erwägung heraus würde ein neuzeitlicher Schröder zusätzliche Unanständigkeiten einbringen.
- Unverständnis des künstlerischen und inhaltlichen Stellenwerts von Rollen. Der Hofadel, Osrick insonders, aber auch Rosenkrantz, ist wegrationalisiert.
- Völlige Mißachtung der gesellschaftlichen Fabel. Fortinbras und alle Staatshändel zwischen Norwegen und Dänemark – anhand welcher ja sowohl Claudius' als Hamlets Verhalten nur zu beurteilen gehen – sind gestrichen.
- Regisseursdramaturgie, also Erzeugung von ursachlosen Wirkungen. Am gelungensten ist der Schluß, worin die mörderische Englandreise vorbereitet und nicht ausgeführt, die Vergiftung ausgeführt und nicht vorbereitet ist, und Laertes' Rache erst statt und dann nicht statt findet, durch welche Verumständung Hamlet denn auch zu jedermanns Erleichterung mit heilem Hals davonkommt.

Mehr ist im geringsten nicht einzuwenden. In jeder übrigen Hinsicht tut Schröder sein Redlichstes bei dem Versuche, dem Shakespeare – soweit das für eine Bühne, die sich närrischerweise einmal in den Kopf gesetzt hat, diesen Autor zur Aufführung zu bringen, sich machen läßt – zu ähneln.

*

Ungefähr so, besser oder schlechter, meist schlechter, verfolgten alle Bearbeitungen des achtzehnten und neunzehnten Jahrhunderts keinen anderen Zweck als den, die Stücke den Gepflogenheiten der Bühnen, welche geschmacklich natürlich immer unter der niedrigsten Ebene des Publikumsgeschmacks liegen, anzubequemen. Die Sache war Brauch, nicht Anschlag. Sie geschah ohne Arg. Man

wußte gar nicht, was ein Drama sei, und sofern man es wußte, hielt man es mit Selbstverständlichkeit für unspielbar. Das Bearbeiten alten Schlages enthielt keinen Tadel am poetischen Rang, welcher, so glaubte man, ohnehin allein dem Leser zugänglich war.
Der entsetzliche Plan Goethes und Schillers, die Weltdramatik in theatergerechte Einrichtungen zu übertragen, läßt sich, denke ich, aus diesem unreifen Stand der Dinge erklären.
Sicherlich überbewertete Schiller dramaturgische Geschicklichkeit, weil er sie besaß, und Goethe, weil sie ihm fehlte. Sicherlich war wohl auch Masochismus im Spiel; wer dauernd verfolgt wird, neigt bekanntlich dazu, sich schuldig zu fühlen und nach Strafe zu verlangen. Aber in einer Zeit, wo Aristophanes' »Vögel« selbst in der allerzopfigsten Verkleinerung ein Wagnis waren, – sie gefielen dann doch, wegen der putzigen Kostüme, – und wo die gebildete Elite die Prosa-»Iphigenie« immerhin noch weniger langweilig fand als die fertige: in einer solchen Zeit gibt es im Ernst nichts zu begründen und nichts zu rechten. Der Einfall war im Elend geboren, ein hilfloser und untauglicher Versuch der Notwehr. Er blieb ein Einfall und wurde schnell wieder fallen gelassen.
Kurz, die Bearbeitung im heutigen Sinne konnte erst entstehen, nachdem das Theater im heutigen Sinne entstanden war.

*

Das Theater im heutigen Sinne – als eine Stätte, wo ein Drama seinem Wollen und seiner Handlung nach richtig vorgeführt wird – ist eine sehr junge Erfindung. Sie wurde von Männern wie Stanislawski und Reinhardt gemacht. Ich sage nicht, daß die das wirklich konnten. Aber ihr unvergängliches Verdienst ist, daß sie anfingen, es, so gut sie konnten, zu tun. Der Anspruch ist seither in der Welt. Und obgleich das Theater diese seinem Wesen nicht gemäße Zumutung immer wieder abschüttelt, ist der Anspruch im Publikum niemals mehr völlig erloschen.
Die historische Stelle, an der das eigentliche Theater entstand, ist nicht zufällig. Regisseure vor Stanislawski wünschten sich etwas der Art; sie hatten nur die Mittel und also den Mut nicht, es zu machen.

Das Theater, das Stücke spielen soll, wie sie sind, bedarf einer hinlänglich zahlreichen Zuschauerschaft, welche 1. einsichtig genug ist, um deren Kunstwert zu schätzen, und 2. mit dem Weltzustand ebenso mißvergnügt wie alle Dramatiker. Diese Zuschauerschaft war der erzogene Mittelstand unter der Herrschaft des Monopolkapitals; (auf die liberale Bourgeoisie des neunzehnten Jahrhunderts nämlich treffen beide Voraussetzungen nicht, und sie hatte kein Theater). Das eigentliche Theater ist eine Hervorbringung des Imperialismus.

Es nimmt nicht wunder, daß der Imperialismus dieser unfreiwilligen Hervorbringung sehr schleunig eine freiwillige entgegensetzte: die *eigentliche Bearbeitung*. Unter der eigentlichen Bearbeitung verstehe in das Ändern von dramatischen Texten in böser Absicht. Der mit derlei Missetaten übersäte Weg beginnt bei Zweig, Werfel und Hofmannsthal und führt hinab bis zu den Greueln von Pound, Bond, Ionesco; es fallen da jedem noch Namen ein.

Erst seither hat das Wort Bearbeiten jenen merkwürdigen Ton, wie er in der Wendung durchklingt: *Sie bearbeiteten ihn so lange, bis . . .*

(Etwa: . . . *er aussagte, was immer man von ihm verlangte*. Oder: . . . *er seinen reichen Geist aufgab*).

*

Leider ist unleugbar: gegenwärtig, an dem Ort und in der Stunde, wo diese Betrachtung angestellt werden muß, steht die Sache, wie sie vor zweihundert Jahren stand. Das Herumschreiben in ehrwürdigen Texten gilt wieder als so selbstverständlich wie beim alten Schröder. Es entspringt keiner Sorge, es bedarf keiner Sorgfalt. Es ist ein Schwang. Es geschieht, nun wie dermals, mit der durch nichts angefochtenen Unbefangenheit von Leuten, die nicht wissen, was sie tun, und ich habe keineswegs vor, ihnen zu vergeben.

Mit der ganzen Wahrheit herauszukommen, die Sache steht nicht wie vor zweihundert Jahren. Sie steht schlimmer.

Denn zu den fünf Gründen des Änderns, die Schröder bewegten, hat sich ein sechster hinzugesellt, einer, von dem Schröder nichts

ahnte und der die entscheidende Neuerung ausmacht: der Änderungsgrund Kritik.
Der neueste Bearbeiter sieht nicht nur die Schönheiten seiner Vorlage nicht; er schließt vor ihnen die Augen. Er hat eine Meinung vorgefaßt, welcher er alles gern opfert. Er kennt inzwischen den Begriff des dramatischen Kunstwerks, lehnt ihn aber ab. Er hat zählen gelernt. Wenn er nicht zählt, will er nicht.
Er zerstört also die Verhältnisse des Inhalts und damit notwendigerweise die der Form, auf welchen die ästhetische Wirkung sich gründet. Das Ausbleiben der ästhetischen Wirkung grämt ihn kaum; er nimmt es für die Bestätigung seiner Tapferkeit. Wolfgang Harich empfiehlt in seinem Dingo-Essai, zu dessen Absicht hier mit ein paar Festlegungen und Unterscheidungen beigetragen werden soll, für dieses Verfahren das Wort *Umarbeiten;* er ist einmal ein höflicher Mann. *Umarbeiten* – welch überaus verbindlicher Ausdruck für *Zum-Krüppel-Schlagen.*
Wie alle Verbrechen hat auch das Umarbeiten seine Moral. Sie setzt sich zusammen aus der vorgeblichen Pflicht, die für die des Tages ausgegebene Forderung der Mode zu befriedigen, und dem vorgeblichen Recht, das künstlerische Subjekt des Dichters als einen gewesenen Altväter-Wert zu mißachten. Das sittliche Urheberrecht wird, unter soziologischen Vorwänden, aberkannt. Die Befugnis zum Raub wird verkündet, der Räuber Schöpfer.
Das Wesen dieser Sittenlehre ist natürlich die imperialistische Verachtung des Subjekts, auch wenn einige Söhne der Umarbeiterklasse sich einreden, es sei die sozialistische. Ich erspare mir einen Gegenbeweis. Verachtung der Persönlichkeit ist nie sozialistisch.

*

Der Fachname, welchen die literarischen Buschklepper für ihre Beutestücke untereinander benutzen, lautet: *Adaption.*
Ich habe meine Gründe, Fremdworte, wo es geht, zu vermeiden. »Adaption« kann allerlei deutsche Bezeichnungen meinen, die irgendwie zwischen »Aneignung« und »Anpassung« angesiedelt sind. In dem Irgendwie steckt Gefahr. Vieldeutigkeit läßt sich zur Tarnung einer schlechten Sache benutzen, da ja im Verteidigungs-

fall immer unterstellt werden kann, man habe die gute im Sinn. Ich halte von Aneignung so viel, wie ich von Anpassung wenig halte. Ich vertrete den Standpunkt, daß das Aneignen von Klassikern auf andere Weise als der des Hinbiegens in Richtung einer jeweils herrschenden Narrheit vollzogen werden sollte.

Ja, gewiß, die Rede ist von Klassikern. Von wem sonst? Einem dürftig und verschollenen Stück einen vereinzelten Einfall oder den unterbedienten Gegenstand zu entlehnen, ist nicht Wegelagerei, sondern statthafte Inbesitznahme herrenlosen Gutes. Solches Nehmen ist Wiederfinden und fügt – im genauen Gegensatz zum Eigentumsvergehen – dem Besitzstand der Kultur Werte zu. Was nie geformt war, darf man als Rohstoff benutzen, nicht aber die Klassiker, welche, entgegen der bekannten Behauptung, Besseres zu reden hatten als Blech.

Ein Klassiker ist ein Künstler, der, von seinem Tod an gerechnet, hundert Jahre überlebt hat. Dieses Gesetz mutet seltsam an; sein Ursprung indes ist leicht zu erhellen. Innerhalb eines Säkels hat sich – jedenfalls seit der Neuzeit – die Gesellschaft mehrfach und grundlegend gewandelt, und es kann geschlossen werden, daß einer, dem die bisherigen Wandlungen keinen Abbruch taten, auch alle folgenden überdauern wird.

Man wird vergebens hoffen, unter Künstlern, die länger als hundert Jahre vergessen sind, etwa noch einen Klassiker hervorzustöbern. Man darf mit ebensolcher Sicherheit annehmen, daß der Künstler, der es hundert Jahre gemacht hat, nie aufhören wird, es zu machen. Er hat die Probe bestanden. Er hat Substanz, was sagen will: es ist in der seinerzeitigen Gültigkeit die überzeitliche enthalten.

Der Drang, einen Klassiker zu revidieren, entspringt mithin keinesfalls der Notwendigkeit, ihn für eine allerletzte Lage tauglich zu flicken, sondern vielmehr dem Unvermögen, seine Substanz und folglich seine Tauglichkeit für jedwede besondere Lage zu erkennen. Zu den mir unentschlüsselbaren Geheimnissen gehört das Denken von Dramaturgen. Ich kenne kein einziges klassisches Drama, von dem ich nicht schnell heraushabe, was es uns angeht und was es bei uns auszurichten imstande ist.

*

Das Angebot des Klassikers muß mit dem späteren Bedürfnis ästhetisch vermittelt werden. Es ist unbestritten. Es ist eine Aufgabe, aller Anstrengung wert. Aber Anpassen des Textes ist eine Lösung von der faulen Art: eine Antwort, die leicht zu geben ist, weil sie sich um die Frage nicht schert.

Das fabelmäßige und sprachliche Gefüge ist die wohlberechnete und einzige Gestalt, worin das Wesen des Kunstwerks zu erscheinen vermag. Was entsteht – bei allem aufgeregten Vorsatz, ein Stück zeitbezogen zu machen – wenn durch verschobene Gewichtsverteilung die Stimmigkeit verdorben ist? Es entsteht ein zeitbezogenes schlechtes Stück, also eine Sache, die, in der Zeit, ohnedem in übermäßigen Mengen hergestellt wird.

Harich redet in dem Zusammenhang von Schmarotzern. Sagte ich es nicht?, der Mann ist die reine Seelengüte. Ein Schmarotzer ist ein träg und hungriges Tier, das seinem Geschäftsfreund den Saft aussaugt, bis der stirbt. Aber wenn einer einem, aus journalistischem Appetit, den Wert aussaugt und anschließend den Leichnam zwingt, so als ob er noch lebe, Abend für Abend umzugehen und Unheilvolles zu verüben, – das nenne ich nicht Schmarotzertum, das nenne ich Vampirismus.

Der Geist, so schlage ich vor zu denken, wird mutmaßlich größer sein als der Zeitgeist. Klassiker sind nie einseitig, außer man legt sie um.

Wie unendlich dauerhaft sind die »Antigone«, der »Don Juan« der »Coriolan«. Wie kurzlebig, um nicht im bloß Allgemeinen zu bleiben, sind sie gewesen, als der Brecht sie auf den Brecht gebracht hatte. Für den eigentlich einzigen Fehler an Müllers »Macbeth«-Schändung erachte ich den Umstand, daß dieser Bearbeiter versäumte zu bedenken, daß es schwerer ist, den Namen Müller zum Begriff zu machen als den Namen Herostrat.

Wahrhaftig, sofern Brecht mit seinem »Coriolan« etwas bewiesen hat, dann eines: die Unersetzlichkeit des Shakespeare.

*

Zum Ergebnis zu kommen: Eingriffe in ein dramatisches Sprachkunstwerk sollten nur nach bedenklichstem Zögern vorgenommen werden. Nach Zögern? Sagte ich nicht, es sei durchaus verwerflich?

Ich meine, daß es in einem Fall nicht verwerflich ist: dem, daß das Stück nicht anders als geändert sich auf die Bühne bringen läßt. Das Bearbeitungsverbot endet, wo jedes Verbot seine Geltung verliert, bei der Not; Zeichen der Not ist die Unaufführbarkeit des unverbesserten Werkes. Die Unaufführbarkeit wird daran erkannt, daß es bisher nie – oder, denn ich mache gern Zugeständnisse, nie mit Erfolg – gespielt worden.

Es gibt in der Tat Klassiker mit einem Schaden: Erleuchtete die hinken, und die man nicht, gleich den alten Spartanern, als arme Krüppelchen in den Eurotas der Gesamtausgaben kippen sollte. Das Erbe muß nicht nur gepflegt, es muß, vorausgesetzt, es hat wirklich eine Krankheit, gelegentlich auch geheilt werden.

Eine Bearbeitung ist eine Körperverletzung, wie eine schwere Operation eine Körperverletzung ist; der Bearbeiter trägt dieselbe Verantwortung wie der Wundarzt. Im Regelfall des Adaptierwesens ist der Behandelte ursprünglich gesund und nach der Behandlung siech. Die gegenteilige Möglichkeit indes ist nicht auszuschließen. Wo ein Lahmer nach dem Eingriff wieder zu laufen vermag, hat der Doktor wohlgetan.

Bearbeiter sollten von den Wundärzten die Kenntnis des Körperbaus und das Glätten der Narben lernen, vielleicht aber nicht die bedingungslose Bereitschaft, Mortifikationen wechselseitig zu vertuschen.

Ich versuche im Folgenden, die drei Indikationen zu beschreiben, welche die Revision eines Klassikers rechtfertigen.

*

Die erste Indikation ist die pragmatische. Das Stück wird – so ist es üblich und oft unumgänglich – den gelegentlichen Bedingungen des gelegentlichen Spielorts unterworfen. Dieser Beweggrund ist ästhetisch äußerlich; seine Folgen müssen so geringfügig bleiben, wie er selbst ist. Es darf zum Stück gar nichts hinzugebracht, und es darf ihm nichts Wesentliches weggenommen werden.

Die Einrichtung fürs Theater ist die unschuldige Form der Bearbeitung.
Eine Oper hat einen unkräftigen Tenor und entschließt sich, auf die Bravourarie zu verzichten. Ein Schauspielhaus hat nur einen Spielplanplatz offen und zwängt den »Wallenstein« in einen Abend. Eine Vorstellung würde um 22 Uhr enden; die Busse fahren aber um halb zehn ab, und die Vorstellung wird gekürzt.
All das ist nicht sehr besorglich, Schröderei eben, und ginge zu vernachlässigen. Aber auch die Unschuld hat ihre Unverschämtheit.
Die Arie verfolgt wahrscheinlich einen dramaturgischen Zweck; es könnte vielleicht gezeigt werden, daß sie, wenn auch schlecht gesungen, gemeint und wenigstens auf die Art vorhanden ist. An Stelle des »Wallenstein« ließe sich vielleicht ein anderer Schiller spielen, (obgleich ich zugebe, daß er bis auf den heutigen Tag das einzige gute Trotzki-Drama geblieben). Es wäre vielleicht auch über eine Änderung der Fahrpläne zu verhandeln. Warum sollen immer die Dichter leiden, nicht ruhig auch einmal die Chauffeure?
Kürzungen haben ihre Tücke. Sie werden um des Erfolgs willen durchgeführt, und nicht selten verhindern sie ihn. Gerade was gestrichen ist, fällt – anders als man zu sagen pflegt – durch. Die entstandenen Leerstellen nämlich bilden weiße Flecke im Zusammenhang, aus dem aber jede ernste Anteilnahme nur rührt. Die Aufführung gewinnt Zeit und verliert Sinn, und statt der erhofften Kurzwird für gewöhnlich Langweile hereingestrichen.
Das Streichen von Sätzen, die man nicht begriffen hat, ist das zivilisierte Äquivalent für das Köpfen der Genies.
Ich verliere kein Wort über die widerlichste Form des Eintheaterns: das Umschreiben durch Dramaturgen oder Regisseure zum Behuf der Tantièmenerschwindelung. Der materielle Hebel für diese Albernheit ist das bei uns auch in anderen Gewerbszweigen eingeführte Fehlleistungsprinzip. Ein dummer Regisseur denkt nicht nach, dichtet und verdient Geld. Ein guter Regisseur denkt nach und kriegt auch nichts.
Dennoch: trotz solcher Vorbehalte, die mit zunehmendem Nach-

druck erhoben werden müssen, haben wir es im Fall der pragmatischen Indikation meist nur mit jener Schlamperei zu tun, von der klar ist, daß ohne sie die menschliche Gesellschaft erst gar nicht stattfände. Der Theateralltag darf die Vorrechte beanspruchen, die der Alltag hat. Die kleine Faulheit ist Teil des Lebens; erst die zur Schulmeinung erhobene Faulheit wird zur öffentlichen Bedrohung.

*

Die nächste Indikation taufe ich die ethnisch-soziologische. Sie betrifft Kunstwerke, die aus fremden – ausländischen oder vergangenen – Kulturen stammen, und deren Fremdheit, im einen oder anderen Punkt, in Unverträglichkeit mit dem Aufnahmevermögen unseres Hier-und-Heute umschlägt.

Der Vorgang tritt weniger häufig ein, als man will. Ein klassisches Drama, wo es entsprungen sei, wäre keines, wenn es sich nicht aus sich heraus begreifen ließe. Kein Stück ist gut, das etwa beim Zuschauer Kenntnisse voraussetzt. Geschichtliche Bildung oder Kunstverstand des Publikums ermöglichen demselben, tiefer in ein Drama einzudringen, aber ein Pfuscher von einem Dramatiker, wer auf solches Vorwissen sich verläßt.

Das ist gar nicht einmal eine Frage der Volksfreundlichkeit. Dem erlesensten Publikum kann nicht zugemutet werden, just über das unterrichtet zu sein, worüber sich der Autor mit Fleiß unterrichtet hat. Im Grunde ist es überhaupt keine Übermittlungsfrage, sondern eine ästhetische. Zur Vollkommenheit eines Kunstwerks gehört, daß es nichts an sich hat, was es nicht in sich hat und herzugeben in der Lage ist.

Und ich kann jene Prokrustes-Nationen, namentlich die Franzosen, kaum loben, die – so wie der bekannte Wirt seine Gäste für sein enges Bett – die ihrigen für ihre engen Hirne zurechthacken. Schon Goethe hatte mit ihnen seinen Ärger. Die Franzosen, sagt er, gleichen den Mathematikern; sie übersetzen alles in ihre Sprache, wodurch es dann auch sofort aufhört, vorhanden zu sein. Tatsächlich gibt es eine Sache, welche noch abscheulicher ist als die Adaption: die Adaptation.

So halte ich dafür, daß die ethnisch-soziologische Indikation nur angenommen werden dürfe, wo alles äußerste Bemühen um Erhellung der ungewohnten Sachlage scheitert.
Es kommt vor. Es gibt in manchen Sprachen Verse oder Redeweisen, die, selbst ins Deutsche, unübertragbar sind; hier müssen Entsprechungen gefunden werden. Es gibt, selbst bei manchem Klassiker, geschichtliche Umstände, die zu seiner Zeit mit solcher Selbstverständlichkeit bekannt waren, daß er vergaß, sie ausdrücklich in die Fabel einzuführen. An solcher Art Nachrichten, denke ich, darf der Bearbeiter Gelegentliches zurückdrängen und Notwendiges herauskehren.
Es gibt Schönheiten, die einst welche waren oder sonstwo welche sind, und die in der DDR nicht als solche sich herstellen lassen. Andere Länder haben nicht nur andere Sitten; sie haben ihre jeweiligen gesellschaftlich bedingten Denk- und Verhaltensmuster. Was dort a meint, kann möglicherweise hier Nicht-a meinen; das Unverständnis für gewisse Werte bringt Unverständnis für die auf diesen Werten sich gründenden Schönheiten mit sich, insonders dann nämlich, wenn uns die Werte nicht bloß dem Ziel, sondern auch der Haltung nach nicht schmecken, wie etwa die einfältigen Werte der Inder, Indianer oder mittelalterlichen Christen. Aneignen kann bei so beschaffenen Umständen tatsächlich Ändern heißen.
Aber ich bestehe, auch in den genannten Sachlagen, auf meiner Mahnung zur Behutsamkeit. Ein Drama errichtet eine Welt, und vollständig. Es teilt ja also doch natürlich auch sein innewohnendes Wertgefüge mit. Was als Einzelstelle irreführend wäre, rückt sich im Gesamtzusammenhang wieder zurecht. Noch die Einfalt könnte als Unbedingtheit gefallen. Eine Theaterkunst von hohem Bewußtseinsstand sollte fähig sein, andererleuts Wertgefüge als solches auszustellen und in richtige Beziehung zum eigenen zu setzen.
Wenn wir schon fremde Stücke nicht als fremde sehen mögen, wie sollen wir dann endlich lernen, die unsrigen als fremde zu sehen?
Ethnische Allergie, kurzum, spricht niemals gegen die fremden Stücke und immer gegen das Gastland.

*

Erst die dritte Indikation, die medizinische, ist die in Wahrheit befugte. Sie allein ist nicht bloß Rechtfertigung, sondern Recht; sie darf nicht sein, sie muß. Mit ihr allein lohnt, sich gewissenhaft zu beschäftigen.

Der unleidlichste Schaden an einem Drama besteht darin, daß es nicht fertig ist. Fragmente haben, als literarische Denkmale, ihren Reiz, (obgleich sie selbst als solche eine Angelegenheit unter Kennern bleiben). Auf der Bühne, wo seelische Beteiligung erregt wird, führt ein Abbrechen an der falschen Stelle zur Triebenttäuschung und kann nichts als verstimmen. Es dürfte getrost jemand, kein Oberlehrer, den »Demetrius« zu Ende schreiben.

Indes haben wir am »Demetrius« ein vergleichsweise einfaches Beispiel: er ist durch den Zufall des eingetretenen Todes unvollständig geblieben. Sehr viel weniger einfach sind solche Bruchstücke zu ergänzen, die entstanden sind, weil der Verfasser die Arbeit abgebrochen hat.

Ein berufsmäßiger Schriftsteller hat keine Launen. Ihm stößt nichts zu. Er weiß, was er tut, und, nicht minder genau, was er läßt. Wenn er, bei Lebzeiten, ein Werk unabgeschlossen weglegt, hat er nicht etwa nur die Lust verloren, er hat es nicht beenden können. Er hat im Ansatz geirrt und genügend Spürsinn besessen, den Irrtum, spät aber noch rechtzeitig, zu erkennen.

Hier fortzusetzen, ist eher schwerer als das Schreiben eines neuen Stücks. Die Wurzel eines Fehlers liegt stets an einer ganz anderen Stelle als der Fehler selbst. Der falsche Ansatz ist auszumitteln; er muß gerodet und eine neue Wurzel untergeschoben werden. Die Operation ist so heikel, weil das Übel meist im Anfang des Stücks vergraben und also von breiten Folgen ist. Es entsteht die Rechenaufgabe, wie den rettungsbedürftigen Teil zu retten, ohne die heilen Teile zu verderben.

Zugestanden: dieses Kunststück wird dem Bearbeiter durch Abstand erleichtert. Es kostet kleinere Mühe, eine vorhandene Fabel zu überschauen und auf ihre Bestform hin in der Vorstellung zu bewegen, als eine, die man selbst in qualvoller Kleinarbeit aus dem Nichts aufgebaut hat. Und doch, in einem – dem, wie sich eben einmal nicht leugnen läßt, entscheidenden – Punkte muß der Bearbeiter besser sein als der Klassiker. Man soll nicht glauben, daß die Weiterführung einer steckengebliebenen Fabel von einem geleistet werden könnte, der nicht im Grund die ganze Fabel auch hätte machen können.

Es gab in Berlin ein Jahr, wo, zufällig, zwei Dramatiker von zwei Theatern mit dem Vorschlag befaßt waren, Goethes »Pandora« und Kleists »Guiscard« zu restaurieren. Aus beiden Plänen ist nichts geworden. Ich will nicht erzählen, welcher Auftraggeber oder welcher Dichter es jeweils war, der gekniffen hat, aber hier wäre getriebener Lorbeer zu gewinnen gewesen, nicht der gestanzte, den die Mode verleiht.

*

Der Schaden, ein Bruchstück zu sein, hat einen Vorteil: er ist immerhin mit Sicherheit feststellbar. Wie steht es mit anderen Schäden? Inwieweit können sie den Tatbestand der medizinischen Indikation erfüllen? Gibt es unerträgliche Fehler in klassischen Werken?

Mir beginnt meine Eingangsmetapher nicht mehr recht hinzulangen. Sie hat ihre volle Stimmigkeit nur auf der Nagetierebene. Was auf Hasen trifft, trifft nicht notwendigerweise auf Götter. Wenn es hilfreich ist, Hasen überzählige Beine abzusägen, aber Götter haben bekanntlich Anspruch auf so viele Beine, wie sie wollen.

Echte Kunstfehler – Fehler, die im Unvermögen des Autors, nicht des Lesers, liegen – kommen, meine ich, überaus selten vor. Klassiker geben für gewöhnlich das Letzte. Die schlechten Stellen in einem guten Stück sind, kann vermutet werden, genau die, an denen der Verfasser sich am emsigsten geplagt hat. Wahrscheinlich sind sie unvermeidbar. Wahrscheinlich wäre das Stück ärmer, hätte es sie nicht.

Unzulängliche Welterkenntnis, außer sie hat den Autor gehindert, eine dramatische Gunst des Stoffes wahrzunehmen, ist nie ein Änderungsgrund. Unsere eigene Welterkenntnis ist, gemessen an der unserer Enkel, auch unzulänglich; warum eine Unzulänglichkeit durch eine andere ersetzen? Die Nachrichten der Kunst sind von

wichtigerer Art als die ihr zum Gegenstand dienenden Nachrichten.
Ich wiederhole: wollen wir die Irrtümer der Klassiker doch bei uns suchen.
Einige Klassiker, das ist wahr, schrieben in Hast und begingen daher Schludereien, etwa Lope. Sie hinterließen Stücke, die eine glänzende Eröffnung, eine mittelmäßige Durchführung und eine unbefriedigende Auflösung haben. Die Zeit, deren sie ermangelten, könnte ein Bearbeiter sich nehmen und durch umsichtigeres Lenken der Verwicklung oder eine zusätzliche Erfindung die vorgehabte Größe bis zum Schluß aufrechterhalten.
Einige Klassiker, das ist wahr, sündigten aus Angriffsleidenschaft, und die tiefe Anlage ihrer Erdichtungen ist von Zorn, Witz und Aufruhr überwuchert; ich rede von den englischen Dramatikern der Restauration. Sie also gälte es zu beschneiden.
Corneille, das ist wieder wahr, war in das Regelwerk seiner Glücksumschwünge so verliebt, daß er dieselben, insonders in den späteren Tragödien, abrasseln ließ, auch wo er sie aus dem Gang der Fabel nicht mehr zu begründen vermochte. Hier wären tüchtigere Verursachungen Verbesserungen.
In all solchen Fällen aber ist auch der Fehler aufhebenswert. Die heitere Haltung des Schluderns, die aufsässige des Überbordens und die pessimistische der rhetorischen Künstlichkeit ist von den grundlegenden Absichten jener Dichter untrennbar und muß, auch im verbesserten Stück, gleichsam zitatweise erscheinen.
Soviel – oder so wenig – hiervon. Ein der Menschheit verlorenes Drama von Wert der Menschheit wiedergewonnen und aus der möglichen Erstrangigkeit in die wirkliche Erstrangigkeit hineingearbeitet zu haben: das ist die einzige Erlaubnis einer Bearbeitung und macht sie, gelingt sie, zum Kunstwerk.
Ich habe einen Gewissensfall nachzutragen, folgenden. Ein Autor empfindet an einem älteren Stück als Schaden, daß er das Gefühl hat, er könne es vollkommener schreiben. Ich setze, das Gefühl trügt nicht; dann ist die Frage nicht sinnlos. Wie ist zu raten? – Ich neige zu der Meinung, er solle das alte Stück ungerupft lassen, unter

Beibehaltung des bewährten Risses dieselbe Geschichte aus seinem neuen Ideenvorrat heraus neu schreiben und sich dem Vergleich stellen. Dies ist mitstrebender Wettkampf, dankbare Gegnerschaft; dies ist, was die Antike machte. Es ist alt und ehrenhafte Übung, seit es überhaupt Drama gibt.

*

Der Leser soll wissen, daß ein langer Aufsatz sehr wohl noch länger sein könnte. Es wäre übers angemessene Herangehen an Halbklassiker zu sprechen, übers Umsetzen einer Gattung in eine andere, über die allerletzte Ruchlosigkeit, Dramen, bei Erhaltung des ursprünglichen Wortlauts, allein mittels Spielverweigerung zu vernichten, oder über das Gefühl der Demütigung, welches Kanonen sicherlich empfinden, wenn man sie zum Beschuß von Spatzen gebraucht. Irgendwann muß man aufhören.
Ich fasse meine Ansicht in ein paar Grundsätzen zusammen, nach denen sich andere richten oder nicht richten werden. Sie sind mein kleiner Katechismus; leider gibt es keine Sonntagsschulen für Adaptateurs, wo man ihn ihnen einprügeln könnte.

– Die beste Bearbeitung ist das Begreifen.

Das meint: die Arbeit, ein Drama zu ändern, ist klein, verglichen mit der, zu seinem Kern vorzudringen. Schiller dachte ungewöhnlich klug; ausgerechnet eine Schauanstalt sollte besser denken? Wäre es nicht ihre höchstmögliche Klugheit einzusehen, daß sie schlechter denkt? Gewohnheit des Bearbeitens ist ein untrügliches Zeichen für Herrschaft des Flachsinns.

– Bearbeitet werden darf nur ein Stück, das, in irgendeiner Hinsicht, Fragment ist.

Das meint: wenn ein Stück überhaupt aufführbar ist, ist es auch gut aufführbar. Eben die schwierigen Stücke fordern die großen Theaterleistungen heraus. Der Professor Schumacher hat aus dem Umstand, daß »Erik XIV« und »Götz« in Berlin durchfielen, mit Schärfe geschlossen, daß Strindberg und Goethe schlechte Dramatiker sind; er verkörpert gewissermaßen den Typ des bearbeitenden Rezensenten. Ein Umarbeiter wieder ist im Grunde nichts anderes als ein unwissender Kritiker, der vor der Tat nicht zurückgeschreckt ist.

– Gute Stücke sollen bearbeitet werden, nicht schlechte.

Das meint: falls das Bearbeiten eine eigenständige Kunstübung ist, – und ich habe behauptet, es ist eine, – wird es sich, wie jede Kunst, nicht an belanglose Gegenstände verschwenden. In ein Stück ohne Gediegenheit läßt sich auch keine hineindichten.

– Ziel des Bearbeitens ist nicht Kritik am Stück, sondern das Stück.

Das meint: was angestrebt – und vermocht – sein muß, ist, das potentiell gute Stück aus der Potenz in den Akt zu heben und seine vorgehabte Schönheit in statthabende zu verwandeln. Die Kunst des Bearbeitens ist also eine Hebammenkunst, (und nicht die des Plato, dessen Sokrates außer der Hebamme offenbar stets zugleich auch der Kindsvater ist; denn er holt aus seinen Patienten nie etwas anderes heraus, als was er vorher selbst in sie hineingesteckt hat).

– Der Bearbeiter muß ein mindestens ebenso guter Schriftsteller sein wie der Bearbeitete.

Das meint: Shakespeare, folglich, darf niemals . . .

*

Aber nein. Der Name Shakespeare ist nun zum dritten Mal aufgetaucht; ich habe meine Vortragsart zu ändern.

Meine bisherigen Gründe waren, schmeichle ich mir, sachlich und von Gegnern einsehbar. Sie bezogen sich auf die Zweckmäßigkeit des Bearbeitens und sein voraussichtliches künstlerisches Geraten. Sie bezogen sich allenfalls auf Erwägungen des Anstandes und der Schicklichkeit, Erwägungen also, die in der verkommensten Gesellschaft auf solche des letztendlichen Nutzens sich zurückführen lassen.

Jetzt will ich mit besserem Maß an die Frage herangehen. Die Rede ist von Ehrfurcht vor den Klassikern.

Klassiker sind Menschen, die, vom Glück der Geburt und der geschichtlichen Lage gesegnet, mehr zu Wege brachten als die Menschen neben ihnen. Sie hatten es durch ihre Vorgezogenheit nicht

leichter als wir, sicher schwerer. Aber wir rühmen sie nicht um ihrer Tugend willen, sondern um ihres Glücks.
Sie nahmen in hohem Grade vorweg, was der Mensch sein kann. Sie haben die Götter arbeitslos gemacht. Sie sind heilig: in ihnen ehren wir den Menschen.
Die Genies sind der Beweis der Hoffnung.
Der fromme Schauder, mit dem ein Höhlenbewohner sich vor seinem Fetisch niederwarf, war nicht so unterentwickelt wie die Frechheit, mit der heutige Theater sich mit dem Shakespeare auf du und du stellen. Der Troglodyte ahnte doch noch, was ihm abging.
Ich schwärme nicht, ich bin bei bester Vernunft. Ich will die Klassiker ungetadelt, nicht unangewendet. Ich will sie beweihräuchert und verstanden. Ich glaube an sie; denn ich habe die Erfahrung gemacht, daß sie mich niemals im Stich lassen.
Und man sollte sie nicht auf einen Sockel stellen? – Gewiß nicht. Sie stehen da längst.
Wer das nicht sehen kann, weiß seinen Platz nicht.

Das Arboretum

Unlängst, an einem der letzten Tage im April, erlebte ich seit geraumer Zeit wieder einen Fall von Nachwuchs. Ich habe derlei Begegnungen nicht oft. Ich glaube, Schriftsteller, die eine Schule bilden, wirken mehr durch Auffälligkeit der Mittel als durch Tiefe, und solche gar, die sich mit Jüngern umgeben, bringen, kann vermutet werden, eher durch eine gewisse Unzüchtigkeit der Seele sich zur Geltung, als daß sie, durch künstlerische Zucht, die Welt zum Gelten brächten. Überdies habe ich in keinem Abschnitte meines Lebens auch nur einige Neigung zur Jugend erheuchelt, welcher Umstand derselben kaum verborgen bleiben konnte; jeder Mensch lebt in der Welt, die er sich eingerichtet hat. Es wäre dies freilich kein Gesetz, wenn es nicht Ausnahmen zuließe. Der Nachwuchs erschien gegen drei Uhr mittags, traf mich folglich im Bademantel und verdarb mir noch den gesamten Tag. Er erzählte, er sei ein Pfarrerssohn, der sich mit seinem Elternhaus überworfen und hiernach, unbotmäßiger Auslassungen halber, von der Universität entfernt worden; ich hatte gegen diese Vorgeschichte nichts einzuwenden, war andererseits auch nicht bereit, sie als untrüglichen Beweis seines Berufenseins entgegenzunehmen. In seinem Gebaren entdeckte ich nicht das mindeste Ermutigende. Die Vernachlässigung seines Äußeren schien mit bloß naturwüchsig und ganz kunstlos, auch sein Geist hatte etwas Vernachlässigtes. Er war unverschämt und schüchtern, feindselig und vertrauensvoll, ungebildet und eitel auf Tupfen von Erziehung, und wenn ich eine Grundhaltung an ihm feststellen müßte, wäre es die, daß er, was er immer tat, am falschen Ort tat. Er haftete mir in dumpfer Redseligkeit an. Ich wollte, er wäre nicht gekommen. Ungefähr eine Woche später schickte mir der Nachwuchs eine Niederschrift, die er von unserer Unterredung angefertigt hatte, mit dem Ersuchen um Berichtigung. Ich finde, daß er, was er hat auffassen können, einigermaßen ähnlich wiedergegeben hat, und teile seine Aufzeichnung hier mit.

* * *

Es ist seltsam zu sehen, wie ein Geist, der für einen gewissen Abschnitt der literarischen Entwicklung doch manches Erhebliche beigetragen hat, sich durch kleine, äußerliche Mißgeschicke in Unsicherheit setzen läßt. Ich traf H., während er sich ankleidete; ich hatte keinerlei Grund, ihm das zu verübeln. Ich teilte ihm mit, daß ich Schriftsteller sei und Gutes mitbrächte. Aber er war über dem Umstand, daß ich ihn bei unvollkommener Garderobe überraschte, dermaßen verlegen, daß er keine bessere Eröffnung zustandebekam als den Satz:

Haben Sie wohl schon von der Einrichtung des Fernsprechwesens gehört, lieber Herr?

Ich hätte die Frage getrost übergehen können, beschloß aber, ihm bei der Wiederherstellung seiner Unbefangenheit behilflich zu sein, und entgegnete:

Die Zelle war beschädigt, so kam ich einfach herauf.

Unglaubliches Benehmen, äußerte H., wozu ich schwieg. Das bloße Beschimpfen jener Menschen, die in Telephonzellen, also gewiß an noch vorläufiger Stelle, ihr Mißbehagen vergegenständlichen, mag des Lokalteils der Berliner Zeitung würdig sein; von einem Autor, der für sich in Anspruch nimmt, den Zugang zu seiner Gegenwart noch nicht völlig verloren zu haben, wäre über diese bezeichnende und, wenn man sie zu sehen versteht, gleichermaßen düstere wie versprechungsreiche Zeiterscheinung doch wohl Wesentlicheres zu erwarten gewesen. H. schien das Ausbleiben meines Widerspruchs für Zustimmung zu nehmen. Er fing sich einigermaßen und sagte:

Da Sie einmal da sind, sollen Sie in Gottes Namen dableiben. Ich gehe jetzt ins Bad, und wofern Sie so lange warten, werde ich danach eine halbe Stunde für Sie Zeit haben.

Solche Beschränktheit konnte ich nicht unangefochten lassen.

Woher wissen Sie, fragte ich, daß es eine halbe Stunde sein wird?

Weil ich dann fortgehe.

Wohin?

Ins Arboretum.

Was ist das für ein Platz?

Oh, eine Art Baumausstellung.

Haben Sie eine Beziehung zu Bäumen?, forschte ich.

Keine sonderliche, gab er zu.

Warum besichtigen Sie sie?

Nun, heute ist der erste schöne Tag seit über einem Jahr, und Bäume . . . immerhin, es gibt eine Menge Dinge, die weniger unterhaltend sind als Bäume, nicht wahr?

Indes könnten Sie dort auch später hingehen?

Ja.

Oder ein andermal?

Richtig.

Sie sehen, folgerte ich, Sie haben so viel Zeit, wie Sie wollen.

Unzweifelhaft, sagte er, und ich will genau eine halbe Stunde Zeit haben.

Ich erkannte, daß es nicht leicht sein würde, ihn aus der Kleinlichkeit seiner Gewohnheiten herauszulockern. Das Schrecklichste am Alter ist wohl das Unvermögen, sich auf anderen als eingefahrenen Bahnen zu bewegen. Aber schließlich, es waren seine Zwänge, unter denen er litt, und der Gedanke, daß er es war, der etwas von mir zu empfangen hatte, nicht ich von ihm, hinderte, daß ich mich von seiner Verklemmtheit anstecken ließ. Er brachte mich in seine Wohnung, die, wenn ich einen sehr schönen Farbfernseher ausnehme, lediglich mit Gebrauchtmöbeln eingerichtet ist. Ich fand nichts zu tun und überdauerte die Länge der Weile, indem ich mir den Gegenstand, den zu besprechen ich gekommen war, noch einmal durch den Kopf schob: die Frechheit, die Unfähigkeit und kurzum das allgemeine Versagen der Kritik.

H. kam wieder und sah aus wie frischgebadet. Ich erriet den Grund: er war es. Was kann ich für Sie tun?, fragte er.

Ich hielt mich nicht damit auf, die Floskel richtigzustellen. Ich bin soeben aus jener gewissen Residenz eingetroffen, begann ich.

Haben Sie gegessen?

Eine Bockwurst, im Speisewagen. Kennen Sie das Drama, welches der Kritiker N. geschrieben hat?

Gründlichst.

Sie haben es gelesen?

Ja, ich habe hineingeblickt.

Ich sah gestern Abend die Uraufführung. Ich bin also der erste, der Ihnen Nachricht davon gibt, und ich denke, Sie werden begierig sein, den Ausgang der Sache zu hören.

Auf alle Fälle. Wie war es?

Unbeschreiblich. Das Stück hat nur deshalb nicht alle Fehler, die ein Stück überhaupt haben kann, weil es gar kein Stück ist; zum Ausgleich enthält es eine Reihe von Fehlern, die selbst das schlechteste Stück nicht enthalten könnte. Die Aufführung war in der Tat deckend. Es kam zu keinem Aufruhr, weil die Zuschauer zu ermattet waren, um Empörung zu fühlen. Die Veranstaltung begann in Hoffnungslosigkeit; in dem Augenblick, wo sie vorüber war, hatte sie nicht stattgefunden. Auf Einzelheiten zu kommen . . .

Aber das ist alles sehr traurig, unterbrach H.

Traurig!, rief ich aus.

Schlechte Stücke machen mich traurig, erklärte H. Ich weiß, es gibt unzählige davon. Aber, wie närrisch es sein mag, jedes einzelne von ihnen ist imstande, in mir den Kummer zu erneuern, den ich darüber empfinde, daß es so wenig gute gibt.

Das ist eine allgemeine Einstellung, entgegnete ich, aber dieses besondere Stück stammt von Ihrem Feind.

Meinem Feind?, fragte H. überrascht.

Nicht?, fragte ich zurück.

Aber N. ist ein Kritiker.

Eben.

Wie, fragte H., und seine Miene wollte mir einreden, er meine, was er sagte, – wie kann ein Kritiker mein Feind sein?

Dieser Mann, sagte ich geduldig, setzt Sie aufs Schmählichste herab, ohne Ihre Absichten – die ich selbst keinesfalls billige – oder Ihren Rang – an dessen Endgültigkeit ich selbst mehr als nur gelinden Zweifel hege – im mindesten begriffen zu haben. Es ist notwendig, daß Sie ihn verabscheuen.

Natürlich ziehe ich diejenigen Kritiker vor, räumte H. ein, die mich hinaufsetzen, ohne mich im mindesten begriffen zu haben. Aber von welcher Sorte sie sind, sie erfüllen ihre Pflicht, und ich habe das Recht nicht, Leute zu verabscheuen, weil sie ihre Arbeit verrichten.

Ich redete zu ihm wie zu einem Kinde.

Seit 20 Jahren predigt N. der Nation über die Begebenheiten des Theaters. Er verdammt die Fehler der Bühnenwerke, der alten wie der neuen, er lobt ihre Vorzüge, er erteilt den Schriftstellern Lehren hinsichtlich der kunstgerechten Weise, in ihrem Geschäft zu verfahren. Er wagt, mit einem Wort, Richtsprüche zu fällen: heute über Sie; in naher Zukunft wird er sich nicht scheuen, über mich zu richten. Und nun schreibt er ein Stück, und was kommt an den Tag? Er besitzt nicht den Schatten von einem Begriff, was ein Stück überhaupt sei.

Aber das hat Ordnung, sagte H.

Sie wollen jetzt vorbringen, einem Kritiker sei erlaubt, selbst nicht dichten zu können.

Nicht genau das. Ich will vorbringen, daß die Gabe des Dichtens einem Kritiker durchaus verboten ist.

Weshalb?

Weil ein Kritiker, der zu dichten vermöchte, kein Laie wäre.

Allerdings.

Und weil er, wäre er kein Laie, kein Kritiker sein könnte.

Würden Sie das wiederholen?

Nur als Laie ist ein Kritiker in der Lage, ein objektives Urteil über seinen Gegenstand abzugeben.

Hören Sie! Wer über Kunst urteilen will, muß die Bedingungen ihres Zustandekommens kennen.

Das muß er.

Er muß ferner jenen berufsmäßigen Blick auf die Welt haben, der sie unter keinem anderen Gesichtspunkt als dem ihrer Stofftauglichkeit betrachtet.

Sehr gut.

Folglich kann ein Laie über Kunst nicht objektiv urteilen.

Nein, sicher nicht, sagte H. Wieso denn über Kunst?

Sie sagten: über den Gegenstand der Kritik.

Aber der Gegenstand der Kritik, versetzte H., das ist doch nicht die Kunst.

Die Sache schien für ihn abgetan. Ich meinerseits vermochte nicht zu erkennen, worauf er hinauswollte, auf Geistreiches oder auf bloß Albernes, und ich begnügte mich damit, in anteillosem Tone zu fragen:

Was ist der Gegenstand der Kritik?

Gegenstand der Kritik, erläuterte H., ist der Bewußtseinsstand des Publikums. Was eine Zeit von der Kunst fordert, und was sie, denn das läuft auf eins hinaus, an ihr begreift, das allein ist, was wir der Kritik entnehmen sollen. Die Kritik unterrichtet uns nicht über den ästhetischen Wert eines ästhetischen Gebildes, sie unterrichtet uns über dessen Wirkung auf eine jeweils statthabende und vorübergehende Öffentlichkeit. Jede gegenteilige Annahme wäre zum Totlachen. Nicht die Kritik ist der Maßstab, an welchem man die Kunstwerke mißt, – Sie sehen sogleich, daß der Satz keinen Sinn ergeben kann. Die Kunstwerke sind der Maßstab, woran man die Kritik mißt. Da die Kunstwerke ein unverrückbarer Maßstab sind, sind die Nachrichten, die die Kritik über sich selbst liefert, brauchbare und genaue Nachrichten.

Wer auf der Welt hat das Verlangen, etwas über die Kritik zu erfahren?

Über die Ansprüche des Publikums? Aber die sind für uns alle sehr wichtig, nicht wahr?

Vielleicht. Nur, um die Ansprüche des Publikums kennenzulernen, – reichte es nicht hin, man stellte sich vor ein Theater und fragte die Herauskommenden nach ihrer Meinung?

Jetzt sinken Sie auf die Ebene der Soziologie. Was Sie in dem Fall zu hören bekämen, wären erste Ansichten, freiwillige, also zufällige. Es wäre die bloße Erscheinung des öffentlichen Wollens, nicht das öffentliche Wollen. Es wären Urteile von Zuschauern, nicht das Urteil der Zuschauerschaft. Das Wesen eines Sachverhalts, auch eines innern, kann nicht ohne Arbeit erkannt werden; diese Arbeit leisten die Kritiker.

Wie?

Indem sie sich zu Fachleuten des Laientums herangebildet haben. Das Publikum ordnet aus seiner Mitte Personen ab, die genug Oberflächlichkeit besitzen, um täglichen Theaterbesuch zu erdulden, genug Glauben an Vorurteile, um, was sie gesehen zu haben meinen, ganz frank herauszusagen, und eine gewisse aufsaugende Durchschnittlichkeit, die sie in den Stand setzt, sich von dem, was alle für angenehm erachten oder bald für angenehm erachten werden, durchdringen zu lassen. Ihre Fühlorgane sind nicht auf die Bühne, sie sind auf den Zuschauerraum gerichtet. Sie sind gleichsam die Zungen des Publikums, welche den Zeitgeschmack sowohl empfinden als auch aussprechen. Die großen Kritiker sind, in dem Bild zu verweilen, die feineren Zungen; so hat Kerr die Wedekindmode und Ihering die Brechtmode eher erleckt als andere.

Wedekind, Brecht! Das waren doch wohl mehr als Moden.

Um einiges mehr; aber das, was sie über die Mode hinaus waren, kümmerte die Kritik nicht. »Ein Schriftsteller begeht eine Verräterei an seinem Zeitalter, wenn er nach dem Geschmacke desselben sich bequemt. Das Zeitalter soll nicht ihm, sondern er diesem die Stimmung geben.« Das ist ein trefflicher Ausspruch, wie?

Ja. Von wem?

Leider von Georg Jacoby.

Er widerspricht dem, was Sie sagen.

Verstehen Sie doch: er gilt für Schriftsteller. Er macht den Unterschied deutlich. Ein Kritiker verrät sein Zeitalter, wenn er dessen Geschmack verfehlt und sich etwa erdreistet, ihm einen besseren, von dem er keine Nachricht haben kann, vorschreiben zu wollen.

Ich würde gerne zur Wirklichkeit zurückkehren, schlug ich mit großer Bestimmtheit vor, beispielsweise zu dem Geschmack jenes Begutachters, von dem wir reden. Wissen Sie überhaupt, was Sie da entschuldigen?

Wie denn nicht, fragte H. zurück. Ich lese es doch.

Diese bei aller Verschwommenheit des Vortrags tödlich sicheren Fehlurteile ...

Es sind die des Publikums.

Diese Frechheit in der Berufung auf angeflogene Kenntnis und also Zuständigkeit ...

Aber das Publikum, es ist zuständig.

Dieses Unvermögen, Stück und Aufführung auch nur im Gröbsten auseinanderzuhalten ...

Das Publikum sieht, was es zu sehen bekommt.

Diese Feigheit, politische Bosheit und unverhohlene Mißgunst ...

Unser guter N., sagte H. geduldig; schließlich ist er auch nur ein Mensch.

Wer ein Kunstwerk anschaut, beharrte ich, hat es mit einem verwickelten Gefüge zu tun, dem Ergebnis einer widersprüchlichen und sinnvollen Gegeneinandersetzung von Teilen.

Ja.

Es genügt also weder, einzelne Züge an ihm zu erfassen, wenn man außerstande ist, sie in den Zusammenhang zu ordnen, noch genügt, einem allgemeinen Gesamtbild sich hinzugeben, wenn man den Eindruck nicht durch die Besonderheit seiner Hervorbringung belegt hat.

Unzweifelhaft, so ist es.

Besagter N. nun, er macht sich des einen Fehlers schuldig wie des nur scheinbar anderen. Er sieht grundsätzlich den Baum ohne den Wald, oder aber er sieht den Wald und darin nicht einen einzigen Baum.

Gut, daß Sie mich darauf bringen, entgegnete H. Es ist ja die höchste Zeit fürs Arboretum.

Wollen Sie leugnen, daß es so schlimm steht?

Leugnen?, seufzte H. Lieber Herr, Sie sind zu jung, um auch nur zu ahnen, wie schlimm es steht.

Ich kenne, fuhr er fort, diese Leute seit einem Menschenalter. Ich verfolge ihren Voranmarsch, wie sie machtvoll von Näpfchen zu Näpfchen schreiten, hoch aufspritzend das Fett; ich beobachte sie, mit welcher Andacht sie vor jedem alten Hut ... mit welchem Stumpfsinn sie vor jedem neuen Tore ... es übersteigt ja allen Ausdruck. Sie reden von angeflogenen Kenntnissen. Wissen Sie nicht, daß die Kritik überhaupt nichts kennt? Ich, nur weil ich das Beispiel zur Hand habe, pflege Anleihen, die ich mache, immer offen als solche auszustellen; es ist das für mich eine Frage der Reinlichkeit, und ich bin, ehrlich gesagt, auch immer ein wenig stolz auf die Geschicklichkeit meiner Diebstähle. Nach einer gewissen Weile bemerkte ich, daß die Kritik sich herausnahm, mich für derlei Entlehnungen, die ich selbst ihr verraten hatte, auch noch zu tadeln, und ich beschloß, zwei derselben, nachdem ich sie durch Beibehaltung der ursprünglichen Namen gekennzeichnet hatte, für mich zu behalten.

Welche?

Die erste war der Grundgedanke des »Moritz Tassow«. Die gesamte Kritik hat, ihrem Bildungsstande gemäß, den Vornamen Moritz von Wilhelm Busch abgeleitet. In Wahrheit heißt mein Moritz nach dem Helden – genau zu sein, dem Titelhelden – eines der berühmtesten deutschen Dramatiker, aus dessen Stück ich den Einfall herhabe.

Und die andere?

Die andere Entlehnung ist der Stoff von »Margarete in Aix«. Er entstammt dem Roman eines führenden Prosaschriftstellers der Weltliteratur; ich konnte mich also darauf verlassen, daß die Kritik annehmen werde, er stamme von mir.

Ich muß übrigens gestehen, sagte ich, daß auch ich es nicht weiß, und ich bin auf die Auflösung sehr neugierig.

Nein, nein, wehrte H. erheitert ab. Die Sache liegt jetzt seit 15 Jahren im Dunkel, und da soll sie bleiben, bis ein Zufall sie ans Licht bringt; denn auf den Umstand, daß unter den Tausenden von Rezensenten, die über die vorgedachten Stücke gehandelt haben oder noch handeln werden, nicht ein einziger einige Übersicht in der Literaturgeschichte hat, baue ich nicht minder fest als auf das Amen in der Kirche.

Ich frage mich, bemerkte ich nachdenklich, weshalb Kritiker so selten geohrfeigt werden.

Ich bitte Sie!, verwies mir H. meine Überlegung. Wenn Sie irgend Anspruch auf Würde erheben wollen, schlagen Sie sich diese Frage nur schnell aus dem Kopf. Es ist in äußerstem Maße unschicklich und streng untersagt, einer Rezension zu erwidern. Unter den Klassen der literarischen Republik sind die Kritiker die Unberührbaren.

Aber wieso?

Ein Tabu schützt sie.

Das ist kein Grund.

Jedes Tabu, lieber Herr, ist die Formel für ein Bündel von Gründen.

Warum sagt man dann nicht die Gründe?

Vermutlich, weil sie keine Freude machen. Einsicht in die Notwendigkeit eines Mißstandes stellt ja noch keine wirkliche Hilfe gegen das Unbehagen an ihm dar. Man muß mit Kritikern leben; so ist seelisch noch am gesündesten, die Lage, an welcher sich nichts ändern läßt, durch Brauchtum zu befestigen. Aber ich kann Ihnen die Gründe natürlich nennen, auf Anhieb mindestens drei.

Nennen Sie den ersten.

Die oberste Regel aller Kämpfe, sagte H., lautet: nur ein Verrückter legt sich mit Leuten an, deren Zeit weniger kostbar ist als seine. Was nutzt Ihnen alle Geistesschärfe, wenn man Sie, statt Ihnen Rede zu stehen, einfach übermüdet? Und dann bedenken Sie: Rezensenten treten, anders als Schriftsteller, nicht vereinzelt auf. Selbst wenn Sie über ein sehr dickes Fell verfügen sollten, – wie viele Rezensenten finden nicht in einem einzigen Fell Platz.

Ferner?

Nun, natürlich sind sie nicht satisfaktionsfähig.

Und drittens?

Drittens? Drittens gibt es überhaupt keinen Anlaß, ihnen zu zürnen. Sie sind doch keine Verleumder. Sie sagen doch aufrichtig, wovon sie meinen, daß es überall gemeint werde. Wollen Sie das Publikum ohrfeigen? Sie können es nicht, so wenig wie Nero, der auch schon viel Lust dazu hatte, und, lieber Herr, ich versichere Ihnen, Sie sollten es nicht können wollen. Das Publikum hat seine Weise, in dem Unrecht, das es hat, Recht zu haben. Es zwingt Sie zu etwas Mühe. Für ein gutes Publikum Kunst machen, das kann Lehmanns Kutscher auch. Aber für ein Publikum, wie es wirklich ist, Kunst machen, lieber Herr: das ist Kunst.

Jetzt, verkündete ich, sehe ich Ihren Fehler.

Was sehen Sie?, fragte H. erstaunt.

Alles, was Sie sagen, äußerte ich mit Sorgfalt, gilt unter der Voraussetzung, daß der Gegenstand der Kritik nicht das Kunstwerk, sondern die Befindlichkeit der öffentlichen Meinung sei.

Unter welcher sonst?

Eben die bestreite ich.

Sie bestreiten sie?

In der Tat.

Sie widersprechen mir?

Allerdings.

Mein Gott, sind Sie langweilig. Am Ende werde ich es Ihnen noch beweisen müssen.

Wenn es so stünde, wie Sie behaupten, hätten sich die Kritiker ja völlig anders zu verhalten. Sie dürften nicht schreiben: dieses ist, jenes ist nicht. Sie würden ihre Besprechungen mit Sätzen beginnen wie: »Ich hatte den Eindruck, als ob . . .« oder: »Wenn es mir denn vergönnt ist, mein Gefühl und das manches Ähnlichfühlenden zu schildern . . .« Sie geben zu, daß sie so nicht reden.

H. gab es zu.

Sie reden über Kunst, und ohne jede Bescheidenheit, die ihr Urteil als ein nicht maßgebliches einschränken würde.

Ja, es ist ein wahres Glück, daß sie so reden, sagte H. Was bliebe denn von einem unmaßgeblichen Urteil noch übrig, wenn es auch noch mit Bescheidenheit vorgetragen würde? Das Subjektive, das wir einer Kritik zu entnehmen wünschen, tritt doch nur mit erträglicher Schärfe hervor, wenn es mit all dem bißchen Ernst, mit all dem bißchen Beschlagenheit und Erfahrung, über die so ein Mann verfügt, ergründet worden ist. Der Kritiker muß seinen Gegenstand verwechseln, um über seinen wahren Gegenstand Auskunft geben zu können. Er muß sein Gegenüber mit »Herr Weltgeist« anreden und beileibe nicht merken, daß er es bloß mit dessen sächsischem Imitator, dem Zeitgeist, zu tun hat. Die Sache geht ein wenig kraus her, was ja nicht gegen ihre Durchführbarkeit spricht. Die Form, in welcher die Kritik Auskunft über das Publikum erteilt, ist die des Kunsturteils. Sie formuliert Ewiges, um Gegenwärtiges zu bedeuten. Wenn Sie das endlich eingesehen haben, werden Sie aufhören, sie so entsetzlich ernst zu nehmen, und Sie werden sich eine Menge Kummer ersparen.

Sagen Sie jetzt nicht, fragte ich, daß ich die Gegenwart nicht ernst nehmen sollte?

Sie wollen Schriftsteller werden?, fragte er zurück.

Ich habe begonnen, es zu sein.

So wollen Sie doch die Schriftstellerei ernst nehmen?

Sicher.

Hieraus, fürchte ich, folgt, sagte H. in dem lebhaften Ton, den er annimmt, wenn er entmutigende Meinungen zur Sprache bringt, daß Sie ihre Zeit nicht ganz in dem Maße ernstnehmen dürfen, in welchem sie sich selbst ernstnimmt.

Ich weiß im Augenblick nicht zu entgegnen, erwiderte ich und dennoch: alles in mir bäumt sich . . .

Himmel!, rief H., das Arboretum! Ich muß eine Kraftdroschke bestellen.

Ich wiederhole, und verbürge mich mit meinem Ruf und Namen: er benutzte das Wort Kraftdroschke.

Sie sind mir, beharrte ich, den versprochenen Beweis schuldig.

Den Beweis?, fragte er. Wovon?

Den Beweis, daß Rezensenten eigentlich nicht über Kunst handeln.

Mein Beweis, versetzte H., besteht darin, daß Sie der einzige Mensch auf Gottes Erde sind, der das überhaupt annimmt. – Wer über Kunst handelt, fuhr er fort, muß der nicht einige Anstrengung einsetzen?; ich rede schon von keiner geistigen Anstrengung, ich rede einfach von Zeit. Muß er nicht, um etwa beim Beispiel einer Theateraufführung zu verweilen, das Stück gelesen haben, über gewisse geschichtliche Tatsachen aus der Zeit seiner Entstehung wie aus der, in welcher es spielt, Bescheid wissen und endlich, auf Grund literaturgeschichtlicher Bildung, das Stück mit historisch oder ästhetisch ähnlichen Hervorbringungen in Vergleichung zu setzen vermögen?

Er muß dies alles, bestätigte ich, und vieles mehr.

Und, fragte H., wie viele Kritiker haben unsere führenden Zeitungen?

Jeweils einen, erwiderte ich und ahnte, worauf er hinauswollte.

Was folgt?, fragte er. Dieser Mann berichtet über alle Aufführungen in Berlin. Eingestanden, es sind ja lächerlich wenige für eine vorgebliche Kulturstadt, aber es sind immerhin ziemlich viele für einen einzelnen Mann; – und er berichtet noch über die wichtigsten Aufführungen des Landes. Er hätte nicht die Zeit, das mit Verantwortung zu besorgen. Und wieviel Geld gibt man ihm? Eben wenig genug, um zu zeigen, daß man nichts besseres zu kaufen beabsichtigt als die Äußerung einer ununtersuchten Geschmacksmeinung, und daß man das Ausüben eines zusätzlichen Hauptberufs von ihm natürlich erwartet. Sein Nichtvorbereitetsein ist vertraglich festgelegt. Er könnte über Kunst nicht handeln, selbst wenn er es wollte, nicht.

Warum wehrt er sich nicht?

Er will sich nicht wehren. Er hat das richtige Verständnis von seinem Gewerbe, kein törichtes wie Lessing. Entsinnen Sie sich, wie es Lessing erging, als er unternahm, Zeitungskritiker zu werden? Er brauchte seine Weile, und er hatte die Besprechung des Abends vom 28. Juli 1767 genau im April 1768 fertig.

Was folgt?, machte ich ihm nach. Daß Zeitungen an Kunsturteilen nichts gelegen ist.

Weil dem Leser daran nichts gelegen ist. Was entnimmt der Leser der Kritik über ein Ereignis? Ob es gefallen hat: – eine Nachricht über das Publikum.

Wollen Sie behaupten, niemand wünsche etwas über den Wert von Kunst zu erfahren?

Ich bin weit entfernt, das zu behaupten. Die Menschheit will und muß es herausbringen. Es ist ja immerhin für diesen Zweck eine Wissenschaft eingerichtet, die Kunstwissenschaft. Sie, lieber Herr, haben, bevor Sie die Hohe Schule für entbehrlich hielten, ein paar Jahre in diesen Zweig der Gelehrsamkeit hineingeschaut; ist Ihnen nun niemals aufgefallen, daß die Philologie es verschmäht, die zeitgenössischen Kritiker eines früheren Schriftstellers überhaupt zu lesen?

Das stimmt nicht. Sie selbst nannten soeben Lessing. Und wie ist es mit Wieland, Goethe, Börne, Heine, Fontane ...

Seien Sie nicht abgeschmackt. Wir sprechen von Kritikern.

Es gibt Sammlungen alter Rezensionen.

Ja, um der Belustigung willen. Und wenn wir über den Autor aus ihnen lernen, dann dieses einzige: unter was für ulkigen Leuten der Mann hat dichten müssen. Das ist natürlich keine unwichtige Nachricht, aber es war und bleibt die ausschließliche Nachricht der Kritik. Für die Vergangenheit ist das klar und unangefochten. Es ist nur seltsam, daß jede gegenwärtige Zeit von sich immer wieder glaubt, sie folge anderen Regeln als alle Zeiten vor ihr.

Er entfernte sich nach diesen Worten, und ich hörte ihn im Nebenzimmer nach einem Taxi telephonieren.

Es ist soweit, meldete er, als er wieder eintrat. Das Mietautomobil kommt.

Warum nennen Sie das Ding nicht Motorfiaker?

Motorfiaker? Das ist ein artiger Name, aber sind Sie sicher, daß er auch hinreichend gebräuchlich ist?

Leute, die ein Übermaß an Paradoxen von sich geben, verstehen – es ist eine langjährige Beobachtung von mir – ihrerseits nicht einen einzigen Witz. Ich sagte:

Die Literaturwissenschaft fällt also Ihrer Meinung nach Kunsturteile?

Sicher, sagte er, das tut sie.

Objektive?

Objektive.

Uns bleibt noch Zeit, sagte ich, bis das Taxi eintrifft. – Ich hatte mir, während er telephonierte, einen erstklassigen Gegengrund zurechtgelegt, und den fädelte ich nun ein.

Besagter Kritiker N., so begann ich aufs Unverdächtigste, dessen dümmliche Einschätzungen wir ihm nicht verübeln dürfen, weil sie ihrer Bestimmung nach das Wesen unserer Werke in keinem Punkt berühren ...

Sollten Sie mich kapiert haben?, äußerte H. verwundert.

Ist er nicht, fragte ich arglos, Professor der Literaturwissenschaft?

Soweit ich weiß, ja, erwiderte H., der den Schlag noch nicht empfunden zu haben schien. Doch, doch, ich glaube bestimmt, er ist es.

Und ist er nicht demnach verpflichtet, wurde ich deutlich, unsere Werke auch ihrem poetischen Wesen nach zu erfassen?

Um Himmelswillen, warum denn?, sagte H. Was hat denn die Philologie mit der neuen Kunst zu schaffen?

Womit hat sie zu schaffen?

Mit der alten, versicherte H. Erinnern Sie sich doch an das Bißchen, was Sie von Ihren bedauernswerten Lehrern gelernt haben. Wie arbeitet denn die Literaturwissenschaft? Haben Sie je erlebt, daß sie sich mit künstlerischen Fragen befaßt hätte?

Niemals. Und eben darum ...

Sie befaßt sich mit künstlerischen Fragen, indem sie sich nicht mit ihnen befaßt. Sie erforscht die Lebensläufe der Autoren, ihrer Eltern und Voreltern, nicht minder auch die gut und schlechten Eigenschaften ihrer Freunde und Frauen. Sie berichtigt verdruckte Wortlaute, bringt sie in Übereinstimmung mit den Handschriften und sondert sie ab von den Entwürfen. Sie legt Verzeichnisse der von einem Schriftsteller benutzten Wendungen an oder führt Listen darüber, wer vor oder wer nach wem über was gedichtet habe. Sie unternimmt Beschreibungen von Inhalten und setzt dieselben in Verhältnis zu einer Vielzahl politischer und philosophischer Meinungen. Sie stellt, und mit unabweisbarer Richtigkeit, eine Unmenge Dinge fest, die das als Gemeinsames an sich zeigen, daß sie das Kunstwerk selbst nicht betreffen. Das Aufwerfen künstlerischer Fragen ist in ihren Zunftgesetzen ausdrücklich verboten. Das Schiboleth, woran sie den Gehorsam gegenüber denselben prüfen, ist die Verwendung des philologischen Und.

Das philologische Und, was ist das?

Es ist das Und, welches sich in Aufzählungen findet wie: Heine *und* Werth, Marlitt *und* Courths-Mahler, Brecht *und* Wolf . . .

Ich habe das allerdings bemerkt. Und ich habe nie begriffen, welche innere Verbindung der genannten Namen ihre grammatikalische Koppelung rechtfertigt.

Der Teufel mag es begreifen, – falls er in seiner Hölle so sehr streng verdammt ist, daß er dort die Weimarer Beiträge lesen muß.

Die Literaturwissenschaft, demnach, verfügt über kein Gültigkeitsmerkmal für ästhetische Rangordnungen?

Doch, doch, über ein ganz sicheres. Es lautet so: die künstlerische Höhe eines Schriftstellers ist gleich der Stapelhöhe der über ihn vorhandenen Sekundärliteratur. Hieraus ergibt sich, daß ein neues Werk von vornherein nicht gut sein kann, und Sie, lieber Herr, würden diese Voraussetzung sicher für einen Fehler halten. Aber was ich Ihnen zu erklären versuche, ist, daß neue Werke das Gebiet der Literaturwissenschaft gar nicht sein können. Die Literaturwissenschaft ersetzt Verständnis durch Emsigkeit, Angemessenheit des Verfahrens durch Geduld. Um auszumitteln, was einem Künstler in einem Jahr eingefallen ist, braucht sie hundert, aber die nimmt sie sich. Die Philologie verfolgt die Literatur, nicht wie Achill die

Schildkröte, sondern wie die Schildkröte den Achill, und ohne ein Eleat sein zu müssen, könnte man wetten, daß sie sie nicht einholen würde, wenn es sich nicht eben so verhielte, daß Helden früh sterben und Schildkröten ein unglaublich hohes Alter erreichen.

Sie haben gesagt, sagte ich, der Gegenstand der Kunstwissenschaft sei die Kunst.

Die alte.

Sie haben ferner gesagt, ihre Mittel seien grundsätzlich ungeeignet, ihren Gegenstand zu treffen.

Aber das beunruhigt sie nicht. Sie bekommt ihn ja nie zu Gesicht.

Sie sagen also, die Kunstwissenschaft liefere zutreffende Angaben über einen Gegenstand, den sie nicht einmal kennt.

Richtig.

Wie soll das hergehn?

Sehr einfach: das Kunstwerk bleibt, nachdem sie sich mit all dem Unzugehörigen beschäftigt hat, übrig. Seine Ränder sind scharf geworden. Es ist mit Tatsachen ummauert; jede falsche Ansicht über es muß an dieser steinernen Grenze zerschellen. Man weiß mit solcher Genauigkeit, was es nicht ist, daß es sich am Ende, und in aller Geruhsamkeit, als das herausstellt, was es ist. Sie glauben mir nicht, was? Ich habe, als ich das Unglück hatte, in Ihrem Alter zu sein, versucht, die Urteile dieser Wissenschaft umzustoßen. Ich wollte die Literaturgeschichte neubewerten, Denkmäler stürzen und Gemeuchelte zum Leben erwecken. Ich habe wenig Hoffnung, Sie zu überzeugen, aber es war alles Firlefanz. Ich habe in jedem einzelnen Fall, statt die Gelehrten zu verbessern, mich verbessern müssen. Die Griechen *sind* unübertrefflich, es *gibt* keine elizabethanische Dramatik, Molière *ist* besser als seine englischen Stoffdiebe und der späte Schiller als der frühe. Die Urteile stimmen. Die Toten sind schuldig. Die Denkmäler stehen.

Eine Pause trat ein, die etwas wie Ergriffenheit beinhaltete. Ich entzog mich der Stimmung und sagte:

Ist Ihnen denn wohl nie in den Sinn gekommen, daß diese Meßkünstler lügen?

Nein, nein, sagte er, das ist nicht Lügen. Das ist eine kleine Eigenheit, die bei ihnen zur Wahrheitsfindung gehört.

Ich las bei Düntzer . . .

Düntzer, rief H., ist er nicht ein ausgezeichneter Mann! Ein Muster seiner Art.

Ich las bei Düntzer . . ., setzte ich ungerührt fort; – ich führte den Text nur dem Sinne nach an, gebe ihn aber hier so wieder, wie ich ihn inzwischen nachgeschlagen habe. – Ich las bei Düntzer die folgende Briefstelle der Charlotte Stein, die sie schrieb, als sie sich bereits zwei Jahre lang über den nach Italien entwichenen Goethe gegrämt hatte: »Alles will nach Italien bei uns. Ich sage Alles, und es ist doch nicht so ganz wahr; ich selbst lobe mir mein Zuhaus, und wem zu Haus nicht wohl ist, dem ist nirgend wohl, und ist nur eine solche Reise eine Palliativkur«.

Nun?

Hiernach schiebt Düntzer ein: »Das kann unmöglich auf Goethe sich beziehen sollen, wie man gemeint hat.«

Ein besonders schöner Fall von philologischem Kretinismus sagte H. bewundernd. Und er stützt meine Behauptung. Goethe war für Düntzer neue Literatur, nicht alte; es waren ja keine siebzig Jahre vergangen.

Wohlan, erwiderte ich. Aber ich las bei Schlösser . . .

Anselm?

Anselm Schlösser.

Ja, der ist auch gut.

Bei Schlösser in seiner Erklärung der Shakespeareschen Sonette . . . Sie würden Shakespeare als alte Literatur bezeichnen?

Inzwischen doch, gestand er zu.

Er schreibt gegen Fachgenossen, welche leugnen, daß die Sonette an einen Herrn gerichtet sein könnten, (und auch diesen Kernsatz jetzt wörtlich): »Diese und ähnliche überflüssige Ausflüchte legen den Verdacht nahe, daß ihre Erfinder insgeheim an eine homosexuelle Beziehung geglaubt haben könnten.«

Hier ist allerdings die Hundertjahrgrenze überschritten, sagte H. aufgeräumt, aber die Philologie muß nicht nur lang, sie muß auch breit sein, und der Professor Schlösser ist nicht die Philologie. Derlei unterläuft. Sie haben noch immer nicht die Schaffensweise der Literaturwissenschaftler begriffen. Die Literaturwissenschaftler sind Positivisten, Tatsachenfreunde, und bekanntlich gibt es keine voreingenommenere, wegsehendere Einstellung als die positivistische. Vom Literaturwissenschaftler wird, anders als vom Kritiker, der sich ja der Einbildung hingibt, er habe eine Meinung über ein Kunstwerk, kein ästhetisches Urteil verlangt; so ist er in viel höherem Grade als jener kunstfremden Anmutungen zugänglich. Er verarbeitet die Weisungen seines Vorgesetzten mit dem gleichen Ernst wie jede andere seiner Quellen. Diese Kärrner wissen immer schon vorher, wohin die Karre läuft. Das Ziel ist niemals das Wahre, stets das Brave, und der Fleiß, mit dem sie schieben, wird natürlich gebremst durch die Angst, die ihnen in den Rädern knirscht. Sie alle schreiben mit eherner Stirn und zitterndem Herzen.

Das war zu beweisen, sagte ich.

Ich habe nie bestritten, daß sie ein wenig langsam sind, sagte er, aber hören Sie denn nicht?, es hupt.

Ich begleite Sie hinunter.

Das müssen Sie wohl, da Sie ja schlecht oben bleiben können.

Er nahm also an, daß ich vorhätte, ihn in seiner Wohnung zu erwarten. Die Idee war mir in der Tat gekommen, ich hatte sie aber verworfen. Als ich zu ihm ins Taxi stieg, sagte ich:

Ich habe wirklich nichts Besseres zu tun. Ich kann ebensogut in Ihrer Richtung fahren wie in jeder anderen.

Er rückte beiseite, offensichtlich froh über die Gelegenheit zum Weitersprechen, die er zu einer Art Zusammenfassung benutzte.

Der Kritiker arbeitet mit dem behenden Werkzeug des Geschmacks, und sein angemessener Gegenstand ist der öffentliche Geschmack, von dem wir übrigens nicht annehmen dürfen, daß derselbe sich einfach als Quersumme aus den Urteilen, welche von den einzelnen Mitgliedern des Publikums gefällt werden, ergäbe.

Das Publikum selbst ist ja nicht unbeeinflußt. Der ästhetische Zeitgeist, es grob zu sagen, ist das ästhetische Grundinteresse der jeweils herrschenden Klassen, vermittelt über die Interessen ihrer politischen Vertreter, ihrer Bureaukratien und ihrer publizistischen Apparate und abgetönt wieder durch das örtliche Herkommen, die Weltmode, das Abwechslungsbedürfnis des kunstliebenden Gemütes, das Wetter und viele andere Umstände; über ihn jedenfalls wissen die Kritiker Bescheid. Wenn die Kritiker die Zungen der Minute sind, sind die Literaturwissenschaftler die Rattenzähne der Ewigkeit. Ihr nagendes Werkzeug heißt Unverdrossenheit; sein angemessener Gegenstand ist die entlegene Kunst, und sofern sie wähnen, über jüngere Kunst zu arbeiten, ist das in Wirklichkeit Vorbereitung für das gewisse Ergebnis, das sie in hundert Jahren erzielt haben werden; man muß ihnen da nicht zuhören, sie sind nicht zu Ende. Keiner von beiden, weder der Kritiker noch der Philologe, hat Entscheidungsgewalt über Gut und Schlecht, Neu und Überholt, Wichtig und Belanglos an einem zeitgenössischen Dichter. Keiner von beiden handelt über gegenwärtige Kunst oder stuft ihren Rang ein. Sie tun es freilich, der Form nach, fortwährend, aber das ist nicht, wofür wir sie schätzen. Wer sich ihrer notwendigen Selbsttäuschung anschließt, wer das Auseinandergehen ihres inhaltlichen Anspruchs und ihres eigentlichen Inhalts nicht erfaßt, kränkt beide Berufe und setzt sie im Wert herab. Es ist so leicht wie billig, Leute zu überfordern und dann zu zeigen, daß sie das Ziel nicht erreichen. Nein, nichts gegen die Kritiker, nichts gegen die Philologen. Ich dulde keinen Angriff gegen sie.

Platen, (den hatte ich auswendig), schreibt: »Wehe der Nation, deren Dichter von den Kritikern am Gängelbande geführt werden!«

Sehen Sie, sagte H., er denkt wie ich.

Das Platen-Zitat war, während der ganzen Fahrt, mein einziger Einwurf gewesen, und die Art, wie ich abgefertigt wurde, ist überaus bezeichnend für den Verlauf unseres Gesprächs. Wenn ich den heutigen Abend darauf verwende, es für mein Tagebuch festzuhalten, weiß ich wohl, daß ich keinen besonders guten Eindruck mache. H. redet sehr schnell. Er unterschiebt dem, was man gesagt hat, den Sinn, den er wünscht, während er seine eigenen Darlegungen so zu wenden weiß, daß er dem Partner das Wort abschneidet, obgleich er sich den Anschein gibt, er ließe ihm Frist zur Erwiderung. Der Leser hat mehr Zeit zum Denken und Entgegnen als der Redende, und je öfter ich meine Aufzeichnung überlese, desto stärker gelange ich zu dem Eindruck, daß sich, was er vorbringt, von selbst erledigt.

Eine Ecke noch, sagte H., dann bin ich endlich angelangt.

Natürlich ist er nicht einfach dumm. Die Sache ist: ich hatte ihn nach der Wahrheit gefragt, und er hatte mir mit dem Leben geantwortet. Es verhielt sich ähnlich, wie wenn sich ein Jüngling bei einer alten Hure nach der Liebe erkundigt. Was sie ihm erzählt, wird schon stimmen, nur eben nicht zu seiner Frage.

Am Eingang des Arboretums, der in wunderlicher Weise an den eines Dickhäuterhauses erinnert, reichte H. mir die Hand und stellte sich zur Kasse. Er wollte, so schien mir, meine Eintrittskarte nicht bezahlen. Dieser Mann ist aus den Jahren, wo man noch weiß, was gewöhnlichen Menschen eine Mark bedeutet: ich überwand die kleine Peinlichkeit, indem ich nicht zögerte, ihn dahin zu belehren, daß von zwei wahlberechtigten Personen auch der Besitz zweier Billetts erwartet werde.

Wer, nahm ich sodann den Diskurs wieder auf, urteilt denn nun befugtermaßen über neueste Kunsterzeugnisse? Wer erkennt Kunst?

Der weiß, was es ist.

Die Künstler?

Es versteht sich ja von selbst. Das Gesetz der verzögerten Billigung der Genies hat zwei Wurzeln: die Späterkennung des Genies durch die Welt und die Früherkennung des Genies durch sich selbst. Der Beifall, wie wir haben begründen können, kommt lange nach dem Vorliegen des genialen Werkes; er kommt aber noch sehr viel länger nach dem Augenblick, worin das Genie zum Bewußtsein seiner eigenen Genialität gelangt ist. Alle Genies haben also an sich, sich unverstanden zu fühlen. Dennoch, lieber Herr, gibt es kein verkanntes Genie in dem Sinn, daß die ebenbürtigen Geister nicht von ihm gewußt hätten. Verkannt, das meint nur: die Zeitschriften wußten es nicht.

Er blickte unstet in die Gegend und sagte unvermittelt:

Von den meisten Bäumen sehen Sie noch erst die Dramaturgie.

Aha, bemerkte ich höflich.

Nun ja, sagte H., oder wie nennt man das? Das Geäst, oder das Gerippe. Man sollte Bäume wie Theaterstücke nur in kahlem Zustand bewerten. Man hat dann die Fabel, und von der hängt alles ab; wenn sie gut ist, ist der Erfolg sicher, ganz gleich, mit was für Dialog sie immer belaubt wird.

Ich mußte ihn zur Ordnung rufen.

Wir haben, hob ich an, zu untersuchen, warum ausschließlich die Künstler ...

Von Ausschließlichkeit war keine Rede. Es müssen nicht Künstler sein. Marx wußte, was es ist. Hegel wußte es.

Wer also weiß es?

Jedes Genie.

Genie, aber Sie sprechen dauernd von Genie.

Sollte ich das nicht?

Heißt das nicht ein Problem mit einem Rätsel lösen? Was ist Genie?

Genie ist das Vermögen, den eigenen Weltzustand als fremden zu begreifen und mithin die Tatsachen, die von der Menge für allgemeingültig hingenommen werden, als Stellen innerhalb eines Feldes von Möglichkeiten zu orten; so packt das Genie die Tatsachen mit voller Hand und nicht nur an den paar Henkeln, die ihnen gewachsen sind. Am Geniebegriff,lieber Herr, ist kein Geheimnis. Er ist die simple Beschreibung eines bestimmten Denk- und Verhaltensmusters. Die Genies verstehen sich untereinander so mühelos, wie Postbeamte sich verstehen, weil sie in der gleichen Sprache denken. Stil-, Zeit- und Klassenunterschiede zu zeigen, überlassen sie den mittleren Begabungen; sie selbst, wie, das im Vorbeigehn, das Volk, ähneln sich stets. Sie haben ein Ziel im Auge: die äußerste Verwirklichung der äußersten Möglichkeit, und wer den Blick hat, hat den Blick für Kunst, auch wenn die sein besonderes Handwerk eben nicht ist. Haben Sie je gewußt, daß Eichbäume blühen können?

Worauf er hindeutete, war ein Gewächs mit unreifen Blättern, von dem eine Art olivfarbener krümeliger Raupen herabhingen.

Nicht also nur die Kartoffel, äußerte H., auch die Eiche ist eine Blume.

Kann nicht éin Kritiker ein Genie sein?, fragte ich.

Es ist nicht sehr wahrscheinlich, erwiderte H. zerstreut. Er kann geniale Einsprengsel haben und diese oder jene geringfügige Wahrheit aufgabeln. Aber wäre er ein Genie, wäre er kein Kritiker. Schauen Sie, einer, der das Zeug hat, Schuhe zu machen, wird doch Schuhmacher, nicht Schuhrezensent.

Er wandte seine Aufmerksamkeit erneut ab und einem honigartig schimmernden Buschwerk zu.

Es ist eine eigene Schwierigkeit mit goldfarbenen Gehölzen, sagte er. Nehmen Sie diese Konifere, es ist eine Scheinzypresse. Solange Winter ist und alles dürr herumsteht, wirkt sie ermutigend und täuscht goldenes Sommerlicht vor. Kaum aber beglänzt die Sonne das erste lebendige Grün, wirkt sie einfach vertrocknet. So geht es auch gewissen Leuten, die meinen, ihrer Zeit voraus zu sein: wenn die Zeit dann nämlich herangekommen ist, erscheinen sie, in ihrer ganzen verfrühten Frische, welk. Seiner Zeit Voraussein ist übrigens kinderleicht, es wird allgemein überschätzt. Der Pfiff besteht eher darin, zugleich ganz in seiner Zeit und ganz außerhalb ihrer zu leben. Es gibt also völlig richtig den Begriff Immergrün und nicht den Begriff Immergelb.

Dies war die Stelle, wo mir endgültig die Lust verging. Er war offenkundig nicht mehr willens, seinen Kopf zusammenzuhalten, und ich nahm meine Rache an ihm, indem ich ihn, nach knappem Abschied, stehnließ, mochte er sich nun ärgern oder nicht.

Drei Blicke auf Tasso und ein schielender

Die Mißhelligkeiten zwischen diesem Dichter und dieser Staatsführung haben keinen inhaltlichen Grund. Tasso vertritt keine andere Meinung als der Hof von Ferrara. Eben das ist, warum das Stück hundertfünfzig Jahre lang unspielbar war und warum der Sozialismus so starken Anlaß hat, sich um es zu bemühen. Die Auseinandersetzung ist gruppenpsychologischer, nicht politischer Natur. Das Werk, wenigstens hierüber ist kein Streit möglich, handelt nicht von Klassenkämpfen. Wovon handelt es?

Die Antwort scheint leicht und beim ersten Hinsehn zu finden. Es handelt von den Begebenheiten Goethes bei Karl August. Goethe glaubte an diesen Herzog, dieser Herzog glaubte an Goethe, und wenn die gegenseitigen Erwartungen im Verzicht endeten, so lag das an der ewig und grundsätzlichen Unvereinbarkeit des politischen und des poetischen Herangehens an die Welt. Der Wirkungskreis des Völker- und der des Seelenlenkers sind einmal nicht zur Deckung zu bringen. So ging es in Weimar, so geht es im »Tasso«. Hiervon, von dem gewöhnlichen Ärger der Leitung mit der Dichtung und der Dichtung mit der Leitung, ist, so läßt das Drama uns glauben, die Rede.

Der zweite Blick macht uns am ersten irre. Wir sehen, wenn der Vorhang aufgeht, Ferrara, nicht Weimar. Das dürfen wir als einen Kunstgriff nehmen, der dem Autor gewisse Peinlichkeiten der Namensnennung und die Nötigung zu ablenkender Naturähnlichkeit erspart und der zugleich den Gegenstand auf eine geistvollere und ideale Ebene versetzt; einen solchen Kunstgriff, ganz sicher, stellt es dar. Aber eine Metapher ist nie nur das, wofür sie steht; sie ist stets auch ein wenig, was sie ist. Man kann aus einem Kunstwerk nicht den Stoff hinausästhetisieren. Der Stoff hat die Würde der Wirklichkeit, und kein Dichter, der unmanierlich genug wäre, die zu verleugnen.

Ferrara ähnelt Weimar, und es ist größer. Es ist um das Ausmaß größer, um welches die Gesellschaftsform der Renaissance den aufgeklärtesten deutschen Absolutismus überragte. Goethe malt Riesen mit italienischen Locken, nicht sächsische Zwerge mit Zöpfen. Der Fürst Ferraras zeigt nicht bloß das treue Wohlwollen Karl Augusts, dem Goethe seinen Dank nie entzog, und den wir Deutschen, solange wir noch ein Buch zu entziffern vermögen, mit Rührung verehren müssen. Er zeigt die große Kunstliebe jener wiedergebärenden Stadtdespoten, das epochale Mäzenatentum jener Zeit, in welcher der politische und der künstlerische Ruhm eines Landes eine untrennbare Einheit bildeten. Ebenso ist Antonio nicht ein Tätiger aus den Zuständen der Kleinstaaterei, in denen es nichts zu tun gab; er ist vom Umfang eines Macchiavell; Kenner und Kunstfreund auch er. Beide, der Fürst wie Antonio, haben im Stück ihre kleinen Eitelkeiten, die sie uns menschlich näherrücken; der tatsächliche Wert ihres Handelns indes wird durch dieselben im mindesten nicht eingeschränkt. Kurz, das Drama beschreibt nicht einen erträglichen Hof, es setzt den vollkommenen. Seine Aussage, läse man es so, lautete: die wünschenswerteste Wirklichkeit ist außerstande, ein Genie zu ertragen.

Ich blicke zum dritten Mal hin und stutze wieder. Tasso wäre Das Genie? Der Dichter? Torquato Tasso war der Verfasser des »Befreiten Jerusalem«, und er war verrückt. Wenn Goethe, der sanftmütigste aller Beurteiler, eine Sorte von Leuten haßte, dann waren das verrückte Dichter.

Ich schlage vor, für wahr zu halten, daß Goethe seinen Helden haßte. Aber, so ginge einzuwenden, der Tasso des Stücks hat unverkennbare Züge des Autors. Das ist richtig. Es sind eben die Züge in Goethes Wesen, die Goethe an sich verabscheute, und die zu überwinden ihn so viel Mühe gekostet hatte. Er wußte, und nicht ohne Schauder, daß seine Anlagen, hätte er sie nicht der Vernünftigkeit unterworfen, einen Teufel aus sich würden herausgebrütet haben. Vielleicht ist das schwierigste Geschäft für ein Genie, zu begreifen, daß die Welt kein Traum ist.

Goethe hatte eine gute Weile gebraucht, es zu begreifen, und es ist die Länge dieses Erkenntnisvorgangs, welche erklärt, warum das Stück sich nicht mit einem Mal herstellen ließ und seine Entstehung sich über Jahre hinzog. Natürlich war Goethe von Kind auf kein Dummkopf. Es war, seit er zu schreiben begann, seine Gewohnheit, sich aus seinen Eigentäuschungen und gefahrvollen Sehnsüchten zu retten, indem er sich als unverantwortlichen Helden auf die Bühne brachte und verurteilte. In dem Sinn ist Götz Goethe, oder Clavigo. Zugleich pflegte er, was er an sich zu erarbeiten vorhatte, seinem Negativportrait als Widerpart entgegenzusetzen, in Gestalt des Weislingen also oder des Beaumarchais. Antonio ist ein Selbstentwurf wie Tasso, freilich in durchaus anderer Meinung. Es mag sein, daß Tasso Goethe mehr beschäftigte als Antonio, aber, die Fabel und Goethes Leben beweisens, Antonio hat Goethes Billigung.

Die dritte Lesart demnach wäre: der bestmögliche der Staaten leidet an einem begabten aber krankhaft lebensuntauglichen Schriftsteller, der nichts im Kopf hat, als die Geduld seiner Mitmenschen bis zu ihrem Zerreißpunkt hin auszuproben. Allein in dieser Lesart geht die Handlung auf, so allein läßt das Stück sich spielen. Wir erfahren schon im ersten Akt, daß Tasso verrückt ist. Die Auslegung, daß erst der Zusammenstoß mit der Welt sein Gemüt zertrümmere, löst sich bereits in der Exposition in Gernhabenmöchten und Rauch auf.

Der entscheidende Auftritt ist der Streit mit Antonio. Antonio, von den unappetitlichen Anmutungen eines Schwärmers, der zu fühlen glaubt, bloß weil er nicht verstanden hat, belästigt, macht alle äußerste Anstrengung zur Höflichkeit, und als die Beilegung an Tassos Zudringlichkeit scheitert, ist er erhaben genug, die Schuld am Mißlingen voll auf sich zu nehmen. Kann hier noch gefragt werden, auf wessen Seite der Autor zu finden ist? So, mit solchem Ekel, hat Goethe sich der Anbiederungen eines Lenz oder Klinger erwehren müssen.

Auf Antonios Scheitern folgt das des Herzogs. Er begnadigt Tasso, und sein ganzer Erfolg ist, daß Tasso mit ihm schmollt wie mit einem blutsaufenden Tyrannen. Um den Ernst des Vorgangs nicht zu unterschätzen, muß man sich an die Bedeutung des Duellverbotes erinnern. Das Duellverbot war eine der wichtigen Waffen des Absolutismus gegen die feudale Rückschrittlerei. Das Austragen von Zweikämpfen war, in der Lage, kein Zeichen von Hochherzigkeit, sondern ein offener politischer Angriff gegen die Grundlagen des derzeit fortschrittlichsten gesellschaftlichen Gefüges. Es waren eben diese rechtsfreundlichen und adelsfeindlichen Tugenden des Absolutismus, um derentwillen Goethe bereit war, mit dieser unzulänglichen Form des Klassenkompromisses immerhin zu koexistieren, insonderheit er gegen die andere politische Idee, die zu jenen Tagen erörtert wurde, die bürgerliche Revolution, zwei sehr gute Einwände hatte. Erstens war der Kapitalismus in Deutschland nicht machbar, und zweitens schmeckte er Goethe nicht.

Tassos anderes Verbrechen, der Kuß, ist in gleicher Art zu beurteilen. Es spricht für die Prinzessin, daß sie über die Tiefe des Verständnisses verfügt, den Dichter zu lieben. Es spricht gegen den Dichter, daß er glaubt, diese Liebe in fleischliche, also politische, Wirklichkeit umsetzen zu können. Solange es historischen Sinn hat, daß Prinzessinnen vorkommen, ist unsinnig, sie zu behandeln, als wären sie keine. Die Macht des Geistes, so hatte Goethe gelernt, ist von seltsamer Beschaffenheit. Sie ist zugleich unbegrenzt und nichtig. Die Stimme des Dichters wird auf der gesamten Welt vernommen, sehr wohl auch von den Herrschenden; er hat den Schlüssel, zu bannen und zu lösen. Hiermit, das muß er wissen, ist ganz vereinbar, daß er in dem Räderwerk, von dessen reibungslosem Zusammenspiel die Gesellschaft nun einmal abhängt, nicht etwa nur ein kleines Rad ist, sondern gar keines. Jeder Manufakturist jeder Dorfgendarm ist mächtiger als er. Er ist das unbestrittene Licht der Menschheit, aber er gehört ihr nicht an. Tasso will den Herzog in Sachen der Staatskunst beraten und Prinzessinnen küssen. Der Ort, wo er landen wird, ist nicht der Olymp. Es ist das Narrenhaus.

Man hat, hoffe ich, den Zusammenhang nicht verloren. Ich bringe was ich vorbringe, nicht als meine Ansicht vor, sondern – welche Ulke dieser gerissene Nasführer und Publikumsverärhter über den Gegenstand immer in die Welt geschwindelt haben möge – als diejenige von Goethe. Tasso ist von überheblicher Lebensfremdheit, anmaßlicher Weltschmerzlerei. Tasso genießt seinen Verfolgungswahn in der Form des Selbstmitleids. Sein jämmerlich deutscher Hang, das Wesen der Dinge in der Grube seines Busens zu erwühlen, sein sich ins unmißverständlich Lächerliche steigerndes Prahlen mit seiner Unbehaustheit, welche doch nur die verschönernde Innenseite seiner Unleidlichkeit, sein ganzer, es mit einem Wort zu fassen, Wertherismus: es ist die vollständige Summe der Eigenschaften, auf die Goethe Zeit seines erwachsenen Lebens mit der empfindlichsten Abneigung erwiderte. Goethe war ein wesentlich politischer Denker. Seine Aufmerksamkeit gehörte der Frage nach dem Ausführbaren. Er sah klar, wie leicht es ist, das Unmögliche zu verlangen, wenn man sich jeder Verantwortung für sein Zustandekommen entschlägt; er erkannte, wie große geistige Faulheit es verrät, dem Anraten seines Jahrhunderts sich zu fügen und verrückt zu werden. Er steckte sich, in der Tat, erreichbare Ziele. Er nahm sich nicht viel mehr vor, als, in allen ihren Zweigen, die deutsche Literatur zu erfinden, die deutsche Nation herzustellen und ein paar Vorschläge über das Leben nach dem noch gar nicht eingetretenen bürgerlichen Zeitalter auszuarbeiten. Diese Ziele hat er erreicht. Gelegentlich höre ich sagen, er sei ein politischer Müßiggänger gewesen.

Ist denn dieser Schriftsteller überhaupt nicht mehr bekannt? Hat denn niemand mehr »Klassik und Romantik in Italien« oder »Bedeutende Fördernis durch ein einziges geistreiches Wort« gelesen? Wird denn niemand mehr durch die Euphorion-Szene erschüttert, worin der vereinsamte alte Wissende dem begabtesten seiner Nachfolger, vergebens und schon zu spät, zuruft: hüpfe, Junge, hüpfe so hoch du willst, aber versuche doch, um deiner selbst und der Menschheit willen, einen einzigen Zeh auf der Erde zu behalten? – Ich frage: niemand mehr? Ich sollte wohl besser fragen: immer noch niemand?

Goethes ästhetischer und politischer Hauptfeind waren die Bummler, mochten sie nun unter dem Namen der Empfindsamkeit, als Richtung des Rotz und Trotz oder als Frühromantik sich versammeln; die nämlichen drei Ausprägungen der nämlichen Münze übrigens gibt es heute noch. Eins seiner Epigramme teilt die Erfahrung mit, daß aus den gewesenen Empfindsamen die größten Lumpe werden, und ein solches Lumpenstück wird im Tasso vorgeführt. Ich meine den Plan dieses Helden, den Herzog, der für seine Nachsicht und Wertschätzung den bescheidenen Lohn erwartet, als Förderer miterwähnt zu werden, mit betrügerischen Mitteln um das Manuskript zu bestehlen.

Bis hierher gelangt, kann ich nicht umhin, einer Nebensache etwas Raum zu schenken. Der läppischste unter unseren Kritikern, Ernst Schumacher, hat es vermocht, die in diesem Drama waltenden Verhältnisse als »kaschierte Ausbeutungsverhältnisse« zu kennzeichnen und den versuchten Manuskriptdiebstahl, gleichsam als Expropriation der Expropriateurs, zur revolutionären Tat hochzublödeln. Er spricht von Tassos »faktischer Enteignung« durch den Fürsten. Ich muß, um unmißverständlich zu sein, mit Einzelheiten langweilen, die jeder, außer Schumacher, im Stück selbst lesen kann. Der Fürst hat Tasso bezahlt. Er hat ihn beherbergt, gekleidet, gefüttert. Er hat seine Ungezogenheiten und seine zwanghafte Neigung vorzulesen erlitten. Was er schließlich, als geringe Gegengabe, verlangt, ist nicht der Text, nicht das Urheberrecht. Der Fürst will lediglich die ihm geschenkte Handschrift von Tassos Werk behalten, als ein anschauliches Zeichen dafür, daß es in Ferrara möglich war, ein Epos zu dichten, nicht aber, beispielsweise, in der Redaktion der Berliner Zeitung.

Ich rede nicht über den übrigen Quatsch, der in der Rezension steht. Sie geht offenbar davon aus, daß im Sozialismus überhaupt keine Meinungsverschiedenheiten zwischen Politik und Poesie möglich seien, daß mit Ferrara also nicht die Regierung der DDR erinnert werden könne, sondern mithin das Weiße Haus, daß ferner in Klassengesellschaften keine anderen zwischenmenschlichen Beziehungen aufzutreten vermöchten als feindlich und räuberische,

und daß, all dem zufolge, Tasso ein Umstürzler sein müsse . . . das ganze Zeug ist zu albern, um untersucht zu werden, und ich habe es gleich eingangs als der Überlegung unwert ausgeschlossen. Hierüber lohnt nicht zu denken.
Warum erwähne ich es überhaupt? Die Auslassungen von Ernst Schumacher verfolgen seit jeher den Zweck, zum Verfälschen der klassischen Autoren aufzurufen. Er will sie alle umgedichtet oder doch wenigstens uminszeniert haben. Wenn sein Beweggrund noch der alte ehrliche Proletkult wäre. Aber jede andere Verirrung vom Realistischen weg, das hat seine »Julie«- und seine »Schlacht«-Kritik gezeigt, ist ihm ebenso lieb. Eine eigentümliche Gesichtsbildung setzt ihn außerstande, mit beiden Augen geradeaus zu sehen. Ob er just mit dem hierhin oder dorthin abweichenden Auge zur Rampe schielt, ist zufällig; notwendig an ihm ist allein, daß, sobald er eines Gekonnten ansichtig wird, seine Galle anhebt abzusondern.
Aber auch die Kauzigkeiten eines einzelnen Rezensenten wären ja noch kein Anlaß zum Einschreiten. Ein Rezensent, das habe ich erklärt und das meine ich, hat Erlaubnis, Falsches zu äußern. Er ist nicht zum Rechtsprechen da. Er gibt Stimmungen wieder, und er verdient so viel Beschäftigung, wie die Stimmungen, die er wiedergibt, verdienen. Was mir an der Sache mißfällt, ist, daß diese gegen alles Stimmige gerichtete Stimmung Verbreitung gefunden hat: eine derartige, daß selbst ein Schriftsteller, also eine geschäftsfähige Person, für angemessen findet, ihr Ausdruck zu verleihen. Günter Kunert hat in diesem traurigen Jahr 1975 zwei literarische Einschätzungen bekanntgemacht. Thomas Mann, so verlautbart er, war ein oberflächlicher Causeur und Goethe ein Vielzuvielschreiber.
Ich werde jetzt ganz intin. Wenn ich Kunerts Romane geschrieben hätte, würde ich in meinem Urteil über Thomas Mann, und wenn ich Kunerts Gedichte geschrieben hätte, würde ich in meinem Urteil über Goethe zurückhaltender sein.
Dies erwähnt und leider in keiner Weise erledigt, kehre ich in die mir vertrauteren Gefilde zurück. Wenn wir Goethes Tasso betrachten, wie er ist, bleibt uns die Frage, was er uns kümmere. Das Stück, das uns am deutlichsten beträfe und das wir also gern hätten, – das

Stück über den notwendigen Widerspruch zwischen einer in den Zielen einigen Kunst und Macht ist der Tasso nicht. Das Stück ist, wenn auch an einer ruhigen Stelle desselben, in einem häßlichen Weltzustande geschrieben. Es war möglich, die inhaltlichen Gegensätze auszuklammern. Es war, bei allem Vorgreifen, nicht möglich, die Gemeinsamkeit der Zwecke zu betonen. Goethe konnte keine genauere Absicht verfolgen als die, welche die fast einzige Denkaufgabe der deutschen Klassik ausmacht: die Untersuchung des gesellschaftlichen Stellenwerts des Idealismus, was nichts anderes bedeutet als: die Kritik an ihm. Wohin – hierüber Schillers und Goethes dauerndes Sinnen – führt das reine Wünschen? Bis zu welchem Punkte hat es verursachende Kraft (»Jungfrau«)?, unter welchen günstigen Bedingungen kann es sich in den geschichtlichen Strom einreihen (»Tell«)?, wann schlägt es um ins Gemeingefährliche (»Wallenstein«)? Gipfel der deutschen Dichtung ist das Stück, worin gelang, das wünschende Individuum als handelndes dem Fortgang der Menschheit zu verschmelzen, der »Faust«.
Im Tasso wird der Sachlage keine Entwicklung gewährt. Der Gegensatz ist von Anfang gesetzt: ein Genie, das ein Scheusal ist. Es werden vorgeführt die Schwierigkeiten einer Regierung mit einem ichsüchtigen Kunstmacher, mit dem bei keiner bestgearteten Beschaffenheit des öffentlichen Wesens eine Verständigung möglich wäre. Die Fragestellung, so bin ich durch Schumacher und den alliterierenden Dichter K. belehrt, geht uns auch an. Mir ist, aus höchst natürwüchsigem Bedürfnis, am Lob der Kunst gelegen. Man lobt vielleicht die Kunst nicht am schlechtesten, indem man sie von dem Imponiergehabe ihrer Zerrbilder und Affen unterscheidet.

Der Fortschritt in der Kunst
Eine Untersuchung

Erster Artikel
Ist die Frage, ob in der Kunst ein Fortschritt sei, sinnvoll?

Abhandlung. 1. Scheinbar erübrigt sich die Frage. Wenn wir – was wir doch tun – voraussetzen, daß die Menschheit fortschreite, so versteht sich ein Fortschreiten der Kunst, welche ja die Schritte der Menschheit auf ihre Art mitvollzieht, von selbst.

2. *Ferner,* jedes Kunstwerk hat seine eigene Laune und will allein nach seiner inneren Gesetzlichkeit beurteilt werden. Es bringt Befindlichkeiten zu Tage, solche von Personen, Klassen, gesellschaftlichen Strebungen und endlich Weltzuständen; seine Richtigkeit besteht in der Richtigkeit des Ausdrucks und ist also eine jeweils einzelne, und es darf, einerlei, ob es sich um eine Hervorbringung von Kindern, Wilden, Schizophrenen, Shakespeare oder Stephan Hermlin handele, kein Kunstwerk keinem anderen als ein besseres oder schlechteres entgegengehalten werden. Von Fortschritt indes geht nur bei vergleichbaren Dingen zu reden; somit beunruhigt sich, wer dem Fortschritt in der Kunst nachgrübelt, über einen unvorhandenen Gegenstand.

Aber dagegen spricht: Aller Stoff hat einen Hang zum Höhern; sollte ausgerechnet die Bewegung jener Form des Stoffes, die wir Kunst nennen, hiervon eine Ausnahme machen?

Ich antworte: Beide Darlegungen langen nicht zu, weil sie den überbauenden Zweck der Kunst bereits für ihren vollständigen Zweck ansehen; und da sie beide auf dieser gleichen irrigen Voraussetzung beruhen, sind sie, wie entgegengesetzt sie sich immer anhören, beide der nämliche Irrtum. Aber die Kunst ist ein Gut nicht bloß als Schatten, Anhängsel oder bestenfalls Sauerteig einer öffentlichen oder einzelseelischen Wirklichkeit, sondern sie ist als solche ein Gut. Ihr Zweck geht über jene geringere, gleichsam irdische und zeitliche Hälfte ihres Wesens hinaus: daher ihre Unüberholbarkeit und ihr Inderweltbleiben. Hinsichtlich der Erfüllung ihres eigentlichen, ihres ästhetischen Zweckes nun lassen sich verschiedene Kunstwerke sehr wohl einander zuordnen, und wenn Fortschritt bedeutet, daß eine spätere Ausfertigung einer Sache mehr Vorzüge als die vorzüglichsten früheren Ausfertigungen habe, läßt sich die Frage: wird die Kunst im Verlauf der Geschichte besser?, sehr wohl stellen.

Also zu 1. Wie jede gesellschaftliche Tatsache hat auch der Fortschritt seine Kunst. Es gab zu allen Zeiten und gibt heute fortschrittliche Kunst; aber das heißt ja doch von fern nicht, daß es sich hierbei um fortgeschrittene Kunst handeln müsse. Was übrigens fortschrittliche Kunst genau sei, oder wie es sich mit dem genauen Zusammenhang zwischen den Glücksfällen der Gesellschaft und denen der Kunst verhalte, wäre höchst wissenswert, aber es ist jetzt die Materie unseres Gesprächs nicht und stehe dahin.

Zu 2. Die erkenntnisängstliche Lehre vom bloßen, unbewertbaren Nebeneinander der Kunstäußerungen läßt sich, außer bei bösem Willen, nicht verteidigen. Es gibt gute und schlechte Künstler, und der schlechte mag seine Lage mit vollendeter Angemessenheit darstellen: es wird nichts herauskommen als die angemessene Ausschwitzung der Lage eines schlechten Künstlers: schlechte Kunst. Es gibt, darüberhinaus, gute und schlechte Wetter für die Kunst. Läßt sich der Fortschritt in der Kunst vielleicht nicht nachweisen, – Fortschritte finden wir unbestrittenermaßen. Es gibt die Fortschritte zur englischen, französischen oder deutschen Klassik hin und die Rückschritte von denselben wieder weg. Wenn wir aber ansehen, daß beispielsweise die deutsche Literatur vom Anfang des achtzehnten Jahrhunderts bis zu Goethe fortlaufend sich verbessert hat, dürfen wir doch zusehen, ob nicht auch eine Besserung der Künste vom Anfang bis zum Ende der Menschheitsentwicklung erkennbar sei. Zum mindesten haben wir das Recht, sie für nicht unmöglich zu halten.

Zweiter Artikel
Besteht der Wert der Kunst in Erinnerung an die Zukunft?

Abhandlung. 1. Scheinbar bezweckt die Kunst nichts anderes als Erinnerung an die Gegenwart. Sie macht eine Zeit ihrer selbst bewußt und damit ihrer selbst mächtig; sie erhebt das Denken und Tun der Zeitgenossen ins Beispielhafte, mithin Verfügbare.
2. *Ferner,* insofern Entwürfe von Künftigem zum Aufgabenbereich der Kunst zählen, vergehen dieselben in dem Grade, in welchem der Augenblick, worin sie geboren sind, vergeht. Jede Gegenwart hat ihre ihr eigentümliche Hoffnung, welche durch die dann eintretende wirkliche Zukunft ersetzt, widerlegt und zum alten Eisen geworfen wird. Voraussagen altern, nicht anders als andere Behauptungen.
3. *Ferner,* die Erinnerung an die Zukunft wird, unabweisbarer als von den Träumen, von der Unleidlichkeit der Gegenwart besorgt.
Aber dagegen spricht: Eine Gegenwart ohne Zukunft ist tote Gegenwart; denn eine Bewegung ohne Ziel ist um nichts besser als Stillstand. Der geschichtliche Fortschritt, also die Bewegung der Menschheit, kann nur angenommen werden, wenn ein letztes Ziel derselben mit vorgestellt wird; »die Kommunisten«, lehrt das Manifest, »vertreten in der gegenwärtigen Bewegung zugleich die Zukunft der Bewegung«.
Ich antworte: Der Mensch unterscheidet sich von den übrigen Tieren zum Vorteil dadurch, daß er sprechen und so von anderen Menschen lernen und mit ihnen gemeinsame Arbeiten verabreden kann; durch diesen Vorteil aber ist er in höherem Maße als selbst ein Wolf oder eine Ameise vom Erfolg seiner Gattung abhängig. Er kann sich nur innerhalb der Menschheit verwirklichen; es kann mit dem Menschen seine restlose Ordnung nicht haben, bevor es mit der

Menschheit seine Ordnung nicht hat. Diese Ordnung indes gehört der Zukunft und zwar einer, die nicht allein nicht ist, sondern die auch nicht sein wird. Die Beschäftigung mit dem Ideal ist also keine Übung, die man ebensogut durchführen wie unterlassen könnte; sie ist in der Natur des Menschen angelegt, seit sich dieses auf so neuartige Weise sich ernährende Säugetier erfunden hat. Deswegen ist die Kunst eben so alt wie die menschliche Rasse; deswegen liegt ihr Wert in der Sorge ums Vollkommene. Die Dichter können, was bleibt, stiften, weil sie über das, was ist, eigentlich nur nebenbei reden.

Also zu 1. Die aufs Künftige sich richtende Seite der Kunst dient der Gegenwart, indem sie ihr hilft, sich zu überschreiten. Das bloße Beheben anstehender Schwierigkeiten wird von schlechter Kunst ebensogut, und störungsfreier, erledigt als von guter, (daher Gruppen, die in der Gegenwart sehr dringende und unaufschiebbare Unternehmungen verfolgen, schlechte Kunst der guten mit Entschiedenheit vorziehen). Gute Kunst hingegen enthält immer den Tadel am Eingerichteten und die Aufforderung zum unendlich Ergiebigen; insofern ist sie, wenn man sie sich leisten kann, am Ende auch nützlicher.

Zu 2. Die ästhetisch ausgedrückten Hoffnungen der Alten gehen uns in dreierlei Hinsicht an. Sie bestätigen unsere Hoffnungen, sofern sie ihnen ähneln. Sie ergänzen unsere Hoffnungen, wo sie ihnen nicht ähneln. Sie ermuntern uns allein schon vermöge der Kraft zur ästhetischen Fertigkeit: als Utopie des Gutgemachten. Wir benutzen das Wort »Erinnern« hier im Sinn von »Im-Kopf-Lebendighalten« der Zukunft, aber zugleich auch im gebräuchlicheren Sinn: wenn wir uns, wie Marx, gern an die Griechen erinnern, erinnern wir uns an eine verlorene Hoffnung, also eine – vielleicht in erhöhter Form – wiederzufindende.

Zu 3. Indem wir den Vorrang der Not anerkennen, schmälern wir nicht den Rang des Wünschens. Die Produktivkräfte stoßen, und die Kunst saugt. Die Gewalt jener ist stark, die dieser lang.

Dritter Artikel
Gibt es ein Gütemerkmal für Kunst, und wie heißt es?

Abhandlung. 1. Scheinbar gibt es ein Gütemerkmal nur fürs jeweilige Kunstwerk, nämlich die Übereinstimmung der Sagweise mit dem Gemeinten. Da es aber so viele Meinungen wie Kunstwerke gibt, gibt es kein Gütemerkmal für Kunst.
2. *Ferner,* das Kunstwerk hat seine Vollständigkeit erst im Genossenwerden; über Geschmack indes läßt sich nicht streiten.
Aber dagegen spricht: Sobald die Kunst, durch Zeit, aus dem gröbsten Trubel heraus ist, beginnen die Kunsturteile aufs Unverkennbarste übereinzustimmen. Es gibt Klassiker, und deren Liste, merkwürdig genug, ändert sich nicht mehr.
Ich antworte: Das Gütemerkmal der Kunst besteht in Wichtigkeit des Inhalts und Vollkommenheit der Form. Um den Satz aus einer vielmißbrauchten Plattheit zu einem vertretbaren Lehrsatz emporzuheben, muß er ein wenig besehen werden. – Wichtigkeit des Inhalts, das will sagen: Vermittelt über die ästhetische Nachricht über einen hierfür sich eignenden Stoff, gibt das Kunstwerk Nachricht über die äußersten menschlichen Vermögen seines Urhebers; vermittelt über diese Nachricht wiederum, erhellt der äußerste Bewußtseinsstand, den die gesellschaftlichen Gegebenheiten, unter welchen er arbeitet, zulassen; und vermittelt über diesen jeweils höchstgreifenden und unverwechselbaren Bewußtseinsstand gibt das Kunstwerk einen Entwurf vom möglichen Wesen des endgültigen, des ganz freien, des vollkommenen Menschen. Da der vollkommene Mensch eine in sich widersprüchliche und als wirklich vorhandener eine nicht denkbare Vorstellung ist, hat jeder einzelne dieser künstlerischen Entwürfe von ihm seine gewisse Richtigkeit und seinen Belang und ist das Kunstwerk durch kein anderes ersetzlich oder tilgbar. – Vollkommenheit der Form, das will sagen: Die Teile des Kunstwerks fügen sich auf solche Art, daß sie sowohl dem Inhalt zu seiner abbildhaften Herauskehrung verhelfen, als daß sie ihn dem Gebraucher des Kunstwerks eingängig machen, als daß sie endlich auch untereinander ein Muster ergeben, das als es selbst

durch Ausgewogenheit der Gewichte eine wohlgefällige Ordnung, die für eine vorgehabte Ordnung des Weltganzen steht, herzeigt und anschauen läßt. Die Ausdehnung des Inhalts zum idealen Entwurf und die Erhöhung der Form zur Utopie des Gutgemachten sind der Ort, wo Inhalt und Form sich bis zur Ununterscheidbarkeit hinaufgestritten haben, und wo der Begriff Schönheit, an dem alle ästhetischen Hervorbringungen zu messen und mithin zu vergleichen sind, seinen Ernst und seine Fülle erhält. – Dennoch hört auch im utopischen Wesen der Kunst der Widerspruch zwischen Inhalt und Form nicht auf, einer zu sein, und bleibt ein Denkärgernis. Wenn vom Inhalt, also der Reife des Entwurfs und der Menge bewältigter Wirklichkeit her, herangegangen wird, ist, beispielsweise in der Geschichte des Dramas, Shakespeare besser als die Griechen und Goethes »Faust« besser als Shakespeare. Wird das formale Gelingen, also im Grunde die Gattungsrichtigkeit, zum Ausgang genommen, ist die Reihenfolge der Güte umgekehrt: die antike Klassik schrieb das reinere Drama als Shakespeare und Shakespeare das reinere als Goethe. Die einzigen nicht langweiligen Stücke, die je verfaßt worden, sind die der Griechen. Wir besitzen, erweist sich, einen Maßstab für Güte; es scheint nur freilich nicht besonders einfach, ihn anzulegen.

Also zu 1. Fortschritt in der Kunst kann, angesichts der Verschiedenheit der Kunstzwecke, nicht einfach den Fortschritt der Kunstmittel meinen, dergestalt daß, wie oft in der Wissenschaft, das jeweils neueste Ergebnis die verbesserte Fortführung des letztgewußten wäre. Unübertreffliche Mittel müssen in der Kunst fallen gelassen werden, wenn sie für andere Zeiten nicht taugen; zeitgemäßeste Mittel können die elendesten sein. Dennoch geht die Tatsache der Akkumulation von Mitteln nicht, wie man heute pflegt, zu vernachlässigen. Es häuft sich ein Tresor von Sagweisen an, der deutlicheres und schöneres Sagen ermöglicht, sofern man was zu sagen hat.

Zu 2. Jeder hat, auch in Betreff der Überlieferung, seine Lieblingskunst; es ist nur höchst zweifelhaft, ob es künstlerische Erwägungen sind, die sein Urteil bestimmen. Dauerndes Umfochtensein von Kunstwerken bedeutet nicht, daß kein Gütemerkmal bestehe; es kann ebensogut bedeuten, daß die Fechter keine Lust haben, sich seiner zu bedienen. Über Geschmack ist nicht zu streiten, weil über Geschmack nicht zu streiten lohnt. Die Überlegenheit Schillers über Iffland wird nicht dadurch beeinträchtigt, das Iffland vielen besser gefiel.

Vierter Artikel
Läßt der Fortschritt der Inhalte dem Fortschritt der Form überhaupt Aussichten?

Abhandlung. 1. Scheinbar ist die Welt, und was man von ihr erfahren kann, größer und in der Zusammensetzung verwickelter geworden. »Das Genie«, sagt Lessing aber mit Recht, »liebt Einfalt«. Wenn Einfachheit und Anschaulichkeit die Voraussetzung ästhetischen Wohlbehagens bilden, – muß dann nicht entweder um der Wahrheit willen auf die Form verzichtet oder um der Form willen von der Wirklichkeit abgeschnitten werden?
2. *Ferner,* ein Fortschritt der Menschheit, das ist anerkannt und ohne Zank zu sagen, hat stattgehabt hinsichtlich ihrer Fähigkeit, Güter zu erzeugen und die Natur zu unterwerfen, hinsichtlich der Vervielfachung und Vertiefung ihrer seelischen Kräfte und hinsichtlich der Gerechtigkeit, mit der sie die Ansprüche jedes ihrer Mitglieder befriedigt. Die Arbeitsteilung, das Individuum und die Gleichheit indessen erschweren sämtlich die Herstellung ästhetischer Geilde.
Aber dagegen spricht: Änderungen der Gesellschaft sind der einzige Hebel für Änderungen in der Kunst. Gäbe es keinen gesellschaftlichen Fortschritt, wäre der künstlerische jedenfalls ausgeschlossen. Zudem beschränkt sich ja Kunst eben nicht aufs Beschreiben des jeweiligen gesellschaftlichen Zustands. Sie erwägt, beim Ausschöpfen dieses Zustandes, die Möglichkeiten der Gattung Mensch mit, und das kann sie von einem gesitteten Zustand her besser als von einem rohern.
Ich antworte: Die Doppelnatur der Schönheit besagt zwar, daß

aufwendigere Entwürfe schwerer in Form sich bändigen lassen als bescheidenere; sie besagt indessen auch, daß, sofern der aufwendige Entwurf in gleich vollkommenem Maß zum ästhetischen Gelingen gebracht ist wie der bescheidene, das Kunstwerk in höherem Grade ein vollkommenes und somit schöner ist. Das Volkslied, welches, wie Hegel anmerkt, die Poesie von Völkern ist, die zu unbeholfen sind, als daß es bei ihnen bis zum Epos gelangt hätte, ist schön, aber es ist minder schön als die »Marienbader Elegie«. So leugnen wir nicht, daß der Fortschritt der Menschheit der Kunst viel geschadet habe, und erklären zugleich, daß er allein den Fortschritt der Kunst, falls es den gibt, ermöglicht.

Also zu 1. Wenn schöne Faßlichkeit des Kunstwerks aus der schönen Faßlichkeit des Gegenstandes immer seltener unmittelbar entspringt, so hat sich dafür unser Vermögen, den Gegenstand geistig zu ergründen, wie auch das, die Form als einen selbständigen Wert in den Griff des Bewußtseins zu kriegen, erhöht. Wir haben gelernt, Schönheit, seit sie uns nicht mehr zufällt, zu meistern. Es gibt, neben der Anstrengung des Gedankens, die Anstrengung der Kunstmittel.

Zu 2. Die Umwegigkeit der Verkehrsformen behindert die Sinnfälligkeit der Fabel, und die Frechheit der Industrie hat fast jede Genußfähigkeit beseitigt. Das zerrissene Individuum sträubt sich heftiger gegens Geschriebenwerden als der nach Barbarenart in sich ruhige Typ; (allein über den Streitpunkt, ob die Erfindung der Liebe für die Kunst von so durchaus erfreulichen Folgen gewesen, ließe sich höchst Gegensätzliches und schwer Entscheidbares ins Feld führen). Die Häuser des zwanzigsten Jahrhunderts sind von so ununterbietbarer Abscheulichkeit, weil sich die Meinung durchgesetzt hat, daß jeder Mensch eine Wohnung haben solle, und also für schöne Häuser kein Geld ist. Aber all solche Beschwerden, die die Kunst gegen den Fortschritt vorzubringen hat, sollte sie an einen genaueren Empfänger richten: den bisherigen Fortschritt; dies sind, ungeachtet der gleichen Anschrift, zwei sehr verschiedene Personen. Wir kennen den Fortschritt vorerst nur als Fortschritt von Klassengesellschaft zu Klassengesellschaft und als Fortschritt von tödlicher Armut zu allenfalls erträglicher Armut. Die Hauptfortschritte – Erzeugung, Seele und Brüderlichkeit – erscheinen noch als verzerrte und könnten sich doch, unter der Bedingung des Reichtums, auf die Füße stellen lassen.

Fünfter Artikel
Spricht die Kunstgeschichte für einen stattgehabten Fortschritt?

Abhandlung. 1. Scheinbar bedarf jede Kunstsorte eines Zeitalters, das sie fordert und begünstigt. Es bringt ihre Höchstleistungen hervor; ist es vergangen, kommt nicht mehr viel. Wer immer der beste Maler war, er wird zwischen dem Quintecento und dem Niederländischen siebzehnten Jahrhundert gefunden werden. Der beste Komponist, wie er auch heiße, hat ausgangs des achtzehnten Jahrhunderts in Österreich gewirkt. Der beste Romanschriftsteller schrieb im neunzehnten Jahrhundert in einem Land, das nicht östlicher als Rußland und nicht weiter westlich als England oder Frankreich lag. Es sind also die Spitzen künstlerischer Hervorbringung einmalig. Sie erledigen ein Genre, und es kehrt dann nicht wieder.
2. *Ferner* hielten alle ernsthaften Denker in Deutschland, Hegel, Goethe und Marx, das Ende der Kunst für gekommen. Sie anerkannten die Zukunft gleichsam diplomatisch; sie bezogen sie kulturell in ihre Rechnung schlechterdings nicht ein.
Aber dagegen spricht: Die Neuzeit macht kein vollständiges Bild. Sie muß einerseits an den Griechen, andererseits am Kommunismus gemessen werden.
Ich antworte: Höchst offenbar ist die Bewegung der Kunst nicht von der Beschaffenheit eines stetigen Hinanklimmens, dergestalt, daß jeder Schritt auf den eben zurückgelegten sich stütze, und es wäre ganz lächerlich, das jeweils Jüngste für das in der Tat Befriedigendste anzusehen; übrigens zweifeln wir, (etwa angesichts der fast tausendjährigen Frist zwischen der Spätantike und dem Hochfeudalismus), ob dem gesellschaftlichen Fortschritt eine solche Schreitweise zugeschrieben werden könne. Der Kunstfortschritt

hat seine eigene Gangart. Er hat es keineswegs eilig, und seine bevorzugte Richtung ist das Zurück. Aber wenn er sich vollzieht, vollzieht er sich in riesenmäßigen Sprüngen, über endlose Täler hinweg. Läßt sich an nur zwei oder drei Stellen zeigen, daß der Sprung ein Genre von einem Gipfel zu einem stattlicheren Gipfel geführt habe, so kann ein Fortschritt in der Kunst als geschichtliche Tatsache für erwiesen gelten.

Also zu 1. Die annähernde Einhelligkeit im Urteil über die Vortrefflichkeiten der Neuzeit kommt sehr ins Wanken bei denjenigen Gattungen, die die Griechen bereits konnten; (von gewöhnlichen Wilden wie den Ägyptern, Chinesen und Mexikanern reden wir im Ernst nicht). In der Baukunst entscheiden wir uns nur schwer zwischen der griechischen, der gotischen und der des Barock. In der Plastik fällt uns nicht leicht, der Antike oder der Renaissance den Vorzug zu geben. Aber wo auf eine Klassik eine andere folgt, kann auf die eine dritte folgen. Der Einwand verwandelt sich in die Frage nach dem unbekämpfbaren Überrang der Griechen. Was das Drama anlangt, sind die späteren Mitbewerber des Euripides schon genannt; im Epos wieder leugnet keiner Homers Unüberholbarkeit. Ich werde mich mit der Frage des Fortschritts im Drama und im Epos noch eigens beschäftigen; mit jener, weil sie mich selbst kümmert, und mit dieser, weil sie verzweifelt und völlig blödsinnig erscheint.

Zu 2. Hegel wie Goethe wie Marx hielten die Griechen für Vorbilder. Sie begriffen allesamt, daß der Vorsatz, mit ihnen zu wetteifern, zum Scheitern verurteilt war, und sie erklärten also den Lebensfaden der Musen für abgelaufen: Marx, indem er die Kunstfreundlichkeit der attischen Gesellschaft begrifflich erfaßte und ins längst Vergangene verwies, Goethe, indem er neuern Entwicklungen der Malerei oder der Dichtung jegliche Billigung versagte, und Hegel, indem er in seiner Ästhetik den Roman kurzerhand nicht erörterte. Sie kannten den Namen der Zukunft, er lautete: Bourgeoisie. Sie wußten, daß es nicht lohnte, mit deren künstlerischen Fragestellungen sich zu beschäftigen. Eine so zugeständnislose Verweigerung einer Sache indes ist Glauben an eine bessere. Die sogenannte

Krise des Klassizismus ist in Wahrheit der Triumph des Klassizismus. Nicht der Klassizismus taugte von einem bestimmten Augenblick an nicht mehr fürs Bürgertum; das Bürgertum taugte, von einem bestimmten Augenblick an, nicht mehr für den Klassizismus. Die deutschen Klassiker gaben nie auf. Sie hatten den Mut, sich zu sperren und, was nun folgen sollte, nicht mitzumachen, daher, daß sie nämlich ihre Voraussicht der an den Kapitalismus sich anschließenden Welt im Kopf hatten. Die Wartestellung, in die sie gingen, sah verschieden aus. Die Wissenschaftler Hegel und Marx fanden es nicht für geziemend, über die Kunst der nachbürgerlichen Gesellschaft Auskünfte zu erteilen. Der Künstler Goethe indessen war gezwungen zu handeln, und es fehlte ihm freilich nicht an der nötigen Unverdrossenheit.

Sechster Artikel
Kann Goethes Verhalten uns zum Beispiel dienen?

Abhandlung. 1. Scheinbar enthob die immerhin noch zulängliche Überschaubarkeit der vorindustriellen Gesellschaft die Kunst jener Hemnisse, die den heutigen Künstler verzagen machen.
2. *Ferner,* der Rückzug aus den Tagesfragen erleichtert die Anfertigung von Kunst, verurteilt dieselbe aber zur Bedeutungslosigkeit.
3. *Ferner,* Goethes shakespearisierende Dramen sind schlechter als die Shakespeares; Goethes klassizistische Dramen sind schlechter als die der Griechen; Goethes eigentliches Drama, der »Faust«, ist kein Drama.
4. *Ferner,* Goethes Epen sind, verglichen mit Homer, unvollkommen, und den heutigen Bedürfnissen sind sie in höchstem Maße entbehrlich.
Aber dagegen spricht: Goethe wurde, wie er nun einmal verfuhr, der größte Schriftsteller der Deutschen und einer der Handvoll großer Schriftsteller überhaupt. Wir können nicht wirklich wünschen, er wäre Rebmann (oder Hölderlin oder Jean-Paul oder am Ende gar Friedrich Schlegel) geworden.

Ich antworte: Die sogenannte Kunstepoche ist im Grunde nicht mit Goethes Tod, sondern mit Goethes Anfängen vorüber. Wenn es sie dennoch in der Tat gab, dann, weil Goethe beschlossen hatte, es solle sie geben. Betrachten wir die Zeit, worin er antrat. »Götz« ist die Geschichte dreier junger Leute, die, jeder auf seine Weise, versuchen, sich durch das Verhau des deutschen Elends durchzuschlagen. Götz geht den Weg der Absonderung vom Wirklichen, Weislingen den der Entsagung und Ausschöpfung der sich anbietenden Gegebenheiten, (den Weg also, den Goethe selbst gegangen ist), und Adelheid den des Kapitalismus. Keiner dieser Wege bot das mindeste Erfreuliche. Den bürgerlichen Vorschlag jedenfalls hatte Goethe, mit Adelheid und Mephisto, ausgeschlossen, während das Bürgertum gerade eben den Mut faßte, einige Hoffnung auf ihn zu setzen, und längst bevor die französische Revolution seine Unmenschlichkeit im historischen Versuch bewies. Nichts ging, und je weiter nach vorn man blickte, desto trüber wurde die Aussicht. So ist Goethe der erste und bisher letzte moderne Dichter. Wenn uns jemandes Bemühen unvermittelt betreffen, dann seine.
Also zu 1. Mögen wir unter Mißhelligkeiten leiden, aber es sind dies sichtlich minder quälende als Goethes. Wir haben eine nicht mehr durchaus entfremdete Gegenwart, und wir haben, was viel wichtiger ist, eine Zukunft.
Zu 2. Goethes Rückzug war natürlich ein Rückzug nach vorn. Niemand wird diesem Schriftsteller vorwerfen, er habe irgendeine Bewegung seiner geschichtlichen Umstände übersehen oder ihre Richtung falsch eingeschätzt; der »Faust II« wimmelt von gesellschaftlichen Sachverhalten und naturwissenschaftlichen Neuigkeiten des zwanzigsten Jahrhunderts. Aber der Zweck seiner Beobachtungen war stets deren Eignung als Sockel für die Utopie des Klassizismus, und der Abstand, den zu nehmen er groß genug war, ermöglichte ihm den ästhetischen Blick nach hinten. Goethe beweist, daß Kühnheit des Vorgriffs unlösbar verbunden ist mit der Kühnheit zu Rückgriffen.
Zu 3. In der Tat, genregerechte Stücke waren kaum zu machen. Goethe unternahm es, unter Preisgabe der geschichtlichen Totali-

tät, dennoch; und wenige Stücke der Weltliteratur sind schöner. Wenn Goethe im »Faust II« anders vorgeht, ist das ein Widerspruch, will sagen, widerspricht sich gar nicht; ein Künstler wäre kein Künstler, wenn er seine theoretischen Meinungen nicht gewohnheitsmäßig praktisch anföchte, und umgekehrt. »Faust II« also ist Goethes Zugeständnis an die Neuzeit. Das Geschichtliche, dramaturgisch nicht mehr zu bewältigen, erscheint nackt als solches, wird Dramaturgie-Ersatz. Das Drama sprengt die Gattung zum Epischen hin; seine Einheitlichkeit liegt lediglich mehr in der Einheit des Weltverlaufs. Hierfür ist Goethe, mit allem Grund, gerühmt worden. Hiermit wird er, seit jüngstem, zur Regel und zum Muster gemacht, – und die Gründe dieses Lobens sind schlecht. Ein Rettungsversuch aus einer Klemme kann, auch wenn er gelungen ist, keine normative Aufgabe erfüllen. In Shakespeares »Sturm« steht genau dasselbe wie im »Faust«. Er enthält ganz die nämlichen historischen Einsichten und Vorhersagen wie dieser, und er ist, anders als dieser, ein vollkomenes Stück.

Zu 4. Ich bin gefragt worden, wozu, im Zeitalter des Fernsehens, Epen noch nützlich wären, und ich hätte erwidern können: damit das Fernsehen endlich etwas Vernünftiges zu tun bekommt. Ich habe so nicht erwidert, – weil ich nicht sehr schlagfertig bin, und aber auch, weil die Antwort den Kern nicht getroffen hätte. Das Epos fehlt nicht insofern, als ein (meinethalben gläserner) Barde nach ihm sucht; es fehlt der Literatur. Eine Literatur ohne Epos ist eine lückenhafte Literatur, und das ist, was dazu zu sagen ist. Goethe, der zwischen sich und Homer die Epen von Vergil, Dante, Tasso, Ariost, Milton, Voltaire und Klopstock vorfand, welche alle an sich haben, daß niemand in ihnen liest, war sich im Klaren darüber, daß ein so herzhaftes und unbefangenes Herangehen, wie es Homer vermochte und wie es die Gattung braucht, ihm nicht möglich war. Er hatte, worüber Schiller zehn Jahre lang nachgedacht hatte, auch begriffen; er ließ die »Achilleis« liegen und verkleinerte – ohne die Pflicht zur geschichtlichen Fülle zu vernachlässigen – die reine Gattung Epos auf ein satirisches und ein idyllisches. Er entsagte, das heißt, er war kein Schelm, der mehr gab, als er hatte. Aber was er hatte, gab er in solcher Gestalt, daß es erstklassig war, daß es zu lesen ging und daß also die Kunst nicht unerinnert im Dunkel eines kunstfeindlichen Tunnels der Geschichte abhanden kam.

Siebenter Artikel
Lohnt es, die Möglichkeit eines Fortschritts in der Kunst festzustellen?

Abhandlung. 1. Scheinbar entfaltet sich ein Talent, Fortschritt hin oder her, ohnehin, wie es muß.
2. *Ferner,* die Forderung an den Künstler, sich mit den gewesenen Meisterwerken ins Verhältnis zu setzen, zerbricht die Selbstverständlichkeit, aus welcher heraus er nur arbeiten kann. Hält er sich für besser, wird er größenwahnsinnig; begreift er, daß er, was andere schon gut gemacht haben, nur schlechter machen kann, verläßt ihn all sein bißchen Eifer.
Aber dagegen spricht: Die DDR befaßt sich, unabhängig vom Erscheinen dieser Darlegungen, längst mit der Frage der Kunstfähigkeit der Gegenwart. Eine große Reihe zuständiger Köpfe haben in den letzten Jahren über Gegenstände wie den Mythos, das Poetische, die Metapher, kurz: über das ästhetische Wesen und wie man ihm zur Erscheinung verhelfen könne, gesonnen. Nicht also der Verfasser fragt; der Sozialismus will wissen.
Ich antworte: Wir befinden uns in einem Abschnitt der Entwicklung, der unter vielen Ärgernissen des Kapitalismus zu leiden aufgehört hat, und der doch die von den Klassikern erahnte Gelegenheit noch nicht ist. Befreit vom Veralteten, Unerheblichen und Kaputten der imperialistischen Grundhaltung, begehen wir viele Fehler, die die bürgerliche Dichtung begeht, nicht mehr; wir sind erwähnenswerter als die und haben in den Künsten einen hübsch und rechtschaffenen Durchschnittsstand. Aber eben das Leidliche an unserer Kunst ist das Unleidliche. Wir neigen dazu, vom Erreichten zu handeln, statt vom Erreichbaren oder vom Unerreichbaren; wir sind zu zufrieden. Woran es uns mangelt, ist die zwingende Not-

wendigkeit, vorzugreifen. Das ist die Ursache, aus welcher die Kunst des Sozialismus keinesfalls in dem Grad besser geworden ist, in dem es keine Not mehr mit ihm hatte. »Kunst«, sagt Picasso, »muß entmutigt werden«, und wenn die Gesellschaft das nicht tut, sollen es Shakespeare und Goethe besorgen.

Also zu 1. Eine Linse entfaltet sich auch, wie sie muß. Sie wächst in nasser Watte sowohl als in einem Linsenfeld; in beiden Fällen entsteht eine Linsenpflanze; freilich lohnt zu erwägen, von welcher Pflanze sich ernten läßt. Es ist also dies ein beachtenswerter Unterschied zwischen einem Talent und einer Linse, daß jenes imstande ist, sich über die Beschaffenheit seines Bodens Gedanken zu machen.

Zu 2. Größenwahn ist auch, wenn einer glaubt, auf der Höhe der Kunst zu sein, weil er auf der Höhe seiner Zeit ist, und Hilflosigkeit entsteht auch, wenn einer aus den Schranken seiner Zeit den Ausweg nicht findet. Bescheidung mit der bloß ausdrückenden Seite der Kunst bringt den Künstler in keinen geringeren Zwiespalt als die unbescheidene Suche nach dem Schönen. Wir finden in unserer Gegenwart Ansätze von Kunstfähigkeit, mehr als Goethe vorfand. Sie gilt es auszuproben und zu erweitern. Es gilt, mittelbewußt, aus dem Vorhandenen ins Mögliche hinüberzulangen; das Unendliche gilt es, angesichts des Zeitgemäßen, nicht aus dem Auge zu verlieren, sondern vielmehr aus dem Zeitgemäßen das Höchstmaß an Kunsthoffnung herauszuziehen. So viel über den Fortschritt in der Kunst geredet, dürfen wir, denke ich, darangehen, ihn ins Werk zu setzen, und wenn das anders sein soll, erlaube ich jedem, mich an dem siebenhundertjährigen Bart, welchen ich mir zum Behuf dieser Untersuchung vorgebunden, zu zupfen.

Glossen zur »Untersuchung«

Ich ziehe den Begriff des Ideals dem der Utopie im Grunde vor: teils, weil wir ihn einmal eigentümlich besitzen, teils des Mißbrauchs wegen, der mit dem Wort Utopie von allen, die geboren sind, um Unrecht zu haben, getrieben wird. Das Ideal ist eine wünschenswerte Sache, die nicht ist, und von der man gleich zugibt, daß sie an keinem Ort und zu keiner Zeit sein wird; es ist demnach ein wissenschaftlicher und ein materialistischer Begriff. – Die falschen Weisen, mit dem Begriff der Utopie umzugehen, lassen sich kaum vollständig aufzählen. Häufig nimmt man sie für ein vorgeblich Einführbares, so wie in *Freedom Now* oder *Kommunismus hier;* derlei barer Unsinn ist, auch wenn er sich terroristisch gebärdet, Utopie aus Schwäche und nichts besseres als die rote Verbasterung der blauen Blume. Es gibt auch die Utopie aus Bosheit, nämlich wenn eine nicht wünschenswerte Sache, die aber ist, (als etwa die Zustände in den USA), von Leuten wie Orwell oder Huxley zur Utopie erklärt wird, einfach indem sie sie ins Künftige hinein verlängern. Unter Sozialisten üblich ist die Utopie aus Trivialität, also der Gebrauch des Namens für angestrebte Erfolge wie zum Beispiel den Weltfrieden. Aber der Weltfrieden ist keine Utopie, er ist ein Ziel, und Ziele sind in der Kunst von geringerm Gewicht als Hoffnungen. – Echte Ideale sind der allseitig ausgebildete Mensch oder das *Jedem nach seinen Bedürfnissen* oder die Gleichwertigkeit der Geschlechter; sie liegen in der Zukunft und zugleich im Nirgendwo; wir wissen, das kriegen wir nie und müssen es immer kriegen wollen.

»Und die Jahrhunderte, die riesigen Brüder –
Ungleich ihr Schicksal, doch ihr Wünschen nicht«.
(Victor Hugo: »Die Geschichte«)

Die Wirkung von Schönheit heißt Genuß. Ein moderner Apfel, etwa ein kalifornischer, eine moderne Kartoffel, etwa eine DDR-Kartoffel, sind sehr viel weniger genießbar als ihre altvorderischen Ahnen. Ein Fortschritt, welcher Genuß mindert, mag ökonomisch, technologisch und selbst gesellschaftlich ein Fortschritt sein, aber die Menschheit gäbe sich auf, wollte sie sich bei derlei fortgeschrittenen Sauereien bescheiden.

Der größe Dramatiker der jüngern Zeit, Shaw, vermochte den Widerspruch zwischen formalem und inhaltlichem Fortschritt nicht als Einheit, sondern nur als Antinomie, als unauflösbares Man-kann-so-aber-ebensogut-das-Gegenteil-Sagen, zu begreifen. Er bestritt nicht die Unübertrefflichkeit Shakespeares, hielt aber zugleich den ästhetischen Vorsprung Shaws auf Grund der, wie er glaubte, tiefern und genauern Beschreibung von, wie er glaubte, tiefer und feiner unterscheidenden Gemütslagen für ohne weiteres gegeben. Wir sehen davon ab, daß er sich mit Shakespeare vielleicht gar nicht erst hätte vergleichen sollen. Wir sehen auch davon ab, daß er einen tadelhaften Hang hatte, sich in einer Übermenge von Nachrichten, die bei seinen Tagen im Gespräch waren, zu verlieren. Tatsache bleibt, daß, obgleich er (etwa in »Besser als Shakespeare?«) das närrischste Zeug zusammenredet, Shaw in künstlerischen Dingen richtig handelte. Er brachte, indem er immer von der Gattung Drama her an die Sache heranging und die Einzelheiten seiner ja ziemlich umfangreichen Kenntnisse in die Vorworte abschob, Stücke zustande, die so gut sind wie die von Molière, oder nicht sehr viel schlechter.

Was Kunst mit Hegel zu schaffen hat, ist nicht, daß sie die Hegelsche Philosophie mit Kunstmitteln nacherzählen soll, sondern daß sie sich gefälligst nach Hegels Ästhetik zu richten habe.

Ich habe mit Wilhelm Girnus die Frage erörtert, ob zu bedauern sei, daß Marx keine Ästhetik verfaßt hat. Wir waren in den zwei Hauptpunkten sofort einig: dem, daß Marxens Ästhetik hervorragend gewesen wäre, und dem, daß es ein Glück ist, daß er sie hat ungeschrieben sein lassen. – Anders: Ich wollte, er hätte sie geschrieben, aber unter falschem Namen.

Was denn unter dem *Idealismus,* zu welchem sich Schiller und Goethe in der reifen Zeit ihres Kunstdenkens bekennen, eigentlich verstanden werden sollte, verschweigen sie beharrlich. Um so klarer lassen sie wissen, was es nicht ist. Die Klassiker führen einen Zweifrontenkrieg: gegen alle Heiligung des Unvermeidlichen, ob sie aufgeklärt-dogmatisch oder stumpfvergnügt-naturnah sich gebärde, und gegen all jenes Wegsehen vom Unvermeidlichen, welches sie *subjektivische Überspanntheit* und Fratzenwesen heißen. Beide Richtungen sind just die Arten von Idealismus, an denen wir noch heute uns ärgern. Ich habe die Väter der deutschen Literatur im Verdacht, als ob sie mit *Idealismus* nichts anderes meinten, denn die genaueste Widerspiegelung der statthabenden gesellschaftlichen Wirklichkeiten und Möglichkeiten sowie deren fortdauernde Hochrechnung auf die Wirklichkeiten und Möglichkeiten einer billigenswerteren Menschheit hin: Realismus also.

Das bürgerliche Denken ist eine Umwelt, welche keiner weiteren Verschmutzung bedarf, um für die Künste unbewohnbar zu sein. – Ich habe, 1966, in einem kleinen Aufsatz die Welt von der Tatsache unterrichtet, daß Herr Graß und Herr Biermann nie imstande sein würden, ein Theaterstück zu machen. Beide Herren haben sich beeilt, die Probe zu meinem Spruch beizusteuern, was ich, ehrlich zu sein, ein wenig überflüssig fand; wofür ich mich verbürge, bedarf vielleicht keiner Beweise. Wie immer, das gemeinsame Drama »Da-da-da-vor« ist nun vorhanden und kann besichtigt werden.

Alle Künste – und das ist ein Fortschritt – haben ihren urtümlichen Gebrauchswert, der ihnen als Eierschale lange anhaftete, abgestreift und legen es nur mehr auf den rein und selbständigen ästhetischen Gebrauchswert an. Die Malerei und der Tanz dienen nicht mehr der Jagd oder dem Kriege, das Drama nicht mehr der Erfahrung eines Gottes. Das Lied dient selten mehr der Arbeit und, wo es als literarische Gattung seine höchste Wichtigkeit gefunden, nicht einmal mehr dem Gesang. So auch das Epos: es taugt heute gewiß nicht um der Geschichtsschreibung willen; es ist, wenngleich sicherlich auf irgendwelchen Vortragsstätten hersagbar, wesentlich zum Gelesenwerden bestimmt. Wer sich denn aber die Mühe noch mache? Schauen wir doch besser zu, ob wir eines schreiben können, das die Mühe lohnt.

Brot für Schauspieler

I

Die Schauspieler begreifen sich als Künstler. Das Nachschöpferische ist eine Form des Schöpferischen; im Schauspielerberuf ist die Möglichkeit zu bedeutender Kunstübung enthalten.
Aber das Theater ist ein arbeitsteiliger Urheber. Dem Schein nach alleiniger Veranstalter der Aufführung, sind die Schauspieler in Wahrheit das letzte Glied der Entscheidungskette. Ihr Stand im Theater, hieran geht nicht zu rütteln, ist so, daß sie die Voraussetzungen ihrer Kunst nicht selbst herstellen können.
Sie sind abhängig von Autoren, Regisseuren, Intendanten. Ein schlechtes Stück, eine schlechte Regie, eine schlechte Besetzungsstrategie und ein schlechter Spieplan verurteilen ihre besten Anstrengungen zur Belanglosigkeit.
Gegen das Theater sich kunstvoll zu verwirklichen, gelingt den Schauspielern nur ausnahmsweise; ohne das Theater sich kunstvoll zu verwirklichen, ebenfalls nur ausnahmsweise. Diese Ausnahmen machen keine Regel.
Wie der Fabrikarbeiter dem Gesamtbefinden der Fabrik, sind die Schauspieler dem Gesamtbefinden des Theaters unterworfen. Sie erzeugen; aber die Beschaffung der Arbeitsmittel und die Lenkung der Arbeit steht nicht bei ihnen. Ihr Können ist Sache ihrer Begabung und ihres Fleißes. Ob ihr Können an den Tag kommt, bestimmen andere.

II

Die Freiheit der Schauspieler besteht nicht in der Freiheit von Aufgaben, sondern in der Freiheit zu Aufgaben. Ihre Befreiung, folglich, muß die Befreiung des Theaters einschließen. Verantwortung und Eigenliebe befehlen ihnen, nach der Leistung der ihnen vorgesetzten Mitarbeiter zu fragen.

Ihr besser durchdachtes Unbehagen erscheint in Gestalt von Forderungen. Die Schauspieler verlangen:

1. Stücke von seelischer Tiefe und gedanklichem Wert, welche mit dem Einsatz künstlerischer Mittel rechnen. Nur in solchen Stükken wird Mitterwurzers Satz »Je kleiner die Rolle, desto kleiner die Sünde« nicht gelten. Die Schauspieler sind bereit, sich für waghalsige Unternehmungen zur Verfügung zu stellen; sie sind bereit, Stücken von bloß vorläufiger Wichtigkeit aufzuhelfen. Aber sie wollen nicht an derlei Nebendinge ihren Leib und ihr Leben verplempert wissen.
2. Regie, die ihnen anmutet, einem Kunstzweck zu dienen, nicht den Zwecken eines Regisseurs. In einem zusammenwirkenden Schaffensvorgang darf Verfügungsgewalt nicht in Selbstherrschertum ausarten, insbesondere nicht ins Selbstherrschen der Hilflosigkeit, das sich als dreistes Belieben und launische Willkür äußert.
3. Eine Besetzungsstrategie, die ihre besten Gaben in Anspruch nimmt, nicht bloß den gängigen Teil derselben. Sie wollen erkannt sein, nicht bloß bekannt.
4. Einen Spielplan, der die einzelne Bemühung in eine größere Absicht ordnet. Das Absonderliche ist noch kein Stil und das Einfallslose noch kein Realismus. Gleich dem Drama muß das Theater – bei jeweils eigenem und unverwechselbarem Gesicht – Umfang haben und die Welt meinen.

III

Daß sie mehr gelernt haben als das Vorführen von Moden, unterscheidet die Schauspieler von den Schaufensterpuppen. Überbeschäftigte Arbeitslose, die sie sind, suchen sie Arbeit. Sie sind nicht länger unschlüssig, wo.

Jeder Künstler hat außer der Pflicht, Kunst zu machen, die Pflicht, sie durchzusetzen. Die Erzeugung seiner Erzeugungsbedingungen gehört zum Beruf des Künstlers. Die Schauspieler erachten es als ihre künstlerische Verpflichtung, Theaterleitungen, welche die Gründe vergessen haben, aus denen man Theater spielt, zu bekämpfen.

Der Sarah-Sound

Wie verfahren?

Ein Künstler geht nicht mit elf anderen zusammen auf ein Dutzend. Er hat einen Stil. Bekommt man eines seiner Werke vorgelegt, weiß man, auch wenn man es bislang nicht gekannt hat, ohne weiteres, daß es von ihm ist.

Nun trennen sich die Künstler, hinsichtlich ihres eigentümlichen Stils, in zwei Sorten. Die einen erkennt man an einer Erfindung, die sie gemacht haben und die auszubeuten sie nicht ablassen. Solche Künstler sind leicht nachzuahmen; eine gewisse Schwierigkeit, um gerecht zu sein, entsteht auch bei ihnen, wenn man erklären soll, weshalb möglich ist, sie von ihren Nachahmern zu unterscheiden.

Die andere Sorte hingegen ist unverwechselbar, ohne daß diejenigen, die zu ihr zählen, sich durch ein besonderes Merkmal auffällig machen. Wie geht das her? Ihr persönlicher Stil, sagt man, ist eben der künstlerische Ausdruck ihrer unverwechselbaren Persönlichkeit: der Klang ihrer Seele. Das sei ja auch zugestanden. Aber künstlerischer Ausdruck, das meint doch die Anwendung künstlerischer Mittel. Warum sieht man die Mittel nicht?

Hier waltet ein Geheimnis. Um es aufzulösen, bedarf ich einer Denkkategorie, die ich die *lebendigen Begriffe* getauft habe. Ein lebendiger Begriff ist ein Begriff, der aus einer sehr großen Zahl von Urteilen besteht, von denen keines notwendig ist, um den Begriff zu erfüllen; es genügt eine beliebig zusammengesetzte Mehrheit. Von solcher Art statistischer Bestimmtheit sind alle Begriffe der Kunst, insonders aber der undurchdringlichste unter denen, der der poetischen Gebärde, der Weise.

Ich möchte den lebendigen Begriff erläutern, ich wähle ein ganz einfaches Beispiel. Die Stelle bleibt langweilig. Man darf über sie hinweglesen.

Eine Tasse, als ein kleines Trinkgeschirr für heiße Flüssigkeiten, hat folgende Eigenschaften. Sie ist aus einem schlechtleitenden Stoff (Porzellan, Steingut, Glas), der ihren Inhalt warm und ihre Außenseite kühl hält. Sie ist mit einem Henkel versehen, damit der Benutzer sich nicht die Finger verbrennt. Ihr Durchmesser ist oben größer als unten; denn das Getränk soll dort abkühlen, wo die Lippe ansetzt. Sie hat keinen Deckel, weil sie schnell geleert ist; (den Dekkel hat die Kanne). Sie steht auf einer Untertasse, welche den Tisch gegen Hitzeschäden, Nässeeinwirkung und Flecken schützt.

Indes gibt es – für Zuchthäusler oder Soldaten – Tassen aus Blech, gibt es – bei Erinnerung chinesischer Formen – Tassen ohne Henkel, gibt es – bei Erinnerung griechischer Formen – Tassen, die oben eng sind, gibt es – damit sich auf Schokolade keine Haut bilde oder keine Fliegen hereinfallen – Tassen mit Deckel, gibt es – wo Tische bäuerlich roh und ohnehin schmutzig sind – untertassenlose Tassen. Kein einziges Urteil also muß zutreffen. Aber wo alle oder fast alle sich nicht anwenden lassen, ist die Tasse keine Tasse mehr, sondern ein Glas, ein Napf, ein Henkeltopf oder was immer.

Aus welchem Grunde klingt Sarah Kirsch nach Sarah Kirsch? Ihr Stil entzieht sich allem Wissenwollen. Sie scheint überhaupt keine Mittel zu benutzen, benutzt also mutmaßlich zahllose; sie macht, will sie uns einreden, gar nichts, macht also mutmaßlich besonders viel. Aber es hat keinen Sinn, über einen Künstler zu sprechen, solange man nicht sagen kann, wie er seine Sachen zustande bringt.

Über Sarah ist oft und Ausführliches gehandelt worden. Nach Heinz Kahlau, der Sarah aufs Verdienstvollste verteidigte, als das noch nötig war, äußerte sich Adolf Endler, sehr weitschweifig und, wie ich finde, nicht ausnehmend ergiebig. Sein Aufsatz enthält im Kern zwei wunderbare Behauptungen: die, daß die Bewegungen der Kunst nicht von denen der Gesellschaft sondern von denen der

Kunstpolitik sich herleiteten, und die, daß jede einzelne Zeile der DDR-Lyrik irgendwie immer auch von Adolf Endler mitgedichtet sei. Die wichtigste Abhandlung ist von Fühmann. Fühmann – wenngleich er sich bei der Tiefe seiner Deutungen für mein Gefühl zu sehr dem Weltmittelpunkt nähert, wohin ich ihm nicht in jedem Fall gern folgen möchte – gibt zu handwerklichen Fragen scharfblickende und kenntnisreiche Beobachtungen, auf die ich im fernern zurückgreifen werde.

Ich selbst bin an meine Aufgabe zunächst mit Nachdenken herangegangen. Ich gestehe aber, daß mir die Mühe, den vollständigen Inhalt von Sarahs Vorratskiste zu erwühlen und auf Listen zu setzen, bald zu groß wurde. Ich entschließe mich also zum Erkenntnisweg der Tat. Ich nehme ein Gedicht eines anderen Schriftstellers – des deutlichen Unterschieds halber Bechers – und übersetze es in ein Gedicht von Sarah. Hinterher, denke ich, werde ich erfahren haben, was mir dabei zugestoßen ist.

An dem Vorgang ist keine Überhebung und nichts Verdächtiges, jedenfalls bei mir nicht, der ich kein Lyriker bin. Ich bin Dramatiker; es gehört zu meinem Geschäft, zu wissen, was jede beliebige Person in jeder beliebigen Lage nur vorbringen kann; (neu für mich ist einzig, daß, während ich im Drama die Denkhaltung der Rolle mit meinen eigenen Worten wiedergebe, ich mich diesmal sprachlich ganz heraushalten muß). Ich sage einfach, was Sarah, hätte sie zu Bechers Sorgen Lust gehabt, gesagt haben würde.

Ich gehe aus, die Kirsch in Bechers Garten zu pflücken, und finde dort, ohne langes Herumirren, den nachstehenden Gegenstand für meinen gleichsam plutarchischen Versuch.

Entbecherung

Bechers Text geht so:

Du, die ich lieb

Du, die ich lieb – was ist der Liebe Maß?!
Hab ich geopfert dir, was ich besaß,
Hab ich danach begehrt, für dich zu leiden,
Daß meine Liebe du daran ermißt,
Und weil die Liebe unermeßlich ist,
Hab ich herbeigesehnt nur jede Frist,
Um dir zu lieb von aller Welt zu scheiden?!

Du, die ich lieb – wenn dieses Maß dir gilt,
Hab ich dies Maß der Liebe nie erfüllt.
Du, die ich lieb – miß meiner Liebe Stärke
Daran, wie stark die Liebe mich gemacht,
Ob stark es war, was ich durch dich gedacht,
Wie stark es war, was ich durch dich vollbracht:
Der Liebe Maß ermiß aus meinem Werke!

Mein erster Schritt sei ein bescheidener: ich zerbreche zunächst die Form, die von Sarah mit Sicherheit nicht ist. Sarahs Gedichte haben gewiß Form, aber jedes hat seine eigene, die es hervorbringt, die von ihm sich nicht ablösen läßt und die als solche keineswegs schnell einzusehen geht; alte Schläuche für jungen Wein wiederzubenutzen, ist ihres Wesens nicht. Gebundene Rede tritt bei ihr kaum auf und gelingt ihr auch nur über kürzeste Strecken, und der Gedanke, aus der klassischen siebenzeiligen Strophe eine Ode zu fertigen, käme ihr nicht in den Sinn. Ich lasse also den strophischen Bau, den Reim, das Silbenmaß und die Zeichensetzung weg.
Ich mag nicht viel Zeit verlieren und tue gleich den zweiten Schritt, einen, der nicht nur von Becher fort sondern zu Sarah hinführt. Ich benutze eines von Sarahs metrischen Verfahren. Sarahs Rhythmen

sind freie, aber – Fühmann hat darauf hingewiesen – keine beliebigen. Zwar verweigert sie jede kenntliche Ordnung; höchst selten bleibt die Hebungszahl der Verse über ein Gedicht hinweg beständig. Was sie liebt, sind mittlere Zeilen von drei bis höchstens sechs, eher vier bis fünf, Betonungen, die, ohne sich zu einem reinlich zweisilbigen Fuß oder einem dreisilbig antikisierenden Tonfall zu entscheiden, mit größter Zurückhaltung frei gefüllt sind, und es gibt (von ausnahmsweisen Versuchen, die ihr eigentümliche Form zu verlassen, abgesehen) unter ihren Gedichten keines, das anhand eines durchgehenden Zeilenbeginns auf der Arsis oder der Thesis sich festlegen ließe; ihr Grundsatz scheint, keinen Grundsatz zu haben. Indes scheint er es nur. Denn bei all diesem höchst sorgfältigen Verstecken der formalen Mittel geht Sarah von einem, jambischen oder trochäischen, Ur-Metrum aus, welches sie nach allen Richtungen hin umspielt, dabei streng im Griff hält und in wenigen Versen, manchmal nur einem einzigen, unbeschädigt vorzeigt. Der Becher-Text, nach vorgedachten einfachen Erkenntnissen entbechert, lautet:

Du die ich lieb

Du die ich lieb aber wie mißt man Liebe?
Hab ich dir meinen Besitz geopfert hab
Ich eifrig Orte aufgesucht wo man leidet
Daß du das Maß sähst meiner Liebe? Wenn
Liebe unermeßlich ist: hab ich
Den Tod ersehnt jenes einzige Unmaß
Das dir mein Lieben nachweist im Verneinen
Der Welt? Du die ich lieb falls
Du so mich liebend wolltest liebte ich
Dich die ich lieb nie – die Stärke
Miß meiner Liebe an der meinigen
Miß ob ich stark dachte starke Taten ich
Vollbracht durch dich. Meine Spur im Leben
Ist sonst nichts meiner Liebe Maß.

Es ist seltsam: wir erfahren bei diesem Arbeitsgang gar nicht wenig über Becher. In seinem Gedicht steht mehr, als man dachte. Die Renaissance-Päpste stritten viel über die Frage, ob marmorne Standbilder poliert oder nicht poliert sein sollten. Die Frage erscheint mir in der Tat wesentlich und kann hier nicht erledigt werden; jedenfalls erweist sich an Becher, der zur Polier-Schule gehört, daß ihre Grundsätze nur in solchen Fällen verfochten werden dürfen, wo da ein Bild ist, das zu polieren lohnt.
Im übrigen ist der erreichte Zustand nicht als bedauernswürdig. Er ist ein rechtes armes Waisenkind, er hat weder Vater noch Mutter. Sarah bin ich mit meinen beiden Schritten keinen Fingerbreit näher gekommen. Ich habe Bechers Schönheiten geopfert, ohne sie gegen irgendeine von Sarahs Schönheiten einzutauschen; das Ding hat nichts mehr von Becher, aber noch keinen Hauch von Sarah. Sarah ist in all ihren Maßnahmen unauffällig, hieraus folgt nicht, daß, was unauffällig ist, wie Sarah sei. So äußerlich geht es beim Dichten nicht her.

Der Einfall

Ich setze neu an. Sarah arbeitet – und das ist das nahezu einzige, das anders als mittels Ausschließung an ihr sich packen läßt – jedenfalls mit Einfällen und jedenfalls mit Schlüssen. (Wenn ich das Wort Schluß benutze und nicht das Wort Pointe, dann nur, weil der Sprachgebrauch die Pointe fälschlich ins Gebiet des Tingeltangel verweist; in Wahrheit hat die überraschende Gedanken- und insonders Fabel-Wendung in so tüchtigen Gattungen wie der Short-Story, der heitern Ballade oder dem Monodram ihren notwendigen Ort. Sarahs Gedichte enden, inhaltlich und formal, stets in einer wenig erwarteten und vieles erhellenden Zuspitzung).
Der Einfall kann in der Lyrik als tragende Metapher erscheinen, die das Übrige des Gedichts letztlich zur bloßen Zugabe macht. Bei Sarah ist die Verbindung des Einfalls zum Nachfolgenden ungern zu genau oder zu erweislich; der Grundgedanke findet sich oft inner-

halb des Gedichts, irgendwo zwischen dem Einfall und der Pointe. Aber stets bildet die Anfangszeile den Einfall. Sie ist, wie es fürs Gedicht sich ziemt, seine poetische Hauptsache, sein Merk-Mal.

Wodurch Sarahs Einfälle Einfälle sind, sagt sich schwer. Manchmal enthalten sie ein Bild, manchmal die Beschreibung eines anscheinend alltäglichen Sachverhalts. Das Bild oder der Sachverhalt sind ausgewiesener Maßen Sarahs Eigentum. Als wie vertraute sie sich bei uns einschmeicheln mögen, – wäre Sarah nicht auf sie gekommen, hätten wir keine Kenntnis von ihnen. Es waltet die ursprünglichste Ich-Es-Beziehung: ein anschauliches oder, wie Schiller sagt, antastliches Verhältnis zum Gegenstand. Die Einfälle umfassen den ersten Vers, sind kaum kürzer oder länger. Sie sind kräftig und fest in sich und, fürs erste, fertig.

Aber Sarah, ich entschuldige mich bei ihr, daß ich es erwähne, ist weiblichen Geschlechts. Ihre Schlagzeilen (und selbst ihre Schlüsse) pflegen fast immer mit einer unbetonten Silbe sowohl zu beginnen als zu enden; sie schlagen, ohne zuzuschlagen. Diese Unauffälligkeit allerdings fällt auf. Das Weiterschwebende wird dem Abschließenden vorgezogen. Sarah kommt aus dem Offenen und geht ins Offene.

Der Widerspruch zwischen Verschämtheit und Tüchtigkeit, glaube ich, macht die Schönheit des Sarah-Einfalls. Es ist eine Veilchenschönheit, freilich nicht eben eine treuherzige. Wenn Gediegenheit bedeutet, daß einer mehr zu geben bereit ist als er ankündigt, gründet sich die Gediegenheit von Sarahs Einfällen in hohem Grade darein, daß sie so überaus wenig verspricht. Sarahs Einfälle stellen sich, als ob sie nicht glänzten. Die poetische Absicht, welche sie befördern, liegt nicht am Tage, und das Symbolische an ihnen soll man ihnen nicht ansehn.

Meine Erklärung des Einfalls ist aus den Belindebriefen bekannt. Sie lautet dahin, daß die Empfänglichkeit eines dichtenden Gemütes, von einem Zufall befruchtet, einen poetischen Satz gebiert, der zu der Erwartung den Körper bildet und welcher anders als durch den Zufall deshalb nicht hätte hervorgebracht werden können, weil die Erwartungshaltung sich ihrer selbst nicht im vollen Umfang bewußt

ist. Ich wiederhole mich hier; die Kritik nämlich hat mir bescheinigt, es sei nichts Neues dabei. Aber wenn ich meine Briefe mit den beiden anderen zeitgenössischen Dichtanweisungen, Majakowskis »Wie macht man Verse« und Enzensbergers »Die Entstehung eines Gedichts«, vergleiche, finde ich mich so herkömmlich nicht. Enzensberger kennt vom Einfall die Zufälligkeit und läßt den Umstand, daß der Dichter eine Philosophie nicht nur hat, sondern ist, unberücksichtigt; Majakowski wieder redet von der Philosophie und gibt nichts auf den Zufall. Sollte ich also was Altes gelehrt haben, dann ein so Altes, daß es sich bis in unser Jahrhundert nicht mehr herumgesprochen hat.
Der Einfall ist die Stelle, die Sarah eingefallen, also zugefallen wäre, und die ich nun errechnen soll. Man begreift, das geht nicht. Meine Einfälle sind immer meine; hätte ich Sarahs Einfälle, wäre ich Sarah. Hier liegt die unumschiffbare Klippe des Abenteuers. Ich werde Sarah nachahmen, aber in der betrübten Gewißheit, daß ich sie nicht auf bedeutende Weise werde nachzuahmen vermögen.
Becher verstärkt diesen Kummer eher, als daß er ihm abhülfe. Er hat – mögen seine Verse klassisch oder schlechterdings platt sein oder, denn das eben macht den Becher-Ton, beides zugleich – nie Einfälle. Sein zu übertragendes Gedicht handelt vom Werk als Liebesbeweis; verfahren wir jedenfalls weniger gedankenvoll.
Sarah braucht Bilder aus der Küche, sie redet gelegentlich von sich als von der Hausfrau. Ich setze also für Werk Bratkartoffeln. Ich will mir vornehmen, das Werk im hohen Sinn nicht aus dem Plan zu verlieren, beginne aber mit den Kartoffeln:

Es gibt wieder nur Bratkartoffeln.

Inhalt und Aufbau

So ein Anfang hat Folgen. Die Sprachgebärde, zeigt sich, ist abhängig von der Denkgebärde und die Denkgebärde untrennbar vom Inhalt des Denkens. Ich muß den gesamten Fortgang ändern, um aus den Kartoffeln wieder herauszukommen; und wenn ich darauf gefaßt war, daß die Form des Gedichts in den Bereich meiner Untersuchung vermutlich gehören würde, ist nun schon deutlich, daß ich die Aussage nicht außer Acht lassen darf. Die Meinung des Kunstwerks, das ist gewiß, wohnt in der Form. Hieraus, leider, ergibt sich, daß sich Sarahs Form nicht, bevor nicht Sarahs Meinung erraten worden, errichten läßt.

Sarahs Gedichte sind nicht weniger entschlossen und nicht weniger intelligent als die von Becher. Aber die Stelle, wo sie ihre Intelligenz aufbewahrt, habe ich bis heute nicht herausfinden können, und ihre Entschlossenheit enthält, zunächst und vor allem, die zur Wirklichkeit. Sarah würde Bechers Nachricht erstens dem Erdboden sehr viel näherbringen, und sie würde sie, zweitens, nicht glauben.

Das bloße Erörtern einer Leidenschaft genügt Sarah nicht. Sie will eine Frage nicht nur stellen, sie will in sie gestellt sein. Was beim Drama die Fabel ist, nämlich das Unentbehrliche, ist beim Gedicht die Erlebenslage: das, was Goethe das poetische Motiv nannte und für des Gedichtes eigentlichen Teil ansah. (Vid. Eckermann, – ach, ich wünschte, man sähe in den Eckermann öfter!). Sarah ist Meisterin im Aufspüren und Auswählen poetischer Motive.

Der Becherschen Vorbringung mißtraue ich selbst; ich habe sie – »Feldherr sein, Alkmene, / Ist meine Weise, dich zu lieben, ja« – meinem biedern Haudegen Amphitryon in den Mund gelegt. Brecht – »Die Liebe ist eine Produktivkraft» – redet ebenso abwegig wie Amphitryon und Becher. Diese Sonderbarkeiten, denke ich, entsprangen den Gehirnmühen jenes schwierigen Abschnitts der Revolution, wo Wesen und Erscheinung in solch unerträglichem Grade auseinanderklafften, daß die Dichter, um ihre gehabte Zuversicht zu retten, die völlige Übereinstimmung von Wesen und Erscheinung behaupten mußten.

Natürlich regt Liebe nicht unvermittelt zur Erzeugung an. Die Kraft, welche die Liebe spendet, entsteht aus der Zusammendrängung aller Zwecke in einem, der Liebe, und damit aller seelischen Vermögen in einem: dem zu lieben. Liebe ist also Verneinung der

Arbeit, der Menschheit, der Welt. Daß die derart gekräftigte Seele hinterher der Arbeit mit anderer Lust, der Menschheit mit anderem Wohlwollen und der Welt mit anderem Selbstgefühl wird entgegentreten können, steht auf einem zweiten Blatt. Ich lasse Sarah das genaue Gegenteil aussagen: Zeichen der Liebe ist das Nicht-Werk.
Das von der Meinung; wie wäre zu der Meinung Sarahs Haltung? Sarah ist mutig, wie Becher, und Mut erweist sich beim Dichter in der Unverfrorenheit, mit welcher er den eigenen Wert bekundet. Sarah sagt, wie Becher, ohne Umschweife »ich«; (zum feierlichen »wir« freilich fehlt ihr die männliche Gabe des Wegsehens). Alle Frauen besitzen alle Eigenschaften, die die Männer besitzen, auch, die guten und die schlimmen. Aber sie besitzen sie nicht in derselben Weise, und auch die Eigenschaft Mut muß einer Geschlechtsumwandlung unterzogen werden.
Sarahs Mut setzt nicht die Wahrscheinlichkeit des Sieges und keine Richtigkeit der vertretenen Überzeugung voraus. Ihre Erfolge liegen eher in der Zähigkeit, mit der sie Niederlagen überdauert, ihr Recht im Sichnichtverlieren während der vergeblich und einsamen Suche nach Freundlichkeit. »Ich möchte«, so fühlt Sarah, »die Welt lieben; sie ist nicht liebenswürdig, weder zu mir, noch als solche. Aber ich werde meinen emsigen, vernünftigen, hoffenden Anspruch ans Leben nie aufgeben. Kann ich nicht gewinnen wie ein Mann, bin ich auch nicht zerstörbar wie ein Mann; laß sie nur machen. Sie werden mich ein wenig flennen oder ein wenig aufmutzen oder ein wenig kichern hören, aber kleinkriegen, das werden sie mich nicht. So, sie finden mich schnurrig? Sie glauben, nur Katzen schnurrten, die Guten; sie vergessen die Tiger«.
Ungesungen läßt Sarah das reine Glück der Liebe, welches fürs höchste Lob der Schöpfung stehen kann oder für deren empfindlichste Beleidigung; im Triumph bereits rechnet sie mit der neuen Enttäuschung. Kaum auch erheben sich ihre Klagen zur Anklage gegen das Gesamt der Dinge; sie schreit, doch sie schreit keinen an. Um so stolzer ist ihr Bekenntnis zu ihren Fehlern, ihren Pleiten, ihrer Befugnis zur Willkür. Sie steht zu ihrer Feigheit, ihrer Bosheit. Sie verhehlt nicht ihre Demütigungen: es sind ja ihre. Ihr lyrisches

Ich geht so frank und so unangefochten daher wie das von Becher, nur ähnelt es, anders als das Bechersche, mehr dem Dichter und weniger dem Weltgeist. Sarah hat – so könnte es ein poetischer Gerichtshof bezeichnen – *den traurigen Mut*, sich zu ihren Taten zu bekennen.

Zurück zur Form also. Sarahs Standpunkt, meine ich, wäre so unverrückbar wie Bechers und die Wichtigkeit ihrer Sache nicht minder groß. Die von den täglichen Dingen abziehende Verallgemeinerung indes erscheint bei ihr allenfalls in seltenen Einsprengseln und mit possenhafter Absicht. Sarah wird kein Ergebnis vorlegen, außer sie hat es in Zweifel gesetzt und am sinnlichen Widerstand der überschaubaren Erfahrung erhärtet.

Daher ihr Bechers zweischenklige Gegenüberstellung von Satz und Einwand gewiß nicht genügen würde. Ich werde, für den Grobbau, eine A-b-a-Form wählen; das ist, ich nehme eine Ausgangshaltung a ein, fechte sie im B-Teil an und kehre hiernach, mit nunmehr erhöhter Bewußtheit, zu a zurück. Ich hüte mich schon gleich, innerhalb dieser Blöcke eine zu deutliche Einheitlichkeit walten zu lassen. Sarah schreibt keine Barock-Arien. In Sarahs Beweisführungen sitzt ein innerer Teufel; es kommt bei ihr, wie es kommen muß, nämlich immer anders. Der Bau des Sarah-Gedichts beruht nicht nur auf den bestimmenden Brüchen. Der ganze Stoff, woraus es gemacht ist, knistert. Ich wage einen zweiten Ansatz.

Du den ich lieb

Es gibt wieder nur Bratkartoffeln
Liebster. Bratkartoffeln mit Ei
Muß reichen dacht ich zu mehr ist nicht Zeit
Es hat eh zu wenig immer aber dann
Hab ich die Eiertüte stehn lassen
In der Kaufhalle in den vielen Gedanken
An deine wundersame Schönheit

Oft wünsch ich mich deines Wunschs wert
Heldenmütig Hippolyta Cleopatra schrägäugig
Hochberühmt Sappho: die drei Stärksten in einer

Jetzt hab ich wieder was ich mir vorgenommen habe
Die ganze Welt vergessen seit vorgestern wo ich weiß
Du kommst vielleicht du den ich lieb: seit Mittwoch
Kein Staub gewischt der Ofen aus die Kappe
Liegt neben dem Filzstift. Scheißfressen
Sagst du: Bratkartoffeln mit Rotwein
Die Scheiben der Sonne die Abendröte zwei Gedichte
Hab ich unterlassen zu machen für dich an denen
Miß meine Liebe.

Feinarbeit

So weit, so einfach. Den Einfall zum Gedicht, sei er außerordentlich oder, wie bei meinem Versuch, sehr gewöhnlich, hat man jedenfalls, und die Durchführung ist eine Kinderei. Es ist merkwürdig, daß die Arbeit, nachdem das Wichtigste geleistet ist, im Grunde erst losgeht. Warum ist der Kern eines Kunstwerks billiger zu haben als die Schale? Ist nicht der Kern die Ursache des Erfolges, und verhält es sich nicht so, daß es auf die Güte der Ausführung kaum ankommt?

Es verhält sich so, aber nur im Hinblick auf den Erfolg, nicht in Hinsicht des ästhetischen Wertes. Leicht erreichbar ist Gelesenwerden, schwer ist: Gut sein. Die Stichhaltigkeit im Einzelnen nämlich ist die erscheinende Außenseite der Stichhaltigkeit des Wesens; die feine Vollendung ist die Sinnlichkeit der Wahrheit. Ihre Herstellung ist die Tätigkeit, für welche der Künstler von niemandem entlohnt wird außer von zwei höchst zahlungsunfähigen Auftraggebern: der Nachwelt und seinem Gewissen.

Das Fertigmachen ist der Schaffensgang, wo Sarah sich müht und ich schwitze. Denn Sarah hat ein Ziel: das Gedicht soll vollkommen

werden; ich aber noch ein zusätzliches: es muß nach Sarah klingen. Und alle meine Neigungen sind denen von Sarah entgegen.
Sarah hängt dem dunklen Stil an, ich dem hellen. Das Leben ist eine Mischung von Licht und Schatten, soll heißen, von Bewußtem und Bewußtlosem. Nicht anders mithin die Kunst; aber sie löst diese Aufgabe nicht, indem es in ihr etwa gesprenkelt zuginge. Vielmehr taucht jeder Künstler, während er am Kunstwerk arbeitet, sowohl ins Dunkel des Nichtverstehbaren, als er sich auch zur vollen Höhe der Übersicht erhebt. Die Häufigkeit und Reihenfolge dieses Pulsens steht im Belieben seiner Eigenart, aber der Ort, wo er innehält, muß deutlich sein.
Meine besonnten Pforten führen in den Schatten, Sarahs schattige ins durchaus Klare. Beides läuft aufs ziemlich gleiche Ergebnis hinaus, aufs Lebendige. Der helle Eingang hat den Vorteil, daß der Leser gern eintritt; wundern wird er sich später, wenn er einmal drin ist. Der dunkle Eingang bedarf unbedingt des Einfalls als einer Verlockung: im Leser muß ein Forscherdrang erregt werden, er muß sich wundern gehn wollen. – Sarah also versteckt, was sie weiß, so hartnäckig wie das Eichhorn seine Nüsse, aber im Gegensatz zu den Versteckdichtern nach der Mode hat sie was zu verstecken. Wer bei ihr nachgräbt, wird finden. In dem Sinn ist auch Sarah hell; nur eben, ich mache das alles anders.
Sarahs Undeutlichkeit zeigt sich am Offenkundigsten in ihrem Umgang mit der Zeichensetzung. Was sie hier treibt, ist mir nicht nur fremd; ich mißbillige. Das Fehlen von Satzzeichen, so glaube ich, verrät Angst vor Trockenheit. Interpunktionslosigkeit ist Lebendigkeitsersatz. Aus der Vermittlung innerhalb der gedanklichen Ordnung wird einem kräftigen Text Kraft zufließen, während sie einen schwachen zur Preisgabe seiner Geringfügigkeit zwingt. Sarah, dünkt mich, hat nicht nötig, sich zu drücken, und sie sollte getrost ein paar Beistriche oder Semikolons wagen. Sie muß sie ja nicht ausgerechnet dort anbringen, wo Duden das würde.
Im Augenblick benutzt Sarah die Satzzeichen als Zierrat, was sich hübsch macht, aber das endgültige Ergebnis vielleicht noch nicht ist. Fühmann beschreibt eine von Sarahs Hinterlisten: die blauen

Kommas; (ich bilde den Begriff in Entsprechung zu den blauen Noten des Jazzgesangs, welche, ohne darum falsch zu sein, auf keinen genauen Platz in der Tonleiter sich festlegen lassen). Blaue Kommas sind solche, die, weil sie nicht geschrieben stehen, vom Leser an die passende Stelle hingedacht werden müssen; nun sind Sarahs Sätze aber zuweilen so gebaut, daß verschiedene Stellen fürs Komma in Frage kommen und also verschiedene Auslegungen zugelassen sind. Das Mittel ist in der Tat gerissen. Aber alle Sätze in allen Kunstwerken lassen verschiedene Deutungen zu und das, ohne daß ein Zweifel an ihrem Wortlaut möglich wäre. Ehrlich zu sein, ich finde es auf die alte Art vornehmer. Wenn Sarah neuerdings am Gedichtende manchmal einen Punkt setzt, betrachte ich den erleichtert, und er füllt mein Herz mit Hoffnung.

Der Verzicht auf die Zeichen, scheint mir, steht in keinem notwendigen Zusammenhang mit Sarahs blauer Grammatik. Es ist bekannt, daß Sarahs Deutschlehrer, seit sie veröffentlicht, keine frohen Stunden mehr hat. Ihre Sprache ist das Mitteldeutsche, womit ich die Mundart des daselbst siedelnden oder von dort entwichenen Dichterclans meine. Es handelt sich nicht nur um die Aufwertung der Umgangssprache zur Hochsprache, des Nachlässigen zum Erlaubten; es geht nicht allein um die Abneigung gegen Nebensätze und die Vorliebe für bis zur unendlichen Melodie sich dehnende Reihungen. Das sprachliche Gefüge ist mehr lose, als daß es bloß additiv wäre.

Die Aufzählungsketten nämlich reihen Unverträgliches. Slang stößt an Erhabenes, Banales gegen Gelehrtes, der hochpoetische Gedanke auf den Jedermannsgedanken. Das alles, macht Sarah uns weis, fällt ihr eben so bei. In Wahrheit bedarf sie sorgfältigster Überlegung, um den sehr schmalen Grat nicht zu überschreiten, wo die Unstimmigkeiten zu stimmen wirklich aufhören. – Die formale Entsprechung zu dem inhaltlichen Hasenpfeffer besteht in den absichtlich schlecht passenden Anschlüssen.

Die Fugen werden gezeigt. Ihre schiefen Kanten sind durch keine Sprachvernunft geglättet; der nachfolgende Teil beginnt auf einer anderen Ebene als der des vorhergegangenen; weggelassene Unds klaffen wie aufgekratzter Kitt. Und der Stoff arbeitet. Nichts ist im Gleichgewicht oder dem Stand der Ruhe. Schollen und Geschiebe bedrängen einander, und jeder Trümmer des Gerölles hat seine selbständige Bewegungsrichtung, sein grammatikalisches und rhythmisches Eigenleben.

So schreibt Sarah, so schreiben andere auch. Nur klingt dies alles bei Sarah zarter und anmutiger als im sonstigen lyrischen Mitteldeutsch. Ihre Tricks sind gekonnt und leise. Es geht widersprüchlich her, ohne daß es immerzu knirscht. Ihre Erlebnisse sind echt, ihre Wunder glaublich; die Sprünge ihrer Einbildungskraft haben guten Grund. Der Inhalt wird unnachdrücklicher erzählt, als er ist; wenn man es Geplapper nennen will, aber es ist ein Geplapper aus Wesentlichem. Übrigens ist Sarah im Ausdruck stets kurz. Hier schwimmt nichts. Das ist kein unernstes und schwadiges Zeug wie das von Celan oder Ahrendt. Blaue Grammatik – in der Tat. Von einem blauen Sinn kann die Rede nicht sein.

Das Metrum, ich sagte es bereits, ist, obgleich in der Regel vorhanden, verborgen. Aus der Verborgenheit des Metrums folgt: es gibt bei Sarah keine blauen Betonungen. Der metrische Dichter kann, durch Akzentvertauschung oder bewußtes Entgegenstimmen von Silben-Ton und -Länge, die rhytmischen Werte lockern; das gibt, da ja feste metrische Erwartung gesetzt ist, Spannung und verhindert Ermüdungserscheinungen. Umgekehrt: wo jede rhytmische Gruppe aus sich heraus verstanden sein will und ihr eigenes Maß jeweils herstellt, muß Reinheit der Prosodie walten und darf der gemeinte Tonfall nicht mißverständlich sein. Sarahs Hebungen sind uneingeschränkt Hebungen, ihre Senkungen uneingeschränkt Senkungen; wenn sie einen Spondeus, (den mag sie), vorhat, schreibt sie einen Spondeus. Das ist edel gemacht und erlesen schön.

Unter solchen Betrachtungen schleppe ich mich an meine nunmehr letzte Ausfertigung. Ich muß verwickelter werden und zugleich genauer, dichter und zugleich schlichter. Ich muß mit allem hinterm Berg halten und dabei Durchsichtigkeit erreichen.

Du den ich lieb

Es gibt wieder nur Bratkartoffeln
Hungriger. Bratkartoffeln dacht ich
Mit Ei muß reichen zu mehr ist nicht Zeit
Zu was schon bei der Eile immer? Doch
Die Eiertüte dann hab ich sie stehn lassen
In der Kaufhalle den vielen Gedanken
An deine verschlagene Schönheit, ach!

Oft wünsch ich mich nach deinen Wünschen seh mich
Hippolyta mutig Cleopatra high und
Anerkannt Sappho die drei Erlesnen

In einer. Dumm: Ausm Gehirn
Aller starke Vorsatz seit vorgestern
Seit ich genau weiß du kommst heut
Vielleicht du den ich lieb: seit Mittwoch
Kein Staub gesaugt kein Abwasch die Tinte
Trocknet im Filzstift. Du: Scheißfressen
Bratkartoffeln Rotwein. Zwei berühmte Gedichte
Ungeschrieben für dich das sind dir
Meine allerliebsten.

Beschluß

Es gibt, zur gegenwärtigen Zeit, bessere deutschsprachige Gedichte als Sarahs. Es gibt keinen besseren deutschsprachigen Dichter. Ich poche auf meine Bescheidenheit: ich sage mit keiner Silbe, daß ich, was Sarah kann, auch kann.
Sarah hat ihren Stil, unter Einsatz ihres Kopfes, ihres Leibs und ihres Schicksals, erfunden; ich habe ihn lediglich beschrieben. Und was die Güte meiner Nachahmung betrifft: ich habe Zeugen von Zuständigkeit, die dieselbe für ein echtes Werk von Sarah hinzu-

nehmen gewillt waren, aber der Funken, der ihre hervorragenden Arbeiten zu solchen macht, entspringt in ihr allein. Jetzt, wo ich erklärt habe, wie sie es anfängt, klingt die Sache ziemlich einfach. Ich versichere: es ist nicht einfach.
Immerhin, in der ungefähren Sarah-Weis zu singen, bereitet nun keine Schwierigkeiten mehr. Jeder Kutscher vermag es. Nehmen wir einen anderen Becher, ein Sonett:

Die Unbekannte aus der Seine

Dein Lächeln überzieht oft meinen Mund,
Und mein Gesicht scheint deinem angeglichen,
Auch ich bin so wie du aus tiefem Grund
Emporgetaucht, die leichten Wellen strichen

Darüber hin, wo ich im Dunkel trieb.
Ich habe nichts von einem Tag besessen,
Gebettet lag ich kühl im Weltvergessen,
Und nur ein Lächeln, nur dein Lächeln blieb . . .

Dein harter Mund hat endlich nachgegeben,
Und dieses Lächeln zeichnete sich ein,
Und alles Schwere hat es abgewiesen,

Als würde dies das gute Ende sein:
Ein Lächeln. Laß dein Lächeln mich umschweben!
So lächelst du mich an, du ewiges Fließen.

Selbst der Herr Lyriker Weisbach würde, nachdem er die vorstehende Gebrauchsanweisung zur Kenntnis genommen, bei geringem Nachdenken das folgende Sarah-Gedicht ausm Ärmel schütteln:

Der Unbekannte aus der Spree

Sein Grinsen hat mir immer am schönsten gefallen.
Der Morgen legt Grau auf ich Rot. Ich trete aus meinem
Senkrechten weißen Haus raus will zum Otto
Nagel sehn wie das früher hier warm war
Und sie hieven eben was Bleiches aus dem Fluß
Das tropft ab auf dem Pflaster so schön so unschädlich
Die Haut durchsichtig das Grinsen. Die Möven
Also die sind neugierig fragen kennt einer
Den schönen magern Mann Sievielleicht? Was
Sag ich? Von Toten nur Gutes ich sage
Unbekannt sag ich weinend. Welch ein Glück! denk ich
Hat die Spree ihn gefischt mit ihren ruß-
Umschminkten Rundaugen aus Öl hat er sich
Totgesprungen knapp eh daß ich ausm Fenster – nun hängt er
An allen Wänden über allen quadratischen Liegen
Der lüsterne Gips tückisch und siegreich wie einer
Der sein Schicksal verdient hat. Den Jungfräulein
Wird recht süß schaurig international. Sein Grinsen
Überzieht meinen Mund jetzt. So ein gutes
Ende staun ich hat es mit ihm genommen.

Der Meineiddichter

Im Odenwald, so erzählen Wilhelm und Jakob Grimm, *beim Kloster Schönau liegt ein Ort, genannt zum falschen Eid.* Der Anfang verspricht eine romantische Handlung, aber er klingt nicht nach romantischer Literatur. Das Deutsch ist zu gut.
Es denken die einschlägig nicht näher Unterrichteten beim Wort Romantik immer noch an Dichter wie Uhland oder Eichendorff, Hoffmann oder Chamisso. Aber die trifft nicht einmal der besser unterscheidende Name Spätromantik. Sie lebten, fühlten und fragten im Biedermeier und sind eine andere Sache. Nein, die Romantik bestieg den Thron in eben denselben Jahren, worin Bonaparte den seinigen bestieg: die Bourgeoisie begründete ihre glänzendste Macht in Frankreich und in Deutschland ihren heiligsten Geist. Gleichzeitig übrigens schrieben Goethe und Schiller Briefe, in welchen sie weder Napoleon noch Friedrich Schlegel viel Aufmerksamkeit schenkten. Sie schrieben sie an einander und an uns.
Wer nun wieder Friedrich Schlegel gewesen? Friedrich Schlegel ist der Erfinder der Romantik und der Held unserer Geschichte. Ich gebe, damit es in Ordnung hergehe, sein Leben.
Friedrich Schlegel wurde 1772 geboren. Er wirkte von 1798 bis 1802; dann ließ er sich, weil Napoleon nichts herausrücken wollte, von Metternich bezahlen, erhielt vom Papst die Ritterschaft des Christusordens und starb 1827 in religiöser Verblödung. Er schrieb immerfort. Sein einziges Werk sind die Fragmente.

*

Da hat auf eine Zeit ein Bauer geschworen, der Acker gehöre sein.
»Die romantische Dichtart«, behauptete Friedrich Schlegel, »ist die

einzige, die mehr als Art und gleichsam die Dichtkunst selbst ist«; er allein, sollte das heißen, habe das Recht, das Feld der Poesie zu beackern. Das war, während der besten Tage der deutschen Klassik, gelinde gesagt gehochstapelt, ich will es aber nicht gelinde sagen. Der Eid war falsch.

Der Ort, wo Schlegel ihn ablegte, ist das Athenäums-Fragment Nr. 116. Es ist das Romantische Manifest. Es erschien 1798 und beginnt mit dem berühmten Satz: »Die romantische Poesie ist eine progressive Universalpoesie«.

Außerstande zu leugnen, daß sich das nett anhört, unternehme ich nun, den Leser in Friedrich Schlegels Umgang mit der Sprache einzuführen. Im Jahr 1796 forderte er, töricht und feuervoll, den »universellen Republikanismus«. Er benötigte nicht mehr als zehn Jahre, um, bei Verwendung des gleichen Wortes, einen anderen Zukunftsstaat auszurufen. »Eine solche germanisch freie und ständisch gesetzliche christliche Universalmonarchie«, schrieb er, »ist ja eben die Idee des Kaisertums«. Die Rede ist von Österreich. Seine 1827 verfaßte Lehre vom (katholischen) Menschen ist überschrieben: »Psychologia Universalis«.

Ein universeller Kopf also. Aber wie paßt zu solch allumfassenden Denken Schlegels einzige Ausdrucksform, das Fragment? Warum immer diese unausgeführten Einfälle?; wieso das glühende Lob des Projektmachens und der zum Scheitern verurteilten Versuche, und woher der nicht minder glühende Haß auf alle Leistung, auf jedes vollendete Werk? Nun, aber das eben ist das Universelle. Das Fragmentarische, so ist es gemeint, soll die Unendlichkeit des Auszusagenden andeuten.

Das Vollendete, wende ich ein, deutet die Vollkommenheit des Auszusagenden an. Ein Könner unterscheidet sich vom Nichtkönner dadurch, daß er wohl weiß, in welchem Grade auch das fertigste Kunstwerk Bruchstück wird geblieben sein müssen. Es gibt keine Sorte von Autoren, die ihre Sachen für unübertrefflich erachten, ausgenommen die Verfasser von Fragmenten.

Mir scheint also dieses angestrengte Sichnichtanstrengen überflüssig und, wenn ich offen sein soll, ein wenig verdächtig. Darüber, daß die ganze Schönheit der Sprache keinem erlangbar ist, mag ich ausgerechnet von einem Stotterer nicht belehrt werden, und daß man die Scherben eines Topfes dem Topf vorziehen müsse, weil der letztere die töpfische Idee nicht durchaus erreicht, glaube ich jedenfalls keinem ungeschickten Dienstmädchen.

Auch wir nehmen gern Ableitungen vom und zum Weltganzen vor. Aber wir haben mit dem kein viel Übersinnlicheres im Auge als das geordnete Zusammenleben der Rasse. Das Ziel dünkt uns hoch genug. Bei uns kommt der Mensch vor dem Mond und den Engeln. Wir geben, so rechtschaffen, wie wir können, Auskunft über die Vermittlungen zwischen den Einzelheiten und der Wesenheit, auch die widersprüchlichsten, und je unzweideutiger wir sagen, was wir begriffen haben, je deutlicher weisen wir auf das hin, wovon uns der Begriff noch fehlt.

In der Tat, die Werke der Klassiker sind die besseren Fragmente, und das Wort »progressiv« werden wir also dahin verstehen, daß, da die romantische Poesie ohnehin auf ein Ende ohne Ende hinauswill, sie am vernünftigsten tut, gar nicht erst anzufangen. Was Schlegeln übrig blieb, waren die Wichtigtuereien und Seiltänzerkunststücke eines Schriftstellers, der, bei minderem Wert, die größere Aufmerksamkeit auf sich zu lenken wünscht, eines Epigonen.

Die romantische Poesie, verkündet Friedrich Schlegel in dem besagten Fragment, »allein ist unendlich, weil sie allein frei ist und das als ihr erstes Gesetz anerkennt, daß die Willkür des Dichters kein Gesetz über sich leide«. Es gibt ein ganzes Lehrgebäude . . . ich verbessere mich: eine ganze Trümmerstätte von Lehren von ihm, welche das Durcheinander von Unerwartetem, die absichtsvolle Verwirrung des Lesers, kurzum das, was die Bierzeitungen den höheren Blödsinn nennen, zur Regel der neuen Schreibweise erhebt.

Die Bestimmung der romantischen Poesie, verkündet er ferner, »ist nicht bloß, alle getrennten Gattungen der Poesie wieder zu vereinigen und die Poesie mit der Philosophie und der Rhetorik in Berührung zu setzen. Sie will und soll auch Poesie und Prosa, Genialität und Kritik, Kunstpoesie und Naturpoesie bald mischen, bald verschmelzen, die Poesie lebendig und gesellig und das Leben und die Gesellschaft poetisch machen«.

Die Meister Goethe, Schiller und Hegel waren eben dabei, die einzelnen Formen der Erkenntnis reinlich zu trennen und einer jeden den Aufgabenbereich zuzumessen, für den sie am dienlichsten war. Sie bestimmten insonders die Grundformen der Literatur. Sie schmiedeten und schärften ihre Zangen, dergestalt daß sie die verwickelte Wirklichkeit am gründlichsten zu packen bekämen. Und kaum hatten sie einen einigermaßen brauchbaren Arbeitsplatz zusammengeräumt, kam dieser entlaufene Lehrbursche ihnen in die Werkstatt gesprungen und warf alles wieder durcheinander. »Universalität« – Athenäumsfragment Nr. 451 – »ist Wechselsättigung aller Formen und aller Stoffe«.

Friedrich Schlegel, wie alle Schwachbrüstigen, hatte eine Neigung zu Grenzfällen und äußersten Zipfeln. Der Begriff der Mitte gehört zu denen, die er nicht leiden kann; man gewinnt sie, seiner sechsundvierzigsten Idee zufolge, indem man die Extreme verbindet. Es ist die reine Schwätzerdialektik. Das Extrem ist ja eben das Auswuchern eines Gedankens oder einer Handlung, welches über These oder Gegenthese hinaus und ins nur Unfruchtbare führt; aus dem Extrem erwächst nichts, schon gar kein Umschlag. Man muß die Mitte zwischen den Extremen nicht finden, sie stellt sich von selbst her. Der Punkt, wo die Extreme sich touchieren, die Gemeinsamkeit alles Falschen, das ist das schlechthin Abwegige: die Mitte des Friedrich Schlegel.

Kurz, es blieb beim Pendeln zwischen Außenseiterei und Außenseiterei, und besonders ekelerregend ist das Bekenntnis dieses eitelsten und unglücklichsten aller Eigenwilligen zur Gemütsbruderschaft. Der bis in unsere Zeit hinein furchteinflößende Vorschlag, ein Kunstwerk durch einen Bund von zwei oder vielen Künstlern anfertigen zu lassen, stammt von ihm.

»Wo mehre bildend sich in Eins verbunden,
Gewinnt der Künstler seines Daseins Mitte«.

(F. S. »Bündnis«).

Ich fühle einen starken Hang, die Charakteristik dieses Mannes abzuschließen. Denken wir uns eine Person, bei der das Hirn flink arbeitet und alles andere nichts taugt; erfüllen wir dieselbe mit einem maßlosen Anspruch, – was käme heraus? Wäre ich Friedrich Schlegel und fromm, würde ich antworten: der Teufel. Ich rede minder abergläubisch, ich sage: von solcher Beschaffenheit ist der Erzvater der deutschen Décadence.

*

Schauderhaft war des Bauern Strafe. Die Erde hat ihn verschlungen. Aber zum Wort Strafe gehört das Wort Schuld; derlei Ausdrücke verursachen mir, bei allem Zorn und allem Eifer, womit ich schreibe, Unbehagen. Wir wissen von dem Bauern so wenig. Hätte nicht sein können, er meinte sich im Recht? Wie viele Meineide werden nicht guten Glaubens geschworen.

Ein Mann von Ehre, denke ich, löst das Problem der Verantwortung bei ja doch unfreiem Willen so, daß er mit sich selbst verfährt, als sei er Herr seiner Handlungen und der Schuld fähig, alle anderen aber als Gezwungene betrachtet, die tun, was sie müssen, und mit denen man nicht schmollt. Da ich nun Schriftsteller bin, neige ich vielleicht ein wenig zu sehr zur Unbilligkeit gegen Schriftsteller. Ich rechne ihnen zu viel zu. Ich gehe mit ihnen um, als hätten sie, was keiner hat: die Pflicht zur unbedingten Tüchtigkeit, und als seien sie keinen Unbilden des Weltverlaufs unterworfen.

Das Datum von Schlegels Geburt ist verhängnisvoll wie aus einem Stück von Werner oder Müllner. Friedrich Schlegel zählte bei Ausbruch der französischen Revolution siebzehn Jahre, eben so viele wie Büchner beim Ausbruch der Julirevolution. Als sie begannen, mit ihren Urteilen ins Reine zu kommen, waren beide Revolutionen gestrandet. Versetzen wir uns in die Lage eines Jünglings, der die Menschheit im Zeichen des Schreckens und des – schrecklicheren – Direktoriums kennen lernt.

Die Klassiker, schlecht wie sie es hatten, hatten es hiergegen einfach. Sie wuchsen in einem Strom bürgerlicher Hoffnung auf, die sie dem Inhalt nach nicht teilten, von deren Schwung sie sich aber in die Zukunft schleudern ließen. In wen die Zuversicht einmal gepflanzt ist, den verläßt sie nicht mehr völlig.

Die Romantik setzte, bei noch zarten Muskeln, ein nach dem sittlichen Zusammenbruch und dürftigen Sichzufriedengeben der bürgerlichen Hoffnung. Man soll weder ein Kind noch einen Schriftsteller vorzeitig mit den Tatsachen des Lebens bekanntmachen. Man zerstört damit seinen Triebvorrat zum Guten. Man erzieht Spinner oder Anpasser; nicht große Weltkenner, sondern kleine Schurken.
Wer unmittelbar nach der Revolution zu schreiben beginnt, schreibt mutlos und bekommt Sinn für Ironie. Es ist aber von der Ironie aus Enttäuschung bis zum Betstuhl nicht mehr als ein Schritt. Ich wiederhole mein Bedenken. Dürfen wir Friedrich Schlegel vorwerfen, daß er den Schritt ging? In der Tat entdecken wir unter den Dichtern seines ungefähren Jahrgangs, außer Novalis und Tieck und solchen Leuten, einen einzigen Namen von Rang: Hölderlin. Die Sterne der Geschichte standen bös.
Der früheste Schlegel schien sich nicht übel anzulassen. Aber man mache sich von seinem fortschrittlichen Aufbruch keine übertriebene Vorstellung. Er feierte die Revolution, doch was er in ihr sah, war die bloße Änderei, und was ihn an ihr anzog, die Groteske. Er pries den »Wilhelm Meister«, freilich um eben der Gattungsungenauigkeit willen, die Schiller an ihm tadelte. Er rühmte Fichte, dessen Ich er verstand: es trug für ihn den Namen Friedrich Schlegel.
Ja, der Jüngling Friedrich benutzte die Worte der Klassik und der Revolution; nur der Sinn, den er ihnen unterschob, war stets sehr eigen. »Der revolutionäre Wunsch, das Reich Gottes zu realisieren«, so das Athenäumsfragment Nr. 222, »ist der elastische Punkt der progressiven Bildung und der Anfang der modernen Geschichte«.
Was »revolutionär« meint, teilt das Fragment selbst mit. »Progreß«, ich erwähnte es schon, verwendet Schlegel in der Bedeutung, in welcher man vom Voranschreiten einer Lähmung spricht. Und »modern« . . .?
Wer nichts zu sagen hat, sagt am Ende, was jedermann sagt. Der Romantik fiel alles ein, was dem Zeitgeist einfiel und was nicht schwer zu machen war. Das Wetterwendische ist der letzte Wesens-

zug der Romantik. Nichts ist tief, nichts ist fröhlich; aber alles ist zeitnah. Man hascht nach Wirkungen in allen Stellen des Erdballs und der Vorzeit, und der Kern des Treibens ist doch immer derselbe: weinerliche Tagesschriftstellerei.
Auf die Gefahr hin, übellaunig zu wirken, kann ich nicht vollständig verschweigen, welche Formen Friedrich Schlegels Kapitalismuskritik annahm, als der Zeitgeist den Namen Metternich trug. »Die österreichische Verfassung ist eben noch die einzige germanisch freie; ein edles Bündnis der Völker, wo jedes bleibt, was es ist und sein soll.« Auch nicht unlohnend ist das Sonett »Der neue Völkerbund«, von 1823. Es behandelt die vier verworfenen Völker, denen Gottes Zorn erlaubt hat, an Habsburgs Wurzel zu nagen: die Türken, die »barbarischen Polacken« und – nein, das Schluß-Terzett muß man sehen:

> »Gleich sind an Wert dann die zwei Nationen,
> Franzosen, die frech lügend alles rauben,
> Der Jud', der alles faßt mit Wuchers Zacken«.

Sind das nicht Heinrich von Kleistens Töne?
Ich gestehe, daß Schlegel in seinen klareren Tagen derlei Dinge hat witzig sagen können. Aber Witz ist, für einen witzigen Schriftsteller, leicht haben und, für einen witzigen Leser, allzu verführerisch, und das Witzemachen sollte ausschließlich solchen verstattet werden, die beim Publikum dauernd um Nachsicht einkommen müssen, daß sie im Recht sind. Komischsein ist viel schwieriger. Komik entsteht aus dem Gediegenen, nie aus dem Übergeschnappten. Die Romantik schaffte immer nur den Witz; sie war, wiewohl sie es überaus gern gewesen wäre, nicht ein einziges Mal komisch.
Ich gestehe ferner, daß Schlegel ein Anreger gewesen. Der Anblick des Verbrechens ist immer anregend. Er festigt die Tugend oder verleitet zur Nachahmung. Friedrich Schlegel, der Rang sei ihm ausdrücklich zuerkannt, war kein Nachfolgeverbrecher. Zwar ist auch für ihn das Moderne nichts besseres als das Modische. Aber alle Moden der Romantik – und dies ist in vollem Umfang, was zu seinem Vorteil sich sagen läßt – sind in seinem Haupte geboren. Soweit der Sachverhalt, so viel von dem, was ihn entschuldigt.

Können wir einen Spruch fällen? Oder lasten wir alle Handlungen Schlegels der Gesellschaft an? Schlegel war windig, Hölderlin verrückt, beide anscheinend von Beginn her. Mußten sie es werden? Soll man sie, anstatt auf ihnen herumzuhacken, in ihrer Ungetrostheit bedauern? Die Rolle des Richters stimmt traurig, auch die des poetischen. Aber Recht, das fordern die Opfer, muß gesprochen werden, und am Ende hilft es den Betroffenen ja auch nicht viel weiter, wenn man sie aus dem literarischen Zuchthause ins literarische Narrenhaus verbringt.

Übrigens, Georg Wilhelm Friedrich Hegel kam zur Welt 1770.

Die Erde, die all solche Fragen nicht stellt, verschlang Schlegel tatsächlich. Sein Geschäft, die Zerstörung von Kunst und Gesittung, war in dem einen Jahrviert zu Jena besorgt; in den 27 Jahren, die er als der erste seiner eigenen Wiedergänger in der Stadt Wien zubrachte, hörte und sah keiner mehr von ihm. Ich überlasse ferneres Nachdenken der Fachwelt und halte mich ans Beispiel der Professoren Grimm, die, wie ich eben feststelle, mit dem Begriff der moralischen Ursache und Folge höchst vorsichtig umgehen. Sie berichten kein Wort über das hinaus, was man wirklich weiß.

*

Sonst weiß man auch von Meineidigen, daß ihnen die aufgerichteten Finger erstarren. Das ist ein großer Ärger, wir Leute von der Feder kennen ihn. Es ist ungemein schwer, mit erstarrten Fingern zu dichten. Das Herz mag im Busen noch so begeistert schlagen: die Echrift gerät einem starr oder zitterig, nie fest.

Friedrich Schlegel schrieb starr, oder er schrieb zitterig; nie schrieb er fest. Er war vielleicht der schlechteste Dichter, den wir je hatten, (wie überhaupt die ganze romantische Schule nicht dichten konnte und ausschließlich aus den Lehren Friedrich Schlegels besteht. Sie ist eine Ästhetik, zu der es keine Kunst gibt). Von seinen Poesien ist keine Zeile auf den heutigen Tag gekommen, außer – aus dem vaterländischen Lied »Gelübde« von 1809 – der Vers:

»Die Treue ist der Ehre Mark«.

Schlegel erkannte sein gespanntes Verhältnis zur Muse, die ihn, wie er mit nicht nachlassender Überzeugung fühlte, erwählt hatte, und die sich ihm im entscheidenden Augenblick doch immer entzog. Er fand sich aus der Peinlichkeit auf zwei Weisen. Erstens, indem er Kunst zur Abschaffung der Kunst verfertigte, und zweitens, indem er die Kritik zur vornehmsten der Künste erhob.

Ich bin, ich kann das nicht leugnen, dem Wort Kritik gegenüber empfindlich. Ich kenne das Wort Verachtung, ich ehre das Wort Untersuchung, und ich liebe das Wort Bessermachen, aber das Wort Kritik will – kleberig, wie es, seit es von Schlegel bis Adorno durch so mancherlei Hände weitergereicht worden, ist – nicht mehr in meine Ohren.

Schlegel ersann, in seiner Charakteristik »Lessing«, auf den sich zu berufen er die Stirn hatte, »die Idee einer Kritik von ganz anderer Art«. Dieselbe sollte der zukünftigen Kunst vorschreiben, was sie zu tun habe, und bis es aber soweit wäre, eine Haltung einnehmen, für die ich keinen besseren deutschen Namen weiß als Tadelsucht. Vorzüglich im letztern Verstand war Schlegel ein großer Kritiker.

Zunächst tadelte Schlegel auch Schlechtes. Aber da, was er ablehnte, seine Leser und seine Zuschauer besaß, folgerte er bald, daß Leser und Zuschauer ein sicheres Merkmal schlechter Literatur sein müßten. Er selbst hatte keine; so wird der Fehlschluß verständlich. Seine eigenen Musenkinder, welche sämtlich mit verrenkten Gliedern zur Welt kamen, schickte er nun in den Kampf gegen alles, was Hand und Fuß hatte.

Man kann Kunst mit Kunstwerken beleidigen, indem man die Form, als etwas Überholtes, veralbert und an ihre Stelle die Unform setzt, aber auch so, daß man ein Übermaß an Form auf einen albernen Inhalt verbringt und damit dieselbe als ein Hohles und Äußerliches dem Unwillen des Geschmacks preisgibt; die Schlegelianer beherrschen meist beide Verfahren. Ich rechne mit dem Dank des Publikums, wenn ich ihm, angesichts deren völliger Unbekanntheit, von Friedrich Schlegels Dichtungen einige Nachricht gebe.

1799 schrieb er einen Roman zur Abschaffung des Romans, die »Lucinde«, und 1802 eine Tragödie zur Vereitelung des Dramas, den »Alarcos«. Die »Lucinde« ist von der zitterigen Machart, der »Alarcos« von der starren.

Den Inhalt der »Lucinde« erzähle ich nicht, weil sie keinen hat. Sie ist ein erotisch-redselig-universelles Wirrsal, ein »aus den heterogensten Bestandteilen zusammengesetzes Mischgedicht«. Schlegel bereute an ihr nur eines: daß er vergessen hatte, sie mit Gedichten zu sprenkeln; eigens um für dieses Versäumnis zu entschädigen, plante er eine Fortsetzung. Nun hatte er aber in der »Lucinde« das Lob der Faulheit verkündet, und möglicherweise aus diesem Grund kam die Fortsetzung nicht mehr zustande. In allem Übrigen war er mit sich zufrieden. Der Roman war die einzig zeitgemäße Gattung, und die »Lucinde« war der einzig zeitgemäße Roman. Er hatte der Welt ein gewaltiges Ei gelegt. Das Ei enthielt zwei Dotter, beide schlüpften. Aus dem einen wurde Friedrich Nietzsche, aus dem andern Richard Wagner.

Der »Alarcos« ist ein antikisierend-calderonisierend-universelles Schauerdrama, worin ein jeglichen eigenen Willens ermangelnder, indes edler Graf von den Anschlägen einer buhlerischen Thronerbin in die verzweifeltste Zwickmühle geklemmt wird; – das wahrhaft Dramatische daran ist, daß diese beiden Hauptpersonen in den sieben Szenen des Stücks nicht Gelegenheit haben, auch nur einen Satz miteinander zu wechseln. Den zweiten Teil über bringt der Graf, aus einem höchst kennzeichnenden und bislang allein von Hegel begriffenen Bündel politischer Gründe, seine geliebte Frau um.

»Es gibt«, lehrt das Athenäumsfragment Nr. 429, »eine Bizarrerie der Begeisterung, die sich mit der höchsten Bildung und Freiheit verträgt und das Tragische nicht bloß verstärkt, sondern verschönert und gleichsam vergöttlicht«. Hier redet kein Tragiker, hier redet die Meerkatze eines Tragikers. Ausgerechnet Bizarrerie nämlich verträgt die Tragödie nicht.

Das Trauerspiel, das nun einmal mit Greueln zu tun hat, rechtfertigt seinen unerquicklichen Gegenstand: durch die strenge Notwendigkeit, mit der es ihn als einen unvermeidbaren herleitet, und durch die Achtung vor der menschlichen Größe, die es , eben anhand der vorgeführten Unmenschlichkeiten, bezeigt. Mit ihrem Eigentlichen, dem Entsetzen, geht die Tragödie am sparsamsten um. Wo einer die Abscheulichkeiten willkürlich einrührt und die blutigen Wirkungen beliebig aus der Tüte schüttelt, tritt Abgeschmacktheit für Tragik.

Es ändert hieran nichts, wenn der Unfug, wie beim »Alarcos«, in die steilsten metrischen Formen geschnürt ist.

Neben den drei Hauptpersonen kommt ein uralter treuer Knecht mit einem zwei Meter langen eisgrauen Bart vor, der Dagobert heißt, als Silbenmaß den Trimeter bevorzugt und am Ende ins Kloster abgeht. Ich erwähne seiner, um die ungeheure Vorliebe anzudeuten, die Friedrich Schlegels geistreicher Kopf für die geistig Armen entwickelte. Er mochte an ihnen, daß sie die Welt auf so reizend naive Weise ebenfalls nicht verstanden. »Je mehr Bildung«, bemerkt das Athenäumsfragment Nr. 233 abschätzig, »je weniger Religion«.

Die Bildung, an der es ihm selbst ja nicht fehlte, benutzte Schlegel, um die Unbildung mit mehr Pfiff in Umlauf zu setzen. Der eingeweihte Simpel nahm sich der schlichten an. »Alle höchsten Wahrheiten«, schrieb er, »sind durchaus trivial; und eben darum ist nichts notwendiger, als sie immer neu und womöglich immer paradoxer auszudrücken«.

Der langmütigste aller Theaterleiter, Goethe, spielte auch den »Alarcos«. Das Stück wurde vom Weimarer Publikum einfach ausgelacht, später von den Jenenser Halbwüchsigen bejubelt. Mit der Uraufführung endet seine Bühnengeschichte.

In seinen Gedichten hat Friedrich Schlegel die Unendlichkeit nur als unendliche Langweile packen können. Bei den starren gelang ihm, ein paar spanische Strophenmuster wiederzuentdecken, leider nicht wiederzuerwecken; bei den zitterigen gebührt ihm das Verdienst, die Assonanz – den aus Absicht schlechten Reim – in die deutsche Kunstlyrik eingeführt zu haben. Ich hätte dieses Verdienst lieber nicht. Es finden sich ein paar verständliche Gedichte von Schlegel, seit Metternich, der sein Geld ungern für nichts ausgab, darauf hielt, daß der christpatriotische Kaiserschmarrn vom Volk auch wirklich sollte geschluckt werden können.

Meine Leseempfehlungen also: Die »Lucinde«, der »Alarcos« und, für alle Gedichte, vielleicht das Sonett von 1806 »An die Dichter«. Es ist die Marseilleise der Romantik und endet mit den Terzetten:

»Den Heldenruhm, den sie zu spät jetzt achten,
Des Deutschen Namens in den lichten Zeiten,
Als Rittertum der Andacht sich verbunden;
Die alte Schönheit, eh sie ganz verschwunden,
Zu retten, fern von allen Eitelkeiten,
Das sei des Dichters hohes Ziel und Trachten!«

*

Was wissen die Grimms von den Fingern der Meineidigen noch? *Daß sie verschwarzen.*

Schlegel wurde 1808 katholisch, und mit ihm die ganze Romantik, soweit sie nicht überhaupt den Verstand verlor, Selbstmord beging oder schon katholisch war. Der Most hatte ausgeschäumt und war zum Klosterkeller geworden. Der Teufel neigt schon vermöge seiner Halbbildung zur Religiosität; hat er sich die Hörner abgelaufen, bleibt der Pfaffe übrig.

Das Unglück kam nicht unangekündigt. Schon 1800, in der »Rede über die Mythologie«, hatte Schlegel festgestellt, daß, woran es dem Abendland ermangele, ein Mythos sei. Shakespeare – so begriff er den – hatte noch einen: »Ja, diese künstlich geordnete Verwirrung, diese reizende Symmetrie von Widersprüchen, dieser wunderbare ewige Wechsel von Enthusiasmus und Ironie ... scheinen mir schon selbst eine indirekte Mythologie zu sein.« Eine direkte hervorzubringen, sagte er, sei die Forderung des Jahrhunderts an die Romantische Schule.

Kein Stifter ohne Vorläufer. Die Griechen, lesen wir 1804 in »Die griechische Mythologie«, verehrten die Sinnlichkeit zu sehr, als daß sie einer »befriedigenden und übereinstimmenden« Mythologie sich hätten erfreuen dürfen. Ganz andere Kerle, Gott sei Dank, waren da die Inder.

Als Alexander der Große nach Indien zog, fand er unter einem Mangobaum einen Haufen ziemlich schmutziger Philosophen sitzen und unterhielt sich mit ihnen. Er verstand kein Indisch, sie kein

Griechisch; so schieden sie im Einverständnis miteinander, und Alexander verbreitete den Ruf der Nacktdenker, wie er sie nannte, zum ersten Mal unter den Gebildeten des Westens. Friedrich Schlegel, nicht minder universal veranlagt als der Makedonenkönig, tat es ihm gleich. Er konnte auch kein Indisch und verkündete folglich den ergriffenen Feuilletonschreibern, die alten Yogis und Gurus seien nichts Geringeres als die Johannesse der romantischen Heilslehre gewesen.

Solch günstiger Vorbedingungen ungeachtet, wurde aus dem Plan der Neuen Mythologie nichts. Es lag an der Kurzatmigkeit der Apostel, und auch Friedrich Schlegels sprudelnder Quell mußte sich endlich erschöpfen. Ihm blieb nichts übrig, als zu entdecken, daß das große geistige Gebäude der Gesamterkenntnis schon erfunden war.

Die äußerste Geringschätzung des Menschen, die Gewohnheit, ihn in seiner vergleichsweisen Schwäche der Unendlichkeit vorzuwerfen, die schlechte Meinung von der irdischen Zukunft, die unstatthafteste Vermengung von Glauben, Forschen und künstlerischem Abbilden und das mischende und auflösende Ineinanderwirken der Gattungen: all das bot der Katholizismus, (der seit der Gegenreformation keine so kriegerische und fortschrittsfeindliche diesseitige Rolle gespielt hatte wie eben jetzt im jesuitisch-monarchistischen Gegenbonapartismus). Er war der große Klebstoff, der die armen neuzeitlichen Monaden zusammenleimt, das mütterliche Duster, worin sie schon einmal die Fensterladen zu öffnen wagen.

Worauf Friedrich Schlegel, als er zur seligmachenden Kirche übertrat, verzichten mußte, war lediglich das bißchen kecker Übermut und Freiheit. Aber man wird schließlich nicht jünger. Ein Herumtreiber, der in die Jahre kommt, muß sich entweder entschließen Fakir zu werden, oder er muß sehen, wie er zu Wohlstand gelangt, und Friedrich Schlegel, ich verarge es ihm nicht; aß gern gut.

Für jeden Narren naht die Zeit, wo er sich lieber zusammen mit anderen lächerlich macht als nur auf sich gestellt. Ungeduld reift ihrem Wesen, dem Stillstand, entgegen. Die Hasser aller Einrichtungen,

hierauf kann man sich verlassen, richten sich am behaglichsten im Saustall ein, und das bloß Verneinende beruhigt sich am Ende beim bloß Positiven, der Polizei.
Die alten Bummler sind die Reservearmee des Dunkelmännertums.

*

Über den Tod geht auf zweierlei Art zu denken. Man stirbt, sagen die einen, am Tag der Zeugung; denn der Beginn des Lebens ist zugleich der Beginn des Sterbens. Man stirbt, sagen die anderen, niemals; denn solange man stirbt, lebt man noch, und ist man tot, gibt es einen nicht mehr. Beide Ansichten der Sache sind, von innen her betrachtet, schlüssig. Für die zweite spricht, daß sie mehr Angenehmes bietet, und das ist, warum die Klugen vorziehen, griechisch zu leben und römisch zu sterben. Von außen her indes gilt die zweite Ansicht als die alleinige. Die Menschheit findet unseren Tod sehr viel weniger aufregend als wir selber; wer sich vom Standpunkt der Mitmenschen sehn kann, wird zum Unglauben an den Tod neigen. Die Frage des Todes, seltsamerweise, ist eine gesellschaftliche.
Friedrich Schlegel gab auf die Menschheit gar nichts. Er war infolgedessen ein Anhänger der Meinung, daß das Leben ein Leben zum Tode sei und die Kunst eine Kunst zum Tode. Dieser wohlbeleibte Mann führte beständig die Nacht und das Nichts im Munde; wir treffen in ihm den nicht häufigen Fall eines dicken Gespensts.
So erklärt sich auch sein Urteil über die Verwendbarkeit des Gräßlichen in der Literatur. Schiller lehnte das Gräßliche ab, da es die Freiheit des leidenden Helden ausschlösse. Hegel verwarf es, weil eine restlos psychologische Wirkung keinen Platz mehr für ästhetische Wirkung läßt. Schlegel nun hat zum Gräßlichen ein ganz vertrautes Verhältnis. Es ist für ihn »das herrschende Prinzip der modernen Poesie«. Es erinnert uns, wie tot wir im Grunde alle miteinander doch schon sind.
Das Athenäumsfragment Nr. 124 lohnt einiger Aufmerksamkeit: »Wenn man einmal aus Psychologie Romane schreibt oder Romane liest, so ist es sehr inkonsequent und klein, auch die langsamste und

ausführlichste Zergliederung unnatürlicher Lüste, gräßlicher Marter, empörender Infamie, ekelhafter sinnlicher oder geistiger Impotenz scheuen zu wollen.« Und die hunderteinunddreißigste Idee lautet: »Alle Künstler sind Decier.«
Publius Decius nämlich war ein Feldherr der Römer, der sich mitsamt all seinen Gegnern den Todesgöttern weihte und so zwar starb, aber doch das Schlachtfeld aufs Vollständigste reinigte; er hinterließ einen Sohn gleichen Namens, welcher denselben Trick wiederholte. »Alle Künstler sind Decier«, das läßt sich übersetzen. Ob aus meiner Wenigkeit etwas wird, sagt der Feldherr der Romantiker, soll mir gleich sein; Hauptsache, aus meinen Feinden von der klassischen Richtung wird auch nichts.
Wie war das mit den Fingern der Meineidigen? Die Brüder Grimm wissen ein letztes von ihnen: *auch daß sie nach dem Tode der Leute zum Grab herauswachsen.* Ja, das weiß man. Und wer fortan über die Ruheplätze der deutschen Literatur den Weg nimmt und zufällig über Friedrich Schlegels Grabstatt wandelt, sollte ihm, um des Rechten und der Rechtschaffenheit willen, kräftig auf die Hand treten und nicht dulden, daß er seine widerlichen Leichenfinger mitten in die höchst lebendigen Tätigkeiten unserer Literatur hineinsteckt.

Viertes Buch

Über Hacks und die Welt

Vorwort

Dieser Band enthält Erläuterungen zu des Verfassers dramatischen Werken. Gegenstand des Verfassers also ist der Verfasser, und er wählt den Gegenstand mit dem festen Vorsatz, ihn zu verfehlen.
Er wird über alles mögliche handeln, nur nicht über das, was er ankündigt; die Form des Betrugs am Leser, eingestandener Maßen, ist ungewöhnlich. Jeder Krämer legt die heilen Tomaten auf die faulen, um die letztern mit den ersteren verkaufen zu können. Der Verfasser, wenn er Dinge zu untersuchen verspricht, die allenfalls seine ihm bekannten und unbekannten Freunde, insgesamt etwa 20 Personen, zu wissen verlangen, legt die vergammelten Tomaten auf die reifen. An welche Kundschaft denkt er?
Diejenigen Esser, deren besonderer Magen das Ungenießbare dem Genießbaren vorzieht, sind die Dramaturgen. Beim heutigen Stand des Ehrbegriffs aller Gewerke, wo Absichtserklärungen alles und Taten gar nichts gelten, wo Versprechungen beliebt sind, deren Erfüllung hingegen eher verdrießt, lechzen die Dramaturgen nach Zusatz-Schriften der Dramatiker. Sie kennen vom Stück den Titel und gewisse statistische Angaben hinsichtlich seiner bisherigen Marktschicksale; sie glauben, der Autor habe nicht mehr gedichtet, als sie gelesen haben, und mithin ebensoviel Zeit wie sie, sich um ihre Programmzettel zu kümmern. Jeder Dramaturg kann erklären, was ein Dramatiker ist: ein Werbeheftbeiträger.
Es sind die Angeln, Fallen und Erpressungen der amtlichen Theaterdenker, denen sich der Verfasser entzieht, indem er ihr Ansinnen zum Schein erfüllt. Er will mit ihnen ein für alle Mal seine Ruhe haben. Im übrigen wird er fortfahren, über Dinge zu schreiben, die er

für wichtig hält; er wird damit bereits in der Einführung beginnen. Er schreibt nicht über sich. Er schreibt übers Über-sich-Schreiben.

Selbstzeugnisse sind immer lächerlich. Wenn das Wort Zeugnis noch die Bedeutung von sowohl Zeugenaussage als Benotung hat, kann das Wort Selbstzeugnis nur mehr das letztere meinen. Der Verfasser führt zwei an: ein berühmtes und eines, das er hiermit der verdienten Berühmtheit übergibt.

»Ich glaube, kein Individuum unserer Gattung hat jemals von Natur weniger Eitelkeit besessen als ich.« (Jean Jacques Rousseau).

»Manche sind schön und wissens gar nicht, zum Beispiel ich.« (Des Verfassers Großmutter).

Die Natur stattete den Menschen mit Gliedmaßen zur Kenntnisnahme der Außenwelt aus. Sie hinderte, daß er sich selbst wahrnahm; schließlich hatte sie ihn hergestellt, kannte ihn und besaß, vermutet der Verfasser, ihre Gründe dafür. Je weiter indes der Mensch sich von der Natur entfernte, mit desto mehr Pfiffigkeit vermochte er, seine Sinne zu krümmen. Er erfand den Spiegel. Diese Erfindung hatte so ärgerliche Folgen wie die Psychoanalyse und die surrealistische Literatur. Es ist erstaunlich, daß ausgerechnet eine Gruppe von Leuten den unbezähmbaren Drang hat, in den Spiegel zu blicken: die Buckligen.

Der Verfasser spricht bildlich; er beabsichtigt nicht, Mitbürger, die mit einem solchen Gebresten behaftet sind, zu kränken. Wir haben alle unseren Buckel. Aber wir haben nicht alle eine bucklige Seele, und die ist, worauf der Verfasser zielt. Wie der Mensch sich mit seinem Körper beschäftigt, wenn er krank ist, beschäftigt er sich mit seinem Gemüt, wenn es verstört ist.

Es gibt zwei Weisen, Gemütsstörungen zu bewältigen. Man kann sie durch erfolgreiche Tätigkeit unerheblich machen und sie dahin bringen, daß sie sich vernachlässigt fühlen und endlich im Innewerden ihrer Nebensächlichkeit verkümmern, oder man kann Konfessionen drucken. Bekenntnisfreudige Personen haben immer Unreinliches zu bekennen. In der Ferkelsprache beginnen alle Sätze mit: ich bin ganz offen. Kassiopeia kann nicht versessener auf ihre Schönheit gewesen sein als jede bucklige Seele auf ihren Buckel.

Die Buckligen pflegen sich zu loben, indem sie sich tadeln. Ihre eitle Wut erscheint als Aufrichtigkeit, sie spielen den Richter ihrer selbst. Ödipus war natürlich so hartnäckig, seinen eigenen Fall zu erforschen, weil es ein Verbrechen war, das herauskommen sollte; (keiner, in dem Tugenden versteckt sind, würde so viel Aufhebens machen, sie zu finden).

»Nach dem, was ich zu erzählen gewagt habe«, droht Jean Jacques, »kann mich nichts mehr aufhalten«. Was die Buckligen im Spiegel gesehen haben, muß die Welt hören; *Bekenntnisse* ist der Name für Auskünfte, nach denen keiner gefragt hat. »Ich weiß wohl«, plaudert Jean Jacques, »daß der Leser kein allzu großes Bedürfnis verspüren wird, all dies zu erfahren, ich meinerseits aber habe das Bedürfnis, es ihm mitzuteilen«.

Es hat aber diese von Rousseau begründete Ästhetik des Peinlichen eine große Zukunft gehabt; sie gipfelt – sofern dieses Wort auch für die Richtung Unten sich anwenden läßt – in Schriftstellern wie Borroughs, Beckett, Genet. Die runzligsten Weiber gehen am nacktesten.

Ein Einwand fordert Beachtung. Für die Kunst, so sagen etliche, können die Anmutungen der Schicklichkeit nicht gelten, weil ihr Wesen in der ichbezogenen Anschauung der Welt besteht. Und unbestritten: der Blick auf die Wahrheit muß in der Kunst von unendlich vielen Punkten her erfolgen, das Auge der Kunst ist ein Facetteauge.

Nun ist das Facetteauge in der Naturgeschichte urtümlich und durch genauer hinsehende Augensorten überholt. Auch die Kunst ist urtümlich, aber sie ist nicht überholt und wird es nicht sein. Denn die Unschärfe ihrer Sehweise entspricht der Unschärfe ihres Erkenntnisziels, des möglichen vollkommenen Menschen, zu dessen Bestimmung Unbestimmbarkeit gehört. Seine guten Eigenschaften widersprechen einander und lassen sich nicht in einem einzelnen lebendigen Menschen versammeln. Er ist nichts Eindeutigeres als ein Feld von guten Eigenschaften, die sich, die Ewigkeit über, in dauernd wechselnden Gruppen zusammenfügen, trennen und wiederfinden. Ihn also erblickt die Kunst, und an ihr, wie an jeder anderen Erkenntnisform, ist, wie sie blickt, nur um dessentwillen, was sie erblickt, von Wert. Von den Einsichten, Ahnungen oder Kräften des Künstlers zählen nur die würdigen: diejenigen, die, zufällig wie sie immer sind, zur Erfassung des Gattungswesens beitragen. Der Verfasser redet jetzt wieder so, daß man ihn verstehen kann.

Die Seele des Künstlers ist wichtig, aber sie wird umso wichtiger sein, desto weniger wichtig sie sich findet. Der Künstler hat die Pflicht, ich zu sagen, aber zu der Pflicht das Recht muß er sich verdienen. Das poetische Ich ist ein Ich-Welt-Verhältnis, oder es ist gar nichts.

Da ist ein grundsätzlicher Unterschied zwischen dem poetischen Ich und dem unverschämten Ich, und wer sich vorm Schreiben nicht die Hände wäscht, hat noch nicht Subjektivität.

Wer zuviel von sich redet, wird mußmaßlich auch in seinem Dichten geschmacklos und geschwätzig sein, und er möge uns nicht einreden wollen, er sei kühn, oder er sei frei, oder im Jahr 1850 habe das nervöse Zeitalter begonnen. Umgekehrt aber ist noch nicht ersichtlich, weshalb ein Künstler, dessen Gemütsbeschaffenheit mit der Wirklichkeit in einem anständigen Benehmen steht, nicht befugt sein sollte, auch über sich selbst sich in geziemender Weise zu äußern.

Natürlich doch zählen seine Werke zu den ihm wohlvertrauten Sachen. Natürlich doch kennt er seine Verdienste wie kein Prüfer sonst und seine Fehler besser als jeder andere: weil er allein über die Nachricht verfügt, was er vorgehabt (und nicht erreicht) hat, und aber auch, was höchstens zu erreichen möglich war. Er beherrscht die Regeln seines Geschäfts. Er weiß, wie gut er ist, und wofern er gut ist, wird er wissen, daß er gut ist.

Der Verfasser, wenn er von seinen Hervorbringungen schweigt, schweigt nicht aus Furcht vor dem Urteil, das er zu fällen hätte; er hat nicht den mindesten Zweifel an ihrer Erstrangigkeit. Er schweigt auch nicht aus Mißtrauen hinsichtlich seiner Urteilskraft.

Er hat sein Kennertum in Fragen der Schriftstellerei bewiesen. Er versteht genug von Kunst und ist nicht in sich verliebt, und er ist sicher, daß ihm ein leichtes wäre, die Hacks-Philologie für die nächsten drei Geschlechterfolgen brotlos zu machen. Er unterläßt es; er nennt im Folgenden die Gründe, aus denen er es unterläßt.

– Die Beschäftigung mit andererleuts Arbeiten bringt ihm mehr ein. Wenn er über sich handelt, kann er nur aufschreiben, was er schon weiß; er hat die Mühe des Darlegens ohne die Lust des Entdeckens.
– Er hat seine Werke nicht gern. Sie ekeln ihn bis zur Überempfindlichkeit: sie haben ihn gekostet, was er herzugeben nicht übrig hatte, sie sind Ursache unerträglicher Aushöhlung und Entleerung. Man vergleicht oft Kunstwerke mit Kindern; der Vergleich indes stimmt nur für Dilettanten, die sich im Genuß eines von ihnen abgesonderten Entbehrlichen bestätigen. Sie sind wie Saturn: sie fressen ihre Kinder, und elterliche Liebe kann bei ihnen statthaben; aber die Brut des Künstlers frißt ihren Vater.
– Er müßte, wollte er über das Eigentliche an seinen Sachen sprechen, über das Eigentliche an seinem Denken sprechen: eine Preisgabe, die auch der Offenherzigste vermeidet. Intellektuelle Prüderie erklärt sich daher, daß, wenn sämtliche Wahrheiten, die einer besitzt, beweisbar sein mögen, die letzte Wahrheit immer Behauptung bleibt. Bekanntlich ist das blödsinnigste aller Lehrgebäude, das des Bischofs Berkeley, das unwiderleglichste. Ob einer sich oder Moskau für die Mitte der Welt hält, ob einer sich in seinem Nächsten oder getrost gleich in sich lieben will, ist logisch schutzlos, und selbst das Tier schämt sich der Stellen, wo es verletzlich ist. Gerade das Entscheidende hat keinen besseren Grund als in einer Entscheidung. Der Kern der Erkenntnis ist Moral; dieser Umstand ist der Erkenntnis natürlich leidig.
– Er kann sich »nicht zweimal begeistern«, und noch dazu in Bereichen von absteigender Wichtigkeit. Er müßte sich am selben Stoff, an den er schon nach den Maßgaben der Kunst herangegangen, mit nunmehr geringeren Mitteln wiederholen; er müßte, am gleichen Gegenstand, vom Dichter zum Philologen herunterkommen. Es ist, wie wenn Mozart gebeten wäre, das Stadler-

quintett noch einmal für Schifferklavier zu setzen. Daß er sich untersucht habe, zu zeigen, erledigt der Verfasser, indem er den Gewinn seiner Untersuchungen in seiner nächsten Dichtung erkennen läßt.

– Um sich aus dem Künstler ganz in den Kunstwissenschaftler zu verwandeln, versteht er einfach zu viel von Kunst. Er hat keineswegs Sorge, durch genaue Festlegung des ästhetischen Tatbestandes dessen Auslegungsspielraum einzuengen; denn er ist der Meinung, daß erst das unzweideutige Erfassen des Kunstwerks die mögliche Breite seiner Auslegungen aus der Beliebigkeit in die Wichtigkeit setzt. Aber man betritt Kunstwerke wie Trampolins: um abzuspringen; so betritt der Verfasser seine eigenen Werke, und so betrete man seine Aufsätze.

– Er hat nicht das Recht, über sich zu irren. Die Philologen üben große Langmut mit Selbsturteilen. Wenn sie schon wenig kapieren, soll für gewiß gelten, daß der Künstler gar nichts kapiert. Sie erfrechen sich – obgleich kaum eine ästhetische Entdeckung von anderen als von Künstlern gemacht worden – eines Begriffes, der von ihnen sogenannten *Künstlerästhetik;* hierunter verstehen sie Gewäsch, mit dem sie die Lebensbeschreibung des Künstlers ausstopfen. In Wirklichkeit weiß der Künstler über sein Werk Bescheid wie Albert Einstein über das Universum, oder vielmehr: er weiß es noch besser. Er weiß über sein Universum so gut Bescheid, wie Einstein über das seinige würde, im Fall er es geschaffen hätte. Die Grenze seines Wissens ist, daß niemand über ein Universum Alles wissen kann. Solcher Wissensumfang würde jedermann zieren; er, der Urheber, allein kann sich das nicht leisten.

– Er kennt den einzigen unfehlbaren Kunstrichter beim Namen: es ist die Zeit. Das Kunstwerk taucht auf; das Publikum nimmt schnell die dem Augenblick zugemessene Stimmung ab. Später verstehen Einsichtige, wovon eigentlich die Rede geht; wieder später verstehen es alle; dann versteht es die Kritik und endlich sogar die Philologie. Der naturläufige Weg des Kunstverständnisses sind hundert Jahre Wirkungsgeschichte, und ein Schriftsteller, der dessen Endpunkt durch Auslegungen vorwegnimmt, setzt sich dem Verdacht aus, als glaube er an die lumpigen hundert Jahre Wirkung nicht.

Dies also die Gründe. Die Gründe, begreift der Verfasser, sind nicht der Grund. Er gerät nämlich in keinerlei Beklemmung des Geschmacks, wenn er einem Mitarbeiter – einem Schauspieler vielleicht oder einem von Bildung her benachteiligten Verbraucher – sich deutlich machen soll, (und in der Tat sind die wenigen Beispiele, wo über die Dramen des Verfassers von ihm selbst Zielstrebiges und Unvermitteltes gesagt ist, auf die Art entstanden). Derjenige Empfänger, dem der Verfasser derlei Unterricht nicht zukommen lassen kann, ist: Alle.

Woher rührt denn das Unangenehme, wenn er Sinn und Schönheit eines seiner Werke in Worten erklärt? Daraus, daß diese Tugenden sich nicht selbst erklären? Aber sie tun es; sie liegen klar und offen vor Augen. Die Verlegenheit rührt daraus, daß Sinn und Schönheit, obgleich sie offen vor Augen liegen, nicht erkannt werden. Der Verfasser schämt sich. Er schämt sich nicht seiner eigenen Mängel; er schämt sich für die, denen er unterstellen müßte, sie bedürften seiner Belehrung. Er möchte die Welt nicht als eine Ansammlung von Hilfsschülern betrachten, und er überläßt, aus solcher Zimperei, alles weitere den Hilfsschullehrern.

Diese Verschämtheit, auch das ist vom Verfasser begriffen, ist eine Form des Hochmuts. Daß Kunst schwierig ist, ist – wenn anders man Schuld nennen darf, was zu einem Guten notwendig gehört – ihre Schuld, und wegen ihrer Schwierigkeit hat sie ja nur ihre Schwierigkeiten. Im Streit zwischen Kunst und Gesellschaft fängt die Kunst immer an.

Jede Gegenwart ist mit sich einverstanden. Sie mag Sorgen haben, aber sie verfällt nicht auf den Gedanken, diese Sorgen mit ihrer grundsätzlichen Unzulänglichkeit in Zusammenhang zu bringen. Ihr Selbstgefühl ist heil; so und daher lebt sie. Die Kunst, von befremdlichstem Gesetz und tadelsüchtigem Wohlbefinden, wie sie nun eben ist, beleidigt das gegenwärtige Bewußtsein, und wenn das letztere von ihr so gar nichts wahrhaben möchte, ist das ein vernünftiges Abwehrverhalten, das zu mißbilligen keinem zusteht.

Es gibt geschickte Beleidigungen: von denen hat der Künstler sein Einkommen. Aber gewöhnlich läßt die Gesellschaft sich nicht täuschen; sie hört gut genug hin, um zu erfahren, daß sie weghören will; die Aufnahme, die sie dem Kunstwerk bereitet, ist kühl. Die Welt der Kunst ist die Welt, worin man friert. Den Verfasser wundert, wie die Griechen die Musen sich nackend vorstellen konnten. Seine Muse jedenfalls trägt einen Pelz.
Der Verfasser hat denselben – dies in einem Satz der Inhalt nachstehender Blätter – einmal durchgewaschen, und er ist höchst zufrieden mit sich, daß ihm, ihn im geringsten nicht naßzumachen, fast bis aufs letzte Haar gelungen ist.

Die Entstehung des »Herzog Ernst«

I

Die Sache spielte sich ungefähr im Jahr 1952 ab. Ich wollte wirklich, ich wäre in der Lage, mich, hinsichtlich des Zeitpunkts, genauer auszudrücken, aber ich sage die Wahrheit, wenn ich sage, ich weiß es nicht besser. Im Speicher meines Erinnerungsvermögens fehlt leider jene Abteilung, in welcher man Tatsachen aufbewahrt. Ich nehme Tatsachen nur zur Kenntnis, wenn sie, gleich den Kalendergeschichten Hebels, mit einem »Merke!« enden. Das, was hinter dem »Merke!« folgt, merke ich mir oft; die Tatsache nie. Ich erwähne das, um nicht in den Verdacht zu geraten, als machte ich mich der mir verhaßtesten aller literarischen Ziereteien schuldig, der absichtlichen Verunklärung. Das Gegenteil ist der Fall. Ich halte darauf, ausschließlich vorzubringen, was in vollem Umfang stimmt; aber eben um das, unter Berücksichtigung besagten Mangels, versprechen zu können, muß ich zu solchen vagen oder gezierten Redewendungen greifen.

II

Ungefähr im Jahre 52 also beschlossen Anna Elisabeth Wiede, mit der ich zu jener Zeit im Konkubinat lebte, und ich, unsere erste Vergnügungsreise zu unternehmen. Ich frage mich jetzt, warum eines für uns feststand: daß diese Reise uns an einen entlegenen Ort führen müsse. Wir waren doch, wann immer es genau war, halbe Kinder; wir waren doch noch nicht so sehr gute Schriftsteller, wie wir inzwischen sind, und noch nicht so sehr müde. Ich vermute, daß es am Beruf lag. Künstler sind, in ihrer Aufmerksamkeit und

Verantwortung, fortdauernd mit dem Treiben der Menschen befaßt, anders als zum Beispiel der Fabrikarbeiter, der ja wesentlich im engen Arbeitskreise und somit ziemlich einsam lebt. Daher, denke ich, erholt sich ein Arbeiter gern im Trubel der Welt und ein Künstler in der Abgeschiedenheit von ihr. Wir gingen folgendermaßen vor. Wir nahmen eine Karte des Freistaats Bayern und studierten sie so lange, bis wir gefunden hatten, was wir suchten: einen durchaus unbewohnten Landstrich von angenehmer Farbe, darin einen kleinen, runden und sehr blauen See, und an dem ein alleinstehendes Haus. Das Haus trug den Namen *Arberhütte.* Wir schickten ein Telegramm und fragten an, ob man bereit sei, uns für eine gewisse Zahl von Wochen aufzunehmen. Man war bereit; wir fuhren.

III

Landkarten, so hatte ich, als ich noch bei den Philosophen in die Lehre gegangen war, erfahren, haben einen Maßstab von schwankender Aussage. Durch den Umstand, daß sie räumliche Verhältnisse auf flächige einebnen, meinen gleichlange Strecken auf einer Landkarte nicht notwendig gleichlange Strecken auf der Erde, nämlich sofern die letztere gebirgig ist. Man hatte mir das beigebracht, um die Denkmöglichkeit zu veranschaulichen, daß auch der dreidimensionale Raum, gegenüber der Wirklichkeit eines vielleicht vorhandenen vierdimensionalen Raumes, von variabler Metrik sein könne. Ich sage nicht, daß dieser Unterricht nutzlos für mein ferneres Leben geblieben sei. Aber man hätte mir bei der Gelegenheit getrost beibringen können, daß man nicht auf Grund von Landkarten verreist. Ich hatte damals eben meine Universitätsprüfungen abgelegt und neigte natürlicherweise dazu, die Formel, auf welche die Wissenschaft die Dinge bringt, mit den Dingen zu verwechseln; dieses Mißverständnis ist mir erst vom Leben abgewöhnt worden. Aber ein törichtes Vertrauen in die Erdichtungen der Kartographen hängt mir bis heute an. Ich wußte es seinerzeit, im ungefähren Jahre 52, nicht besser, und viel besser weiß ich es auch jetzt nicht. Ich glaube in der Heimlichkeit meines Herzens immer noch, daß grüne Stellen auf dem Atlas grüne Stellen in der Natur bedeuten usw.

IV

Der kleine, rund und blaue See erwies sich als die abstoßendste Pore, die jemals die Oberfläche unseres Sterns entstellt hat. Seine Farbe war schwarz, sein Geruch unrein, sein Ufer ein Morast. Man konnte nicht in ihm baden. Man konnte um ihn herumgehen, sofern man den Wunsch verspürte, sich durch einen entarteten Wald von modernden Fichten, die mit einem Schimmel, gleichfalls von schwarzer Farbe, überzogen waren, hindurchzuquälen. Die »Arberhütte« erwies sich als ein Ausflugslokal. Sie wurde, vom grauen Morgen bis zum späten Abend, von Autobussen angelaufen, denen Kegelclubs, Sportvereine und andere Organisationen, wie sie zum Zweck des gemeinschaftlichen Biertrinkens gegründet werden, entstiegen. Die Besucher scharten sich um das alleinstehende Haus, tranken ihr Bier und erfüllten den durchaus unbewohnten Landstrich mit dem Geheul von Motoren, Blaswerkzeugen und Freude mitteilenden Menschen. In dem Haus waren einige Mansarden mit Betten ausgestattet worden, um jene Gäste aufzunehmen, die die Anstrengungen des Rücktransports aus gesundheitlichen Gründen nicht mehr ertrugen. Eine derselben hatten wir, für Wochen, gemietet.

V

In jenen Tagen empfing ich die Anregung zu einem Gedicht, das ich später, aus anderem Anlaß, entworfen und nun fertig gemacht habe. Ich füge es hier an. Es vermittelt einen Eindruck unserer verstörten Gefühle.

IM PROSPEKT STEHT, der See ist hell, die Lüfte
Mild bei langen Tagen und schön die Böschung
Zu begehn auf Wegen mit birknen Bänken,
Aufgestellt von der Kurverwaltung. Wenn du,
Von Gelebtem matt und Böses verlassend,
Aus der Bahn steigst, an jetzt falln dich die Schwärme
Menschenfressender Fliegen. Fäulnis brütend
Ist der Grund und kein Fortkommen. Herab von

Schwarzen Bäumen – aber wartend beisammen
Unterm zottigen Astwerk stehn die Mücken –
Rinnt besudeltes Wasser. Staunend äußerst
Du zu dir: natürlich lügen sie. Aber
Daß sie so lügen!

VI

Aber eines Vormittags, als wir, zur Abreise schon fest entschlossen, einen verzweifelt langen Spaziergang in jener elenden Gegend unternahmen, überschritten wir den Kamm eines kotigen Hügels, und unser Blick fiel – seither kenne ich Glückswechsel – in eine andere Welt. Vor uns dehnte sich ein Tal von hübschem Ausmaß und von der sanftesten Heiterkeit. Es war von freundlichen Wäldern umrandet, ein sehr klarer Bach zog seine lebhaften Bögen durch seinen Grund; es gab ein paar still weidende Schafe. Und es gab drei oder vier Hütten, in welchen arme Holzfällerfamilien ihren ebenso ehrlichen wie uneinträglichen Tätigkeiten nachgingen. Ich entsinne mich natürlich nicht mehr, wie dieses Tal wirklich aussah. Ich entsinne mich natürlich noch deutlich, wie es aussah; Christoph von Schmidt hat es in seinen »Ostereiern« beschrieben. Wer es etwa wissen will, kann dort nachlesen. Das Tal war es. Wir wohnten einen glücklichen Sommer lang bei einem der Holzfäller, und auf dem Dachboden war das Volksbuch vom Herzog Ernst.

VII

Was ich jetzt wieder noch sehr gut erinnere, ist das Motiv, das mich bewog, nach diesem Vorwurf ein Stück zu schreiben. Das Motiv war Empörung. Die frohgemute Binnenmoral, welche jenen sehr edlen Recken befähigt, Völker in Kriege und Leute ins Unglück zu stoßen und bei all dem ausschließlich an sich selber zu denken; das arglose Desinteresse, das er am Untergang von Individuen niederen Standes nimmt, und die redselige Wehleidigkeit, mit der er jede kleinste Wendung seines eigenen Geschickes zum Schlechtern verzeichnet, – kurz, der ganz unverhohlen klassenbedingte Beziehungswahn unserer vom Autor mit treuherziger Ehrerbietung geschilderten Hauptperson widersprachen in der anregendsten Weise meiner Auffassung von richtigen zwischenmenschlichen Beziehungen. Diese Auffassung, glaube ich, war sehr gerechtigkeitsliebend und zugleich sehr demokratisch, und das Miteinander von Gerechtigkeit und Demokratie bot mir, wie ich befürchten muß, nicht die mindesten Denkschwierigkeiten. Ich wählte also meinen Helden, weil ich ihn haßte.

VIII

Wie ich schon sagte, ich hatte die Universität soeben verlassen. Ich wußte, daß ein Kunstwerk gehalten sei, etwas Nutzbringendes zu beweisen, und ich entdeckte dann, bei der Arbeit an dem Stoff, jenen soziologischen Lehrsatz, dessen Darlegung die Fabel dient. »Das Heldentum dieses Helden«, so lehrte ich, »vermindert sich in genauer Abhängigkeit von seiner Macht«. Die Geschichte ist also eine unfreundliche Abwandlung der Lear-Geschichte, was mir aber nicht bekannt war. Was trieb mich, ein halbes Jahr – denn ich habe dieses Stück außerordentlich schnell geschrieben – an die szenische Erörterung eines soziologischen Lehrsatzes zu wenden? Ich denke, daß es ein echtes kritisches oder politisches Bedürfnis war, dessen Äußerungen ich in dieser gedörrten Form auf den Markt bringen zu sollen meinte. Ich war der Ansicht, jede vorgetragene wahre Nachricht über gesellschaftliche Strukturen sei eine revolutionäre Handlung, und wohl auch der, daß jede revolutionäre Handlung als solche bereits kunstfähig sei. Ich wäre übrigens im Traum nicht auf die Idee verfallen, über meine eigenen Angelegenheiten zu reden. Wenn ich heute dazu imstande bin, so deshalb, weil ich um mein fünfunddreißigstes Jahr herum zu finden begann, ich hätte mir ein Recht dazu erworben.

IX

Vor dem »Herzog Ernst« hatte ich folgende dramatische Werke verfaßt:

1. »König Augias«, einen Versulk.
2. »Der Dilldapp«, eine Märchenkomödie, die tatsächlich von einer

Studentengruppe der theaterwissenschaftlichen Fachrichtung einzuüben begonnen und – das Glück war schon damals auf meiner Seite – niemals beendet worden war .

3. »König Belsazar«, ein historisches Lustspiel, welches, ebenso wie der »Dilldapp«, einen positiven Helden hatte, nämlich einen faulen. Sowohl der Dilldapp als der König handeln niemals, und die Mächte der Welt, durch Verweigerung aller ihrer Spielregeln in Verwirrung gesetzt, zerbrechen an diesen Faulpelzen, ähnlich wie das britische Imperium an Mahatma Ghandi.

Den »Belsazar« reichte ich bei einem Bühnenverleger ein. Er lud mich mit sehr menschlichen Worten zu sich. Er lobte das Werk über die Maßen, beschrieb mir, wie wohl es ihm gefallen habe, und verlangte mit großem Nachdruck, ich solle ihm mein nächstes unbedingt anbieten.

»Wieso mein nächstes?«, fragte ich ihn tief verstimmt; »wieso nicht dieses?«

»Guter Gott«, sagte er verblüfft, »sehen Sie nicht, daß das kein Stück ist?«

Ich sahs nicht.

X

Der »Herzog Ernst«, würde ich immer noch annehmen, ist ein Stück, jedenfalls etwas der Art. Der Unterschied zwischen künstlerischer Bemühung und Kunst, zwischen laienhafter Hervorbringung und professioneller, ist ja, wenngleich beides oft in fließenden Übergängen oder Durchdringungen erscheint, ein wesentlicher und grundsätzlicher. Es ist nicht eine Frage der Begabung; ein Dilettant kann natürlich begabter sein als ein Schriftsteller. Es ist eine Frage der Bewußtheit und also der Beholfenheit. Ein Schriftsteller ist einer, der imstande ist, alle oder die meisten Teile eines literarischen Erzeugnisses dem Hauptzweck desselben unterzuordnen, während der Dilettant unbedacht seinen Eingebungen folgt. Wo dem Schriftsteller nichts eingefallen ist, sorgt er doch, um der Verwendbarkeit des Ganzen willen, dafür, daß diese nichtssagenden Strecken immerhin erträglich bleiben und wenigstens nicht weniger sagen als nichts. Wo dem Dilettanten nichts einfällt, herrscht das Grauen.* Diese Prüfart berücksichtigt, tue ich, denke ich, recht daran, die Liste meiner Arbeiten mit dem »Herzog Ernst« zu eröffnen. Ich muß dulden, daß man ihn mir zurechnet; er ist mein erstes Stück.

XI

Aber ganz sicher ist der »Herzog Ernst« kein sehr gutes Stück. Das Gesamt seiner Teile ist – das war bei mir nie anders – aufs redlichste geordnet, aber die Notwendigkeit seines Gefüges ist noch nicht die dramatische Notwendigkeit einer gehandelten Handlung; da ist Sinn organisiert, nicht Bewegung. Die Szenen sind trickreich, aber sie leben nicht aus dem Raumgefühl der Bühne heraus. Die Sätze sind eher eine Montage spaßhafter Lakonismen als jene in Widersprüchen aufsteigende Kette von Interessenverfechtungen, welche als Dialog zu bezeichnen einzig erlaubt ist. Dieses Schauspiel hat noch nicht gelernt, unwillkürlich mit dem Aufnahmevermögen – will sagen: der Aufnahmeunlust – von Zuschauern zu rechnen. Es ist Petit Point gestickt. Es will mit der Lupe betrachtet werden. Deswegen halte ich den »Herzog Ernst« für im Fernsehen aufführbar. Das Fernsehen, das ja ohnehin keine sehr großen geistigen Ansprüche stellt, ist in der Lage, viele Schwächen dieses Textes zu beheben. Ein Wohnzimmer ist einmal leichter zu füllen als ein Haus. Der Ausschnitt der Großaufnahme kann über das Fehlen einer Situation hinwegtäuschen, kann eine Replik zu einem Vorgang erweitern. Kurz, der »Herzog Ernst« ist ein gutes Fernsehspiel. Dasselbe läßt sich gegen mehrere meiner frühen Stücke vorbringen.

* Ich gestatte mir an diesem Ort den Hinweis auf ein zweites Begriffspaar, welches, obgleich es ganz andere Eigenschaften bestimmt, von dem Verhältnis Dilettantismus–Kunst oft mit nicht hinlänglicher Sorgfalt abgegrenzt wird; ich rede von dem Gegensatz zwischen Mittelmaß und Genie. Er ist ebenso unüberbrückbar wie jener, aber er ist es nicht aus denselben Gründen. Was nämlich ein großes Kunstwerk über ein durchschnittliches hinaushebt, ist nicht die geringere Zahl seiner Fehler, sondern die größere Qualität seiner Vorzüge. Daher erkennt man den Dichter am Übermaß der Schönheiten, den Dilettanten am Übermaß der Mängel und den schlechten Berufsschriftsteller, wie er so üblich ist, am Abhandensein beider.

XII

Ich hatte unlängst eine leichte Grippe, und ich benutzte die Arbeitspause sehr glücklich, um die Korrekturen zu einem Band mit Jugenddramen zu lesen. Da Korrekturlesen in jedem Fall verlorene Zeit ist, hatte ich mit der Grippe keine verloren. Bei der Gelegenheit machte ich – zum ersten Mal seit fast zwanzig Jahren; denn inzwischen hatte ich ihn verdrängt – wieder die Bekanntschaft mit dem »Herzog Ernst«. Meine Meinung über dieses Stück war abgeschlossen, mein Mißtrauen groß. Vielleicht war eben das die rechte Weise, an die Lekture heranzugehen; ich kann nur gestehen, daß er bei mir ankam. Ich habe gelacht. Ich bin zufrieden, ihn geschrieben zu haben. Meine besondere Überraschung rührte aus der Feststellung, daß in diesem ersten Werk eine Unmenge meiner späteren Absichten, Haltungen und Urteile als, freilich noch unerzogene, Vorformen angelegt sind. Ich würde sagen: ein Hacks-Kaviar, aber natürlich gilt nicht bei allen Lebewesen, daß das Ei besser schmeckt als der Braten. Wie immer; ich fand mich vollständig wieder in meiner Vorliebe für gekrümmte Formen der Wahrheit, singende Delphine und absolute Monarchen. Und in dem Grundspaß, aus dem der »Herzog Ernst« die Mehrzahl seiner einzelnen Späße zieht, dem Widerspruch zwischen dem Glauben eines Mannes über sich und seiner wirklichen Beschaffenheit, erkannte ich das Thema, von dem ich mit zunehmender Deutlichkeit absehe, daß es mein eingeborenes ist: den Widerspruch zwischen dem, was ist, und dem, was nicht ist.

XIII

Die Ebene, auf der ich diesen Widerspruch vortrage, ist, versteht sich, mit meinem Jahrhundert und mir gewachsen. Das Nichtseiende im »Herzog Ernst« sind einfach die alten Ideen eines Dummkopfs, der von der Geschichte überholt wird. Im »Columbus« sind es schon neue Ideen, welche sich, angesichts der neuen Wirklichkeit, als belehrungsbedürftig erweisen. Ich könnte hier sehr lang sein; ich bins nicht. Seit der Polly und dem Mattukat ist es die Idee der Vollkommenheit, die mit dem Willen zur Durchführbarkeit streitet; und mit diesen beiden Figuren habe ich meinen eigentümlichen Helden gefunden: den, der zwischen den wohlerkannt feindlichen Polen des Gedachten und des Gemachten durch zukunftsgerichtetes Tun zu vermitteln vermag. Die Utopie beschränkt sich handelnd; die Resignation – ich rede ohne Unlust – ist schöpferisch. Aber auf welcher Stufe das Thema sich mir noch darstellen mag, – vielleicht werde ich mein ganzes Leben lang nichts anderes zu sagen gehabt haben als den einzigen Satz: Verwechseln Sie nie eine Landkarte mit einer Landschaft.

Ein Columbus-Drama von Hacks

Hacks lernte den Columbus-Stoff durch Lope de Vegas Historie schätzen. Die Begierde, den Stoff seinerseits aufzugreifen, wurde dann durch Claudels Ausfertigung hervorgerufen. Der Antrieb war ein polemischer: dieser Hacks ist ein Gegen-Claudel. Claudel feiert den Christoph Columbus als Retter des Christentums; Hacks feiert ihn als Geburtshelfer der vernünftigen, also nicht christlichen, Zukunft.

Polemiken haben oft den Fehler, sich nicht über die Rangebene der Fragestellung, die sie bekämpfen, zu erheben. Wie Claudel unterschiebt auch Hacks seinem Helden einen Charakter, der sich mit dessen historischer Aufgabe deckt. Der Täter der weltbedeutenden Tat, glauben beide, müsse auch weltbedeutendes Format haben, und beide vernachlässigen den Umstand, daß dem wirklichen Columbus dieses Format durchaus abging. Hacks hat den Columbus die *Weltidee zu Schiffe* genannt. Das Eigentümliche an der Fortbewegungsweise der Weltidee ist aber nicht, daß sie in einem lausigen kleinen Schiff von geringer Fahrtüchtigkeit reiste, sondern, daß sie in einer lausigen kleinen Seele von geringer Intelligenz reiste.

Mehr als von Leuten versteht Hacks von Klassen. Das Stück, der Indianer-Akt zeigt es, wendet sich gegen den Begriff vom Fortschritt als einem stetigen Immerbesserwerden. Das indische Zeitalter, das da eröffnet wird, ist das kapitalistische, und man weiß, daß diese riesige Verbesserung aller menschlichen Kräfte im Anfang schon begleitet war, von den riesigen Greueln der ursprünglichen Akkumulation. Vermutlich ist es aber nicht nur Vergangenes, was den Autor beschäftigte. Das Stück entstammt der Stalinzeit, und es scheint, als wolle es ganz allgemein auf den hübschen Ovid-Vers hinaus: »Manches, was nachher gefällt, ist im Entstehen nicht schön.«

Das Hauptaugenmerk des Autors also gilt einem Punkt, der auch beim heutigen Publikum Anteilnahme hervorrufen sollte: dem Verhältnis des Denkbaren zum Machbaren. Hacks erweist sich in dieser Sache als erbarmungsloser Materialist. In mehreren Drehpunkten heilt die Fabel ihren Helden von der kindlichen Vorstellung, ein Gedanke sei, wenn er nur richtig sei, schon durchzusetzen, und von der nicht minder kindlichen Vorstellung, er sei, nachdem er durchgesetzt worden, noch der gleiche Gedanke. Hacks – anders als viele neuere Umstürzler – glaubt nicht an das Wünschenswerte außer in dem Maße, in dem es politisch hergestellt werden kann. »Was zwischen dem Gedanken und der Wirklichkeit liegt«, sagt Columbus, »ist nämlich mehr als bloß Zeit und Raum«. Der Satz, entfaltet, ergibt das Schauspiel.

Allemal, wenn diese philosophische Spannung in Handlung umgesetzt ist, ist die Handlung spannend. Wo gedacht wird, erzählen die Szenen, geschieht mit Sicherheit nichts, während, wo etwas geschieht, nicht gedacht zu werden pflegt. Columbus streitet mit drei Professoren. Seine Einsicht, daß es völlig müßig ist, den Streit gegen drei Professoren zu gewinnen, ist sein eigentlicher Sieg. Der Akt ist von unfehlbarer Wirkung. Bei der Begegnung mit dem spanischen Absolutismus hat Columbus endlich gelernt, sich weniger um die Tugend seiner Verbündeten als um deren weltliche Zwecke zu kümmern; er wählt Partner, nicht Gesprächspartner, er zieht die fortschrittliche Macht der Macht des Fortschritts vor. Isabella und ihr Bankier – hier verdrießt ein unglückseliger Rest von Shaw – haben zu viel Klarheit von ihrer Lage, aber Aragon ist eine wirkliche Theaterfigur.

Die politischen Szenen sind durchweg schwach. Zur Politik gehört Erfahrung, zur Philosophie bloß Geist, und der Geist ist am Menschen fertig, bevor die Erfahrungen einzutreffen beginnen. Die Mischung von Begabtem und Ungekonntem, meint der Rezensent, entspricht den Rechten eines Fünfundzwanzigjährigen. Wir dürfen, meint er, diesem jungen Dichter eine gewisse Zukunft vorhersagen.

»Die Schlacht bei Lobositz«, Anmerkung

Das Stück bildet einen Teil der menschlichen Bemühungen um Abschaffung des Krieges. Es erhebt den Anspruch, mehr als eine bloße Mißfallensäußerung zu sein. Man kann einer Überschwemmung nicht mit Widerreden abhelfen, und einem Krieg nicht. Das bedeutet nicht, daß die Vernunft gegen beide machtlos sei. Der Gegenstand Krieg bietet der Wissenschaft heute im wesentlichen drei Probleme. Das ökonomische der Ursachen eines Krieges. Das moralphilosophische der Gerechtigkeit eines Krieges. Das soziologische der Gesellschaftsstruktur eines Krieges. Die ersten beiden Probleme treten in diesem Stück nicht in Erscheinung, jedenfalls nicht als Probleme. Ursächlich war der Siebenjährige Krieg, wie jeder frühere Krieg seines Jahrhunderts, ein deklarierter Raubkrieg, notdürftig interessant höchstens durch seine Eigenschaft als Ableger des englisch-französischen Kolonialkriegs. Es war ein Krieg zwischen Gemeinwesen verhältnismäßig gleicher sozialer und politischer Ordnung, mit anderen Worten ein Krieg, bei dem unmöglich die Entwicklung der Menschheit durch den Sieg der einen oder anderen Partei hätte gefördert werden können. Dies ist aber das Kriterium eines gerechten Krieges. Der Siebenjährige Krieg war nicht nur moralisch, sondern auch pragmatisch sinnlos: er wurde noch nicht einmal überhaupt gewonnen oder verloren. Das gleiche gilt von der Schlacht bei Lobositz. Die Schlacht bei Lobositz war also eine Schlacht als bloßes historisches Negativum. Sie war der geeignete Schauplatz, um das dritte Problem, die Interna einer Klassenarmee, vorzuführen. Das Stück stellt den Krieg dar als eine Verschwörung der Offiziere gegen die Menschen. Dieser Gesichtspunkt ist wichtig für den praktischen Gebrauch des Soldaten. Er führt den Soldaten, nachdem der nachgedacht hat, zu der Möglichkeit einer Verschwörung der Menschen gegen die Offiziere. Das Stück lehrt die Notwendigkeit der Trennung jener von diesen. Es führt die Geisteshaltungen vor, die gefährlich sind, weil sie versuchen, die Trennung zu überbrücken. Das Ideal des Reformheeres, die psychologische Gängelung der Unteren, hier. Und da das Ideal des Untertanengeistes, den Hang zur Subordination. Es zeigt auch, daß beide Geisteshaltungen zur Unbrauchbarkeit verurteilt sind, wenn der soziale Charakter des Heeres oder Krieges einfach keine Gemeinsamkeit der Interessen zuläßt.

»Der Müller von Sanssouci«, Anmerkungen

1. Der Stückschreiber bittet einsichtige Beurteiler um Verständnis, wenn er nicht abläßt, sich selbst zu erklären.
2. Bei der Behandlung der literarischen Vorlage hatte der Stückschreiber jeden Spielraum, da sie unhistorisch ist; es hat einen Müller von Sanssouci nie gegeben. Der Charakter Friedrichs erhebt Anspruch auf Authentizität. Der des Müllers auch.
3. Friedrichs Idee, an Hand einer Müllerkomödie die Rechtsstaatlichkeit Preußens zu beweisen, stammt natürlich nicht von Friedrich. Sie stammt von Brecht. Immerhin wurde die Anekdote zu keinem andern Zweck unter Friedrichs Nachfolgern verbreitet.
4. Recht hin, Recht wieder her, das habt ihr lernen müssen:
Wenns euer Recht nicht ist, seid ihr mit Recht beschissen.
5. Das Stück zeigt keine positiven Haltungen, der Stückschreiber erwartet sie vom Zuschauer. Es ist ein altes Theatervergnügen, *mehr zu wissen* als die auftretenden Personen. Der Stückschreiber schmeichelt sich, kein geringeres Vergnügen zu erzeugen, wenn er sein Publikum *klüger sein* läßt als die auftretenden Personen. Solcherart wird die formale Überlegenheit zur materialen. Die ausschließliche Anwendung dieser Technik, welche sonst eine Technik neben anderen, resultiert in diesem Stück aus der völligen Negativität des Gegenstandes.
6. Gegenstand ist die Kleinheit eines Menschen. Die Kleinheit wird ursächlich zurückgeführt auf den Skeptizismus und der Skeptizismus auf eine bestimmte ökonomische Situation.
7. Die Miserabilität der ganzen Welt des Zopf-Deutschlands: Miß-

stände der Warenwirtschaft türmen sich auf Mißstände eines durchaus verrotteten Feudalsystems. Repräsentativ für diese Welt ist einmal Preußen. Friedrich ist ein preußischer Aufklärer, der Müller ein preußischer Aufrührer. Nickel ein preußischer Hanswurst.

Brief an einen Dramaturgen
Zu »Die Kindermörderin«

Sehr geehrter Herr, Sie bitten mich, Sie über ein paar Gründe und Einzelheiten meiner Wagner-Adaption zu unterrichten. Ich folge Ihrer Aufforderung gern; denn die Wege, die die großen Produktionen der Vergangenheit mit unserem gegenwärtigen Interesse verbinden, sind ungenau erforscht und selten beschrieben, und es sind, da das Ziel Gegenwart in der Zeit fortläuft, Wege von der Art, daß sie stets und ständig neu angelegt sein müssen.
Sie erinnern sich an Wagners Stück. Da schwängert Gröningseck, ein Offizier, Evchen Humbrecht, ein Kleinbürgermädchen. Er entschließt sich, sie zu heiraten. Er reist, um Geldfragen zu regeln, nach Hause. Er versäumt den Termin der Rückkunft. Ein Kamerad von ihm, Hasenpoth, schickt dem wartenden Mädchen einen gefälschten Absagebrief. Es verzweifelt, tötet das Kind, verfällt dem Scharfrichter. In dieser Geschichte walten zwei Geheimnisse. Warum kommt Gröningseck zu spät? Welchen Beweggrund hat Hasenpoth für seine schurkische Intrige?
Wer immer daran geht, die Kindermörderin für moderne Zuschauer anwendbar zu machen, muß diese zwei Geheimnisse aufklären. Ich habe versucht, das zu tun, und so: Gröningseck kommt zu spät, weil er zu spät kommen will. Hasenpoth hintertreibt Gröningsecks Heirat mit der Humbrechtin aus Freundschaft. Was dunkel war, erhellt von selbst, wenn man eine Tatsache ans Licht bringt: daß die Heirat zwischen dem Junker und der Metzgerin keine wünschenswerte Sache für den Junker sein könne.
Es wird deutlich, warum der Stückschreiber des achtzehnten Jahrhunderts beide Hindernisse dieser Heirat unmotiviert lassen durfte.

Gröningsecks zufälliges Ausbleiben und Hasenpoths selbstlose Bosheit sind ihm nur theatergängige Maskierungen für das entscheidende Hindernis: die Existenz von Klassenschranken. In Klassengesellschaften bedarf die Katastrophe keiner allzu kunstvollen Verursachung. Sie wird erwartet, als das Natürliche. Die Klassenfrage einmal gestellt, entpuppt sich Gröningsecks (anscheinend schwächliches) Zaudern als das Ringen eines besseren feudalen Selbst gegen die Anwandlung einer entwürdigenden Verliebtheit, Hasenpoths Bosheit als höchste feudale Tugend.
Evchen Humbrecht hat zuviel Rousseau gelesen. Sie glaubt, daß die Mittel, mit denen sie jeden jungen Kleinbürger vor den Altar und ins eheliche Bett bringen kann, auch für den Adligen hinreichen. Dieser Irrtum erweist sich als tragisch. Der Zuschauer soll Evchens Illusion nicht teilen, nicht einmal ihren Wunsch. Wagners Zeitgenossen wußten, daß die Erwartung, der Feudale könne sich zum Menschen (edel, hilfreich, gut) läutern, irreal ist. Meine erfahrens.
Kurz zu sein, ich habe dem Inhalt nichts hinzugefügt, die Fabel nicht angetastet. Ich habe nur, was in der Gewohnheit verborgen, ans Bewußtsein gebracht. Dieser Eingriff, obgleich keine Änderung im Stofflichen, erwies sich als ungeheuer folgenreich. Er änderte die Haltung des Publikums, also das Genre.
Das moralische Elend war zum politischen geworden, und damit abschaffbar. Die Furcht hatte sich in Mißbilligung gewandelt, das Mitleiden in Kritik. Die lustspielhaften Züge im Stück hatten sich verstärkt. Der tödliche Schrecken der Ausbeuterwelt wird fremd dem, der ihr entronnen ist, und verfremdeter Schreck heißt Komik. Evchens dumpfe Passionsbereitschaft berührte den Urteilenden peinlich, depreziierte, statt des Urhebers ihrer Passion, sie selbst, als ein Fehler. Es ergab sich die Notwendigkeit, auf Wagners zweite Fassung zurückzugreifen. Die verlorene kathartische Befriedigung konnte nur ersetzt werden durch eine befriedigende Haltung der Produktivität, in der Heldin, im Beschauer. Die Tragödie ist tot, und Evchen lebt.
Wagners »Kindermörderin« ist eins der sehr machtvollen deutschen

Dramen. Ein Stück von aufrichtigem sozialem Empfinden, großer plebejischer Gewalt der Sprache und einem in seiner Unbefangenheit einzigartigen Sinn für Widersprüche. Seine geringe Verbreitung kennzeichnet jenen Haufen reaktionärer Vorurteile, den wir als unsere literarische Bildung zu bezeichnen pflegen. Vielleicht war es mir möglich, da, bei der Gutmachung, zu helfen. Ich bin, etc. . . .

Eine Neufassung, warum?
Zu »Die Sorgen und die Macht«

Ein Drama ist dreierlei. Es ist Literatur. Es ist Bühnentext. Es ist Anlaß und Bestandteil eines gesellschaftlichen Vorgangs.

Alles das muß es, wenn es gut ist, ganz sein. Es gibt Stücke, die nur in zwei oder einer dieser Hinsichten befriedigen, auch erfolgreiche. Aber keine guten.

Der Sprung von der literarischen Qualität in die Bühnenqualität und der von der Bühnenqualität in die gesellschaftliche Qualität sind Sprünge in neue Dimensionen. Sie sind für den Autor, vom Schreibtisch aus, nicht vollständig überschaubar. Er weiß, ob, was er geschrieben hat, kunstvoll geschrieben ist. Er weiß nie sicher, wirkt es auf der Bühne? Und: wirkt es, wie es soll, aufs Publikum? Wird es die Beifalls- und Mißfallensäußerungen hervorrufen, die der Autor hervorzurufen beabsichtigt?

Diese Auskünfte kann nur die Praxis geben. Ein Fortschritt der Dramatik ist ausgeschlossen ohne Aufführung der Dramatik.

Die vorliegende Fassung von »Die Sorgen und die Macht«, die dritte, entstand aus den Erfahrungen zweier vorhergegangener Inszenierungen. Die zweite Fassung entstand nach der ersten Inszenierung, die dritte nach der zweiten.

Die besondere Schwierigkeit für das Stück war, daß es, 1958, als erstes den Versuch unternahm, unsere industrielle Wirklichkeit in großer Form widerzuspiegeln. Seine Fehler waren die Fehler, die alle Literaturen bei der künstlerischen Bewältigung neuer Stoffe machen.

Unbekannte Gegenstände provozieren wissenschaftliche Haltungen. Der Künstler wird zum Forscher; er sammelt, analysiert. Die

erste Fassung von »Die Sorgen und die Macht« verriet ökonomisches und politisches Wissen, verriet Detailkenntnis. Sie verriet auch das Fehlen einer lebendigen Zeitstück-Tradition.
Die Änderungen zielten auf eine Entlastung vom Stofflichen, auf die Verdrängung scholastischer Methoden zugunsten von poetischen.

Über Gegenwartsdrama, abschließend
Zu »Moritz Tassow«

I

Was eigentlich ist das Verhängnis, welches das Gegenwartsdrama unwiderruflich zur Zweitrangigkeit verurteilt? Gegenwartsdrama ist – mit dem alleinigen Unterschied, daß sein Gegenstand der gegenwärtigen Gesellschaft entnommen ist – ein Drama wie alle Dramen. Seine Herstellung erfolgt nach keinen anderen Regeln als ihre, die Beschaffenheiten seiner Wirkung sind dieselben. In jedem Drama entnimmt der Dichter die künstlerische Fragestellung seiner Zeit: weil nur sie Gelgenheit zu einer neuen Fragestellung bietet, und weil, was von früheren Standorten her zu fragen geht, gewöhnlich schon gefragt und beantwortet ist. Für die Haltung, die er beim Fragen einnehmen will, sucht er sich, irgendwo zwischen der grau oder goldenen Vorzeit und der grau oder goldenen Zukunft, zwischen dem Tier- und dem Götterleben, wo immer, einen Stoff. Warum sind von allen Stoffen allein die zeitgenössischen außer Betracht?
Leicht natürlich erklärt sich, aus welchem Grund schlechte Gegenwartsstücke schlecht sind. Sie gehen nicht vom künstlerischen Gedanken, sie gehen vom Stoff aus. Sie beginnen mit der Nebensache, und wer mit der Nebensache beginnt, hat kaum Hoffnung, die Hauptsache zu erwischen. Das Wissenswerte an der Gegenwart verführt den ungeschickten Künstler, sich um das Darstellenswerte an ihr nicht zu kümmern; er fingert seine Fabeln auf dem Klavier seiner Beobachtungen zusammen, anstatt zum Klang einer vorgehabten Melodie die Noten zu finden. Er sammelt Zufälliges, übrigens nicht nur dramaturgisch Zufälliges. Was er zu fassen be-

kommt, ist die unbefragte Außenseite der Gegenwart, und das Dutzend-Zeitstück pflegt in dem gleichen Grade nicht gegenwärtig zu sein, in dem es kein Drama ist. Über Elisabeths Zeit unterrichten wir uns bei Shakespeare, nicht bei Dekker, über den deutschen Absolutismus steht nichts bei Iffland und alles bei Goethe.

Die Rede sei also audrücklich von Gegenwarts*drama:* von einem dramatischen Kunstwerk, welches eben nur den Eigensinn hat, den Körper seiner kunstfähigen Absicht in demselben wohlbegriffenen Weltzustand, aus welchem dieselbe entsprungen ist, anzusiedeln. Ist der Gegenwartsstoff nicht überhaupt der naturgemäße Leib für den Gegenwartseinfall; es klingt so wahrscheinlich? Nun, das Gegenteil ist bekanntlich wahr, und es wird im Folgenden zu zeigen sein, daß, wer dem genannten Kurzschluß erliegt, eine Menge Schwierigkeiten zu überwinden haben und am Ende einer grundsätzlichen Unmöglichkeit gegenüberstehen wird. Der gegenwärtige Stoff – hieraus rühren die Schwierigkeiten – paßt zum gegenwärtigen Einfall erstens zu schlecht und zweitens zu gut. Schlecht insofern:

Die Gegenwart ist zu ununtersucht, um für die Zwecke des Kunstwerks voll verfügbar zu sein; ununtersucht weniger vom Dichter als von der Öffentlichkeit, der sich begreiflich zu machen ja aber doch zur Arbeit des Schönen gehört. Der Dichter beschreibt eine Zeit, wie sie ist, also anders als sie selbst sich versteht. Der Stoff Gegenwart ist auf den Weltkarten in den Köpfen der Zuschauer der weißeste Fleck; über ihn herrscht kein Einverständnis zwischen dem Dichter und den Zeitgenossen, und dieser Umstand lenkt ihn stark von seiner Hauptsorge ab, Einverständnis über seine Befragungsweise zu erzielen. Wenn die Neuartigkeit seines Kunstzwecks schon ärgerlich genug ist, – muß er die verworrene Lage unbedingt noch durch Mitteilung frecher Behauptungen und unerhörter Neuigkeiten zusätzlich verwirren?

Zu gut wieder paßt der gegenwärtige Stoff insofern, als er sich der Kunstabsicht nicht genügend entgegensetzt und also vom Handwerk her nicht genügend bedacht wird. Gewiß versucht der Zeit-Dichter, die sich ihm aufdrängenden übernahen Inhalte unter großer Mühewaltung von sich weg und ins einsehbar Fremde zu schieben, aber ein Teil des Zeugs wird ihm doch zwischen den Fingern durchrutschen und, ästhetisch unverarbeitet, im Stück liegen bleiben. Die Wirtschaftlichkeit des Dramas verlangt, daß es in stofflicher Hinsicht autark sei. Es enthält alles an Nachricht, was für die Fabel nötig ist, und aber keinerlei Nachricht drüber. Heutigkeit des Stoffs mißleitet den Dichter, dramatisch nötige Nachrichten als bekannt vorauszusetzen und nicht eigens zu erwähnen, umgekehrt: dramatisch überflüssige Nachrichten einzulassen, weil sich die Gegenwart für sie interessiert. Das Naturinteressante ist am Unterfangen Gegenwartsdrama die Hauptgefahr. Es geht ähnlich her wie bei unzüchtiger Kunst, wo oft keine Aufmerksamkeit für Form noch für Liebe bleibt, angesichts der Zugkraft des Fleischlichen. Gegenwartsstücke, gleichsam, sind leicht zu sexy.

Das von den Schwierigkeiten; sie sind geläufig, man kennt sie. Aber was von der Unmöglichkeit? – Der Anhänger des Gegenwartsdramas könnte zugunsten von dessen Möglichsein eine Beweisführung antreten. Auch der Befürworter des fremden Stoffs, könnte er vorbringen, muß zugeben und für richtig halten, daß die Bühnenautoren des Jahres 2100 Vorgänge unserer jetzigen Welt behandeln werden; das aber heißt, diese Vorgänge sind dramatisch behandelbar, und weshalb – so die Folgerung – sollten wir, die wir uns in ihnen am besten auskennen, es dann nicht ruhig gleich tun? Der Fehler an dem Schluß ist: das DDR-Drama von 2100 und das von 1976 sind nicht dieselbe Sache.

Man wird, künftig, unsere Gesellschaft treu und wahrheitsgemäß auf die Bühne stellen. Aber man wird sie auf die Bühne stellen als Bild für Erkenntnis- oder Verhaltensmuster, die man im Jahr 2100 haben wird und heute nicht hat. Das Ergebnis mithin wird ein anderes und ein richeres sein. Es wird der Widerspruch von eigenem Recht des Stoffes und eigenem Recht des Gehalts in ihm zu poetischem Leben führen; und wer versucht, dies Ergebnis heute schon zu erzielen, muß unsere Wirklichkeit heute schon aus einem Gesichtspunkt ansehn, den es heute noch nicht gibt. Das also ist es, was nicht möglich ist. Ich sage nicht, daß es sich nicht machen läßt, aber es läßt sich nur unter der Voraussetzung machen, daß Kunst auch Unmögliches kann.

Drama unterliegt zwei Gesetzeswelten. Es hat seinen vollen Ernst auf der Ebene des Stoffes, und es hat seinen vollen Ernst auf der Bedeutungsebene. Der kunstfähige Gegenstand ist zugleich Zweck seiner selbst und Mittel für ein darüberhinaus Gewolltes, so wie ein gemalter Baum die romantischste Absicht nur erfüllt, wenn er Stamm, Äste und Blätter hat. Historisieren ist Voraussetzung für Poetisieren. Das historische Drama ist durchaus historisch und durchaus gegenwärtig. Es gibt freilich auch die Sorte, die, von vorschnellen Ähnlichkeiten zehrend, weder historisch noch gegenwärtig ist; eben das und nichts anderes hat der ausgezeichnete Kunstkenner Marx dem minder ausgezeichneten Künstler Lassalle vorgeworfen. Das historische Drama ist zweierlei mit Bestimmtheit nicht: es ist keine aufgeputzte Geschichtskunde, und es ist kein verkleidetes Gegenwartsstück.

Mit noch anderen Worten: Drama ist vom Wesen der Metapher: eine Sache, die einen Sachverhalt meint. Damit die Meinung als dasjenige, worauf es ankommt, sich hervorhebe, darf die Sache mit dem Sachverhalt sich nicht nur decken. Nichts ist schwerer, als ein Ding zur Metapher seiner selbst zu machen, zu einem bildhaften Ding also, einem Ding, das um seiner Anspielungsfülle und häufigen Anwendbarkeit, nicht um sciner selbst willen gewählt worden. Unternimmt man, die überzeitliche Wichtigkeit eines zeitlichen Gegenstandes an seiner eigenen unvermittelten Wiedergabe zu erhellen, verrennt man sich ziemlich zwangsläufig in die Übertreibung. Das fällt zunächst oft nicht auf. Zeiten sind noch verrückter als Leute. Jede Gegenwart hat den Beziehungswahn: sie hält sich für das Eigentliche. Wer glaubt, er sei, so wie er so ist, endgültig, beispielhaft und anregend genug, der muß mir nicht folgen. Wer die Hauptschönheit der Metapher, Genauigkeit,mit Festlegbarkeit verwechselt, für den habe ich gern Unrecht. Alle Kunstwerke sind Golems; die Seele gehört nicht zum Lehm. Noch die zahmsten entsetzen durch Ungehorsam; sie lassen sich nicht lenken, gehen, wohin sie gehen, der gute Rabbi, der sie geschaffen hat, ringt die Hände und hat alles nicht gewollt.

Das Gegenwartsdrama steht außerhalb des Bereichs der Metapher, also außerhalb der Poesie; aus der Erwägung haben die Tragödiendichter der Griechen, Shakespeare und die deutschen Klassiker es ungeschrieben gelassen. Schiller und Goethe verwarfen es ausdrücklich. Dasselbe kann von Shakespeare, der, wie sie, umlärmt von Sittenschilderern arbeitete, angenommen werden, und um lieber zu viel als zu wenig zu sagen, merke ich an, daß die einzige antike Zeittragödie, die »Perser«, kein Gegenwartsdrama im hier gesetzten Sinn ist: sie begibt sich in einer unheimischen und unvergleichlichen Gesellschaft. Der Zweifel, ob Gegenwartsdrama zu schreiben gehe, ist also entschieden. Angesichts dieser Entscheidung der unbestritten führenden Fachleute zeugt es von keiner besonders guten Kinderstube, wenn Laien oder bestrittene Fachleute fortfahren, Anmutungen zu stellen, so als sei das Gegenwartsdrama ein Kunstziel oder gar unter den Kunstzielen das höchste.

II

Wenn ich, ungeachtet ihres Erledigtseins, überhaupt auf die Frage, die das sozialistische Gretchen zu plappern nie aufhört, die Frage: wie hältst du's mit dem Gegenwartsstück?, eingehe, so ist es aus schlechtem Gewissen. Ich habe, obgleich ich ihn bekämpfe, einen übermäßigen Hang zu Handlungen, die sich dort abspielen, wo Drama sich einmal nicht abspielt: um mich herum. Der »Tassow« ist schon mein zweites Gegenwartsdrama, »Numa« das dritte, und nichts hört auf: ein viertes ist, während ich doch die Unsinnigkeit der Sache klar sehe und mit guten Gründen darzulegen vermag, im Entstehen. Meine Neigung zum Sonderbaren verliert sich hier ins schlechthin Abartige. Ich kann mich aus dem Verdacht, dem dekadenten Zug meiner literarischen Zeitmode erlegen, ja ihm als ein Anführer voraus zu sein, nicht entlassen; ich muß mich vor mir und allen Gesitteten rechtfertigen, und ich bin, an dieser Stelle, keineswegs sicher, in welchem Maß mir die Rechtfertigung gelingen wird. Was auf der Welt könnte denn für Gegenwartsdrama sprechen?
Gegen Gegenwartsdrama spricht, daß es gemeinhin schnelles und großes Interesse erregt. Für es spricht, daß es verboten wird. Der

Vorzug, das Verbot, ist aber die Folge des Schadens, des Interesses. Äußert die gewöhnliche Anteilnahme am Drama sich als halbes Hinhören und verdrängte Abneigung, so führt die leidenschaftliche Anteilnahme am Gegenwartsdrama zu entschlossenem Nichtwissenwollen und Verhinderung. Das jedenfalls unbegriffene Kunstwerk wird im Fall vorliegenden Interesses, dem Verbotsfall, noch am besten begriffen, und das Verbot veranlaßt den Schriftsteller, Wirkungslosigkeit als das Wesen seiner Hantierung wahrzunehmen. Das Verbot erzwingt die Selbstbesinnung des Künstlers aufs eigentümlich Ästhetische.

Was am Drama, als das Unvertraute an ihm, zunächst wirkungslos sein muß, ist ja nicht der Stoff, sondern die Kunstabsicht. Es ist höchst gleichgültig, ob der Stoff nun alt oder neu sei: im Grund wird überhaupt kein Kunstwerk verboten, alle Kunstwerke verbieten sich von selbst. Das Drama aber mit geschichtlich vergangenem oder wunderbarem Gegenstand verlangt nicht die Anwendung auf gegenwärtige Staatsverhältnisse. Es kann meist gezeigt werden, lange bevor die Aufnahmefähigkeit für es nachgewachsen ist; die irrtümlichen Beziehungen zwischen Dichter und Öffentlichkeit bleiben verschleiert, und der Dichter läuft Gefahr, seine Seite des Irrtums zu übersehen. Der gegenwärtige Stoff erst wird, anders als die gegenwärtige Kunstabsicht, mit der Gegenwart verglichen: das geistige Nichtstattfinden allen Dramas erscheint im anschaulichen Nichtstattfinden des Gegenwartsdramas. Das Gegenwartsdrama heilt den Dramatiker von dem Mißverständnis, verstanden zu sein.

Er begreift endlich, daß die Mitwelt nicht von ihm erfährt. Die Schublade, für die auch das erfolgreichste Drama verfaßt ist, knarrt nun als wirkliche getischlerte Schublade; die Lagerfrist, mit der Kunst für ihr Auf-der-Höhe-Sein stets bezahlt, wird meßbar am Gilben des Papiers. Die Kenntnis aber, daß seine Schaugemeinde jedenfalls jetzt nicht lebt und hier nicht ist, stützt des Dichters dramaturgische Tugend. Wie manche Eltern, welche unter ihresgleichen sich in sittlichen Dingen gehen lassen und ihren Unarten folgen, Redlichkeit nur üben, sich geziemend nur ausdrücken oder sich den Hals nur waschen, um sich vor ihren Kindern nicht lächerlich zu machen, so der Künstler, der sich von der Nachwelt beobachtet weiß.

Die Kunstfreundlichkeit des Verbots wird beeinträchtigt durch das Aufsehen, das es hervorruft. Aufsehen hindert das Hinsehen eher, als daß es es beförderte. Es führt übrigens – das haben Etliche recht ungern lernen müssen – keineswegs mit Notwendigkeit zu Ruhm, und selbst Ruhm hat mit Kunst nur zu schaffen, daß er eine unter den Möglichkeiten des Künstlers darstellt, einigermaßen unbehelligt seinem Tagwerk nachzugehen. Es sind also diejenigen Verbote die erzieherischsten, denen gelingt, Aufsehen zu vermeiden. Totgeschwiegensein ist die hohe Schule des Klassikers.

Das Verbot liefert dem Gegenwartsdrama den Befund zu seiner Krankheit. Die Krankheit ist unheilbar; immerhin gehört sie zu denen, die sich soweit lindern lassen, daß sie nicht mehr wehtun. Es lohnt vielleicht, sich um die Arzeneien zu kümmern. Welche Mittel gibt es, aus dem Kerker des bloßen So-Seins in Richtung des Sich-selbst-Bedeutenden auszubrechen? Die Verordnungen werden bei den Dichtern sich finden, die in der Laune waren, ihre Zeit dramatisch zu behandeln, und deren Dramen richtigen Dramen doch in dem Grade ähneln, daß es noch Weltdramatik ist, was herauskam: bei Aristophanes also, Molière und Shaw.

Shaws und Molières Komödien lehren das Übersetzen von inhaltlichem Interesse in theatralisches Interesse, und sie lehren das Übersetzen von öffentlichen Handlungen in unöffentliche Haltungen; solches Umwandeln befähigt sie, die Gegenwart anzupacken, als ob sie die Gegenwart nicht wäre. Die Anstrengung, den ungünstigen Stoff durch Kunst zu vernichten, hat freilich eine gewisse Stoffarmut und eine gewisse Überhebung der Mittel zur Folge. Beide Schriftsteller neigen zu sehr zur Trickdramaturgie und zum Typenstück, um bei höchsten Maßstäben erstklassig zu sein.

Aristophanes geht den umgekehrten Weg: er bringt das Poetische auch dem Stoff nach in die Gegenwart. Da die Gegenwart Metapher zu sein sich sträubt, nimmt er die Metapher aus den Fundgruben der Einbildungskraft und stellt sie, als ungehörige, zwischen das übrige

Gerümpel. Die Unvereinbarkeit von Alltag und Märchen macht den Witz, und während das Bild das Gegenwärtige mit göttlichem Scheine beglänzt, treibt das Gegenwärtige zugleich seinen ernüchternden Spaß mit der unglaublichen Vollkommenheit des Bildes. Der Nachteil an diesem Verfahren wieder ist, daß die Gegenwart, um der Lustigkeit des Kontrasts willen, dichterisch stellenweise unaufgearbeitet bleiben muß, daher uns Aristophanes heute Verständnisschwierigkeiten macht und in dieser wichtigsten Hinsicht den klassischen Anspruch nicht erfüllt.

In allem übrigen bleibt Aristophanes der unerreichte Vertreter der hohen Gegenwartskomödie, und nach Hilfe begierig, wie wir sind, (und wie Goethe war, als er über den »Kyklops des Euripides« nachsann), entnehmen wir ihm ein weiteres Verfahren, Poesie zu ermutigen, den Vers. Es ist im mindesten nicht neu, was ich jetzt vorbringe, aber immer wieder zum Erstaunen: der Vers verweigert jedes Abgleiten ins stofflich, gedanklich oder sprachlich Gemeine.

Zu den Häßlichkeiten unseres heute sogenannten Deutschs zählen Fremdwörter, insonders solche, die nicht mit einem fremden Gegenstand eingereist sondern hierorts angefertigt und ausgedacht worden sind. Diese Fremdwörter nun wollen alle miteinander nicht in den Blankvers. »Demokratische Republik« ist ein Glykoneus, »Sozialismus« ist ein steigender Ioniker, »Revolution« und »Humanität« sind Choriamben. Sie scheiden aus dem jambischen Sprachschatz, während Wörter wie »Volksstaat«, »Vernunft«, »Umsturz« oder »Menschlichkeit« im jambisch-trochäischen Maß ihr völliges Behagen haben.

Man kann den Blankvers so beschädigen, daß er auch jene Sprachgebilde erträgt, aber vielleicht sollte man es nicht. Das Kunstrichtige hat seine Richtigkeit auch anderen Ortes, und die herrschende Unlust an metrischen Erörterungen verrät die grundsätzliche Unzulänglichkeit unserer gesamten Ästhetik. Im »Moritz Tassow« habe ich das Metrum nach der Sprache, nicht die Sprache nach dem Metrum eingerichtet. Am »Tassow« ist eigentlich nichts tadelhaft außer den Versen; das, leider, reicht. Der Mangel steht für alle

Mängel. Ich bin beim »Tassow« von einem wesenhaften Einfall ausgegangen, und ich habe einen Stoff in der Gegenwart aufgespürt, der denselben wohl hätte tragen können; ich habe immerhin schon mit einer Sorte von gebundener Rede gearbeitet und den Ausdruck zu einigem Blühen gebracht. Der »Tassow« hätte ein Drama werden können. Ich vermochte, als ich ihn schrieb, was ich inzwischen weiß, nur zu ahnen, und was ist er geworden? Mein meistgelobtes und seltenst gespieltes Stück; das erstere gewiß zu Unrecht.
Gegenwartsdrama, hiernach, sollte keinem Anfänger empfohlen werden, außer in dem erkenntnisfördernden Sinn, daß Dummheiten dazu da sind, begangen zu werden. Wenn einer irgend Aussicht hat, aus diesem aussichtslosen Beginnen noch etwas wie einen Erfolg zu machen, dann einer, der über die Wirkungsweisen des Dramatischen mit Sicherheit verfügt und imstande ist, seine Kaninchen noch aus einer Baskenmütze zu zaubern. Ich gestehe, daß – mehr als die Gelegenheit, die sittlichen und anderen Nebenzwecke, nach denen Gretchen fragt, einem Schönen unterzuordnen – mich am Gegenwartsdrama eben das reizt, was gegen es vorliegt: das Widrige an ihm, die äußerste Wahrscheinlichkeit Mißlingens. Ich beweise meinen ästhetischen Griff, meinen dramaturgischen Bizeps; unstreitig: es ist die reine Protzerei. Aber ich bin nun einmal dahin veranlagt, daß ich meiner besten Kräfte erst dann mächtig bin, wenn ich mir Ziele setze, die kein wohlberatener Mensch sich würde setzen wollen.

Ich habe, armselig wie der derzeitige Zustand des Gewerbes ist, Befugnis, junge Zunftgefährten zu belehren. Ich halte sie nicht ab, zu tun, was sie müssen, schon, weil sich von dem, was er tun muß, keiner abhalten läßt. Aber ich bin verpflichtet, ihnen zu erklären, was es ist, das sie tun. Wenn sie sich ans Schwierigste machen, als sei es das Einfachste, und ans Krumme, als sei es der gerade Weg, sollen sie sich über die Hinfälligkeit ihrer Hervorbringungen nicht wundern. – Bitte hören Sie doch einen Augenblick lang hin.

Das Poetische an einem unpoetischen Gegenstand entdecken Sie am ehesten bei der Bemühung ums Gattungsgemäße: eine nach den Kunstregeln vorgeführte Wirklichkeit wird fremd, stimmig und metapherfähig. Es ist noch das Leichtere, zur Gegenwart geschichtlichen Abstand zu halten. Das Schwerere ist der ästhetische Abstand. Neue Gedanken denken kann Hinz, vom Bühnenraum her denken kann Kunz; neue Gedanken vom Theater her denken kann Hinz und Kunz nicht. Gehen Sie unbedingt von einer fabelträchtigen Zusammenfügung aus, einem dramaturgischen Knoten. An solchem Knoten setzt sich alle Handlung, selbst gegenwärtige, fast unaufgefordert an, so wie sich das Salz einer gesättigten Lösung an einem Knoten ansetzt, und wieviel Handlung sich immer ansetzen mag: sie wird Form haben. Fehlt der Knoten, erhalten Sie kein Kristall, sondern einen Bodensatz.

Sie werden Ihr Jahrhundert in jedem dramatisch ergiebigen Stoff finden, aber wenig dramatisch ergiebige Stoffe in Ihrem Jahrhundert. Ich beschwöre Sie: suchen Sie nach nichts anderem. Entdekken Sie den Punkt in der Gegenwart, der Drama werden will, und behandeln Sie ihn nach den Gesetzen des Dramas: bauen Sie ein Stück. – Aber wie lernen wir ein Stück bauen?

– Ganz einfach. Lieben Sie Ihr Publikum!

Götter, welch ein Held!
Zu »Der Frieden«

Der Fortschritt ist keine Leiter. Es gibt immer den nächsten Schritt, aber es gibt kaum Grund für die Annahme, daß man, hat man ihn getan, den weiteren Ausblick genösse, geschweige den schöneren. Das Ziel ist deutlich, es heißt Emanzipation der Menschheit. Aber Errungenschaften, die sich unter entwickelten Verhältnissen vereinbaren werden, bekämpfen sich im Verlauf der Entwicklung. Weiterkommen in einer Hinsicht ist Zurückgehen in einer anderen; das Wahre ist oft häßlich, und das Gute lügt; Verlust begleitet den Gewinn. So lange die Geschichte dauert, ist der Zustand der Welt notwendigerweise unbefriedigend.

Die meisten Leute halten einen Zustand für billigenswürdig, weil er besteht. Sie beurteilen das Muster der Dinge und ändern an ihm herum, aber sie tun es nach Maßgabe seiner eigenen jeweiligen Gesetze; solches Urteilen ist Beipflichten, solches Ändern Festigen. Nur wenige haben die Gabe, die vorhandene Welt, denkend oder fühlend, mit der möglichen Welt zu vergleichen und sie in ihrer abscheulichen Unvollkommenheit zu begreifen. Ihre Kategorien sind nicht von dieser Welt; so haben sie es schwer, sich wirksam oder nur verständlich zu machen. Man nennt sie Genies, und sie sind nicht überflüssig.

Zu den Genies zählen die Helden. Nicht einmal sie sind überflüssig. Es ist nicht wahr, daß die Aufgaben, die die Geschichte der Menschheit stellt, sich von allein lösen: es braucht Anführer und Ausführer. Wahr ist, daß die historischen Aufgaben ihren Löser allzeit zu finden wissen; besorgt es der nicht, besorgt es jener. Aber der es besorgt, wird genommen aus der Zahl der Genies. Die unge-

heure Kraft, die erforderlich ist, um den Koloß Welt in eine auch nur um Winkelgrade neue Richtung zu stoßen, kann allein aus dem unstillbaren Verlangen nach Harmonisierung aller Verhältnisse erwachsen und aus dem kindlichen Irrtum, die neue Richtung sei schon die endgültige. Alle Helden ziehen ins letzte Gefecht.
Nun, der gealterte Held weiß, es war nicht das letzte. Der neue König ist besser als der entthronte und zugleich schlechter; seine höhere Qualität erscheint hauptsächlich als höhere römische Nummer. So ist der Held nicht nur unverstanden, was an den Leuten liegt; er ist auch, was an ihm liegt, enttäuscht: er wollte alles und bekam wenig und mußte doch alles wollen, um das Wenige zu bekommen. Und der Held ist schuldig, was an der Welt liegt, in der man Verbesserungen mit Verschlechterungen bezahlt.
Die Helden dienen der Geschichte, indem sie sie hassen, und die Geschichte haßt ihre Diener und macht sie zu den traurigen Figuren, als die wir sie kennen. Für eine menschliche Handlung, die sie unter angestrengtestem Absehen von den Tatsachen zustandebringen, büßen sie mit einem unmenschlichen Schicksal. Sie sind so fleischarm wie der Ritter von der Mancha oder Roderich Posa, der noch magerere. Sie nähren sich von Illusionen und füttern ihre Anhänger mit Versprechungen. Von wo sie Gold holen, dorthin exportieren sie Bluthunde; ihre Wohnung ist die Tragödie. Selbst die, scheints, Unverwundbaren unter ihnen haben ein kleines Wehweh, an der Ferse, am Schulterblatt; und es erweist sich als tödlich.
Zu einer Sache fällt einem ihr Gegenteil ein: auftritt Trygaios. Der Besieger des Kriegs, der Retter des Friedens, der Vertreiber der Kriegsgewinnler und ihrer Pfaffen, der Beglücker des Volks, der Hersteller des Endgültigen, der große Trygaios, der glorvolle Trygaios, der Held Trygaios. Götter, welch ein Held! Ein lüsterner alter Greis; und es besteht kein Zweifel darüber, daß er einen Spitzbauch hat.
Nichts von dem, was er tut, hat er zu tun im Sinn. Krieg, das sind für ihn Absatzschwierigkeiten, und wegen einer kleinen Beschwerde, die betreffend, sattelt er sein Tier. Die zuständige Behörde ist verreist und kein Gott imstande, den Frieden auf die Erde zu schaf-

fen; so muß er ihn, nicht weil er will, mit eigenen Händen herausziehn. Die Arbeit ist ihm zu mühsam; so muß er, nicht weil er will, den weltweiten Friedenskampf organisieren. Der große Frieden, endlich errungen, kümmert ihn gar nicht; er ist für ihn nur Mittel. Sein Zweck ist Lenzwonne, der kleine Frieden. Weil ihm die Gesellschaft nicht die Weile läßt, mit ihr ins Bett zu gehen, muß er schnell die gesellschaftlichen Ursachen des Krieges ausrotten. Dann geht er mit ihr ins Bett.

Der Held hat erhabene Zwecke und platte Erfolge; Trygaios hat den plattesten Zweck und den erhabensten Erfolg. Der Held geht aufs Ganze und gewinnt einen kleinen Teil; Trygaios will seinen kleinen Teil, und an dem hängt das Ganze. Die Riesen erweisen sich als beschränkt, nur dieser kleine Mann ist ein Riese.

Von Göttern gezeugt, ist der Held und auffährt er zum Himmel; er ist anders als die Menschen und sein Triumph anders als ihr Glück. Auch Trygaios hat mit dem Himmel zu tun. Er reist dahin, mitten bei Lebzeiten, auf einem furzenden Käfer, und drinnen wohnt ein sinnliches Fräulein von angenehmen Formen. Weil sein Himmel so viel Irdisches hat, kann man ihn auf die Erde holen.

Der alte Himmel hängt niedriger als der neue. Die Griechen haben schon das Oben und Unten der Klassen; sie stellen schon Fragen, die wir noch stellen, und wie alle, die einer Frage zum erstenmal begegnen, stellen sie sie besonders frisch und eindringlich. Aber ihre Klassenverhältnisse sind noch wenig entwickelt, gemütlich, überschaubar. Aristophanes, der Junker, fühlt sich als Vertreter der Kleinbauern. Urgemeinschaft und Wucher, Natural- und Geldwirtschaft, Mystik und Aufklärung existieren nebeneinander, feindlich, doch nicht mörderisch; ihre Stadt ist so klein. Die Welt Athens ist zerrissen genug für die Tragödie, harmonisch genug für die Komödie, zerrissen und harmonisch genug für äußerste Kunst.

Die gesellschaftlichen Mächte haben Namen. Die Rüstungsindustrie, das sind Waffenhandwerker; ihr Interesse ist einfach und einfach zu erkennen, und sie vertreten es persönlich in der Volksversammlung. Die Kirche, das sind Pfaffen, mehr oder weniger begabte Schwindler. Der Kampf gegen das Übel tritt auf als Kampf gegen Leute. Natürlich sind die Gegensätze viel zu reif, um naive aristophanische Aufhebungen im Ernst zu erlauben, aber sie erlauben den Gedanken an sie. Es ist, ästhetisch und politisch, durchaus befriedigend, wenn Trygaios den Hierokles in den Hintern tritt. Wenn zum Beispiel, heute, Hochhuth den Papst in den Hintern tritt, das empfinden wir als methodisch nicht hinlänglich.

In der Welt des Aristophanes ähnelt die Absicht noch dem Erfolg. Sinnliche Handlungen haben sinnliche Wirkungen, direkte, nicht durch ein unendliches System von Widersprüchen bis zur Unkenntlichkeit vermittelte. Nachher bricht alles auseinander. Die Freiheitsfrage trennt sich von der Magenfrage. Der vom Ruhm spricht, vergißt den Hunger. Die Tugend scheitert am Getreidepreis. Und Heldentum und Sinnlichkeit hören auf, sich zu vereinbaren.

Darum ist Aristophanes nicht wiederholbar. Brechts »Schwejk im zweiten Weltkrieg« ist, der Anlage nach, eine aristophanische Komödie: der kleine Mann überlistet die großen Mörder, die auf Stelzen gehen, um sich die Schuhe nicht blutig zu machen. Aber obwohl Brecht vielleicht kein minder großer Dichter ist als Aristophanes, gelingt ihm kein gleichgroßes Stück. Derselbe Sachverhalt ist nicht mehr derselbe; die Szene zwischen Schwejk und Hitler bleibt abstrakt, blaß, allegorisch; ein heiteres Ende kann ehrlicherweise nicht mehr angeboten werden.

Aristophanes, der nicht wiederholbare, bewegt unser Herz zum äußersten Entzücken. Wir, die wir ein heiteres Ende herbeizuführen bemüht sind, zehren von der Kraft und Fröhlichkeit des Dichters, für den ein heiteres Ende vorstellbar war. In den Anfängen spüren wir den Hauch der Zukunft, in der beschränkten Idylle die Vorwegnahme der unendlichen Utopie. Der wissenschaftliche Sozialismus hat seit hundert Jahren theoretisch und seit ein paar Parteitagen praktisch das Zeitalter eröffnet, wo Tugend sättigt. Nach seinen Berechnungen ziehen wir am Seil, und aus dem Brunnen steigen der Frieden und, endlich versöhnt, die Schwestern Produktivität und Genuß. Aus dem Brunnen steigen der Frieden und das Glück.

Glück ist eins von den Worten geworden, die der moderne Mensch mit Zögern verwendet. Er benutzt es für vorübergehende Aufschwünge, für revolutionäres Tun oder für liebendes. Er fragt: wieviel Stunden meines Lebens war ich glücklich? Beim Aristophanes gibt es das Glück als Zustand. Er kann sagen: ein Leben ist glücklich, ein Mann ist es. Seine Stücke sind, womit sie alle enden, ein Fest. Und der Zuschauer ist glücklich; er hat seinen Heiden-Spaß und fühlt, zurück und vorwärts ahnend, das Glück der Götterlosen.

Polly

Der englische Dramatiker John Gay schrieb, anfang des achtzehnten Jahrhunderts, zwei Stücke: »Die Bettleroper« (die Brecht zur »Dreigroschenoper« angeregt hat) und »Polly«. »Polly« ist eine Fortsetzung der »Bettleroper«.

Es ist ein sehr alter Plan von mir, aus dem Polly-Stoff ein Stück zu machen. Ich halte ihn für einen der ergiebigsten Stoffe, denen ich begegnet bin. Er enthält eine hochkomplizierte und merkwürdige politische Verwicklung und er enthält, gleichzeitig, eine überaus beschreibenswerte Hauptfigur.

In beiden, der politischen Verwicklung und der Hauptfigur, habe ich die Möglichkeit, über ein literarisches Grundthema zu handeln, über das Thema: wie verhält sich der Mensch in dieser Welt? Das ist, wenn man will, die Frage der Moral.

Es gibt in der Geschichte drei streitende Parteien. Die Partei der Piraten, die einfach Bösewichte und Asoziale sind. Die Partei der Pflanzer, die, frühe Kapitalisten, ihre Verbrechen unter dem Mantel der Ehrbarkeit begehen. Die Partei der Indianer. Die Indianer sind gut. Aber sie sind gut auf abstrakte Weise; sie sind so tugendhaft, daß jeder sieht, sie werden bald aussterben.

Und es gibt die Polly, mit deren Verhalten ich versuche, richtiges Verhalten zu zeigen. Dieses Mädchen hat nicht nur Absichten, die zu billigen sind; sie versteht auch, ihre Absichten in der Welt zu verwirklichen.

Mit gespannten Erwartungen fährt Polly zu Schiff aus London in eine, wie sie meint, bessere Welt: nach Amerika. Ihr Mann, Hauptmann Macheath, ist in die Kolonien deportiert worden; sie folgt ihm, weil sie ihn liebt. Das bürgerliche Amerika, das sie vorfindet, ist von nicht geringerer Gemeinheit als das feudale England, das sie verlassen hat. Polly wird im Bordell der Jenny Diver als Sklavin verkauft; sie rettet sich in Männerkleidern und wird Mitglied der Piratenbande des schwarzen El Morano von der Berberküste. Sie schließt sich den Indianern vom Blauwassertal an, gewinnt mit ihnen die Schlacht gegen die Pflanzer und die Piraten und nimmt Morano gefangen.

Der theatralische Witz der Sache besteht darin, daß Morano eine Maske des Macheath ist. Polly erkennt ihn nicht, weil er sein Gesicht geschwärzt hat, und er sie nicht, weil er sie für einen jungen Mann hält. Keiner ist, was er zu sein scheint. Eine Welt der Vorspiegelungen und Täuschungen.

Sie erkennen einander, als es zu spät ist. Macheath hat sich aus Furcht vor der gerechten Strafe vergiftet; er stirbt, unrühmlich. Polly heiratet Cawawkee, den Prinzen der Indianer. Das Stück ist lustig und die Musik von Asriel.

Zehn Überlegungen, die kleineren Künste betreffend
Zu »Die schöne Helena«

1

Niemanden wundert, daß im Kapitalismus die Kunst verkommt. Merkwürdiger ist die Unfähigkeit der Bourgeoisie zum Kunstgeschäft. Aber das Wort Kunstgeschäft besteht eben doch noch zu 50 % aus dem Wort Kunst; auf dem zweiten Bein, dem Geschäft, allein steht die Sache wacklig.

2

Erst vergammeln die Zwecke, dann die Mittel. Wo man die Tempel verfallen läßt, bröckelt es auch am Boulevard.

3

Seit ich das Musical kenne, liebe ich die Operette.

4

Ein wichtiger Schritt auf dem Weg zur Rekonstruktion der Kunst ist die Anerkennung des Gutgemachten. Gediegenes Handwerk hat in dieser Zeit der Verwahrlosung schon fast die Würde von Klassik.

5

Es gibt große Kunstgattungen und kleine. Die großen – Epos, Drama, Roman – sind fähig zur Abbildung des Weltganzen. Den kleinen fehlt immer etwas. Der Graphik die Ausdehnung, dem Gedicht die Länge, dem Ballett die Mitteilungsmöglichkeit für verwickeltere Sachverhalte, dem Kinderbuch die Lebenserfahrung, dem Dokumentarspiel die Phantasie, der Operette die Reflexion, dem Fernsehen alles das.

6

Die formale Beschränktheit der kleinen Gattungen zwingt sie zu inhaltlicher Beschränkung. Dieser ästhetische Zwang bedeutet ein Vorrecht: das Recht zur Einseitigkeit. Einseitigkeit ist erfrischend.

7

Eine kleine Gattung darf einen Gedanken vortragen, ohne den gegenteiligen Gedanjen zu erwägen. Sie darf aktuell sein, ohne die Zeitgeschichte in die Weltgeschichte einzuordnen. Sie darf heiter sein und vom Ernst der Dinge absehen.

8

So sind die kleinen Werke gemeinhin vergängliche Werke. Paradoxerweise gibt es klassische unter ihnen, unsterbliches Vergängliches.

9

Derlei entsteht, wenn ein Werk die spezifischen Gesetze seiner kleinen Gattung in so reiner Weise erfüllt, daß es sie sprengt. Dann hört es auf, klein zu sein. Dann formuliert es irgendeine menschliche Grundtatsache so erschöpfend, daß seine Einseitigkeit umschlägt in Einfachheit, seine Hübschheit in Schönheit, seine – beschränkte – Vollkommenheit in ein Symbol für Totalität.

10

Wer Offenbach als Genie ehrt, sollte nicht vergessen, daß er mit dem Namen Offenbach dessen Librettisten mitzumeinen pflegt. Ich verbeuge mich vor diesen Kollegen, ich habe ihnen zu danken.

Kleines Vademecum für Leser der »Margarete in Aix«

1

Die Provence ist ein politisches Gebilde, das, eigentlich existenzunfähig, nur durch die Gunst einer Ausnahmelage existiert. Sie verkörpert das Reich der Kunst und der Humanität, aber dieses Reich ist nicht von dieser Welt.

2

Die Frage ist: wie ist das abstrakte Reich der Kunst politisch konkretisierbar?

3

Es bieten sich zwei Lösungen an: die fortschrittliche Lösung, Frankreich, und die feudal-reaktionäre: Burgund. Es gibt ein Happy-End, die Provence geht auf in Frankreich. Der bloßen Möglichkeit Provence entspricht die Wirklichkeit Frankreich.

4

Der Sieg Frankreichs erscheint allen Beteiligten als Zufall. Am Schluß stellt sich heraus: er war der Sieg einer moderneren Politik, also von historischer Notwendigkeit.

5

Der Streit York-Lancaster ist eine Parallele zu dem Streit Frankreich-Burgund. Eduard IV ist ein ebenso progressiver, bürgerfreundlicher Absolutist wie Ludwig; Heinrich VI ein ebenso junkerlicher Esel wie Karl. Heinrichs Witwe Margarete ist das Gestern, das sich am Morgen rächen will, dafür, daß es vergangen ist. Sie ist eine Revanchistin.

6

Margaretes Politik ist durch kein Zeitbedürfnis zu rechtfertigen; sie hat keinen Inhalt. Politik ohne Inhalt ist keine Politik mehr, sondern nur noch deren entleerte Form: Machtstreben.

7

Deshalb hat Margarete alle menschlichen und seelischen Vermögen in sich vernichtet außer einem: dem Willen.

8

Umgekehrt René ist im Besitz aller menschlichen und seelischen Vermögen, ausgenommen den Willen.

9

So resultiert die Fabel: René will durch Kunst Margarete trösten, die ihn aus Politik ruinieren will.

10

Die Provence als Bild für die Idee der Kunst wird in dem Stück – als einer der großen utopischen Entwürfe – sehr ernst genommen. Um diesen Anspruch zu relativieren, gibt es eine Nebenfabel, die die Impotenz der Kunst zeigt.

Zu meinem »Amphitryon«

Es ist bekannt, daß der Amphitryon-Stoff schon von vier erstklassigen Dramatikern behandelt wurde. Das ist der Grund, warum ich ihn wieder behandle. Wären sie weniger erstklassig, wäre kein Anlaß, ihre Ergebnisse zu übernehmen.

Plautus hat den kraftvollsten Amphitryon geschrieben, Molière den geschicktesten, Dryden den frechst und sinnlichsten, Kleist den tiefsten. Jeder ist in seiner Weise unübertrefflich, aber der Versuch lohnt, ob nicht diese Vorzüge in einem Stück sich vereinigen lassen.

Kern des Stoffs ist die Frage, was geschieht, wenn ein Gott sich in die Hantierungen der menschlichen Gesellschaft einmischt. Man kann den Gott albern nehmen und ihn als komischen Ausbeuter verspotten; das haben Molière und Dryden getan. Man kann ihn aber auch – so Plautus und Kleist, so ich – wichtig nehmen.

Dann bedeutet Jupiter die Zusammenfassung und Verkörperung aller menschlichen Vermögen; dann erscheint er als der vollkommene Mensch unter den wirklichen Leuten wie Tarzan unter den Affen. Dann stört und fördert er die Welt, so wie menschliche Vollkommenheit allzeit die Welt stört und fördert.

Die Lage ist komisch und ernst zugleich. Plautus und Kleist haben die Komik vom Ernst getrennt: Plautus auf eine schöne aber unwiederholbare, Kleist auf eine verworrene Weise. Das heute Veraltete am Plautus liegt darin, daß er an die griechischen Götter glaubte, das heute Veraltete am Kleist liegt darin, daß er nicht an sie glaubte.

Die deutschen Alexandriner
Zu »Prexaspes«

I

Der Beamtenstand ist selten eine liebenswerte Klasse. Dennoch, und auf die Gefahr hin, einige Freiheitsfreunde zu befremden, finde ich am Beamten auch eine nicht bloß überflüssige Seite. Es gibt gesellschaftliche Bedingungen, unter denen er unabkömmlich ist. Er hat folglich das Recht, zur Kenntnis genommen zu werden; er hat, folglich, das Recht, dramatische Helden zu stellen.

»Prexaspes« ist eine Beamtentragödie. Der Begriff reizt zum Lachen, und das Stück, in der Tat, tut dies auch. Das bedeutet nicht, daß dem Begriff oder dem Stück der Ernst abgesprochen werden dürfe.

Bereit, wie ich also bin, der Amtsherrschaft geschichtliche Notwendigkeit zuzubilligen, zögere ich doch, von ihrer Fortschrittlichkeit zu reden. Das Zögern hat Gründe. Beamte, auch wenn man deren benötigt, sind niemals fortschrittlich. Was sie sein können, ist: gegenrückschrittlich.

Die eigentümliche Begabung des Beamten ist, zu verhindern, daß etwas geschieht. Das Wort Verwalten trägt nicht umsonst die beschädigende Vorsilbe *ver,* welche man in Untätigkeitsworten wie verwerfen, verkommen oder, bestenfalls, verbleiben antrifft; es ist das Walten, welches nichts herbeiführt. Nach fast hundert Jahren Imperialismus ist die Menschheit gewohnt, die Staatsgeschäftszimmer als Orte zu betrachten, worin man jedes Künftige und Tüchtige verhindert. Aber gibt es nicht auch Untüchtig und Vergangenes, das verhindert werden kann und sollte? Schließlich, Bremsen ist keine unnütze Beschäftigung, wenn ein Fahrzeug sich in der Richtung des Straßengrabens bewegt.

Was die Beamtenschaft unterdrückt, ist das Zufällige. Selbst wenn sie den Mangel verwaltet und ihn, indem sie ihn verwaltet, erhöht, sorgt sie doch für eine gewisse Gleichheit des Mangels und hemmt seine Aufspaltung in allgemeines Elend und einzelnen Reichtum. Die historische Aufgabe, die eine Schreiberwirtschaft zu erfüllen vermag, ist der Kampf gegen die Begierden von Teilen der Gesellschaft, welche sich dem Gesamt der Gesellschaft entgegensetzen, und die ganze Frage ist nur, ob die Teile Unrecht oder Recht haben.

Die Glanzzeit der Bureaukratie war die asiatische Produktionsweise. Angesichts der Weiträumigkeit der Bewässerungsanlagen und der sonst unvorhandenen Vergesellschaftung der Arbeit konnte nur ein Heer von Kanzlisten das Reich vor dem Auseinanderfallen in ein Gekrümel ärmlich und erzeugungsunfähiger Dorfgenossenschaften bewahren. Der Überbau dieser Lage war die Vergöttlichung des Königs, die Pyramiden waren ein Produktionsmittel. Es ist höchst töricht, nachträglich zu verlangen, man hätte das Geld für die Pyramiden besser zur Bekämpfung des Hungers der Fellachen ausgeben sollen. Man hat es zur Bekämpfung des Hungers der Fellachen ausgegeben.

Die andere hohe Zeit der Bureaukratie hatte in Europa statt und gipfelte im französischen Absolutismus. Es waren Richelieus Beamte, die den Adel Frankreichs entmachteten. Die Mauern der Schreibstuben erwiesen sich als widerstandsfähiger als die der mittelalterlichen Burgen; geschleift nämlich wurden die letztern, und das Bürgertum konnte sich, ohne dauernd über junkerliche Befestigungsanlagen zu stolpern, auf den Marsch zur Revolution machen. Zwar war die absolutistische Bureaukratie nicht mehr wirtschaftlich hervorbringend, wie wahrhaft fortschrittliche Klassen müssen, aber sie war fähig, den Boden einzuebenen, auf daß die neue Klasse ihn bestelle. Sie erzeugte nicht mehr, aber noch verhinderte sie die Störung der Erzeugung: war sie nicht ökonomisch produktiv, war sie es doch politisch.

Der Überbau dieser Lage war die Staatsvernunft. Die Staatsvernunft ist die einzige und letzte große Haltung, welche die Beamtenschaft dem neuzeitlichen Denken hinzufügte. Das gesamte Volk wurde zur Dienststelle, geleitet von einer Stoa von Perückenträgern. Die Staatsvernunft ist eine erhabene Philosophie, und wer daran zweifeln will, sollte bedenken, daß die Schreibtische von Boulle waren.

Angemessener Weise schrieb man in der Zeit Perserdramen, und angemessener Weise griff man auf den Vers der Überschwemmungskultur zurück: den Alexandriner.

Wohlan, kümmern wir uns um uns; wie steht es mit den Ämtern im Sozialismus? In der Tat ähnelt die Rolle der sozialistischen Bureaukratie sehr offenkundig der Rolle, die die absolutistische gespielt hat. Sie schleifte die verbliebenen Schanzwerke des Kapitals, sie brachte Ordnung ins nachrevolutionäre Durcheinander, und sie überwacht, bis heute, die Gesellschaft auf etwaige Rückkehrversuche ihrer Gegner. Sehr offenkundig aber auch mag sie sich zu dieser Rolle nicht bekennen.

Lenin spricht das Wort Bureaukratie nie anders als mit Ekel aus. Er ist, so liest es sich, der Meinung, die Aufgabe der Abwehr von Nakkenschlägen könne neuerdings von anderen gesellschaftlichen Gruppen besorgt werden, von den Massen etwa. Es wäre ja möglich, Lenin war in der Sache der Täuschung einer übermäßigen Erwartung erlegen. Wir bewundern Lenin als unerschütterlichen Realisten, aber vielleicht ist Realismus von allen Arten, mit Welt umzugehen, die kühnste, und vielleicht kann nur kühn sein, wer hofft.

Bedenklich indes stimmt, daß Stalin, und in den reinsten Leninschen Wendungen, den gleichen Abscheu gegen diese Klasse erklärt. Ihm mögen wir da so recht nicht folgen, und dies berücksichtigt ändern wir auch die eben vorgetragene Vermutung über Lenin. Es ist letztendlich kein unbekanntes Muster in der Staatskunst, daß einer von eben der Sache am wenigsten redet, die er am angelegentlichsten treibt. Was verpönt wird, ist, der Schluß darf gezogen werden, am Werke. Der Beamte ist dem Begriff nach abgeschafft, weil er, der Sache nach, wieder einmal besonders unentbehrlich ist.

Die Gefahr der sich fortwährend aufs Neue erzeugenden Neigung zu wirtschaftlichem Selbsthelfertum wohnt ja nicht nut, wie die frühen Theoretiker annahmen, in der Bauernklasse. Sie wohnt auch kaum wesentlich mehr im Handwerk und der kleinen Unternehmerei; all diese Sorgen hat der Sozialismus mit mehr oder weniger Glück berücksichtigt und inzwischen ziemlich ausgeräumt. Eine Sorte von Werkzeuginhabern jedoch hat er übersehen: die Besitzer eines hellen Kopfes.

Solange die sozialistische Gesellschaft nicht Einrichtungen geschaffen hat, die einem arbeitsamen und erfinderischen Menschen erlauben, sich in Tätigkeit und mit öffentlichem Dank zu verwirklichen, wird diese unbefreite Produktivkraft nicht aufhören, ärgerlich aufzufallen. Die Gegenwirkung durch Beamte ist zwar nicht eben eine anmutige Lösung der Schwierigkeit, aber eine, beim Stand der Dinge, nicht zu ersetzende.

Wenn Lenin der bolschewistischen Bureaukratie vorwirft, ihre einzige Beschäftigung bestehe darin, Papiere zu unterschreiben, so sind wir, seit wir in dem Zustand auch waren, natürlich schon vorangekommen. Die ausschließliche Beschäftigung unserer Federfuchser ist, nie ein Papier zu unterschreiben.

Die Beamten erscheinen im Personenverzeichnis unseres Jahrhunderts in Überzahl und auf den vorderen Plätzen; in den Personenverzeichnissen unserer Dramen fehlen sie. Es gibt kein Stück über Beamte. Es gibt Stücke gegen Beamte.

Ich sagte, »Prexaspes« sei eine Beamtentragödie. Die Gattungsbezeichnung mutet seltsam an, gewohnt ist man Tragödien, die von Beamten verursacht werden, Tragödien ihrer Opfer. Aber die sind gedanklich Gemeinplatz und künstlerisch schlecht zu machen. Sie zwingen, will man nicht, wie Kafka, auf genaue Beschreibung der Wirklichkeit gleich verzichten, zu dem tränenreichen und dramaturgisch unergiebigen Grundriß des Passionsstückes. Der Unterschied zwischen einem Trauerspiel und einem Leidensweg ist, daß den letzern immer der Zuschauer gehn muß.

Nur der in seiner historischen Widersprüchlichkeit begriffene Beamte taugt zum Helden, und ich leugne gar nicht, daß, weil die Fragestellung sehr neu ist, es einiger Überlegungen bedurfte, dieses grundsätzliche Taugen in theatralisches Gelingen zu verwandeln.

II

Der weltbewegendste Stoff, das predige ich seit Jahren, sollte von einem Genre verschmäht werden, wenn er sich für das Genre nicht eignet. Gegen die Darstellung des Amtsherrschers auf dem Theater nun sprechen drei Einwände. Erstens: Leute, die ihrem Wesen nach nichts herbeiführen, machen keine Fabel. Zweitens: Leute, die ihrem Wesen nach keine Person sind, machen keinen Charakter. Drittens: Leute, die ihrem Wesen nach nichts erzeugen, erzeugen keine Schönheit. Fabel, Charaktere und Schönheit sind ziemlich genau die Bestandteile, aus denen ein Drama sich zusammensetzt; die Sache scheint undurchführbar. Ich will versuchen zu zeigen, wie ich, in meinem besonderen Fall, habe tun können, was sich getan zu werden weigert.

Fabel heißt Handlung; die Fabel eines Beamten ist die Handlung eines Unhandelnden. Alle Fabeln, die einen Beamten vorführen wollen, müssen davon ausgehen, daß nicht er es sein kann, der sie bewegt. Die französische Klassik meisterte die Schwierigkeit, indem sie den Beamten in die ästhetische Mitte stellte, ohne ihn in die Mitte der Handlung zu stellen.

Wir reden vom Amt des Dichters; aber unter Ludwig XIV war das im Wortsinn zu verstehen, und der Dichter drückte sich so aus. Französische Klassik, das ist die Welt von der Aktenkammer her begriffen. Die Dramen handelten von wirklichen Begebenheiten, gewöhnlich den Streitereien der Manufakturisten und der Gutsbesitzer, aber die Haltung, in der sie vorgetragen wurden, war die der Staatsvernunft. Diese Haltung war bedeutend, gerecht und frisch genug, um Drama zu ermöglichen, und nicht selten erscheint der Beamte zum Ende der Stücke, mit kaum geringerem Recht, als die griechischen Götter pflegten.

Die Dramaturgie der französischen Klassik stammt aus den Erfahrungen der Schreibstübner. Die Glücksumschwünge der Griechen standen für die furchtbare Unberechenbarkeit des Weltverlaufs. Die Glücksumschwünge der Franzosen standen für die alle Morgen aufs Neue unvorhersehbare Laune des Vorgesetzten. Die Griechen und die Franzosen schauderten vor höheren Gewalten, deren geheimen Ratschlüssen der Mensch unterworfen ist; nur meinten die Franzosen mit den höheren Gewalten und deren Schlüssen nichts als die Vorgänge im selben Ministerium, ein paar Stockwerke höher.

Wir haben keinen Anlaß, die Franzosen zu verachten, und Ursache, von ihnen zu lernen; das Bewegen der Fabel um Prexaspes herum ist französisch. Aber natürlich haben wir von der Staatsvernunft einen geringern Begriff. Sie dünkt uns eine große Idee, nicht eine endgültige. Prexaspes ist für uns eine Partei unter anderen Parteien, daher kann die Geschichte nicht einfach mit seinen Augen gesehen werden, daher muß er auftreten, daher muß er ein eigenes Schicksal haben.

Ich habe eine Eigenschaft der Beamten zu erwähnen verabsäumt: den Hang, rückfällig zu werden. Als eine Klasse, deren Eifer das Beharren und Befestigen ist, neigen sie leider dazu, sich, sobald mit dem anwachsenden Fortschritt ihre Kunst nicht mehr verlangt wird, mit dem Rückschritt, den zu verhindern sie angetreten waren, zu verbünden. Die antipartikularistische Bureaukratie endet stets in kleinherrscherlichen Gewohnheiten. Sie ist die einzige nützliche Klasse, die keine guten Spuren in der Zukunft läßt. Sobald ihr Tag vorüber ist, verbreitet sie tiefe, pure Nacht. Es ist dann schwer, sie loszuwerden, und sie wird auf demselben Block geköpft, auf welchem sie der Geschichte ihre Dienste erwiesen.

Prexaspes empfindet sein Schicksal als tragisch, das Publikum minder. Es ist dies vielleicht keine besonders reine Tragödienform, aber es ist einmal die einzige, zu der ich imstande bin. Wenn ich Dinge als wirklich tragisch empfinde, schreibe ich Komödien. – Was sagen wir, um der Reihe nach fortzugehen, von Prexaspes' Charakter? – Ob er nun immer einen habe; feststeht: er hat keinen schlechten.

Es gibt, soweit ich sehe, kaum Klassen, die für die Menschheit ohne jeglichen Wert wären. Die Weltgeschichte füttert keine Müßiggänger. Wie die Fehler jeder anderen Gruppe von Leuten sind die Fehler des Beamtenstandes die seiner Tugenden, die Fehler also, in Ermangelung derer er seine Tätigkeit nicht verrichten könnte. Das ist, warum alle Satire auf den Beamten so dumm ist und im Kabarett landet. Wo der Beamte sein muß, muß er sein, wie er ist.

Wer ihn bloß beschreibt, wie er ist, erzählt keinem etwas Neues. Formelkramerei und Lebensfremdheit, Feigheit und Heimtücke, Kriechertum und Hang zur Unterordnung bestimmen seine Natur. Er mißbilligt alle Unregelmäßigkeiten, also alle Menschen. Er setzt sich, den Ordner der Dinge, zum Sinn der Dinge, und er ist so vollständig in der Pflicht, daß er mit Notwendigkeit glauben muß, vollständig im Recht zu sein. Gerade, was ihm am meisten vorgeworfen wird, sein Widerwille gegen alles Hervorbringen, ist die Grundlage seines Daseinszweckes: der Treue.

Der Beamte ist der Obrigkeit, der er unterstellt ist, treu, weil er weiß, daß kein anderer Auftraggeber eine Person von seiner Unfähigkeit beschäftigen würde. Es ist also ganz müßig, ihn zu tadeln, wenn er seinen Staat in dem Augenblick verrät, wo derselbe durch einen anderen ersetzt wird; im Gegenteil: seine Verfügbarkeit für jede beliebige Macht ist das Verläßliche an ihm, und in Verwirrung gerät er nur in Fällen, wo die Machtverhältnisse unklar sind oder eine Macht auftritt, die keine Verwendung für ihn hat. Er dient einer einzigen Idee: dem Dienst. Seine einzige Überzeugung ist die von seiner Hilflosigkeit außerhalb des schäbigen Geborgenseins, das er im Staub seiner Regale oder Computer gefunden hat.

So wie der Widerspruch zwischen Bewahren und Hemmen sein Handeln formt, begründet der Widerspruch zwischen Nichtswürdigkeit und Treue die Beschaffenheit seiner Seele. Wo aber ein Widerspruch ist, ist, denke ich, auch etwas wie ein Charakter. Eine Eigenschaft insonders macht das Gemüt des Beamten nahezu menschlich und mithin darstellbar: ich meine einen gewissen ihm innewohnenden Zerstörungs- wenn nicht gar Todestrieb. Die große Vernichterin Bureaukratie ist in dauernder Versuchung, das, was sie stützt, ja sich selbst zu vernichten.

Die Frage, ob eine Person, welche nur als innerhalb einer Gruppe lebend gedacht werden kann, auf dem Theater als einzelne gezeigt werden könne, scheint mir weniger eine dramaturgische als eine Brechtsche. Sie ähnelt der Behauptung, daß, wo von den Massen die Rede geht, viele Leute aufs Theater kommen müßten. Abgesehen davon, daß die Bühne viele Leute überhaupt nicht leidet, weil die sich nur gegenseitig den Platz und die Zeit stehlen, – die ganze Erörterung stammt aus dem Natürlichkeitssystem und taugt zu nichts. Das Drama bildet die Gesellschaft ab, indem es deren bemerkenswerte Haltungen findet und untersucht. Ein einzelner Angehöriger einer Gruppe hat andere Haltungen als der einer anderen und vollkommen andere als einer, der gar keiner oder einer minder geschlossenen Gruppe angehört. Was an einem Arbeiter, einem König oder einem Beamten ästhetisch belangvoll ist, hat er auch zuhause und im Bett.

So viel zum zweiten Einwand, (dem, daß ein Beamter keinen Charakter machen könne). Mit dem dritten, der aus dem Umstand, daß der Beamte niemals ein unvermitteltes Verhältnis zur Welt herstellt, folgert, daß er außerstande sei, Schönheit herzustellen, werde ich kurz verfahren, um dann freilich meine Erwiderung bis in die Feinheiten hinein und höchst ausführlich zu beleuchten. Die Erwiderung lautet: das Ämterwesen hat in jener fernen Zeit, als es noch Güter erzeugte, eine Schönheit erzeugt: den alexandrinischen Vers, und der Alexandriner wird die Kunstsprache des Beamten sein, so lange ein Mitglied dieses Berufszweiges auf Erden wird angetroffen werden.

III

Der Mensch als Deutscher weiß vom Alexandriner eines: daß er nicht geht. Er ist, weiß man, häßlich und lächerlich und überhaupt schuld an vielem Unglück. Die Ursache dieser Kenntnis ist reine Unkenntnis. Die Deutschen kennen den Alexandriner, wenn sie ihn kennen, aus schlechten Übersetzungen oder aus schlechten Stücken der Gottsched-Zeit; gewöhnlich haben sie ihr Vorwissen einfach von Lessing übernommen. Lessing war ein bürgerlicher Dichter, (daher übrigens das Unbehagen Goethes und Schillers an ihm). Die Verachtung des Alexandriners ist eine streitbare Meinung des Bürgertums aus der Zeit, wo das Bürgertum gegen die absolutistische Bureaukratie, unter deren Vormundschaft es eben zu halbem Wuchs herangereift war, zu bocken begann. Sie muß, wie alle bürgerlichen Meinungen, überprüft werden.

Und wenn es nur wäre, um endlich Corneille, Racine und Molière aufführen zu können. Man kann vielleicht den Alexandriner übernehmen ohne die Dramaturgie der Franzosen, sicher aber nicht die französische Klassik ohne den Alexandriner. Es ist erfreulich anzusehen, daß unsere Theater sich dieser wichtigsten Stücke endlich entsinnen, besorglich, wie spät dies geschieht, und rührend, wie die Bühnen durch Verstümmelung und Verkümmerung des Verses die Werke zu sich herunterziehen müssen, um die Angst vor ihnen zu überwinden. Man macht Racine garstig aus demselben Grund, aus dem ein Kind im Keller pfeift. So kam Shakespeare in Prosa nach Deutschland, so Aristophanes, und es hat den Anschein, als stünden unsere Theaterleute geistig um keinen Zoll höher als die Komödianten im achtzehnten Jahrhundert.
Wie alle Vorurteile hat auch das gegen den Alexandriner seine wissenschaftliche Untermauerung. Ihr Inhalt: der französische Alexandriner sei etwas anderes als der deutsche und im Deutschen unwiederholbar. Der erste Teil der Lehre stimmt; der französische Alexandriner ist anders. Der zweite, der von der Unwiederholbarkeit, stimmt nicht.
Es wird aber dem deutschen Alexandriner seine unnachsichtige Strenge vorgeworfen, und in der Tat, gewisse Erlaubnisse, beim Betonen zu schlampen, hat der deutsche Dichter nicht. In Betonungs-Sachen wird dem Deutschen keine Nachsicht. Dafür wieder leidet der französische Alexandriner unter dem grausamen Terror der Grammatik, welche aus Gründen, die ein Beamter für logische hält, keine andere sein darf als die der gewöhnlichen Rede. Wenn Hegel den Reim die Poesie der Prosa nennt, spricht er vom französischen Alexandriner. Ich kann nicht einsehen, warum es gekünstelter und gezwungener sein sollte, die Hebungen, wie wir das müssen, an den richtigen Platz zu setzen, als in einer Sprache von unendlicher Umständlichkeit und bei Verbot von Wortumstellungen das bißchen Schönheit hervorzubringen, das die Franzosen hervorzubringen imstande sind.
Die wunderbarsten Alexandriner, die unsere Nation bis heute hat, sind die Goethes; in den »Mitschuldigen« insonders oder im

»Faust II« die. Aber Goethes Alexandriner folgen außer dem deutschen zusätzlich noch dem französischen Gesetz. Überhaupt neigt ja Goethe in allen entscheidenden Punkten – dem der Schicklichkeit wie dem der Natürlichkeit wie dem des maßvollen Umgangs mit der Metapher – immer mehr zum französischen Kunstgeschmacke sich hin als zum nördlichen. Ich bin weit entfernt davon, ihn hierfür zu rügen; zum Begriff der Klassizität gehört unbedingt das Haushalten mit Mitteln. Dennoch erscheint mir eine andere Art von Alexandrinern erprobenswert: der Alexandriner, welcher Shakespeare zur Kenntnis genommen hat.
Und so, alle gehegten Abneigungen, wie ich hoffe, beschwichtigt, bin ich endlich zu meinem Gegenstande vorgedrungen. Was bedeutet der Alexandriner heute? Was ist er, und was vermag er?
Der Alexandriner ist recht eigentlich der mißlungene Trimeter. Unstreitig ist der Trimeter, in seiner Würde und Getragenheit, der vortrefflichste aller dramatischen Verse. Man kann in ihm mancherlei Fehler machen; drei Fehler gibt es, die unentschuldbar sind. Es sind: erstens der Reim, der seinen Fluß unterbrechen würde. Zweitens die Caesur nach dem dritten Fuß, die ihn in einen neuen Vers von halbem Umfang zerhacken würde. Drittens ein hyperkatalektisches (oder, wie man sagt, weibliches) Versende, welches einen sechsfüßigen Jambus schwammig machen würde; man kann eine Zeile von solcher Ausgedehntheit nicht mit einer unbetonten Silbe beginnen und noch beschließen. Die drei Todsünden gegen den Trimeter zusammengenommen, erhält man den Alexandriner.
Alle gereimten Verse, ausgenommen den Knittel, der in seiner Spaßhaftigkeit über die vom Reim gesetzte Grenze hinwegpoltert, lassen sich fürs Drama nicht brauchen. Dies gilt für die spanischen Trochäen des frühen Biedermeier wie für das Heroic Couplet, das nur gut eingesetzt ist, wenn es als Schluß eingesetzt ist. Dramatische Sprache muß vorwärtsdrängen. Jeder Reim indessen bewirkt einen Stillstand; so wird aus dem Drängen Rucken.
Hinzu kommt beim Alexandriner, daß er die längste dramatische Zeile ist, so wie der Dienstweg die längste Verbindung zwischen zwei Punkten. Das Zusammenfallen von Reim und Länge verur-

sacht Entsetzliches. Es verhindert das Enjambement, also das Überschreiten des Vers-Endes durchs Sinn-Ende; weil alles so lange her ist nämlich hat der Hörer dann inzwischen den Reim vergessen. Eben das Enjambement aber ist es, das einen Vers zum Laufen bringt. Der Alexandriner fordert, daß sich jeder Abschnitt des Sinns in einem Vers erledige; jeder einzelne Vers wird zur Sinn-Kapsel. Eine Tragödie enthält ungefähr 2000 Alexandriner. 2000 Alexandriner, das sind 2000 Feststellungen.

Immerhin, es ginge zu machen. Eine widerspruchsvolle Ordnung von Feststellungen ergibt auch Bewegung. Aber das zweite Ärgernis am Alexandriner, die Caesur, welche an die Heftnaht einer Akte erinnert, bewirkt, daß die lange Zeile in Wahrheit in zwei kurze zerfällt und die Feststellung in zwei Feststellungen, daher aus den 2000 im Grunde 4000 werden; und jede derselben ist von so wenig Raum, daß der Gedanke sich nie ausbreiten, die Schönheit nie aufblühen kann. Der Reiz einer verschobenen Caesur, wo die inhaltliche Pause sich auf spannungsreiche Weise gegen die metrische Pause verschiebt, läßt sich beim Alexandriner schon auch erzielen, aber er muß so selten und mit solcher Vorsicht unternommen werden wie das Enjambement; denn wie bei letztgenannter Abweichung der Reim sich verliert, kommt bei jener der Vers abhanden.

Was das ungeschickte weibliche Ende anlangt, habe ich mich oben wahrhaftig gescheut, eine weitere Vorschrift unseres peinlichen Verses zu erwähnen. Das weibliche Reimpaar muß, regelsüchtig wie es hier einmal hergeht, ausnahmslos mit einem männlichen abwechseln. Jeder andere Reimvers hat wenigstens eine dramatische Wirkung zur Verfügung: die, nach einer Folge von männlichen Reimen mit einem weiblichen, oder, noch besser, nach einer Folge von weiblichen Reimen mit einem männlichen Reim zu verblüffen. Wie jede andere Wirkung verhindert der Beamte auch diese. Es entsteht ein nicht abreißender Zopf von lang und kurzen Schwänzen, ein Rattenkönig von einem Zopf, welcher kein Gefühl hervorruft als das höchst beruhigende, daß sich in der unübertrefflichen Eingerichtetheit der Dinge zuverlässig nichts ändern werde.

Wie ist, angesichts solcher Bewandnisse, am Alexandriner überhaupt noch zu retten? Ich schicke gleich voraus: der Alexandriner wird den Trimeter an Erhabenheit und Tiefe, den Blankvers an Kraft und Ausdrucksvermögen nie erreichen. Aber für das, wofür er taugt, taugt er, und wie in aller Gesetzgebung wohnen auch in der des Alexandriners Möglichkeiten für ästhetischen Erfolg, sofern man sie zu nutzen versteht. Was ist der Kunst eine Erschwernis? Ein Ansporn.

Vom Satzbau her kommt es darauf an, das Wechselspiel von langer Zeile und kurzer Halbzeile zu nutzen. Der Alexandriner erlaubt Überlängen und Überkürzen. Eine ganz ihm eigene Schönheit also sind weitverzweigte, über viele Verse sich hinziehende Gedankengänge, welche plötzlich durch eine Außerordentliches enthaltende Halbzeile abgelöscht werden. Der Spruchabtausch ferner ist beim Alexandriner, wenn er in Halbzeilen geschieht, knalliger und gewitzter als beim Blankvers.

Inhaltlich gilt es, den langen Vers ungeachtet der Caesur zur Einheit zu bekommen. Hierfür gibt es zwei Mittel: die aufzählende Reihung von Gleichgeordnetem, welche der Rede eine pomphafte Feierlichkeit verleiht, und die antithetische Gegeneinandersetzung, welche die Rede zu Geist und Gedankenschärfe ermuntert.

Hölzern also wirkt der Alexandriner nur ungekonnt: wenn er rhythmisch einfallslos behandelt ist, oder wenn ihm ein Inhalt aufgeladen wird, den er nicht tragen mag. Gekonnt, leistet er die beharrliche Schönheit eines stets hochbedeutenden Wohlklangs; ein Brokatgewand hat ja wohl das Recht, steif zu sein. Was der Alexandriner immer sagt, es macht einen Reim. Seine Größe ist klug, wenn man es wünscht, spitzfindig; zum Ausdruck des Abwegigen, Seelenkundlichen, Bezeichnend-Einzelnen eignet er sich nur ungern. Er ist der Hof- und Bureau-Vers. Seine Seite der Welt ist die öffentliche.

Nun gibt es über die öffentliche Seite der Welt auch wieder ein vorschnelles Wissen: sie ist, so fühlt und meint man, einfach die erlogene. Das Kleinbürgertum, von allen Staatsgeschäften ausgeschlossen, trennt am Menschen ein eingezogenes Sein und ein öffentliches Scheinen, und es übersieht, daß es ebensowohl ein öffentliches Sein

und ein privates Scheinen gibt. Kein Indianer, kein Edelmann, kein Sportler, Fahrkartenkontrolleur oder Gewerkschafter verfiele auf den Gedanken, seine gesellschaftlichen Rituale als seine uneigentlichen Handlungen zu betrachten; die Kirche insonders weiß, daß Gott, der seinen Geist in leider allzu ungleiche Töpfe füllen muß, sehr viel mehr darauf sieht, daß die Gestalt des Topfes stimmt, als darauf, ob denn nun unbedingt auch viel von dem Geist darin sei. – Andererseits wieder ist manche häusliche Eigentlichkeit nichts besseres als ein bloßes Sichgehenlassen.
Der feudale Mensch hat seine Wahrheit außen, der bürgerliche innen; der Mensch des Imperialismus hat weder dort noch dort eine. Im Sozialismus halten sich die öffentliche und die sogenannte menschliche Seinsweise einigermaßen die Waage. Welche eben die glaubbare, die mehr wirkliche ist, muß von Fall zu Fall begriffen werden.
Ein durchgehendes Drama in Alexandrinern wäre höchstens noch unter Stalin zu schreiben gewesen. Das Ziel des Sozialismus in einem Lande hätte der Idee der Staatsvernunft entsprochen, wenn nicht das Fehlen eines guten historischen Gewissens die sozialistische Gesellschaft zu jener Zeit abgehalten hätte, sich zu ihrem Zweck in vollem Umfang und mit allen – auch ästhetischen – Folgen zu bekennen. Die Lage ist aber vorüber. Ich habe für unumgänglich befunden, den Alexandriner, meines Wissens zum ersten Mal seit Abschaffung des Hanswursts, mit Prosa zu mischen.
Ich lege großen Wert auf die Ebenbürtigkeit öffentlicher und vertrauter Haltungen. Wir sind im Begriff, das Individuum in bislang unbekanntem Maße zu entdecken, und wir bewegen es, gerade deshalb, zum öffentlichen Denken und Fühlen. Im fortgeschrittenen Individuum durchdringen sich auf lebendigste Art Selbstheit und Menschheit; der Sozialismus, das ist einmal die Weltrevolution und die Datsche. Die eine ist der anderen gegenüber Mittel sowohl als Endzweck. An beiden Orten kann der Mensch wahr und wesentlich, an beiden hohl und verlogen sein.
Gegenwärtig erfaßt mich eine gewisse Sorge, als drohe diese Einheit verloren zu gehen, und als hätten die Leute hier die Neigung, vom

Menschen zum Privatmenschen zurückzusinken. Die Regisseure beispielsweise, selbst von innen glänzend, sind nicht mehr imstande, öffentlichen Vorgängen den ihnen gebührenden Rang zuzuerkennen. Entweder verharmlosen sie sie zu bloßen Seelenangelegenheiten, oder sie bespötteln sie, als könne da nur Heuchelei im Spiel sein. Ich wollte, sie ließen sich dahin belehren, – doch nein. Dies ist eine Abhandlung, die ausschließlich metrischen Fragen gewidmet ist, und dieser angeschnittene Gegenstand tut jetzt wirklich nichts mehr zur Sache.

Eine Klammer im Personenverzeichnis
Zu »Omphale«

Sicherlich weiß ich die Vorzüge des Stücks besser zu schätzen als irgendeiner, aber wirklich stolz, ich kann mir nicht helfen, bin ich auf ein Satzzeichen: die Klammer, welche alle männlichen Rollen mit Ausnahme des Ungeheuers unter dem Gattungsnamen *Heroen* zusammenbindet.

Auch der Heldenstand – an der Erkenntnis habe ich lange gelernt – stellt keine Vereinigung ungewöhnlich groß veranlagter Einzelwesen dar, sondern einfach einen Berufszweig. Überhaupt keine menschliche Einrichtung, auch die erhabenste nicht, ist zu bestehen fähig, die etwa auf hervorragender Eignung ihrer Mitglieder beruhte: Begabung kann nicht Voraussetzung von etwas Wirklichem sein. Jeglicher Weltentwurf, der zu einer Durchführung eine besondere Art von Leuten erfordert, sollte lieber gleich fallen gelassen werden, ehe noch das Unglück angerichtet ist.

Eine Einrichtung dient, schlecht und gut, einem Geist. Die Mitglieder der Einrichtung dienen ausschließlich der Einrichtung. Luther nahm viel Scherereien auf sich, um eine Kirche der Frommen zu schaffen. Als er mit ihr fertig war, war seine erste Aufgabe, die Frommen aus ihr zu werfen; die Frommen verdarben ihm alle Frömmigkeit. Es ging ihm sehr wohl um den Himmel. Aber er hatte eine ziemlich sichere Vermutung hinsichtlich der Frage, wer im Himmel den besseren Sessel bekommen werde, der Heilige oder der Kassenwart.

Herakles ist unzweifelhaft ein Held auch im geistigen Sinn, was ihn, das Stück zeigt es, zu einem höchst zweifelhaften Helden im Sinne der Einrichtung macht. Iphikles entlarvt ihn als das schrecklichste

Ungeheuer. Zu Recht: Lityerses vertilgt nur Helden, Herakles den Heldenstand. Alle Einrichtungen nehmen die Überbetonung ihrer geistigen Seite mehr übel als den Kampf gegen ihre geistige Seite; denn jene schadet der Einrichtung, dieser ficht sie nicht an.

Ich lasse Menenius Agrippa eine neue Fabel erfinden. »Du störst mich beim Denken«, sagte der Kopf zum Körper. »Warte, bis man mich dir abschlägt«, erwiderte der Körper; »dann geh und denke«.

Das Verhältnis zwischen der Einrichtung und dem von ihr vertretenen Geist ist unendlich verwickelt und so peinlich, daß selbst die Sprache es verdrängt. Sie unterscheidet eben noch zwischen dem Philosophieprofessor und dem Philosophen, aber schon nicht mehr zwischen dem Arzt und dem Mann, der heilt. Sie läßt das Mißverständnis zu, daß ein Intelligenzler intelligent sein müsse, anstatt zu untersuchen, ob er es sein dürfe. Ich habe nicht vor, die Schwierigkeit hier zu beheben.

Am rätlichsten scheint mir ein wenig Duldsamkeit: des Geists gegen die Einrichtung und der Einrichtung gegen den Geist. Es gibt, das sollte die Einrichtung einsehen, Dinge, die nur einem seltenen Menschen gelingen, aber die meisten Dinge, das sollte der einsehen, gelingen allein der Einrichtung. Wir müssen uns mit Einrichtungen einrichten. Man kann Einrichtungen ändern wollen, wo sie ihrem eigenen Anspruch nach ungenügend taugen; man kann Einrichtungen ablehnen, die Böses bezwecken. Der einzige Tadel an einer Einrichtung, bei dem man sich nur lächerlich macht, ist der, daß sie eine Einrichtung ist.

Von allen Tatsachen bedarf anscheinend eine nicht der Eingerichtetheit: die Kunst. Da sie, außer um gut zu sein, für nichts gut ist, ist wünschenswerter, es gäbe sie gar nicht als auf unvollkommene Weise.

Die Kunst, als reiner Geist betrachtet, kennt keine Wirkung von unten nach oben; die Breite trägt nicht die Spitze. Aber wollte man sie als reinen Geist betrachten, bliebe sie sehr durchscheinend. In Wahrheit tagt die unsichtbare Loge zwischen handfesten Mauersteinen. Das Ideal ist ein Haus mit Telephonen, und dem Gutenwahrenschönen darf man im Winter nicht die Heizung abdrehn. Kunst benötigt Druckereien, Säle, Orchester, Museen, Feuilletons. Keine dieser Grundlagen wäre, wäre keine mittelmäßige Kunst. Wo spielte man »Omphale«, wenn nicht im Theater, welches doch mit Drama so viel im Sinn hat wie die Reichsbahn mit Erholung. Vor wem spielte man »Omphale«, kämen nicht Zuschauer? Und die Zuschauer kommen nicht, es sei denn angelockt durch den Zwang, eine Krawatte, oder die Erlaubnis, ein Abendkleid zu tragen. Kunst ist die wundervolle Blüte auf dem Baum des Kunstbetriebs, aber sie erwächst ihm nicht, sie ist sein Schmarotzer. Über die Menschheit läßt sich nicht anders als mit Mitleid sprechen.

Numa oder die Mitte

1. Die Mitte

Eine Stadt steht auf den Hügel gebaut; – gesetzt, einer führe mit der U-Bahn von Südend nach Nordend, so käme er tief unterm Markt durch und hätte das Rathaus nicht gesehn. Die Mitte, meint die Metapher, liegt nicht zwischen den Enden, sondern darüber.

Es ist müßig, von einem Standpunkt zum Standpunkt visavis zu hasten. Solange die Wasserwaage angelegt werden kann, bleibt die Mitte ungefunden, in der Kreuz sowohl als auch in der Quere. Die Mitte ist anderen Wesens als die Seiten.

Bei den meisten Streitereien sind nicht die Antworten ungenügend. Der Fehler steckt in den Fragen. Die Seiten schreien einander an; der Weltgeist hört beide Haufen; sein Spruch lautet: es betrifft nicht. Derlei Meinungsverschiedenheiten lohnen nicht, überhaupt ausgefochten zu werden. Sie erledigen sich, von wie hauptsächlicher Art sie sich immer dünken, durch eine höhere Einrichtung der Dinge von selbst.

Wer als wohlhabender Mann geboren ist, steht nicht vor der Wahl, sich durch ehrliche Armut zur Wirkungslosigkeit zu verurteilen oder aber als Schurke reich zu sein. Es ist diese Wahl eine tödlich ernste, aber eine unterversorgte, nicht seine. Sie beschäftigt die Sittenlehre bis heute; mag sie sie beschäftigen. An der Schwelle der kommunistischen Wohlhabenheit beschäftigt uns die Sittenlehre nicht mehr so gar sehr.

Die Unterstellung, die Synthese erlange man bei Berücksichtigung platt und vorläufiger Behauptungen sowie auch der platt und vorläufigen Erwiderungen auf dieselben, halte ich, die Dialektik in Eh-

ren, einfach für Wichtigmacherei der Position und der Negation. Nicht jede Verirrung hilft auf den Sprung.
Wo ein Satz nicht sitzt, mag ich den Gegensatz nicht wissen. Mich ärgert die ewige Anmaßung der Holzwege, die erklären, man müsse sie gegangen sein, um zu erkennen, daß man sich an ihrem Ende nasse Socken geholt hat und besser zurückgeht. Ich überlasse den Denkkundigen, hier genauere Festlegungen auszuarbeiten. Aber ich sehe den Unterschied zwischen Negation der Negation und Zeitvergeudung.
Die Mitte ist oben; und der ist dem Richtigen näher, der sich auf der High Road verläuft, als der auf der Low Road drauflos wandert. Ich bezweifle in der Tat, ob es für die Synthese keinen minder mühevollen Weg zum Gipfel gibt als jenes umständliche Dreieck, dessen Basis zwei Unzulängliche verbindet. Der Raum der Logik ist durch die Masse irdischen Stoffes gekrümmt, und die Synthese, wie ich sie kenne, findet höchst unerwartete Stellen, ihre Leiter anzulegen.
Kardinalfragen werden nicht geklärt, sondern sterben durch Zeit aus. Alle philosophischen Skrupel werden von der Wirklichkeit, keiner von der Philosophie behoben. Ein neuer Weltzustand öffnet alte Zwickmühlen. Der gordische Knoten muß nicht durchhauen werden, er verrottet. Die Synthese kann, die Geschichte des Tierreichs zeigt es, eine Angelegenheit des Wetters sein.
Während die Fischsaurier und die Flugsaurier mit großem Getöse auf einander losbissen, waren die kleinen Säuger längst im Besitze der Zukunft. Sie hörten die Saurier brüllen und sprachen unter sich: wovon reden die Leute? Die Kämpfe der Echsen gingen sie insofern an, als sie Ursache hatten, zu achten, daß ihnen keine auf den Fuß trat, in anderer Hinsicht nicht.
Ergibt der Haß der Seiten eine unmaßgebliche Mitte, so ergibt ihre Liebe eine widerwärtige: die Mitte des Sowohlalsauch. Schlimmer als überflüssiger Streit ist unbegründete Versöhnung.
Als die Asen und Wanen, wer das immer war, ihres Gezänks müde wurden, schritten sie ans Werk, sich einen Schiedsrichter zu erschaffen. Beide Seiten spien einen Kessel voll und mischten den Saft; und so, das Einerseits -Andererseits zum Vater und von blecherner

Mutter, ward geboren der ratschlägeerteilende Quaser. Stets mit dem Speichel aller Parteien redend, schlurfte er über die Erde und gab sinnreiche Sprüche von sich, die etwa mit den Worten begannen: »wenn man sehr hochachtend einräumt, daß ...«, oder: »wofern ich die höchst schätzbare Meinung meines Herrn Gegners in einem einzigen Punkte ...«; er endete, wie manche berichten, indem er in seiner eigenen unhinlänglich abgefragten Weisheit erstickte, andere sagen, daß er von Hörern geschlachtet wurde.
Sein Blut, mit Honig versetzt, das sogenannte *Quaserblod,* ist der Met der deutschen Geisteswissenschaft.
Ein schlechter Begriff von der Mitte war es, der das Wort in den Verruf gebracht hat, in dem es steht. Wirklich ist die flache Mitte niedriger als jede Seite und für ehrenhafte Seelen so unbefriedigend wie ein gerichtlicher Vergleich oder das Ergebnis eines Kuhhandels. Für die Kunst, deren Gesetz das Nichts-unterm-Äußersten ist, ist sie außer Betracht.
Aber die Wahrheit wohnt weder in der Mitte zwischen dem Unwahren und dem Unwahren noch in der Mitte zwischen dem Unwahren und dem Wahren. Die Wahrheit wohnt in der Mitte der Wahrheit.
Die Mitte, welche, der Wahrheit entsprossen, auf einen höhern Ort der Wahrheit sich gehoben hat, hat nichts Weichliches oder Verschwommenes an sich. Sie ist das Maß und also im mindesten nicht maßvoll. Sie ist das Entschiedenste, was es gibt, kühn und endgültig; wer von ihr abweicht, sinkt. Mit derlei Mitte sollte die Kunst sich nicht befreunden?
Die Alten redeten von der Mitte als von der goldenen. In dem Vergleich, glaube ich, steckt viel; er ist keine bloße Umschreibung für Wünschbarkeit oder Verblümung eines Klassenkompromisses. Gold ist ein lauteres Metall, nicht Ergebnis einer Vermengung, und es ist hochmütig, was seine Vertraulichkeit sonstigem Zeug gegenüber angeht. Sein Körper hat Gewicht, seine Oberfläche Glanz. Es ist rar, also ungemein. Und nicht zuletzt: Gold ist teuer. Es vermag die ganze Fülle der Dinge zu kaufen, und es enthält diese Fülle. Solche Fülle kann man Gleichgültigkeit nennen, und hat es getan.

Solch gediegenem Wesen kann man Abseitsbleiben vorwerfen; man hat es getan und wird fortfahren, es zu tun. Wie komme ich auf Goethe?

»Reine mittlere Wirkung zur Vollendung des Guten und Rechten ist sehr selten«, sagte dieser Schriftsteller; »gewöhnlich sehen wir Pedanterie, welche zu retardieren, Frechheit, die zu übereilen strebt«.

2. Der mittlere Held

Das Drama ist die Kunst der Totalität und der Kollision. Es zielt aufs Weltganze, aber was es, um sein Ziel zu erreichen, herzeigt, ist Entzweiung. Zweck und Mittel des Dramas – keiner hat das noch beobachtet – schließen einander aus.

Die Unternehmungen des dramatischen Helden sind bedeutend; ihre Bedeutsamkeit stellt sich außer in der Fabel auch in den anderen ästhetischen Schichten dar. Der Held habe ein hohes Herz, einen hohen Sinn, ein hohes Ausdrucksvermögen; erst bewußtseinsmäßige Überlegenheit macht die Hauptrolle zum Helden. Die Lehrväter, die für den dramatischen Helden eine gewisse gesellschaftliche Ranghöhe vorschrieben, meinten etwas ganz Vernünftiges: der Held muß der beobachtbaren Wirklichkeit soweit entzogen sein, daß es poetisch glaublich ist, wenn seine Sprache und Ansichten ihn als den geistig ranghöheren vor den Mitspielern auszeichnen. Götter und Könige, so war das gedacht, haben leichter belangvoll sein.

Aber je weiter nach oben der Held strebt, desto näher rückt er gegen die Mitte.

Und je mehr er der Mitte sich nähert, um so viel verliert er von der schönen Einseitigkeit, die ihn zwar zur Plattheit verurteilt, ihm indes die Entschlußkraft verleiht, sich, ohne zu fackeln, in allen bühnenwirksamen Hader zu stürzen. Was wäre ein Held ohne seine Blindheit? Und der bescheidhabende Held braucht keinen Augenarzt.

Die wunderlichste Schwierigkeit des Genres entsteht also dann, wenn der Held ans Ende seines genrebedingten Strebens gelangt ist,

wenn er, worüber die Chargen streiten, schon weiß und mit Phokylides von Milet von sich sagt:
»Mitte ist meistens das Beste; auch ich sei ein Bürger der Mitte.«
Der mittlere Held ist eine Forderung unseres Zeitalters. Sein Vorläufer war der positive Held. Der mittlere Held verhält sich zum positiven wie der Sozialismus zur proletarischen Revolution: er hat ihn ziemlich vergessen. Er kann ja, was er erreicht hat, nicht auch noch erringen wollen. Aber natürlich, die Saurier waren, was den Pomp ihres Auftretens und das Klirren ihrer Kämpfe angeht, entschieden theatralischer.
Jeder schreibt auf dem Punkte, auf dem er steht. Ich denke, der dramatische Dichter hat nicht das Recht, absichtlich seine Augen zu schließen oder seine Fragestellungen künstlich zu verkleinern. Ich glaube nicht, daß Entschlossenheit und geistige Überlegenheit einen unaufhebbaren Widerspruch bilden und demzufolge die Verbesserung des Helden in seine Unbrauchbarkeit umschlagen muß.
Es gibt die philosophische Aufgabe des mittleren, des goldenen, des ranghöheren Helden. Und die Kunst der Fabel, will sie ihn nicht wie Goethe seinen Faust in seiner einsamen Selbstbewegung vorführen und die klassische Dramenform drangeben, wird mit ihm fertig zu werden haben.
Der mittlere Held ist der Held ohne ranggleichen Gegenspieler: man kann auf unterschiedliche Weise Recht, aber nicht auf unterschiedliche Weise ganz Recht haben. Der mittlere Held leidet also, dramaturgisch gesehen, unter ernsthaften Kontaktschwierigkeiten.
Nehmen wir das herkömmliche Gewerbe des Theaterhelden, das des Feldherrn. Wir gönnen unseren eigenen Feldherren keinen schöneren Erfolg, als daß ihnen nie ein gefährlicher Feind begegnen möge. Auf der Bühne freilich kommt sich so einer ziemlich verloren vor.
Immerhin: Shakespeare hat »Heinrich V« schreiben können.
Es ist nicht Shakespeares gelungenstes Stück. Aber es erhellt, daß ich mir meinen Gegenstand nicht ausgesucht habe, sondern daß er

aus dem Gattungswiderspruch erwächst, und es bietet den entscheidenden Kunstgriff zu seiner Bewältigung: die positive Verfremdung.

Der Fachausdruck Verfremdung stammt von Shakespeare. »Und glaubt«, sagt Exeter, von Wilhelm Schlegel sehr gut übersetzt, »Ihr werdet einen Abstand finden . . .«; den Abstand (difference) nämlich zwischen der unerfreulichen Ankündigung (promise) hinsichtlich der Beschaffenheit des Helden und der erfreulichen Wahrheit über ihn. Entlarvt werden kann nicht nur Schwäche, auch Größe. Man bringt dieselbe in Lagen, worin jeder andere zu Fall kommen würde, wer aber dann überraschenderweise zusammenfällt, ist nicht sie, sondern die Lage. Die Verschwörung der Pairs, die im üblichen Historiendrama den Plot macht, wird im »Heinrich V« zur Reiseunannehmlichkeit.

Das Nichtvorhandensein von Gegnern wird anschaulich, wenn Gegner auftreten, um unbeachtet zu bleiben. Der mittlere Held kann nur von unten angegriffen werden. In der gelassenen Art, in welcher er seine Scroops, Cambridges und Greys totschlägt, zeigt er, daß er mit ihnen nicht zu schaffen hat.

Angemessener noch als die des Feldherrn ist dem mittleren Helden die Rolle des Richters.

Das jeweilige Bewußtsein einer Gesellschaft ist doch im Grunde nur das jeweils höchste Bewußtsein, und was als ihre Denkebene erscheint, ist, bei Lichte besehn, die Spitze einer Pyramide. In einem entwickelten Zustand sind eine Vielzahl minder entwickelter Zustände aufbewahrt, welche heftig und mit großem Ernst ihre Sache untereinander abmachen. Die Prozessierenden sind dasselbe, die Mitte ist das andere. Sie hat Befugnis, den Handel zu schlichten.

Solche rechtsprechenden Helden sind die griechischen Götter. Freilich mutete man ihnen nicht zu, den ganzen Abend über ins Theater zu kommen. Das Stück lang ereiferten sich die Anwälte; am Ende kam der Gott und schickte alle nach Hause.

Es sind nämlich in reifen Ausformungen des Dramas, wenn wir den »Faust«, »Heinrich V« und die antiken Trauerspiele dafür halten wollen, die Handlungen keine eigentlichen. Die Fabeln aller Stükke, die Weisheit haben, sind Nebenfabeln. Die sich einander entgegensetzenden Mächte sind wirklich, aber sie sind nicht wichtig. Es sind bewaffnete Buffos; längst abgetan, tun sie unverdrossen, als ob sie täten.

Schatten indes haben keine anderen Fechtregeln als Körper. Eben das Als-Ob der Nebenfabel befördert das Bühnengeschehen so gut, wie echtes Handeln auch bloß könnte. Das ganze Handwerk der kunstgerechten Dramaturgie gilt hier noch; der Held mittlerweile hat Gelegenheit, über der Nebenfabel in Leutseligkeit seines Amtes zu walten und zu sorgen, daß das Drama nicht nur einen Gedanken habe, sondern auch einen Kopf.

Ich meine von meiner Zeit, daß in ihr die Totalität deutlicher als nur andeutend erscheinen und der Sinn getrost sich schon ein wenig sinnfällig machen dürfe. Der mittlere Held taugt zum unangefochtenen Feldherrn und zum unverwickelten Richter; so taugt er endlich zum allerhöchsten Berufe; und irre ich nicht, meldet sich heute eine sehr alt und ehrwürdige Aufgabe des Dramas aufs neue: die Darstellung des vollkommenen Herrschers.

3. Die dramatische Ruhe

Der mittlere Held siedelt auf dem Berg; will er das Schlachtfeld der Fabel betreten, muß er jedesmal erst zu Tale steigen. Sein Eingreifen ist Herablassung, sein Mitmachen bedarf stets der Überwindung einer gewissen Unlust. Das gibt seinen Gedanken und Taten, wie lebhaften Gemütes er immer sein mag, etwas Langsames. Stücke, in welchen er auftritt, sind wenig aufgeregt.

Kunst, dünkt mich, ist niemals aufgeregt, und die erste unter den Künsten, die des Dramas, wird die Ausnahme nicht bilden. Auf der Bühne, nicht anders als auf den Seiten eines Romans, verweilt eine ästhetische Nachricht so beharrlich, bis sie sich im Hirn und Leib, im ganzen Erfahrungsapparat des Verbrauchers festgesetzt hat. Nur wo ästhetischer Zusammenhang nicht erstrebt, will sagen: nicht erreicht ist, ist der Künstler in der Not, ihn durch Flinkheit vorzutäuschen. Der Pfusch hat allemal Eile. Ruhe und Eile sind überhaupt keine Frage der Geschwindigkeit als solcher, sondern eine der Angemessenheit der Bewegung des Kunstwerks zu seinen stofflichen Wertigkeiten und gattungsgemäßen Erfordernissen.

Ruhe ist der Schritt des Kunsternsten und des Gekonnten. Sie macht ein Drama weder langweilig noch lang. Es gibt eine Langweile aus betriebsamer Übermenge an Vorgängen; dramatische Wirkung rührt aus dem Sinn, und Sinn – im Unterschied zum bloßen Geschehen – läßt sich nicht beliebig verwickeln. Es gibt eine Länge aus Lakonismus: ein Marathon-Stolpern, eine zappelige Getragenheit; die kurzatmigsten Stücke, die der deutschen Romantiker, sind die längsten. Tiecks »Zerbino« hat 382 Seiten, Brentanos »Gründung Prags« 379. Sie haben nie angefangen und finden daher kein Ende.

Handlung ist etwas anderes als action; die große Haltung hat Wesentlichkeit, nicht das Sichgehenlassen; das Gewaltsame bleibt unter dem Gewaltigen. Der Drogen-Held, der Berserker, hat keine Philosophie in der Keule.

Die dramatische Ruhe ist als dramatische Tugend kaum bekannt; schlimmer: sie ist den Ausweichern, Beschwichtigern und Verklärern überlassen worden. Im Drama, das will nicht aus den Köpfen, soll es mit Keuchen hergehn.

Es ist seltsam. Wie ein Kind durch den Ton, worin man zu ihm spricht, über den gegenteiligen Inhalt des Satzes sich äffen läßt, lassen sich Geschlechter von Urteilenden durch den Ton eines Kunstwerks in die Irre führen. Lärmt und krakeelt es, halten sie es, ob etwas darinstehe oder nicht, für spannend. Sagt es die verzweifeltsten Dinge in richtigen Versen, achten sie auf das, was es sagt, nicht weiter und denken, es wird so schlimm nicht sein.

Herr Lewes, der erste und mithin klügste Beschreiber von Goethes Leben, hat das Drama der Griechen mit Eifer gegen den Vorwurf der Ruhe verteidigt. Er hat rechtfertigend dargelegt, daß es ruhig zwar in seiner Äußerungsform, den Begebenheiten nach indes von Zusammenstößen voll und äußerster seelischer Bewegtheit sei; er hätte sich die Mühe, das zu entdecken, sparen können. Drama ist das eine, und es ist das andere. Wo Kämpfe nicht als Verstörung des Weltzusammenhalts sondern als Selbstgespräche der geschichtli-

chen Vernunft begriffen werden, wo der Bühnendichter für sein Geschäft nimmt, das menschliche Dasein ins Gesamt einer Aufgabe zu ordnen, ergibt sich dieses Verhältnis von selbst.
Klassisches Drama ist innen empörend, außen zufriedenstellend. Der Stoff ist rauh, der Autor mild. Das Gehandelte bezeugt die Qualen der Zeit; die Gestalt aber kann deswegen schön sein, weil sie außer Gestalt des Stoffes zugleich auch Gestalt jener Heiterkeit ist, welche Einsicht und Zuversicht verleihen. Herr Lewes tadelt Goethes Spannungsarmut; auch dieser wackere Mann also ist dem Alten auf den sanftmütigen Leim gegangen.
Aber Ruhe ist die erhabenste Form der Kraft. Ich versichere allen, die es sonst nicht merken würden: es ist die größte aller Kunstanstrengungen, sich über diese Welt mit etwas Anstand zu äußern.
Ich habe zwei Ziele des Dramas beschrieben: den nicht durch Einseitigkeit beschränkten Helden und die Ruhe dort auf dem oberen Wege, wo selbst der Thespiskarren ohne Rattern läuft. Diese Ziele scheinen der eingefahrenen Vorstellung befremdlich; einmal genannt jedoch, kommen sie einem überraschend vertraut vor. Man ahnt, daß sie, in dem Maße oder jenem, alle Dramatiker beschäftigt haben. Sie sind auf beste Art gattungsüberschreitend: sie liegen im Wesen der Gattung enthalten und wollen aus ihm heraus. Ich halte dafür, daß das Drama höher nicht greifen kann.
Ich höre schon meine Freunde von der Theater-Sorbonne zu Leipzig hinzufügen:
»Zweifellos ist, neben der leidenschaftlichen Anteilnahme an den Streitfragen der Gegenwart, auch ein solch entlegenerer Versuch nicht ohne weiteres . . .«
– Quaserblod.

Über »Adam und Eva«

I

An seiner Höflichkeit zum Stoff erkennt man den Dichter. Nur sehr törichte Autoren glauben, sie könnten ihren Stoff was lehren. Ein jeder Stoff hat seine Wahrheit, welche von unerschöpflichem Reichtum, gleichzeitig aber von entschiedenster Besonderheit und allein ihm selbst eigentümlich ist. Gibt man ihm eine fremde zu halten, läßt er sie einfach fallen.

Der Verfasser schreibt dies am 16. September 1972; am Vortag hat er die Arbeit an seiner Komödie »Adam und Eva« beendet. Er weiß, wieviel er dem Stoff schuldig geblieben ist. Aber er weiß auch, daß der größte Poet bei dem geringsten Stoff Schulden haben wird, und er hat ein reines Gewissen jedenfalls hinsichtlich seines Benehmens gegen seinen Kreditor. Er ist ihm nicht ausgewichen. Er ist nicht mit ihm umgesprungen. Er hat ihm mit äußerster Ehrerbietung in den Mantel geholfen.

II

Die Geschichte vom Sündenfall steht in der Genesis. Der Verfasser hat nicht unternommen, auf den hinter der biblischen Erzählung im Dunkel ruhenden Mythos zurückzugreifen; übrigens sind es mehrere mythische Schichten, die da ruhen, matriarchalische und patriarchalische, agrarische und nomadische. Jede zeigt sich an zufälligen Stellen, keine ganz; die Stellen passen nicht zueinander.

Es macht keinen Reim, wenn das Weib einerseits aus einem männlichen Knochen gebildhauert sein und andererseits der Mann um ihretwillen den Clan verlassen soll. Es wird vollends widersinnig, wenn einer namens Ackermann zum unerwarteten Schluß und strafweise zum Ackerbau verdammt wird. Kurz, eine verbindliche Urform des Mythos ist kaum wiederherstellbar. Vielleicht behandelte er die Erfindung des Beischlafs.

So läßt der Verfasser ruhen, was ruhen will. Er folgt treulich dem Jahvisten und den Priestern, und er folgt den Kirchenvätern, die in der Sache gut Bescheid wußten. Zum Beispiel berichtet Augustin, daß im Stande der Unschuld das männliche Zeugungsglied dem Willen auf den Wink gehorchte; es tat und ließ, was der Mann von ihm wollte, während seit dem Sündenfall der Mann tut und läßt, was seinem Gliede in den Kopf kommt. Dem Einwand, daß bestimmte Körperteile dem Zugriff der Vernunft doch entzogen seien, begegnet der Philosoph durch Anführung eines Menschen, welcher mit dem After Melodien furzen konnte. Man wird sehen, daß der Verfasser aus dieser Information einen seiner entscheidenden Fabelpunkte gewonnen hat. Auch genauere Kenntnis der vor dieser Welt erschaffenen Welten verdankt er dem Augustin.

Als unergiebige Quelle erwiesen sich die Scholastiker. Der Verfasser, dem, wie jedermann, die scholastische Philosophie in seiner Ausbildung vorenthalten worden, hatte, bis zu diesem Jahr, immer in einer gewissen Unruhe gelebt, ob er da nicht vielleicht eines Wesentlichen ermangele. Inzwischen hat er sich unterrichtet, und er bittet nun alle, denen es ebenso geht, sich nicht zu beunruhigen.

Der Grund, warum es dem Verfasser leicht fiel, die mythische Ebene zu vernachlässigen, liegt nicht so sehr in der schweren Durchschaubarkeit des Mythos als vielmehr in der wirklichen Verbesserung, die das Juden- und Christentum an dem Stoff geleistet hat. In der Tat ist der Gott der Religion, mag er der blassere sein, in der Umfassendheit seines Entwurfs mehr wert als der alte Stammeskönig des Mythos, welcher doch recht eigentlich nur ein Entwicklungsgott. Die ihm innewohnenden Widersprüche sind unendlich viel reizvoller als dessen heilige Launen. Es wäre armselig, ihn zu leugnen, insonders heute, wo die Christen in solchem Maße damit befaßt sind.

III

Überhaupt ist es eine Aufgabe der marxistischen Kunst, das Christentum vor den Christen zu retten.

Man muß zugeben, daß dem Christentum, mehr als anderen Religionen, ein Hang zur Verschämtheit anhaftet. Es schielt nach dem Urteil der Vernunft wie eine Genante nach dem Stadtklatsch. Es wird um so zimperlicher, je älter es wird, und es bringt seinem Rufe die unglaublichsten Opfer.

Zuerst genierten sich die Christen ihrer mythologischen und polytheistischen Herkunft. Wer zu jener Zeit über Land ging, fand auf dem Dung die Madonnen liegen, welche die Christen aus ihren Kirchen geworfen hatten. Das konnte den Künstlern noch recht sein. Sie sammelten die alten Muttergöttinnen auf und stellten sie zuhause in ihre Kunst- und Wunderkammern.

Seit neuestem indes finden die Künstler, wenn sie an den Misthaufen vorüberwandern, auch den Hl. Geist, den Sohn, ja nicht selten den Vater. Die Christen selbst haben sie fortgeworfen. Sie haben das Christentum verkleinert auf einen Rest von Sätzen über Gerechtigkeit, Tugend und die Herstellung einer würdigeren Welt, lauter Sachen, auf die sich, Gott ist des Verfassers Zeuge, die Marxisten besser verstehen.

Natürlich leiden die Christen unter der Schwierigkeit, daß, was sie glauben sollen, nicht wahr ist. Aber das ist die Voraussetzung ihres Treibens; mit ihr sollten sie sich, wenn sie weitermachen wollen, abfinden. Der gegenteilige Weg führt ins Nichts. Sie versuchen, das Unwahre aus ihrer Lehre auszusondern: eben mit dem Ergebnis, daß sie inzwischen dabei sind, das Christentum aus dem Christentum auszusondern.

IV

Soweit der Verfasser sich da auskennt, geht die gegenwärtige Ketzerbewegung weiter als alle bisherigen; die ganze Theologie heute ist, wenn nicht gleich atheistisch, so jedenfalls arianisch. Das stimmt ihn unfroh. Ketzereien sind gemeinhin theoretisch ärmer als die Lehre, welche sie bezweifeln.

Im Grunde hat jede Theorie, die wert ist, Abweichungen zu erleiden, zwei Naturen: eine ewige und eine zeitliche, eine drüben und eine hier. Wesentlich dieser Umstand ist es, der die großen Religionen zu Denkanstrengungen zwingt. Die Ketzer, seien sie fort- oder rückschrittlich, machen es sich immer leicht. Sie anerkennen nur eine Seite der Sache. Der häretische Verstand ist kaum faltenreich.

V

Das Christentum ist nicht wahr in dem Sinne, daß, wovon es erzählt, geschehen oder, was es denkt, verständig wäre. Die Wahrheit, die es hat, ist nur dem zugänglich, der es nicht für wahr hält. Wer es nicht glauben muß, kann es brauchen. So erklärt sich, daß die Künstler, als sie Gott in seinem Jammer vor dem Gotteshause trafen, nach – eingestanden– anfänglicher Verlegenheit gern bereit waren, sich des schön und durchsichtigen Greises anzunehmen. Goethe ging ihnen auch hierin voran; Vorbildlichkeit und Verdienst des »Faust-II«-Finales können nicht hoch genug gerühmt werden. Von ihm weiß die Menschheit, daß die Religion von gestern die Kunst von heute ist.

Das Geschäft ist, wie man so sagt, zum beiderseitigen Vorteil. Die Religion verdankt dem ästhetischen Bewußtsein eine postmortale Bleibe; in ihm erst hat sie Unsterblichkeit. Das ästhetische Bewußtsein verdankt der Religion, welche sich bei Lebzeiten ja als Welterklärung verstand, ein gewichtiges Erbe an poetisch schon aufbereiteter Realität. Keineswegs also hat der Verfasser allein die aufhebenswerten Schönheiten des Christentums im Sinn. Wovon er, ausdrücklich, zu reden vorhat, sind dessen aufhebenswerte Erkenntnisse.

Natürlich sind die Einsichten der mythischen oder mythisch gefärbten Dialektik von vorwissenschaftlicher Art; hiermit ist nicht gesagt, daß sie sich erübrigt hätten. Die Wissenschaft weiß nicht alles. Und dort, wo sie weiß, taugt sie noch längst nicht für die Kunst. Die anschauliche Weise des Begreifens, welche nicht allein den Kopf sondern auch die Haltungen des Begreifenden verändert, er-

zielt, wenn es ums praktische Urteilen geht, sehr häufig das reichere und richtigere Ergebnis.
Die moderne Kunst bedient sich wieder der großen Bilder. Große Bilder neu zu erfinden, hat seine Schwierigkeit. Es entspricht nicht der Übungsrichtung unseres Denkens, und es folgt nicht naturläufig aus unseren Verkehrsformen, welche ja kaum mehr sinnfällig das menschliche Wesen unserer Eingerichtetheit ausdrücken. Die moderne Kunst, folglich, bedient sich überkommener Bilder, meist derer der Griechen. Aber die der Christen sind viel besser erinnert. Leisten sie weniger?
Der Verfasser hat schon angedeutet, daß er die Zweinaturenlehre für ein großes Bild ansieht: ein Bild für die gegensätzliche Einheit von Wesen und Erscheinung, und er hat dieses Bild am Herakles, welcher, wie Jesus, zwei Naturen hatte, in seiner Oper »Die Vögel« benutzt. An anderem Ort hat er dargelegt, wie der Auferstehungsmythos, der Mythos vom Tod des Todes, als eine Metapher für das Gesetz von der Negation der Negation dramatisch benutzt worden. Er beschränkt sich hier noch auf ein Beispiel, das nicht dem Mythos entstammt, sondern der hellenistischen Philosophie: die Dialektik von Gnade und Verdienst.
Was bringt uns in den Himmel, Gottes Güte oder die unserer Werke? Über diesem Denkärgernis werden die Christen nicht müde. Sie kommen nicht umhin, beide Hälften der Fragestellung zu bejahen, obgleich die Alternative, wie man leicht sieht, eine ausschließende ist. Die Ketzer wiederum, flink und simpel wie stets, beantworten sie teils so, teils so.
Nun, auch der Marxist sollte bei dem Gegenstand nicht gähnen. Er erkennt, meint der Verfasser, in der heiligen Frage eine höchst weltliche: die nach der Dialektik von Geschichte und Persönlichkeit. Was macht uns zu einem Erfolg, die Gunst der Lage oder das Talent? Die logische Struktur ist die gleiche: zwei ihrem Wesen nach grundverschiedene Gewalten haben teil an der Chance ein und desselben Menschen, sich zu verwirklichen. Hier schweige Pelagius. Plechanow hat das Wort, und keinesfalls das letzte.

VI

Das große Bild vom Sündenfall endlich war schon für Hegel das beste am ganzen Christentum. Es birst von Dialektik. Der Verfasser will einiges von dem zeigen, was es zeigt. Er weiß wohl, daß große Bilder nicht dazu da sind, gedeutet zu werden, aber schließlich hat er sich ja, bis gestern, auf angemessenere Weise an ihm zu schaffen gemacht.

Es zeigt die Undenkbarkeit eines vollkommenen Zustands. Ein vollkommener Zustand wäre mit Notwendigkeit einer, der auch sein Gegenteil in sich enthielte; ein solcher aber würde das Bedürfnis haben, sich zu bewegen. Daher gehört Bewegung zum Höheren zur Vollkommenheit; daher gehört Unvollkommenheit zur Vollkommenheit. Eine vollkommene Bewegung geht zu denken, nicht ein vollkommener Zustand. Das Paradies, sagt der Jahvist, ist zu.

Es zeigt die Freiheit als Entfremdung und aber auch die Entfremdung als Freiheit. Die Freiheit zum Guten kann von der zum Bösen nicht getrennt werden; Freiheit ist die Möglichkeit, einen Weltzustand um eines neueren willen zu verlassen, und die Gerechtigkeit, die sie diesem widerfahren läßt, ist zugleich die Ungerechtigkeit, die sie jenem antut. Haben Adam und Eva richtig oder falsch gehandelt? Sie haben gehandelt. Ist Gott mit ihnen unzufrieden? Es ist so schwer zu sagen; er schimpft, aber er macht ihnen Hosen.

Sobald wir, im Denken oder Tun, in die wirkliche Welt eintreten, betreten wir das Reich, wo es dialektisch hergeht. Die Paradiesgeschichte, dieses große Bild vom Anfang des Menschen, ist vom Verfasser ausgelegt worden als das große komische Bild vom Betreten der wirklichen Welt.

VII

Der Stoff gehört zu den allerreichsten, und er gehört zu den widerspenstigsten. Seine Sprödigkeit rührt – daß man das sagen muß! – natürlich nicht daher, daß er ziemlich weit zurückliegt. Es gibt frühere Stoffe. Beispielsweise die Entstehung der Welt, welche höchst ergiebig an mörderischen und erotischen Szenen und überhaupt sehr bühnenwirksam ist.

Vielmehr steckt die Schwierigkeit des Stoffes im Fehlen von Gesellschaftlichem. Die auftretenden Charaktere sind kaum soziabel. Gott ist offensichtlich ein Eigenbrödler, die Engel leiden an einer für den Dramatiker verhängnisvollen Reinheit, und Adam und Eva verkörpern, vor dem Sündenfall, das pure Gattungswesen; sie sind unvereinzelt, was für die Kunst nicht viel weniger besagt als unvorhanden. Immerhin und allenfalls: Geschlechtswesen sind sie. Mulier aliter facta; die Frau, gottlob, ist anders.
Grundsätzlich unerlaubt ist, mythischen Charakteren mittels neuzeitlicher Psychologie aufzuhelfen. Sie müssen sich, auch in moderner Darstellung, vornehmlich aus ihren Handlungen erklären. Und wer handelt hier schon, insonders gegen wen? Kurz, das Ganze war nicht einfach zu machen, und der Stoff ist, so häufig er ausgeführt worden ist, nie mit Glück ausgeführt worden. (Aber der Verfasser hat den Lope nicht gelesen. Warum übersetzt denn den keiner?)
Die überwältigende Ausnahme bleibt Milton. Es ist bekannt, daß Milton die Geschichte als Drama zu behandeln vorhatte, und daß er es unterließ, weil jene der Selbsttäuschungen noch zu bedürftige Revolution, der er anhing, dem Austragen ihrer Widersprüche vor der Öffentlichkeit der Schaubühne nicht hold war.
Der Verfasser, welcher das Paradise Lost – von zwei oder fünf Artigkeits-Zitaten abgesehen – nicht benutzt hat, versteht sein Paradise Lost And Regained als ein Hommage für Milton. Sein und Miltons gemeinsam erstrebtes Ziel ist von dem englischen Kollegen erklärt:

Ihr Lied,
Obgleich parteiisch, klang so wunderschön,
Daß selbst die Hölle staunt.

Warum ich für nichts kann
Zu »Das Jahrmarktsfest zu Plundersweilern«

I

Wie alle meine Bearbeitungen entstand auch die des »Jahrmarktsfestes« aus dem Zusammenfallen einer alten Neigung zum Stück, einem Mangel in ihm und einem handgreiflichen Theaterbedarf.
Der Vorgang ist stets der gleiche.
Jemand – ein Schauspielhaus oder ein Regisseur oder, wie bei diesem Mal, eine vagabundierende Bande – fragt mich:
Aber was soll man spielen?
Ich blättere in meinem Gehirn und empfehle:
Das und das.
– Was ist das?
– Ah, ein Stück, ein großes Stück!
Der Betreffende geht, liest und kommt wieder:
– Aber das geht nicht zu spielen, wirklich.
– Wenn ich Ihnen sage.
– Wenn ich Ihnen sage . . .
Dann gehe ich und lese. Dann muß ich dichten.

II

Ich wollte, ich versichere es bei meinem Ruf als ehrlicher Mann, ausschließlich den fehlenden dritten Akt ergänzen.
Dann verspürte ich ein Bedürfnis nach mehr Spaß, also mehr Ernst; ich änderte hier und verwarf da, bis mir unter der Hand von Goethes Schnurre wenig mehr übrig blieb.
An ihrer Stelle, überraschenderweise, entstand eine Sache, die Goethe anfangs einmal im Sinn gehabt hatte.

Der Ur-Jahrmarkt zeigt den lächerlichen Kampf der veramteten Aufklärung mit der vergammelten Empfindsamkeit. Meiner handelt eigentlich von nichts anderem. Er zeigt die lächerlichen Mißverständnisse zwischen den groben Plattköpfen und den feinen. Das betrifft gleichermaßen den Hader Hamans mit Mardochai wie den des Magisters mit dem Prinzipal. Es betrifft die Rüpelszenen des Amtsdieners mit dem Schattenreißer, des Gensdarmen mit dem Bänkelsänger und der Bürgersfrauen mit dem Landstreicherchen. Es betrifft insonders – und deckt sich daher aufs glücklichste mit dem dramaturgischen Grundeinfall des Stücks – das Verhältnis zwischen dem Volk und dem Theater.
Es mag sein, daß ich über den Stoff gelegentlich schon geschrieben habe. Aber welcher ist auch komischer?

III

Meine Angaben sind nachprüfbar. Konnte ich bei »Helena« und »Polly« darauf bauen, daß die Kunstrichter dieses hochstaplerischsten Jahrhunderts ausnahmslos die Unverschämtheit haben würden, mich zu loben, ohne auch nur einen Blick in die Vorlage zu werfen, so ist ja hier nicht mit völliger Sicherheit auszuschließen, daß der eine oder der andere unter ihnen denn doch eine ererbte Goetheausgabe in seinem dürftigen Büchervorrat . . .
– Genug, gut. Sagen Sie, was soll man noch spielen?
– Hrosvith von Gandersheim.
– Aber das sind keine Stücke.
– Ah, was für ein Talent, was für ein Bühnentalent!

Es ließe sich fragen...
Zu »Ein Gespräch im Hause Stein über den abwesenden Herrn von Goethe«

Ob die Stein eine philologische Arbeit sei? – Kaum. Ich erzähle die wahre Geschichte, die Geschichte, wie sie stattgefunden hat, und von den Mitteln, deren ich mich für diesen Zweck bediente, haben sich, erwartungsgemäß, die der Philologen als die unergiebigsten erwiesen.

Was dienlichere Mittel wären? – Ich setze einmal, es gäbe eine Philologie, welche fertigbrächte, die Untersuchung gesellschaftlicher Vorgänge mit einem angemessenen Erfassen ästhetischer Erscheinungen zu verbinden; es gibt sie nicht; aber selbst in dem Fall bliebe der Unterschied zwischen dem wissenschaftlichen und dem künstlerischen Verfahren. Kunst führt, außer dem Gegenstand als solchem, der die Wissenschaft so ausschließlich beschäftigt, daß sie ihn nie am Wickel kriegt, immer noch zwei andere Gegenstände in die Erörterung ein: die Befindlichkeit und die Möglichkeiten des Autors und die Befindlichkeit und die Möglichkeiten der Menschheit; unter den Werkzeugen im Schrank der Kunst ist die Wissenschaft nur eines. Kunst beweist nichts, und pflegt Recht zu haben; Wissenschaft beweist alles, usw. Von der Wissenschaft her gesehen, arbeitet die Kunst unschärfer, von der Kunst her gesehen, arbeitet die Wissenschaft verblüffend unwirtschaftlich; welch unglaublicher Aufwand und wie unglaublich wenig ergriffene Wirklichkeit. Ich beantworte die Frage nicht erschöpfend; ich mag keine erschöpften Leser. Ich will nur gern zwei Mißverständnisse ausräumen...

Ob Mißverständnisse sich überhaupt ausräumen ließen? – Nein, wie denn? Mißverständnisse gehören zu denjenigen Dingen, deren Menge auf der Welt gleichbleibt, ob man sie ausräumt oder nicht; hierin ähneln sie beispielsweise den Kramecken in Küchenwaagen. Hat man fünf Haarnadeln entfernt, findet man sechs Bureauklammern wieder. Das Wort Mißverständnis ist aus einer falschen Wurzel gebildet. Mißverständnisse sind keine Angelegenheit des Verstehens, als welche sie durch besseres Verstehen zu erledigen gehen müßten; sie sind ein Bestandteil des Gefühlslebens. Sie sind vorhanden, weil ein Bedürfnis nach ihnen besteht.

Warum ich sie dann ausräumte? – Das Ausräumen von Mißverständnissen ist auch ein Bedürfnis.

Welche zwei Mißverständnisse ich im Sinn hätte? – Insonders dies: das ist kein Stück über *die Frau.* Ich handle über eine einzige Frau: die Charlotte Stein, eine Frau also, die aus ihrer Angst ein Geschäft macht, so wie andere aus ihrer Schwerhörigkeit oder ihrer Dummheit Vorteil zu ziehen gelernt haben, und ich handle über eine einzige Weise zu lieben: die ihrige. Diese Liebe wird in gleichsam generalstabsmäßigen Begriffen beschrieben. Ich weigere mich, eine solche Fühlart für ein unänderbares Ergebnis hormonellen Zwanges zu erachten. So wünschbar mir Spannungen zwischen den Geschlechtern erscheinen, für so überflüssig halte ich die dauernden Mordversuche zwischen ihnen. Ich bitte das weibliche Geschlecht, welches unfehlbar den Hang haben wird, sich in der Stein wiederzuerkennen, in dieser Sache ausnahmsweise eine prüfende Haltung einzunehmen.

Und welches andere? – Es ist zu blöd, aber ich muß es erwähnen: ich bin nicht Goethe. Obgleich Identifikation mit Goethe ein unausweichliches Symptom der poetischen Wechseljahre ist, beschreibe ich, wenn ich Goethe beschreibe, Goethe, nicht mich; wenn ich ihm Züge von mir borge, verfahre ich hierin mit ihm nicht anders als mit der beliebigsten meiner Figuren. Ich ähnle ihm kaum mehr als sogar der Stein. Übrigens, so wenig die Stein *die Frau* ist, ist Goethe *das*

Genie; freilich wird er, als der umfassendste Sonderfall dieses Schlages, jedem anderen Genie in wesentlichen Punkten entsprechen. Kunst sagt nichts als was sie sagt, und bevor man sich daran macht, eine Metapher auf ein vielleicht Gemeintes anzuwenden, tut man gut, sie erst einmal in ihrer eigenen Leiblichkeit wahrgenommen zu haben.

Daß doch aber Goethe im Stück nicht vorkomme? – Gewiß kommt er vor, er tritt nur nicht auf. Der Stallmeister wieder tritt auf und kommt nicht vor. Die Form des Stücks ist von großer Einfachheit: es ist ein Zweipersonenstück, welches in Wirklichkeit ein Einpersonenstück ist, das in Wirklichkeit ein Zweipersonenstück ist. Ein derartiger Aufbau ergibt sich aus den dramaturgischen Gesetzen des Monodramas. Das Monodrama erzählt, wie alles Drama, eine Fabel, die, wie Fabel stets, unter mehreren Leuten sich abspielt. Es unterscheidet sich vom gewöhnlichen Drama lediglich dadurch, daß von den vorkommenden Personen nicht mehr als eine auftritt. Diese wiederum braucht einen Angeredeten; schließlich keiner, der redet, außer einem Wahnsinnigen, redet zu niemandem. Der Angeredete nun ist im klassischen Fall das Publikum, im minderwertigsten Fall, dem des Selbstgesprächs, die redende Person. Es gibt auch die Möglichkeit, so wie bei mir hier, eine Person zum Angeredeten zu machen, die auftritt, aber nicht vorkommt.

Unter was für Erwägungen die Form des Monodramas gewählt worden? – In dieser Liebe waren die Liebenden mehr allein, als es in zwischenmenschlichen Bemühungen ohnehin schon der Fall sein muß. Die Liebe der Neuzeit, bekanntlich, ist ein Unternehmen von unauflösbarer Widersprüchlichkeit: zwei Unvereinbare – zwei Individuen – wollen sich vereinigen. Das Übel steht in der Realität nicht gar so schlimm, wie es in der Formel sich ausnimmt. Vom kurzfristigen und einigermaßen mystischen Akt des gänzlichen Sichverlierens und In-den-andern-Überspringens bis zur dauerhafteren Einigung in Teilbereichen, etwa dem gemeinsamen Frühstück, gibt es durchaus Formen des Sichfindens, und daß diese Arbeit oft von vorn begonnen werden muß, ermöglicht ja auch wieder das Fortwähren des Genusses. Bei Goethe und der Stein nun begegnet mir von all dem nichts. Nie sonst sah ich eine Flamme von solch gleichbleibender Heftigkeit und kalter Hitze, nie sonst aber auch so wenig Gemeinsames zwischen Liebenden: keine Zuneigung, keine Ähnlichkeit der Seelen, kein Passen der Absichten oder bloß der Gewohnheiten; zwischen diesen Inseln ging nicht einmal eine Flaschenpost. Sie liebten, aber nicht einander. Sie hatten, außer daß sie liebten, nichts mitsammen zu schaffen. Im Grunde war da überhaupt keine Liebe; da waren nur zwei, die liebten. Es war kein Drama, es waren zwei Monodramen.

Weshalb ich nicht besser das Monodrama Goethes geschrieben? – Aber ich war so vergnügt über die Stein: ich hatte endlich den Stoff für ein Trauerspiel. Gegen die Tragödie sprechen für mich nicht nur historische Erwägungen, auch solche der Schicklichkeit. Die Tragödie ist die Gattung, welche sich nicht schickt. Leiden ist ja irgendwie immer eine Form des Sichgehenlassens. Mit der Stein hatte ich eine Heldin gefunden, deren unstreitige Größe ganz unedel war. Sie ist gut genug für ein Drama und schlecht genug für ein Trauerspiel.

Während dieselbe Fabel, von Goethe aus Rom her erzählt, ein Lustspiel geworden wäre? – Genau. Goethe war, verzweifelt wie er meistens war, immer auf eine gewisse Art glücklich, die Stein, obenauf, wie sie meistens war, verzweifelt. Die Sache brachte Goethe weiter und machte die Stein fertig. Das Trauerspiel gehört allein ihr.

Ob ein mißbilligter Held zum Helden eines Trauerspiels taugen könne? – Von Mißbilligung ist keine Rede; ich habe der Stein nichts vorzuwerfen. Sie hat aus freien Stücken keine Tücke geübt: deshalb, weil sie gar nichts aus freien Stücken tat. Sie war unglücklich, daher ihre Bosheit, und weil sie böse geworden war, endete sie im Unglück. Was die – schon hinsichtlich ihrer Dauer höchst erfolgreiche – Liebesgeschichte betrifft, haben beide Partner ihr Bestes gegeben, und wo das zu sagen geht, ist kein Platz für die Frage nach Recht oder Unrecht. Ich bin, wie ein dramatischer Autor muß, mit Hingabe parteiisch: nämlich für alle handelnden Parteien. Falls mit der Stein nicht gefühlt werden kann, ist mir, oder der Aufführung, etwas danebengeraten.

Wer an dem Bruch die Schuld trage? – Keiner; der Grund für das Scheitern der Liebe lag außerhalb ihrer eigenen Regel. Es ging nicht um Charlottens kalte oder Goethes überheizte Zimmer, es ging nicht um ihr Nichtempfangenwollen von geschlechtlicher Lust oder sein Nichtgebenkönnen; es ging nicht einmal um den Pudel: es ging um die Steuern für Kochberg. Goethe hat vom ersten bis zum letzten Tage nicht aufgehört, den kleinen Grundrentnern Steuern abzuverlangen und sie damit geraden Wegs in die Pleite zu wünschen; noch in den Wanderjahren will er es so. Und die Stein war, bei Strafe ihres bißchen Unterhalts, genötigt, sich gegen dieses Ansinnen zu wehren, zuletzt in einem klugen Stück, das sie verfaßt hat, der »Dido«.

Ein kluges Stück, inwiefern? – Es enthält die Nachricht, daß drei Witzköpfe, Goethe, Knebel und Bertuch, als Söldinge einer ausländischen Macht sich verschworen hätten, im Herzogtum Weimar den jakobinischen Umsturz herbeizuführen.

Ob das nicht barer Unsinn sei? – Nein, wahrhaftig, hiervon verstand sie was. Die gemeinsame Abneigung sowohl der Fürsten als der Bürgerlichen gegen die Steuerfreiheit der Krautjunker begründete eine Art Volksfront, deren Vorhergang den Ausbruch der französischen Revolution in der Tat erst ermöglichte. Die Besitzerin von Kochberg mußte, was den Punkt angeht, bessere Einsicht haben als jene Schwätzer, die noch heute Goethe als einen Verteidiger des Bestehenden zu tadeln sich herausnehmen, jüngstens etwa Herr Peter Weiss. Nun, es ist sicher kein besondereres Verdienst, Herrn Peter Weiss an Einsicht zu übertreffen. Aber selbst Heine entdeckte den Jakobinismus in der klassischen deutschen Philosophie erst sehr viel später, als er von Kant, Fichte und Hegel dasselbe sagte wie die Stein von Goethe, Knebel und Bertuch. Sie tat es auf eine ein wenig lächerliche Weise, aber sie tat es vierzig Jahre vor Heine. Natürlich beruht dieses erstaunliche Ahnungsvermögen auf einem Naturgesetz.

Wie das Gesetz laute? – Die Reaktion riecht die Revolution lange, bevor die letztere sich im mindesten noch als solche begreift.

Aus welchen Gründen der politischen Frage im Stück so wenig Raum gegeben worden? – Aus Gattungsgründen; ein Drama ist kein Geschichtswerk. Übrigens ist die Frage inzwischen auch ziemlich gelöst, soweit ich sehe.

Was ungelöst sei? – Eigentlich alles, wovon das Stück handelt. Wir beobachten eine Frau und ein Genie. Wenn es in unserer Gesellschaft zwei Sorten von Leuten gibt, mit denen sie nicht recht etwas anzufangen weiß, sind es die Frauen und die Genies. Das ist beileibe nicht irgendjemandes Ungeschicklichkeit anzulasten; es folgt notwendig aus dem gegenwärtigen Produktionszustand. Die endgültige Rolle sowohl der Frauen als der Genies wird sich erst unter der Bedingung wesentlich höherer Produktivität herausstellen. Für die jetzige Aufgabe, Ärmliches zu erzeugen und – so gerecht wie, ohne das Erweitern der Forterzeugung zu stören, möglich – zu verteilen, sind beide Sorten, wie ich glaube, zu wenig umweltgeschützt und wohl auch zu kostbar. Sie bewohnen ein fremdes Element, das sie zwingt, ihre eigentümlichen Kräfte ans bloße Überstehen dranzugeben; daher ihre Launen, ihre Anmaßungen, ihre Unberechenbarkeiten. Die Dramaturgie meiner bisherigen Stücke war von der Tatsache bestimmt, daß ich, der Autor, die Lösung der abgehandelten Schwierigkeit gewöhnlich wußte und natürlich das Recht nicht hatte, sie zu verschweigen. Ich zeihe mich da keines Kunstfehlers; es verhält sich in den meisten Dramen der Klassiker nicht anders. Aber hier war ich mit einer Schwierigkeit befaßt, deren künftige Beseitigung sich auch im gedanklichen Vorgriff nicht ausmitteln lassen will, und angesichts derer der Dramatiker nichts tun kann, als vorläufige Sachverhalte so genau, wie er das vermag, als schwierige zu beschreiben. Das ist eine sehr rein und artige Stückform. Der Zuschauer, in die Sorgen der Stein und Goethes verwickelt, wird nicht umhin können, sich den Grad der bisherigen Änderungen bewußt zu machen, und er ist, denke ich, gehalten, sich mit ein paar Meinungen in der Richtung des Kommenden zu versuchen.

Zehn Zeilen über »Rosie träumt«

I

Dies ist die Liebesgeschichte zwischen einem Mann von dem entschlossensten Hange zum Durchführbaren und einem Mädchen von der Apo . . .

II

Ich halte schon inne; der Satz stimmt mich nachdenklich. Ich muß meine Schwierigkeit erörtern, bevor ich weitergehe. Was ist es? Eine Liebesgeschichte, oder die Geschichte des Kampfes zweier politischer Haltungen? Nun ja, es ist beides, aber man macht das doch nicht mehr. Die Gewohnheit des alten Dramas, seine ernsten Vorschläge auf dem Laufband einer Herzensverwicklung zu befördern, ist aus dem Schwang gekommen. Wir neigen heute dazu, einen geschlechtlichen Vorgang ebenso wie einen gesellschaftlichen Vorgang aus seinem jeweils eigenen Widerspruch heraus zu bewegen, nicht den einen mittels des anderen; wir trennen die Seelenhandlung von der öffentlichen. Wir machens anders, machen wir es richtig? Ach, ich wollte zehn Zeilen schreiben. Warum verfalle ich nur immer auf was?
Die alte Machart hat ihre erkenntlichen Vorzüge. Goethe pflegte zwischen günstigen und ungünstigen Stoffen zu unterscheiden: solchen, mit denen der Dichter schwimmt, und solchen, gegen die er, wobei er viel Kraft vergeudet,anschwimmen muß. Bei sonst gleicher Tauglichkeit zweier Stoffe wählt ein vernünftiger Dichter natürlich den günstigen. Sehr offensichtlich sind Liebesgeschichten immer günstig. In jedwedem Menschen nagen Wünsche, die Liebe

betreffend; so haben Liebesgeschichten stets die Aufmerksamkeit des Zuschauers. Sie sind eine süße Kapsel, die geschluckt wird, was auch an Bitterem oder Unerlogenem sie enthalten. Und sie haben, gleich dem Kriege, dem sie ja überhaupt in mancher Hinsicht ähneln, stets die Anlage, in Fabel auszubrechen.

Das klassische Muster, eine Absicht von Wert in eine Liebesgeschichte zu verkapseln, war die Vormundfabel. Ein Vater hat erstens ein Kind und zweitens einen Weltzweck. Er verlobt das Kind einer Person, welche seinen Weltzweck zu fördern verspricht. Das Kind indes liebt eine andere Person: eine dem Zweck des Vaters entgegenwirkende. Der unglückliche Vater bekämpft die unerlaubte Neigung, das Liebespaar das väterliche Verbot usw. Mittels dieses Grundrisses ließen Fragen sich ohne alle Mühe fabelfähig machen; der Leser hat sicher sogleich die Dramaturgie von »Kabale und Liebe« erkannt. Worum es dem Autor immer zu tun war – ein Vormund, der anders wollte, und das Stück war fertig.

Das ging also prächtig, und es hat aufgehört zu gehen. Kein Mensch kann in unseren Tagen einem Menschen Liebe im Ernst befehlen oder untersagen. Ich schmarotze von Hrosvith; ich bin hocherfreut, bei ihr noch Väter von dem alten, tüchtigen Schrot gefunden zu haben. Aber unstreitig ist uns dieser Haupthebel, eine Liebe in ergiebige Zwangslagen zu versetzen, für alle Zeit aus der Hand geschlagen. Wir hätten hier eine Erklärung für die Trennung von Liebes- und sonstigen Angelegenheiten; ich denke, die Erklärung reicht nicht hin.

Derselbe Grundsatz nämlich, auf dem die Vormund-Dramaturgie baut, erscheint, in minder dringlicher, dafür aber reicherer Gestalt, in dem Gegensatz von Pflicht und Neigung. Anstelle des Vaters treten andere befugte Mächte. Im Standesunterschieds-Fall ist es die gesellschaftliche Gruppe, im Fall von Liebe gegen die eigene Überzeugung sind es die Einrichtungen der Überzeugung, welche, auch äußerlich, die Liebe erschweren; beide lassen sich in handelnden Menschen verkörpern. Ein berühmtes Beispiel vorgedachter Gegensatzlagen ist der »Einundvierzigste«, (und mit der besonderen Verumständung der Revolution ist lediglich der ästhetische Zwang

zum tödlichen Ausgang vorbei, nicht der Gegensatz selber). In solchen Stücken brechen das Bedürfnis, sich liebend als Individuum zu verwirklichen, und das, sich denkend und handelnd in der Welt zu verwirklichen, feindlich auseinander; eben in der Kluft zwischen Mensch und Gesellschaft wurzelt aber Drama doch.
So wie die Vormundfabel ins weinerliche Lustspiel kann die Pflicht-Neigung-Fabel ins Rechenkunststück des barock-stoischen Tugendgeklappers herabsinken. Aber wer davon nicht mehr ahnt, kennt die französische Klassik nur aus dem Lessing oder verwechselt sie mit ihren dogmatischen Nachahmern. Wenn die Franzosen gewiß schwächer sind als Shakespeare oder die Griechen, so sind sie doch die Schule, die unseren jetzigen Gesellschaftszustand mehr angeht als jede andere. Erinnern wir bloß den »Horace«, und was man bisher an ihm verstanden hat. Wie dialektisch ist Corneille im Vergleich zu dem Kinderstück von Brecht; wie politisch ist Corneille im Vergleich zu dem Kinderstück von Müller. Auf »Rosie« zu kommen, – die Neigung meiner Helden ist, auf beiden Seiten, eine gegen die Pflicht, und betroffen sind, so wie es sich auf dem Theater schickt, keine minderen Dinge als der Gottesstaat und die Grundlagen des römischen Weltreichs.
Dieser Widerspruch also ist gesellschaftlich unverstorben, und ebenso unverstorben und ewig ist die Dreiecksgeschichte. Zwei kämpfen, einer hat zu wählen. Vertreten die streitenden Bewerber einen inhaltlichen Anspruch, so ist der, der wählt, in einen inhaltlichen Zwiespalt gesetzt. Nur ein Narr hätte Lust, die Gründe dingfest zu machen, aus denen man liebt; findet man zehn heraus, hat man hundert übersehen. Aber wenn sie sich niemals bestimmen lassen: trennen lassen sie sich. Das Muster des Dreiecks zerlegt die menschliche Seele, dieses tausendfädige Gefilz von Vernünftigem und Vorvernünftigem und Unvernünftigem, grausam und keineswegs säuberlich in Hälften, welche, aus eigenem wie aus fremdem Trieb, sich als Fabel bewegen wollen. Mir fällt ein: »Rosie« ist auch eine Dreiecksgeschichte. Gallikans Nebenbuhler ist Jesus.
Ich habe mich der Tatsache versichert, daß von den drei Möglichkeiten, Bedeutsames in eine Liebeshandlung einzubringen, zwei

noch zur Verfügung sind. Die Ursache der Unlust an ihnen habe ich noch nicht heraus. Warum zögern die Dramatiker? Der ehrenhafteste Grund der Scheu ist vielleicht der: wir haben die Liebe unlängst erst als eine zwischenmenschliche Beziehung von höchstem Range entdeckt. Ist die Liebe, so fragen wir, nicht in sich selbst Wert genug, um nicht als Anlaß zur Erörterung anderer Werte mißbraucht zu werden?

Die Frage, so gestellt und in der Form bejaht, würde Stücke zur Folge haben, die ihren stofflichen bedarf ausschließlich den Begebenheiten einer Liebe entnähmen. Ich setze, man sollte die Art Stücke schreiben. Wie schreibt man sie? Nun, man schreibt sie, indem man zwei Leute von solcher Beschaffenheit erfindet, daß der Zuschauer das Verlangen hat, sie miteinander vereinigt zu sehen, und indem man es ihnen nicht erlaubt. Sobald sie miteinander vergnügt sind, ist das Stück zu Ende. Es gibt eine Menge Sachen, deren Darstellung der dramatischen Kunst unmöglich ist; zu ihnen gehört ungetrübte Liebe. Turteltauben sterben auf den Brettern. Kein Theaterdichter, der größte nicht, ist vermögend, ein Paar auch nur eine Szene lang einfach glücklich sein zu lassen. Er muß seinen Liebenden einen Schaden zufügen, einen innern oder einen von außen. Es kann genügen, wenn sie, wie Romeo und Julia, zu wenig Zeit haben. Aber wie immer man es anfängt; das Drama weiß von keiner Liebe ohne Liebeshindernis.

Das Liebeshindernis wiederum kann, abgesehen von seinen Auswirkungen auf die Liebe, als solches von Wichtigkeit sein oder auch von keiner. Bekanntlich zieht das Drama wichtige Dinge weniger wichtigen vor. Es liegt also näher, die Liebe durch Umstände von eigenem Ernst zu stören, als durch Beiläufiges und Zufälliges. Kurzum, ich führe, um eine reine Liebesgeschichte bühnenfähig zu machen, einen gesellschaftlichen oder philosophischen Inhalt zusätzlich ein. Aber ist ein solcher Inhalt, so frage ich, nicht in sich selbst Wert genug, um nicht als bloße Ermöglichung einer Liebesgeschichte mißbraucht zu werden?

Ich fange an, mich wohler zu fühlen. Meine widersprüchlichen Fragen heben einander auf. Die Liebe und die Welt sind sicher zwei sehr verschiedene Sachen, aber keine von beiden, finde ich, will gern voran ohne die andere. Wenn Liebe eben dadurch menschlich wird, daß sie, über das körperliche und gemütliche Einzelne hinaus, das Allgemeine mit umfaßt und mitmeint, ist möglicherweise nicht nur zulässig sondern vielmehr in höchsten Grade menschlich, wenn, in einem Kunstwerk, eine Liebesgeschichte und eine Erörterung von Umfang zusammentreffen, einander dienen und sich gegenseitig in ihrer Bedeutsamkeit verstärken.

Für den eigentlichen Grund der Trennung der Bereiche vermag ich nun also doch weder die Änderung der Sitten (und die dadurch angeblich bewirkte Hinfälligkeit gewisser dramaturgischer Muster) noch die unbedingte Hochschätzung beider, der Liebe wie der Politik, (welche angeblich die Pflicht zur stofflichen Absonderung beider zur Folge haben muß), anzusehen. Der eigentliche Grund, so will es mir scheinen, liegt, sehr im Gegenteil, in einer mißlichen Beziehung der Dramatiker sowohl zur Liebe als auch zur Politik.

Erst die Gesellschaft hat ihre volle Wirklichkeit, deren Formen in den alltäglichen Haltungen ihrer Mitglieder angesiedelt sich wiederfinden; wo nicht, ist sie nichts Besseres als ein mit Zwang und Papier eingerichteter Widerspruch von Schein und Sein. Umgekehrt hat erst die private Haltung ihre volle Wirklichkeit, die gleichermaßen als gesellschaftliche aufrechtzuerhalten geht. Künstler sind, weil ihnen andernfalls nichts einfiele, ehrliche Leute; sie sind zur Aufrichtigkeit verdammt. Wenn sie ihre Gesellschaft und ihre Haltungen als nicht in der Ordnung empfinden, weigern sie sich, sie als in der Ordnung zu malen. Ihr Mißtrauen in die menschliche Seite der Gesellschaft bringt sie dahin, die Gesellschaft zu soziologisieren; ihr Mißtrauen in die gesellschaftliche Seite der Liebe läßt sie die Liebe psychologisieren. Sie wollen beides so allzu rein, damit es ihnen nicht allzu wirklich gerät. Das ist der Grund. Ich halte ihn für, wie die Dinge liegen, verständlich. Ich halte ihn, selbst angesichts der Lage der Dinge, für schlecht. Mit anderen Worten: ich habe von meiner Schwierigkeit die Ursache, aber für die Kunst ist eine Ursache noch lange kein Grund. Ich bin beruhigt und kehre zum Gegenstand zurück.

III

Dieses Lustspiel, begann ich, ist die Liebesgeschichte zwischen einem Mann von dem entschlossensten Hange zum Durchführbaren und einem Mädchen von der Apostolischen Richtung. Es spielt bei traurigen Zeiten. Rom geht unter. Meine Helden weigern sich, den Untergang mitzuvollziehen; ihre Weigerung offenbart die angelegte Größe des Menschen. Da die allgemeine und totale Krise des Imperiums ihnen echtes Handeln verwehrt, muß ihre Kraft sich aus Illusion speisen. Kein Ziel ist erreichbar; ihr aufs Ganze gerichtetes Streben spaltet sich in Teilziele, die unversöhnlich sind; so werden sie selbst unversöhnlich. Ich muß ihre Illusionen zerstören und sie auf die Weltgeschichte verweisen, um sie am Ende zusammenzubekommen.

(IV

Hrosvith übrigens, – ich besorge, sie wäre mit mir nicht recht froh. Ich habe ihren Standpunkt in Zweifel gezogen. Ich habe sie von dem göttlichen Platze des Autors auf den anfechtbaren eines Schäfchens zu seiner Ultralinken zurückversetzt. Über den einen Punkt immerhin – die Notwendigkeit von Liebe im geistlichen Theater – sind die Erfinderin des deutschen Schauspiels und ich einig).

Noten zum Schauspiel »Die Fische«

I

Professor Simon: die Tragödie eines Mannes, welcher alle richtigen Antworten auf eine falsche Frage weiß.

2

Horror erzeugt im ernsten Drama Niedergeschlagenheit, im Horrordrama Ergötzen. Die kleine Gattung macht klar, daß keine große Sache abgehandelt wird. Das äußerst Grausame hat nur eben den Zweck, das äußerste Fehlen an Glaublichem aufzuwiegen; die ganze Wirkung rührt aus der Wohlgelauntheit der Machart und dem kathartischen Spaß am schreckenlosen Schrecken. Horror gehört auf den Boulevard: jede Plage hat ihren eigenen Stand.

3

Zur historischen Lage. Der führenden Weltmacht kommt zu Ohren, daß, fern überm Ozean, eine Nation von Gelbhäutern sich eine Staatsform erkämpft habe, welche zu neuartig ist, um ganz gebilligt werden zu können. Ansteckung der, gleichfalls rohstoffreichen und also der Entwicklungshilfe bedürftigen, Nachbarn ist zu besorgen; auch drängen unabstreitbare Ansprüche des Hohen Geldes, mit welchem die Regierung besater Weltmacht aufs Herzlichste verflochten ist, zum Handeln. Es gilt, die Verantwortung für Ruhe und Ordnung auf dem gesamten Erdball, die man sich, aus Gründen der Gesittung, einmal aufgebürdet hat, ernst zu nehmen, mit anderem (marxschem) Wort, sich »eine Interventionspräzedenz zu sichern«.

Im Bunde mit ähnlichfühlenden Mächten, die sich aber unschönen Zauderns und baldigen Abfalls schuldig machen, entfernt man das leider gesetzliche Oberhaupt des aufrührerischen Volkes und bringt ein edler geartetes zur Herrschaft, welches, von Geistlichen, Großgrundbesitzern und Hurenwirten getragen, jeder zusätzlichen demokratischen Äußerlichkeit, als etwa des Wahlrechts, entraten kann; insofern sich diese ehrwürdigen Pfeiler als ein wenig verwittert erweisen, werden sie sich, fürs erste, mit einer angemessenen Zahl von Bajonetten stützen lassen. Dennoch wagt die beseitigte Volksregierung den Angriff auf die nunmehrige wohlgesinnte, welche, abgelenkt durch die Mühsal, mittels prunkhaften Aufwandes den großen Haufen von ihrer Berufung zu überzeugen, in Bedrängnis gerät. Man folgt also, pflichtbewußt, deren Ersuchen um kriegerischen Beistand, zumal man sich zufällig bereits am Schauplatz befindet.
Der Gang des Feldzugs verläuft von Beginn an unerfreulich. Der Feind ficht mit abstoßenden Mitteln; er bedient sich insonders der aus dem Krieg der Spanier gegen Napoleon I bekanntgewordenen Freischärler- oder Guerilla-Taktik. Der tapferen Besatzungsarmee gehören die Hauptstadt, ein paar Provinzstädte und, in zufriedenstellenderen Kriegslagen, die Straßen zwischen denselben; das eigentliche Land hingegen bleibt verstockt und zügellos. Auch die Anwendung von, in der erzogenen Welt bis dahin seltener, Grausamkeit, ja selbst das Aufstellen von im Heckenkrieg geübten Sondereinheiten, schaffen keine Abhilfe. Der Feind wird nicht nur nicht vernichtet, er erscheint – statt, wie zunächst, in Gestalt von Feldschützen und Plänklern – in Form von wohlgelenkten Heeren, welche sich endlich gar den Kampf gegen befestigte Plätze herausnehmen.
Die führende Weltmacht, angesichts dieser Umstände, besinnt sich auf das einheimische Wesen des Krieges. Sie zögert in keinem Augenblick, dem ihr befreundeten Oberhaupt ewige Erfüllung der Bündnispflicht zuzuschwören, rät ihm andererseits aber zu besserer Anstrengung des eigenen Vaterländischen Mutes und führt selbst, nach einem bewunderungswürdig vorbereiteten strategischen Plan,

die Heimschiffung der Truppen durch. Das Oberhaupt erweist sich als des geschenkten Vertrauens unwürdig. Es verliert, alleingelassen, den Krieg sofort; es kommt zu Fall, und das alte ärgerliche Oberhaupt nimmt seinen Stuhl wieder ein. Der Rückzug der Weltmacht, obgleich nur einen Teil ihrer Streitkräfte betreffend und keineswegs ungeordnet, erschüttert dennoch ihre Führungsrolle. Ihre äußere wie militärische Politik bleibt fortan glücklos, und selbst im Innern bereitet sich Zusammenbruch vor. Die Ereignisse spielten sich vor 100 Jahren ab, und der Verfasser entschuldigt sich dafür, daß er an solche längst vergangenen Dinge erinnert.

Datierung und Bibliographie der Aufsätze

Erstes Buch:
Ekbal, oder: Eine Theaterreise nach Babylon

Einleitung des Herausgebers, Winter 1961/62; Eine Theaterreise nach Babylon, Winter 1961/62 und November 1966; Aus Ekbals letztem Willem, eine Fälschung, Dezember 1975

Zweites Buch:
Das Poetische

Vorwort, Dezember 1966: edition suhrkamp 1972; Literatur im Zeitalter der Wissenschaften, Diskussionsrede, November 1959: Verlag der Nation 1960; Versuch über das Theaterstück von morgen, Februar 1960: »divadelni noviny« 20–1960; Die Ästhetik Brechts, Januar 1961: »Theater heute« 3-1968; Über den Vers in Müllers Umsiedlerin-Fragment, April 1961: »Theater der Zeit« 5-1961; Faust-Notizen, Ende 1962: edition suhrkamp 1972; Über Kortners »Sendung der Lysistrata«, März 1963: »Helikon« 1962; Antworten auf 4 Fragen, Juni 1963: »Theater heute« Sonderheft 1963; Iphigenie, oder: Über die Wiederverwendung von Mythen, August 1963: edition suhrkamp 1972; Shakespeare, Januar 1964: »Theater der Zeit« 6-1964; Kritik zu Käte Hamburgers Buch »Von Sophokles zu Sartre«, August 1964: »Sinn und Form« 6-1965; Interview, Dezember 1964, nach einem ungedruckten Interview von Alexander Weigel mit dem Verfasser: edition suhrkamp 1972; Autobiographie, Januar 1965: Aufbauverlag 1965; Über Langes »Marski«, April 1965: »Theater heute« 6–1965; Unruhe angesichts eines Kunstwerks, April 1966: »Theater heute« 10-1969; Das Poetische, Juni 1966: »Kürbiskern« 4-1966; Hamlet ohne Geheimnis, Rezension zu André Müllers »Lesarten zu Shakespeare«, November 1966: »Kürbiskern« 4-1969; Ein Plan, November 1966: »Theater heute« 1-1967

Drittes Buch:
Lyrik bis Mitterwurzer

Vorwort, Februar 1977; Kunst und Revolution, März 1971: »abb«-Mitteilungen 78-1971; Berichtigung, Juni 1970: »Theater heute« 8-1970; Brief an einen Geschäftsfreund, März 1971: Aufbauverlag 1972; Fünf Kapitel über Gotthold Gloger, März 1971: Aufbauverlag 1972; Butzbacher Autorenbefragung, März 1972: Ehrenwirth 1973; Cremer, oder: Die Überwindung der Tugend in Deutschland, Mai 1973: Autoren Edition 1974; Über das Revidieren von Klassikern, März 1975: »Theater heute«, Sonderheft 1975; Das Arboretum, Juni 1975: »abb«-Mitteilungen 101–1975; Drei Blicke auf Tasso und ein schielender, Dezember 1975; Der Fortschritt in der Kunst, April 1976: Scriptor 1976; Brot für Schauspieler, April 1976: »Theater der Zeit« 7-1977; Der Sarah-Sound, April 1976: »NDL« 9-1976; Der Meineiddichter, April 1976: »NDL« 5-1977

Viertes Buch:
Über Hacks und die Welt

Vorwort, Februar 1977; Die Entstehung des »Herzog Ernst«, November 1972: Aufbauverlag 1974; Ein Columbus-Drama von Hacks, März 1969, bearbeitet Dezember 1976: ORTF Ostersonntag 1969; »Die Schlacht bei Lobositz«, Anmerkung, 1955: Aufbauverlag 1957; »Der Müller von Sanssouci«, Anmerkungen, 1957: Bühnenmanuskript Henschelverlag 1958; Brief an einen Dramaturgen (zu »Die Kindermörderin«), 1959: edition suhrkamp 1963; Eine Neufassung, warum? (zu »Die Sorgen und die Macht«), 1962: Programmheft Deutsches Theater Berlin Oktober 1962; Über Gegenwartsdrama, abschließend (zu »Moritz Tassow«), Dezember 1976; Götter, welch ein Held! (zu »Der Frieden«), August 1964: Programmheft Deutsches Theater in Göttingen Nr. 286; Polly, März 1965: »Magazin« Juni 1965; Zehn Überlegungen, die kleineren Künste betreffend (zu »Die schöne Helena«), Dezember 1970: Programmheft Thalia Theater Hamburg 5-1971; Kleines Vademecum für Leser der »Margarete in Aix«, 1968: Programmheft Basler Theater 1-1969; Zu meinem »Amphitryon«, Herbst 1967: Programmheft Deutsches Theater in Göttingen Nr. 297; Die deutschen Alexandriner (zu »Prexaspes«), Mai 1976: »Material zum Theater« 84-1976; Eine Klammer im Personenverzeichnis (zu »Omphale«), Januar 1977; Numa oder die Mitte, Januar 1977; Über »Adam und Eva«, September 1972: »Sinn und Form« 1-1973; Warum ich für nichts kann (zu »Das Jahrmarktsfest zu Plundersweilern«), August 1973: Programmheft Deutsches Theater Berlin 1975; Es ließe sich fragen . . . (zu »Ein Gespräch im Hause Stein über den abwesenden Herrn von Goethe«), Januar 1975: Programmheft Maxim Gorki Theater Berlin 2-1976; Zehn Zeilen über »Rosie träumt«, Januar 1975: Aufbauverlag 1977; Noten zum Schauspiel »Die Fische«, Juni 1975.